KRAHL / REUSCHEL

Lehrbuch des modernen Arabisch

Teil I

Modernes Arabisch

Herausgegeben von
Prof. Dr. Wolfgang Reuschel
und Dr. sc. Günther Krahl

Lehrbuch des modernen Arabisch Teil I

von Günther Krahl
und Wolfgang Reuschel

VEB Verlag Enzyklopädie
Leipzig

Krahl, Günther:
Lehrbuch des modernen Arabisch / von Günther Krahl u.
Wolfgang Reuschel. – Leipzig: Verlag Enzyklopädie.
Teil 1. – 6., durchges. Aufl. – 1987. – 620 S. –
(Modernes Arabisch)
ISBN 3-324-00237-0
NE: 2. Verf.:; GT

ISBN 3-324-00237-0

6., durchgesehene Auflage

Verlagslizenz-Nr. 434-130/202/87
Printed in the German Democratic Republic
Gesetzt in der Korpus Antiqua 7–11–12p,
Petit Antiqua 1–9–12p sowie 12p und 16p Arabisch
Satz: VEB Druckerei »Gottfried Wilhelm Leibniz«, Gräfenhainichen
Druck und Bindearbeiten: Grafische Werke Zwickau
Einbandgestaltung: Barbara Cain
LSV 0874
Best.-Nr. 575 922 1
04200

Inhaltsverzeichnis

Vorbemerkungen

Das Bestreben, die arabische Sprache zu erlernen, nimmt in der Deutschen Demokratischen Republik und in vielen anderen Ländern ständig zu. Dieser Tatbestand ist vor allem dem wachsenden internationalen Gewicht der arabischen Staaten und der damit verbundenen Bedeutung des Arabischen als internationale Verhandlungssprache zu verdanken, er ist Resultat der verstärkten politischen, wirtschaftlichen und kulturellen Beziehungen zu arabischen Staaten. Das vorliegende Lehrbuch der modernen arabischen Sprache wendet sich an alle diejenigen, die aus wissenschaftlichen oder beruflichen Gründen oder zur Festigung persönlicher Kontakte zu Bürgern der verschiedenen arabischen Staaten um Aneignung der erforderlichen Sprachkenntnisse zum Zweck unmittelbarer Kommunikation bemüht sind.
Wie aus dem Titel hervorgeht, handelt es sich um ein Lehrbuch des modernen Arabisch, der arabischen Hochsprache der Gegenwart oder des Neuhocharabischen, wie es auch genannt wird. Gemeint ist damit die Sprache, in der heute Bücher, Zeitungen und Zeitschriften geschrieben werden, die, wenn auch mit Einschränkungen, in Rundfunk und Fernsehen sowie bei feierlichen Anlässen gesprochen wird.
Dieser Hinweis macht gleichzeitig auf die sprachliche Situation in den arabischen Ländern aufmerksam, auf das Vorhandensein einer Hochsprache und einer Umgangssprache bzw. von Dialekten. *Geschrieben* wird in allen arabischen Ländern ein und dasselbe Arabisch, d. h. das moderne Hocharabisch. *Gesprochen,* d. h. im täglichen Umgang verwendet, wird innerhalb der einzelnen Länder ein Arabisch, das sich von dem der anderen arabischen Länder deutlich unterscheidet, so daß man zu Recht von einem Ägyptisch-Arabisch, Syrisch-Arabisch, Irakisch-Arabisch bis hin zum Marokkanisch-Arabisch sprechen kann. Die Unterschiede zwischen den genannten arabischen Dialekten und zwischen ihnen und der (inter)arabischen Hochsprache in den Bereichen der Phonetik, Lexik, Morphologie und Syntax sind recht erheblich.

Wenn man die Beherrschung sowohl der Hochsprache als auch eines arabischen Dialekts oder mehrerer Dialekte anstrebt, so besteht weitgehend Übereinstimmung darin, daß mit der Erlernung der Hochsprache begonnen werden muß, da sich bei Beherrschung der Hochsprache jeder einzelne arabische Dialekt ohne allzu große Schwierigkeiten in relativ kurzer Zeit im Lande selbst erlernen läßt. Der umgekehrte Weg ist für den Nichtaraber nur schwer zu beschreiten.
Hinzu kommt, daß die Hochsprache innerhalb der arabischen Länder Verkehrssprache ist, mit deren Hilfe eine Verständigung unter Ausschaltung der zum Teil sehr unterschiedlichen Dialekte sowohl zwischen Arabern als auch zwischen Arabern und Nichtarabern oft die einzige Möglichkeit ist.
Schließlich ist die moderne Hochsprache diejenige Sprache, in der in allen arabischen Ländern geschrieben und gelesen wird. Sie ist somit die Sprache, die den Zugang zur arabischen Literatur verschafft. Das gilt, mit Einschränkungen, auch für die gewaltige arabische Literatur des Mittelalters, die im sogenannten klassischen Arabisch geschrieben wurde, als dessen Fortsetzung das moderne Arabisch zu gelten hat. Klassisches und modernes Arabisch sind, bei einer überprüfbaren Sprachentwicklung von etwa 1200 Jahren, einander recht ähnlich — nicht zu vergleichen etwa mit Althochdeutsch und Neuhochdeutsch oder Altenglisch und Neuenglisch —, so daß es keine allzu große Mühe macht, ausgehend von einer fundierten Kenntnis des modernen Arabisch, sich die Regularitäten auch des klassischen Arabisch anzueignen.
Es spricht also eine Reihe von Gründen dafür, bei der Ausbildung mit der modernen Hochsprache zu beginnen. Für den Hochschulunterricht, an dessen Ende eine natürlich von der Ausbildungsintensität abhängige Beherrschung des Arabischen in Wort und Schrift stehen muß, ist eine andere Entscheidung gar nicht denkbar.
Mit dem vorliegenden Lehrbuch wird der erste Band eines als dreiteiliges Werk konzipierten Hochschullehrbuchs für ein vierjähriges Studium der modernen arabischen Sprache vorgelegt. Die Schwerpunkte für die einzelnen Teile sind:

Teil I Grundlagen der Grammatik, Grundwortschatz und Morphologie (Formenlehre), ergänzt durch ein umfangreiches Übungsmaterial;

Teil II Syntax;

Teil III Semantik, Stilebenen.

In den beiden letztgenannten Bänden wird ein reiches inhaltlich und grammatisch aufeinander abgestimmtes Text- und Wortmaterial geboten. Bei vollständiger Durcharbeitung der drei Teile können Kenntnisse und Fertigkeiten bis zur Qualifikation eines Sprachmittlers (Dolmetschers, Übersetzers) erworben werden.
Teil I ist für das erste, Teil II für das zweite und dritte und Teil III für das dritte und vierte Studienjahr bestimmt.
Die Zeitangaben sind selbstverständlich Richtwerte, die in Abhängigkeit vom gestellten Lehrziel und der im Studienplan zur Verfügung stehenden Stundenzahl variiert werden können. Es empfiehlt sich jedoch, im Sinne einer sicheren Grundlegung in den ersten beiden Studienjahren (Grundstudium), unabhängig vom weiteren Studiengang eine Wochenstundenzahl von wenigstens 10 Stunden für den Unterricht und 10—15 Stunden für das Selbststudium anzusetzen. Diese relativ hohen Zahlen erklären sich einmal aus dem besonderen Schwierigkeitsgrad des Arabischen auf allen sprachlichen Ebenen und zum anderen aus der starken Betonung einer sprechorientierten Ausbildung, auf die das dreiteilige Lehrwerk abgestimmt ist.
Der sprechorientierte Charakter verlangt auch, daß der gesamte Lehrstoff intensiv mit einem arabischen Lektor durchgearbeitet und bei vielen Übungen das Tonband als Hilfsmittel eingesetzt wird (auf Inhalt und Technik der Übungen und die mögliche Verwendung auditiver Hilfsmittel wird weiter unten noch eingegangen).
Wenn unser Arabisch-Lehrwerk, was nur in Ausnahmefällen, besonders bei einer mehr übersetzungsorientierten Ausbildung, geschehen dürfte, zum Selbststudium verwendet wird, empfiehlt es sich jedoch, gelegentlich Lehrkräfte oder arabische Informanten zu konsultieren, da z. B. in Teil I im Hinblick auf den Direktunterricht der phonetische Teil recht kurz gehalten ist und überdies dem umfangreichen Übungsteil kein Schlüssel beigegeben wurde.
Das vorliegende Lehrbuch ist als Grundkurs für Anfänger gedacht. Jede der 28 Lektionen (mit Ausnahme der Lektionen 1—3) gliedert sich in die Teile G = Grammatik, V = Vokabeln, T = Text und Ü = Übungen.
Teil I des Lehrwerks vermittelt grammatische Grundkenntnisse des modernen Arabisch. Nach Durcharbeitung dieses ersten Bandes soll der Lernende imstande sein, Nachrichten, kurze Vorträge und Diskussionen zu verstehen, selbständig eine Konversation zu führen und leichte bis mittelschwere Texte lesen und erfassen zu können.

Die Darstellung der Grammatik erfolgt in der für die Arabistik traditionellen Weise. Die grammatischen Termini stammen aus dem Lateinischen oder, teils übersetzt, teils original, von den arabischen Nationalgrammatikern des Mittelalters. Es wurden keine Versuche unternommen, Elemente der strukturellen Grammatik oder der generativen Transformationsgrammatik in den Unterricht einzuführen. Abgesehen davon, daß dafür der Aufwand zu groß gewesen wäre, war für diesen Verzicht die Tatsache maßgebend, daß die von den Studierenden vor allem höherer Studienjahre gelegentlich zu konsultierenden arabischen Grammatiken, z. B. die von CARL BROCKELMANN, 17. Auflage, Leipzig 1969, und WILLIAM WRIGHT, A Grammar of the Arabic Language, 2 Bände, 3. Auflage 1896—98, sich dieser Terminologie bedienen.

Mit der Nennung der beiden einschlägigen Grammatiken des klassischen Arabisch für Studierende des modernen Arabisch tritt uns ein Problem entgegen, das einer kurzen Erläuterung bedarf. Wir haben schon erwähnt, daß klassisches und modernes Arabisch einander recht ähnlich sind. Trotzdem gibt es zwischen beiden Unterschiede genug, die eine grammatische Fixierung des modernen Arabisch notwendig machen. Für eine wissenschaftliche Grammatik des modernen Arabisch ist allerdings die Zeit noch nicht gekommen, da erst zahlreiche Einzeluntersuchungen notwendig sind, um die vielen weißen Flecken zu beseitigen, die man auf den verschiedenen sprachlichen Ebenen noch antrifft. Dieser Umstand konnte natürlich auch auf die Darstellung der Grammatik des modernen Arabisch in diesem Lehrbuch nicht ohne Konsequenzen bleiben. Die Verfasser, ihre Mitarbeiter und ihre arabischen Informanten waren bemüht, auf Grund ihrer Erfahrungen und umfassender Textkenntnisse gesicherte Regeln und Besonderheiten des modernen Arabisch darzustellen. Trotzdem wird durch die nicht seltene Verwendung von Hinweisen wie »im allgemeinen«, »überwiegend«, »meistens« u. a. angedeutet, daß nicht alle Regeln zweifelsfrei und ohne Ausnahme formuliert werden konnten. Dieser Mangel mußte in Kauf genommen werden, wenn man nicht etwa bis zum Erscheinen einer Grammatik des modernen Arabisch mit der Publikation eines solchen Lehrbuchs warten wollte.

Auf Grund der Struktur der arabischen Sprache ließ es sich nicht vermeiden, einen erheblichen Prozentsatz des grammatischen Teils mit der Morphologie des arabischen Verbs auszufüllen. Der dadurch naturgemäß eingeschränkte Raum für die Syntax ist insbesondere für die Darstellung von Satz- und Teilsatzkonstruktionen genutzt worden, die im geschriebenen und gesprochenen Arabisch am häufigsten vorkommen.

Um den Studierenden kontinuierlich zur aktiven kommunikativen Leistung zu führen, wechseln von Anfang an Lektionen mit hauptsächlich syntaktischer Thematik mit solchen, in denen die Morphologie das Übergewicht hat.

In einigen späteren Lektionen, z. B. L 21 (Partizip), L 22 (Infinitiv), ist, dem Lehrbuchprinzip eigentlich widersprechend, versucht worden, das grammatische Thema so vollständig wie möglich darzustellen. Der grammatische Stoff dieser Lektionen geht also über das hinaus, was in den Texten und Übungen der betreffenden Lektionen vorkommt oder geübt wird. Wir haben uns in diesen Fällen zu einer solchen Form der Darstellung entschlossen, weil ein Lehrbuch für Anfänger oft auch später konsultiert wird und so den Charakter eines grammatischen Nachschlagewerks gewinnt. Das gilt besonders in unserem Fall, da eine moderne Grammatik nicht zur Verfügung steht. Wegen ihrer vielfältigen und zum Teil recht komplizierten, vom Deutschen oft abweichenden Konstruktionsmöglichkeiten darf bei einigen Themen vor allem der Syntax erwartet werden, daß für eine präzise Textinterpretation, für Übersetzungen ins Arabische oder das selbständige Schreiben arabiscner Texte oft nachgeschlagen wird.

Im Sinne einer Ergänzung, besseren Einordnung oder genaueren Erklärung der im grammatischen Teil der einzelnen Lektionen gegebenen Regeln werden gelegentlich kurze, durch A (= Anmerkung) angezeigte Erläuterungen oder Kommentare gegeben. Es ist ganz in das Ermessen des Hochschullehrers gestellt, die Studierenden schon bei der ersten Durcharbeitung damit vertraut zu machen. Sie können zunächst weggelassen werden.

Die in den Vokabelverzeichnissen (= V) angegebenen Wörter wurden alphabetisch nach Wurzeln geordnet. Sie beziehen sich auf die Texte und Übungen der jeweiligen Lektion. Die wenigen in den grammatischen Beispielen über dieses Vokabular hinausgehenden Wörter sind in diese Vokabelverzeichnisse im allgemeinen nicht aufgenommen worden.

Texte und Übungen stützen sich auf einen Wortschatz von etwa 1600 Vokabeln*. Hinzuzurechnen sind noch diejenigen Wörter, die in zusammenfassenden Darstellungen (Zahlen, häufig gebrauchte Elative) und manchen grammatischen Beispielsätzen erscheinen. Nicht alle der zuletzt genannten Wörter müssen gelernt und aktiv beherrscht werden. Da der hier vorliegende Teil I aus 28 Lektionen besteht und in den Lektionen 1—3 nur 80 Wörter gelernt und geübt werden, ergibt sich danach pro Lektion ein Durchschnitt von etwa 60 Vokabeln. Diese Zahl ist relativ hoch. Man muß jedoch davon ausgehen, daß für die Sprachkundigenprüfung der Stufe I, die nach etwa zweijährigem Studium abgelegt werden soll (also nach Durcharbeitung von Teil I und mehreren Lektionen von Teil II), 3000 lexikalische Einheiten und idiomatische Wendungen gefordert werden, für die Sprachkundigen-Prüfung Stufe III 7000 lexikalische Einheiten. Daraus ergibt sich als Norm pro Studienjahr die Erlernung von 1500—2000 Wörtern.

Alle in Arabisch Teil I vorkommenden Wörter und idiomatischen Wendungen, nahezu 2000, sind am Schluß des Buches in einem arabisch-deutschen Glossar zusammengefaßt. Die diesem vorangestellten Benutzungshinweise, die sich vor allem auf die Vokalisation beziehen, sollten aufmerksam gelesen werden.

Beginnend mit Lektion 4 enthält jede Lektion zwei Texte (= T 1, T 2). Text 1 wird in der Form eines zusammenhängenden Berichts oder einer Mitteilung, Text 2 als Dialog gegeben. Auf Grund der gewählten Textform werden in Text 1 hauptsächlich die 3. Person und in Text 2 die 1. und 2. Person geübt. Die Texte sind in Anpassung an die in der jeweiligen Lektion behandelte Grammatik geschrieben worden.

Inhaltlich verbindet die einzelnen Texte — gemeint sind die Texte, die als T 1 gekennzeichnet sind —, einem roten Faden gleich, die Vorstellung, daß eine arabische Delegation die DDR besucht (bis Lektion 17) und eine DDR-Delegation in den ostarabischen Ländern einen Gegenbesuch abstattet (ab Lektion 18). In ausgewählten Themen

* In Abstimmung mit dem Charakter der Texte und den grammatischen Erfordernissen und Möglichkeiten der einzelnen Lektionen folgt die Auswahl der Wörter zum größten Teil den Wörterbüchern von J. M. Landau, A Word Count of Modern Arabic Prose, New York 1959, M. Brill, The Basic Word List of the Arabic Daily Newspaper, 1940, und A Selected Word List of Modern Literary Arabic (Middle East Centre for Arab Studies, Shemlan, Lebanon), Beirut 1959, die nach dem Prinzip der Häufigkeit erarbeitet wurden.

werden die Besucher, zunächst mit ganz einfachen Worten, später detaillierter, mit einigen Aspekten des Alltags und des Gesellschaftssystems der betreffenden Länder vertraut gemacht. Beim Besuch der arabischen Delegation in der DDR werden u. a. Theater, Restaurant, Bibliothek, Bank, Urlaub und Erholung, Gesundheitswesen, Sport und Leipziger Messe abgehandelt. Bei Gelegenheit des Besuches der DDR-Delegation in den ostarabischen Ländern wird ein Gesamtüberblick über den Libanon, Syrien und den Irak gegeben; es werden einige arabische Städte vorgestellt, die Bodenschätze in den arabischen Ländern behandelt und mit Verfassungsauszügen ein erster Einblick in den Stil von Verträgen und sonstigen juristischen Texten gegeben. T 1 von Lektion 28 ist ein kleiner Auszug aus einem ägyptischen Roman; er führt in die Sprache der modernen arabischen Prosa ein.

In den Dialogen (Text 2) werden Alltagssituationen simuliert, wie z. B. Empfang im Hotel, Aufgeben eines Telegramms auf dem Postamt, Zollabfertigung, Einkaufsbummel im Basar u. a. Wo es ohne Schwierigkeiten möglich war, wurde zwischen Text 2 und Text 1 ein loser inhaltlicher Bezug hergestellt. In entsprechenden Übungen, die in jeder Lektion wiederkehren, soll der Studierende solche Situationen nachvollziehen.

Im Zusammenhang mit den Dialogen muß noch einmal auf die eingangs geschilderte sprachliche Situation hingewiesen werden. Die Verfasser sind sich völlig darüber im klaren, daß Gespräche über Alltagsthemen normalerweise im jeweiligen Landesdialekt, also in Ägyptisch-Arabisch, Syrisch-Arabisch usw. geführt werden. Der durch die Verwendung der Hochsprache in den Dialogen eintretende »Stilbruch« war jedoch nicht zu umgehen, wollte man nicht, entgegen den schon dargelegten Prinzipien, Dialektelemente einführen. Die an der Universität Leipzig mit dem hier vorgelegten Lehrmaterial gesammelten Erfahrungen zeigen aber auch, daß Studenten, die allein in der Hochsprache ausgebildet wurden, bei Praxiseinsätzen, z. B. beim Betreuungsdolmetschen bei arabischen Einzelbesuchern oder Delegationen, mit ihren hochsprachlichen Kenntnissen eben auch in solchen Alltagssituationen gut zurechtkamen.

Bei der Vorbereitung solcher Einsätze kam ihnen zugute, daß sie auf reiches, auf Tonbändern gespeichertes Text- und Dialogmaterial zurückgreifen konnten. Die Vorteile, die aus der Verwendung von Tonbändern erwachsen, veranlaßten die Verfasser, sämtliche in diesem

Lehrbuch als T 1 und T 2 gekennzeichneten Texte und Dialoge für interne Zwecke von einem arabischen Sprecher aufnehmen zu lassen.
Dem kompletten dreiteiligen Lehrgang — also auch den Texten — liegt eine Gesamtkonzeption zugrunde. Sie erklärt inhaltliche Besonderheiten, die dem Benutzer auffallen mögen, so auch die Tatsache, daß die Arabische Republik Ägypten erst in den Texten zu Teil II und III gebührend berücksichtigt wird.
Grammatik und Wortschatz werden in jeder Lektion durch zahlreiche Übungen gefestigt. Ihre Anordnung, Art und Häufigkeit sind dem Ziel einer sprechorientierten Ausbildung untergeordnet. Bei Beachtung des methodischen Prinzips Hören — Sprechen — Lesen — Schreiben ergibt sich, daß Übungen zum verstehenden Hören und zum aktiven Sprechen an erster Stelle stehen und gegenüber Übungen zum Lesen und Übersetzen — Schreibübungen kommen nur vereinzelt vor (vgl. zum Problem Druckschrift — Schreibschrift L 1, G 1.2.1.) — den Vorrang haben.
Der Übungsteil der einzelnen Lektionen beginnt stets mit Übungen zu den Texten, an die sich solche zur Grammatik und Lexik (jedoch ohne festliegende Reihenfolge) anschließen.
Die weitaus meisten Übungen zur Grammatik sind Transformationsübungen. Aber auch Einsetz-, Kopplungs- und Ergänzungsübungen kommen vor. Diese Übungstypen wurden bevorzugt, weil durch sie der größtmögliche Lerneffekt bei weitgehender Ausschaltung der Muttersprache erreicht wird. Aus dem gleichen Grunde ist auch fast völlig auf gezielte Übersetzungsübungen verzichtet worden. Übersetzungsübungen Arabisch-Deutsch sind in die Textübungen mit eingeschlossen (meist Ü 3 und Ü 8 oder 9), brauchen aber vom Studierenden nur soweit durchgeführt zu werden, als sie für das Verständnis der Texte notwendig sind.
Vor allem die Transformationsübungen sind so angelegt, daß sie ohne weiteres auf Tonband aufgenommen und sowohl im Unterricht als auch im Selbststudium zur Vor- oder Nachbereitung verwendet werden können. Die Arbeitsmethode ist dabei die des 4-Phasen-Drills:

1. Phase — ein arabischer Satz oder Teilsatz wird gegeben, der lt. Befehl umgewandelt werden soll.

2. Phase — Ausführung des Befehls durch den Studierenden (bei der Tonbandaufnahme muß also an dieser Stelle eine genügend große Pause gelassen werden).

3. Phase — Ausführung des Befehls durch den Lektor, der die umgewandelte Form nennt und dem Studenten damit die Möglichkeit der Kontrolle seiner eigenen Antwort gibt.

4. Phase — Wiederholung durch den Studenten (bei Aufnahme des Mutterbandes wieder, wie bei Phase 2, genügend große Pause lassen).

Damit im Selbststudium mehrere Studierende gleichzeitig die Tonbandübungen zur Vor- und Nachbereitung verwenden können, sollte das Mutterband mehrfach kopiert werden.
In Teil I konnten sprechintensive Übungen deshalb in den Vordergrund gestellt werden, weil mit Teil II und III zwei weitere Bände im Ausbildungsprogramm folgen, in denen im gebotenen Umfang auch Übersetzungsübungen zu ihrem Recht kommen.
Sollte im Rahmen eines bestimmten Ausbildungsplans eine übersetzungsorientierte Ausbildung gefordert werden und vielleicht die Absicht bestehen, nur Teil I durchzuarbeiten, hat der Hochschullehrer bzw. der Lektor die Möglichkeit und die Freiheit, Lehrstoff und Übungen so einzusetzen und zu modifizieren, daß für die geforderte Ausbildungsart die richtigen Proportionen hergestellt werden.
Über die Vorstellungen und Empfehlungen der Verfasser, wie Arabisch Teil I am besten zu verwenden und durchzuarbeiten ist, geben die folgenden Erläuterungen Auskunft.
Der Gesamtplan sieht vor, Teil I in einem Studienjahr durchzuarbeiten. Erforderlich sind dabei pro Woche wenigstens 10 Stunden Direktunterricht und 10—15 Stunden Selbststudium. In jeder Woche soll eine Lektion behandelt werden. Nach der 7., 14., 21. und 28. Lektion wird eine Woche Intensivwiederholung eingeschoben. An der Karl-Marx-Universität Leipzig setzen die Verfasser hier ein gesondert erarbeitetes Material, ausnahmslos Tonbandübungen, ein. Die wichtigsten Satz-, Wortgruppen- und Wortstrukturen der vorangegangenen jeweils sieben Lektionen werden mit Beispielen geübt, die mit dem Wortschatz aller bis zu diesem Intensivkurs behandelten Lektionen gebildet wurden.
Bei einem Durchschnitt von einer Lektion pro Woche wären für dieses Programm 32 Wochen notwendig. Man muß freilich einkalkulieren, daß gelegentlich, wenn z. B. die Studenten den Stoff noch nicht beherrschen, Stunden ausfallen u. ä., zwei Wochen für eine Lektion

gebraucht werden. Diesen Zeitraum wird man wegen des großen Stoffumfangs auf jeden Fall für einige der späteren Lektionen (z. B. L 21 »Partizip«, L 22 »Infinitiv«, L 25 »Elativ«) einplanen müssen. Bei einem Studienjahr von 40 Wochen bleibt genügend Spielraum, das vorgesehene Programm in angemessener Form abzuarbeiten.

In Lektion 1 werden die Grundlagen der arabischen Lautung und Schreibung vermittelt. Da es naturgemäß längere Zeit dauert, bis sich der Studierende mit dem Lesen und Schreiben der arabischen Schrift zurechtfindet, werden dafür die Übungen der Lektionen 1—3 (ca. drei Wochen) eingesetzt. Aber auch schon hier gilt das mehrfach angeführte Prinzip, daß dem Lesen und Schreiben Hör- und Sprechübungen vorausgehen. Für sie stehen in diesem Zeitraum etwa 80 Wörter zur Verfügung. Sie bezeichnen Gegenstände und Personen aus der unmittelbaren Umgebung des Studierenden (Klassenzimmer). Dieses Wortmaterial wird durch einige Adjektive, Grußformeln, Präpositionen, Verbformen und dgl. ergänzt. Im Sinne der direkten Methode wird gleich mit dem Sprechen begonnen, ohne daß der Studierende zunächst weiß, wie die im Gespräch verwendeten Wörter geschrieben werden. Zugleich prägt er sich die richtige Betonung der Wörter ein, ohne durch irgendwelche Akzentregeln belastet zu sein.

Da die ersten Übungen, nachdem sie im Kolleg mit dem Lektor durchgenommen worden sind, dem Studierenden als Hausaufgabe gegeben werden, haben wir trotz gewisser methodischer Bedenken in Lektion 1 die Umschrift hinzugefügt. Wort- und Textangaben in Umschrift gibt es sonst im Lehrbuch nicht. Die orthographischen Hilfszeichen (» Vokalisierung «) werden in allen Lektionen nur im grammatischen Teil und in den Vokabelverzeichnissen gesetzt. Eine vollständige Vokalisierung haben auch die Tabellen im Anhang. Beim Glossar wurde eine sparsame Vokalisierung gewählt, die etwa der des Deutsch-Arabischen Wörterbuchs von G. Krahl, 2. Aufl. Leipzig 1970, entspricht.

Bei den Übungen der Lektionen 1—3 ist eine inhaltliche Spezifizierung der einzelnen Stunden im Direktunterricht nicht notwendig. Sie empfiehlt sich allerdings für alle weiteren Lektionen, beginnend mit Lektion 4. Für die einzelnen Übungsstunden sollen Schwerpunkte gesetzt werden:

1. Textinterpretation: Interpretation von Wort- und Satzstrukturen der Texte;

2. Phonetik:	(Verstehendes) Hören der Texte, Nachsprechen von Sätzen und Textteilen, Lesen der Texte;
3. Textübung, Konversation:	Aktives Sprechen auf der Grundlage von Text 1 und 2;
4. Übungen zur Grammatik:	Abarbeitung des Übungsprogramms ab Ü 10 oder 11, z. T. mit Tonband;
5. Kalligraphie:	Schreibübungen, z. T. vom Lektor selbst zu konzipieren.

Für die genannten Übungsstunden sollte für jede Lektion, in der Regel also eine Woche, ein Ablaufplan aufgestellt werden. Am Anfang steht eine zweistündige Vorlesung, in der als Grundlage für alle Übungen die Grammatik der betreffenden Lektion vermittelt und erläutert wird. In den obengenannten Übungsstunden sind dann in sinnvoller Weise die einzelnen Übungen jeder Lektion durchzuarbeiten. Dabei ist anzustreben, daß alle Übungen, die nicht ausdrücklich als Hausaufgabe gekennzeichnet sind, im Kolleg absolviert werden.
Wir geben Ihnen als Beispiel den Ablaufplan der Lektion 14, wie er von den Autoren erarbeitet und mit Erfolg an der Karl-Marx-Universität Leipzig, Lehr- und Forschungsbereich Arabische Staaten der Sektion Afrika- und Nahostwissenschaften, angewendet worden ist:

Tag	Stunde	Lehrveranstaltung	behandelter Stoff
Donnerstag	4.—5.	Vorlesung	L 14, G 1.—2.
	7.	Text-interpretation	Erläuterung der Wort-, Teilsatz- und Satzstrukturen von Text 1 sowie A 10 zu Ü 12
	8.	Phonetik	Ü 1 (Tonband), Ü 2
Freitag nachm. bis Montag		Selbststudium Nachbereitung:	L 14, T 1, noch einmal abhören und nachsprechen; L 14, G 1.—2. durcharbeiten L 13, Ü 18—20 wiederholen L 13, Ü 21 (gesondert erarbeitetes Tonband abhören und die arabischen Jahres-

Tag	Stunde	Lehrveranstaltung	behandelter Stoff
			zahlen ins Deutsche übertragen)
		Aufgabe:	L 14, Ü 3, Ü 12
		Vorbereitung:	L 14, Ü 4—6
Dienstag	1.	Textübung	Ü 4—6
	2.	Textinterpretation	Erläuterung der Wort-, Teilsatz- und Satzstrukturen von Text 2; Rückgabe und Besprechung der schriftlichen Hausaufgabe aus L 13, Ü 15
	3.	Phonetik	Ü 7, Ü 8
	4.	Übung zur Grammatik	Ü 11 (Tonband); Ü 12 einsammeln
	5.	Kalligraphie	Vom Lektor selbst konzipierte Übungen
Dienstag nachm. bis Mittwoch		Selbststudium	
		Nachbereitung:	L 14, T 2, noch einmal abhören und nachsprechen); Ü 11 (noch einmal mit Tonband durcharbeiten)
		Aufgabe:	Ü 9, Ü 14, Ü 15
		Vorbereitung:	Ü 16, Ü 17; L 15, G 1.—2.
Donnerstag	1.	Übung zur Grammatik	Ü 13 (Tonband) Ü 16, Ü 17 (für die spätere Nachbereitung steht Tonbandmaterial mit der Auflösung zur Verfügung) Ü 14, Ü 15 einsammeln (für die spätere Nachbereitung steht Tonbandmaterial mit der Auflösung zur Verfügung)
	2.	Textübung	Ü 10
	3.	Konsultation	Grammatik und Lexik von L 8 — L 14

Dieser Ablaufplan wird sicher nicht überall in dieser Form verwendet werden können. Er mag jedoch allen denjenigen von Nutzen sein, die mit großem Aufwand und viel Mühe Lehrpläne für den Arabisch-Unterricht aufzustellen haben.
Dem Lehrbuch einen Schlüssel beizugeben, haben sich die Autoren nicht entschließen können.
Es bleibt uns abschließend noch die Aufgabe, allen am Zustandekommen dieses Buches beteiligten Personen und Institutionen unseren Dank auszusprechen.
Wir wissen vor allen Dingen unseren arabischen Kollegen Dr. ABED SAMARRAIE, Dr. ADEL KARASHOULI und Dr. MUSTAFA IMAM Dank, die uns bei der Abfassung der arabischen Texte mit Rat und Tat zur Seite standen und das arabische Beispiel- und Übungsmaterial einer kritischen Sichtung unterzogen.
Die Kommission Arabisch-Unterricht beim Ministerium für Hoch- und Fachschulwesen der Deutschen Demokratischen Republik billigte die Gesamtkonzeption des vorliegenden Buches.
Bei der Erarbeitung der Textkonzeption stand uns das Mitarbeiterkollektiv des Lehr- und Forschungsbereiches Arabische Staaten der Sektion Afrika- und Nahostwissenschaften der Karl-Marx-Universität beratend zur Seite.
Für Gestaltung, Ausstattung, Typographie und Druck haben wir dem VEB Verlag Enzyklopädie, Leipzig, und dem VEB Druckerei »G. W. Leibniz«, Gräfenhainichen, Dank zu sagen, für die kalligraphischen Vorlagen Herrn IBRAHIM HAZIMEH.
Wir hoffen und wünschen, daß sich dieses Lehrbuch in der Praxis bewährt. Kritische Hinweise, Anmerkungen und Anregungen nehmen wir gern entgegen, um sie einer Nachauflage zugute kommen zu lassen.

Leipzig 1974

GÜNTHER KRAHL WOLFGANG REUSCHEL

Sektion Afrika- und Nahostwissenschaften
der Karl-Marx-Universität Leipzig

Verwendete Abkürzungen

A	Anmerkung
A.	Akkusativ
äg.	vornehmlich Verwendung im ägyptischen Sprachraum
amtl.:	amtlich, amtliche od. offizielle Bezeichnung
bzw.	beziehungsweise
coll	Kollektivum
dass.	dasselbe
det.	determiniert
engl.	englisch
etw.	etwas
f., fem.	feminin
folg.	folgend(er, -e, -es)
franz.	französisch
G	Grammatik
G.	Genitiv
geogr.	geographisch
Gram	Grammatik
ide.	indoeuropäisch
indet.	indeterminiert
intrans.	intransitiv
ital.	italienisch
jmd.	jemand
jmdm.	jemandem
jmdn.	jemanden
jmds.	jemandes
m., mask.	maskulin
N.	Nominativ
Neg.	Negation
o. ä.	oder ähnlich
od.	oder
P.	Person
pl., plur.	Plural
Politök.	Politische Ökonomie
Ptzp.	Partizip
R_1	1. Radikal
R_2	2. Radikal
R_3	3. Radikal
russ.	russisch
S.	Seite
s.	sich
s.	siehe
s. a.	siehe auch
sg., sing.	Singular
sog.	sogenannt
St.	Stamm
syr.	vornehmlich Verwendung im syrischen Sprachraum
T	Text
trans.	transitiv
u. a.	unter anderem
u. a. m.	und andere mehr
u. U.	unter Umständen
Ü	Übungen
übertr.	in übertragener Bedeutung
usw.	und so weiter
u. v. a.	und viele andere
V	Vokabelverzeichnis
vgl.	vergleiche
wörtl.	wörtlich
z. B.	zum Beispiel
z. T.	zum Teil
ث	*muṯannan* = Dualform
ج	*ǧamʿ* = Plural
م	*muʾannaṯ* = Femininform

Lektion 1

G

1. Das Alphabet

Der Lautbestand der arabischen Sprache wird im Schriftsystem durch 29 Buchstaben dargestellt: 26 Konsonanten und 3 Vokale, von denen zwei auch konsonantischen Wert haben können.

1.1. Die Lautung

Keine Schwierigkeiten in der Aussprache gibt es bei den folgenden Lauten, die wie oder zumindest ähnlich wie im Deutschen ausgesprochen werden.

b (ب) wie in »Band«, »Bild«, »Bund«
(stimmhafter bilabialer Verschlußlaut)

t (ت) wie in »Tante«, »Tinte«, »Tulpe«
(stimmloser dentaler Verschlußlaut)

ḫ (خ) wie in »Bach«, »Buch«
(stimmloser velarer Reibelaut)

d (د) wie in »Damm«, »Ding«, »Duft«
(stimmhafter dentaler Verschlußlaut)

r (ر) wie in (mundartlich) »Rand«, »Rind«, »rund«
(stimmhafter präpalataler Vibrationslaut, Zungen-*r*)

z (ز) wie in »Sand«, »sind«, »Sund«
(stimmhafter präpalataler Reibelaut)

s (س) wie in »Raspel«, »Rispe«
(stimmloser präpalataler Reibelaut)

š (ش) wie in »Schande«, »Schindel«, »Schund«
(stimmloser präpalataler Zischlaut)

G

ġ (غ) wie in (hochdeutsch) »Rand«, »Rind«, »rund«
(stimmhafter velarer Reibelaut, Zäpfchen-*r*)

f (ف) wie in »fand«, »findet«, »Fund«
(stimmloser labiodentaler Reibelaut)

k (ك) wie in »Kante«, »Kind«, »Kunde«
(stimmloser postpalataler Verschlußlaut)

l (ل) wie in »lange«, »Linde«, »Lunge«
(stimmhafter präpalataler Laterallaut)

m (م) wie in »Mann«, »Milde«, »Mulde«
(stimmhafter bilabialer Nasallaut)

n (ن) wie in »Nacken«, »nicken«, »Nuß«
(stimmhafter präpalataler Nasallaut)

h (ه) wie in »Halt«, »Hilde«, »Huld«
(stimmloser laryngaler Hauchlaut)

ʾ (ء) wie in »ʾanders«, »ʾinnen«, »ʾunter«
(stimmloser laryngaler Verschlußlaut; der Laut entsteht beim Lösen des Verschlusses der Stimmritze (Glottis). Er wird im Deutschen vor jedem vokalisch anlautenden Wort gesprochen, im Wortinneren auch bei präfigierten Wörtern und Komposita: »ʾunʾumgänglich«, »Kurzʾarbeit«. Einen besonderen Buchstaben gibt es dafür nicht. Im Englischen heißt dieser Laut »glottal-stop«.

y (ى) wie in »Jacht«, »Juchten«
(stimmhafter präpalataler Engelaut)

ā (ا) wie in »Jahr«, »Star«, »rar«
(langer Vokal der mittleren Reihe mit geringer Hebung der Zunge = offener Vokal)

A 1 Lautliche Vokalvarianten bleiben in diesem Lehrbuch unberücksichtigt.

ī (ى) wie in »wir«, »ihr«, »vier«
(langer Vokal der vorderen Reihe mit starker Hebung der Zunge = geschlossener Vokal)

G

ū (و) wie in »Uhr«, »nur«, »Ruhe«
(langer Vokal der hinteren Reihe mit starker Hebung der Zunge und gleichzeitiger Rundung der Lippen = geschlossener Vokal)

A 2 Auch die kurzen Vokale *a*, *i* und *u* sowie die Diphthonge *ai* und *au* lauten wie im Deutschen. Vgl. dazu G 1.2.2.

Aus anderen europäischen Sprachen sind folgende Laute bekannt:

ṯ (ث) wie engl. »thank«, »three«, »thirty«
(stimmloser interdentaler Reibelaut)

ǧ (ج) wie ital. »giorno« und engl. »journey«
(stimmhafter präpalataler Verschluß-Reibelaut);
im ägyptischen Sprachraum als »g« gesprochen

ḏ (ذ) wie engl. »the«, »with«, »mother«
(stimmhafter interdentaler Reibelaut)

w (و) wie engl. »wall«, »when«, »with«
(stimmhafter bilabialer Reibelaut)

Für das Arabische charakteristische und nur durch häufige Hör- und Sprechübungen mit arabischen Lektoren zu erlernende Laute sind:

ḥ (ح) (stimmloser pharyngaler Reibelaut)

ʿ (ع) (stimmhafter pharyngaler Reibelaut)

Beide Laute haben ihre Artikulationsstelle im Schlund (Pharynx).
Beim *Ḥāʾ* (zu den Buchstabennamen s. G 1.2.4.) werden die Muskeln des Schlundes soweit einander genähert, daß nur noch ein kleiner Spalt zwischen ihnen liegt. Durch diesen entweicht gleichmäßig der Luftstrom, wobei das für den Laut typische Geräusch entsteht.
Der *Ḥāʾ*-Laut ist von dem *Hāʾ*-Laut deutlich zu unterscheiden.

Beim *ʿAin* werden die Muskeln des Schlundes stark angespannt und aneinandergepreßt. Der Luftstrom muß sich mit starkem Druck durch diesen Verschluß hindurchzwängen, ohne ihn allerdings zu sprengen.
ʿAin ist als stimmhafter Reibelaut von dem stimmlosen Verschlußlaut *Hamza* deutlich zu unterscheiden.

G

ṣ (ص) ḍ (ض) ṭ (ط) ẓ (ظ) Die sog. emphatischen Laute haben die gleichen Artikulationsstellen wie die ihnen entsprechenden nichtemphatischen Laute: *s, d, t, z*. Bei der Aussprache der emphatischen Laute wird der gesamte Sprechapparat leicht angespannt und der hintere Teil der Zunge zum weichen Gaumen hin angehoben.

A 3 Bei richtiger Aussprache der emphatischen Laute ändert sich etwas die Qualität der Vokale und Diphthonge in ihrer Umgebung, z. B. *a* > *å*, *i* > russ. hartes *y*.

q (ق) (stimmloser velarer Verschlußlaut)

Die Aussprache des *Qāf* unterscheidet sich von der des *Kāf* dadurch, daß der hintere Teil der Zunge soweit wie möglich zurückgeführt wird, um mit dem hinteren Teil des weichen Gaumens einen Verschluß zu bilden.

A 4 Ordnung der arabischen Konsonanten nach ihrer Artikulationsstelle:

bilabial: *b, m, w*
labiodental: *f*
interdental: *ḏ, ṯ*
dental: *d, t, ḍ, ṭ*
präpalatal: *n, l, r, z, ẓ, s, ṣ, š, ǧ, y*
postpalatal: *k*
velar: *ġ, q, ḫ*
pharyngal: *ʿ, ḥ*
laryngal: *ʾ, h*

1.2. Die Schreibung

1.2.1. Die arabische Schrift ist eine Kursivschrift und wird von rechts nach links geschrieben.

Die Buchstaben werden bis auf sechs (nämlich و ز ر ذ د ا) nach beiden Seiten verbunden (» zusammengeschrieben «).
Die Buchstaben haben unterschiedliche Größen (Höhe und Breite); es gibt aber keine Großbuchstaben.
Jeder Buchstabe hat eine unveränderliche Grundform; wenn er am Wortende oder isoliert steht, wird diese bei den meisten Buchstaben mit einem unter die Zeile geführten » Schnörkel « versehen.

G

Die arabische Schrift hat nur wenige Buchstabenformen. Zur klaren Unterscheidung formgleicher Buchstaben werden unterschiedlich ein bis drei Punkte (diakritische Punkte) entweder über oder unter den Buchstaben gesetzt.

Beispiel:

ﻨ *Nūn*, ﺘ *Tāʾ*, ﺜ *Ṯāʾ*, ﺒ *Bāʾ*, ﻴ *Yāʾ*.

Diese allgemeinen Hinweise über die arabische Schrift gelten sowohl für die Druck- als auch für die Schreibschrift.
Der Unterschied zwischen beiden besteht darin, daß in der Schreibschrift zahlreiche Buchstaben vereinfacht geschrieben werden.
Der Studierende soll die arabische Schrift gleichzeitig lesen und schreiben lernen. Deshalb halten wir es für notwendig, bei den Schreibübungen zunächst mit der Druckschrift zu beginnen. So prägen sich dem Studierenden die Prototypen der arabischen Buchstaben sowohl beim Lesen als auch beim Schreiben ein. Die Einführung der Schreibschrift schon in Lektion 1 könnte erhebliche Unsicherheiten zur Folge haben.
Trotzdem muß zu einem möglichst frühen Zeitpunkt, d. h. wenn der Studierende die arabische Schrift einigermaßen sicher beherrscht, dem tatsächlichen Schriftgebrauch Rechnung getragen werden, indem fortan die Druckschrift gelesen und die Schreibschrift geschrieben wird.
Die Besonderheiten der Schreibschrift sind in tabellarischer Form am Ende von Lektion 3 zusammengestellt. Dort sind auch eine Anzahl von Wörtern, die der Studierende – bis auf wenige Ausnahmen – bis zu diesem Zeitpunkt kennengelernt hat und aktiv beherrscht, in Druck- und Schreibschrift als Beispiele einander gegenübergestellt.
Wir empfehlen dem Lektor, beginnend mit Lektion 4, sich dann, wenn er Beispiele an die Tafel schreibt, der arabischen Schreibschrift zu bedienen und sie mit den Studierenden auch zu üben.

1.2.2. Die orthographischen Hilfszeichen

Zur genaueren lautlichen Fixierung existiert ein System orthographischer Hilfszeichen. Je nachdem, ob sie beim Druck verwendet

G

werden oder nicht, spricht man von einem vokalisierten oder unvokalisierten Text. Im allgemeinen sind die gedruckten oder geschriebenen arabischen Texte unvokalisiert.
Die im folgenden behandelten Hilfszeichen wurden im Lehrbuch nur soweit gesetzt, als sie für das sichere Erlernen der richtigen Lautung notwendig sind.
Die orthographischen Hilfszeichen für die kurzen Vokale, für die das arabische Alphabet keine Buchstaben hat:

Fatḥa = kurzes *a* kleiner Schrägstrich (َ) über dem Konsonanten.

Beispiele: بَ *ba*, فَ *fa*, وَ *wa*

(*Fatḥa* vor *Alif* = langes *ā*: مَا *mā*)

Kasra = kurzes *i* kleiner Schrägstrich (ِ) unter dem Konsonanten.

Beispiele: بِ *bi*, لِ *li*, مِ *mi*

(*Kasra* vor *Yā'* = langes *ī*: كَبِير *kabīr*)

Ḍamma = kurzes *u* Häkchen in der Form eines kleinen *Wāw* (ُ) über dem Konsonanten.

Beispiele: هُ *hu*, كُم *kum*, هُم *hum*

(*Ḍamma* vor *Wāw* = langes *ū*: نُون *Nūn*)

Weitere orthographische Hilfszeichen:

Sukūn = Vokallosigkeit; kleiner Kreis (ْ) über dem Konsonanten.

Beispiele: تَحْتَ *taḥta*, نَحْنُ *naḥnu*, مِنْ *min*

Šadda = Verstärkungs-, Verdoppelungszeichen; Doppelhäkchen in der Form eines kleinen *Sīn* (ّ) über dem Konsonanten.

Fatḥa und *Ḍamma* werden über, *Kasra* unter das *Šadda* gesetzt.

Beispiele: شُبَّاك *šubbāk*, مُعَلِّم *mu'allim*, بَلُّور *ballūr*

Der verdoppelte Konsonant wird wie im Russischen deutlich verlängert ausgesprochen.

G

Diphthonge:

Die Hilfszeichen *Fatḥa* und *Sukūn* in Verbindung mit *Wāw* und *Yā'* werden dazu verwendet, die beiden Diphthonge *au* und *ai* zu bezeichnen.

Beispiele:

لَوْح *lauḥ*, فَوْقَ *fauqa*, بَيْت *bait*, كَيْفَ *kaifa*

1.2.3. *Hamza* ء und *Tā' marbūṭa* ة

Hamza, geschrieben wie ein kleines *ʿAin*, hat fast immer einen Trägerbuchstaben. »Hamzaträger« sind ا (*Alif*), و (*Wāw*) und ى (*Yā'*). Welches von ihnen in Frage kommt, ist in einem komplizierten Regelsystem festgelegt (s. Lektion 24).
Es genügt zunächst, sich zu merken, daß der Hamzaträger am Wortanfang stets *Alif* ist, also: أَنْتَ *anta*, أُمّ *umm*, إِنْ *in*.
Eine besondere Form des *Tā'* ist das sog. *Tā' marbūṭa* ة, also ein *Hā'* ه mit zwei Punkten. Es kommt nur im Auslaut vor und kennzeichnet u. a. feminine Nomina. In der Aussprache bleibt es meist unberücksichtigt (vgl. Lektion 2, A 4).

1.2.4. Das Alphabet in der traditionellen Anordnung

Name des Buchstabens	Transliteration	Isolierte Stellung	Endstellung	Mittelstellung	Anfangsstellung
Alif	*ā*	ا	ـا	ـا	ا
Bā'	*b*	ب	ـب	ـبـ	بـ
Tā'	*t*	ت	ـت	ـتـ	تـ
Ṯā'	*ṯ*	ث	ـث	ـثـ	ثـ
Ǧīm	*ǧ*	ج	ـج	ـجـ	جـ
Ḥā'	*ḥ*	ح	ـح	ـحـ	حـ
Ḫā	*ḫ*	خ	ـخ	ـخـ	خـ

G

Name des Buchstabens	Trans-literation	Isolierte Stellung	End-stellung	Mittel-stellung	Anfangs-stellung
Dāl	*d*	د	ـد	ـد	د
Ḏāl	*ḏ*	ذ	ـذ	ـذ	ذ
Rā'	*r*	ر	ـر	ـر	ر
Zāy	*z*	ز	ـز	ـز	ز
Sīn	*s*	س	ـس	ـسـ	سـ
Šīn	*š*	ش	ـش	ـشـ	شـ
Ṣād	*ṣ*	ص	ـص	ـصـ	صـ
Ḍād	*ḍ*	ض	ـض	ـضـ	ضـ
Ṭā'	*ṭ*	ط	ـط	ـطـ	طـ
Ẓā'	*ẓ*	ظ	ـظ	ـظـ	ظـ
ʿAin	*ʿ*	ع	ـع	ـعـ	عـ
Ġain	*ġ*	غ	ـغ	ـغـ	غـ
Fā'	*f*	ف	ـف	ـفـ	فـ
Qāf	*q*	ق	ـق	ـقـ	قـ
Kāf	*k*	ك	ـك	ـكـ	كـ
Lām	*l*	ل	ـل	ـلـ	لـ
Mīm	*m*	م	ـم	ـمـ	مـ
Nūn	*n*	ن	ـن	ـنـ	نـ
Hā'	*h*	ه	ـه	ـهـ	هـ
Wāw	*w, ū*	و	ـو	ـو	و
Yā'	*y, ī*	ى	ـى	ـيـ	يـ

A 5 1. Der erste Buchstabe des Alphabets ist eigentlich *Hamza*. Da jedoch *Alif* sehr häufig als Träger des *Hamza* verwendet wird, hat man es an die erste Stelle im Alphabet gesetzt.

G

2. Bei der Transliteration arabischer Wörter wird das *Hamza* in Anfangsstellung nicht berücksichtigt. Wir geben also Wörter wie أَنْتَ, أُمّ oder إِنْ mit *anta, umm* und *in* und nicht mit *'anta, 'umm* und *'in* wieder.
3. Am Ende eines Wortes kann in bestimmten Fällen *Yā'* (ى) auch ein langes *ā* ausdrücken. In manchen arabischen Ländern wird deshalb zur Unterscheidung das *Yā'*, wenn es den Lautwert langes *ī* hat, auch in der Endstellung mit zwei Punkten geschrieben: ي.
4. Das hier zur Darstellung der arabischen Laute bzw. Buchstaben verwendete Transliterationssystem (Buchstaben des lateinischen Alphabets, zum Teil mit zusätzlichen Unterscheidungsmerkmalen in Form von Punkten, Strichen oder Häkchen versehen) wurde auf dem 19. Internationalen Orientalistenkongreß in Rom 1935 festgelegt. Wenn sich im Lehrbuch die „Umschrift" arabischer Wörter vom methodischen Gesichtspunkt als empfehlenswert erweist, verwenden wir ebenfalls dieses System.

Ü

Übungen

In den Übungen der Lektionen 1, 2 und 3 (ca. 3 Wochen) werden die Grundlagen der arabischen Lautung und Schreibung vermittelt. Dabei wird nach dem methodischen Prinzip Hören – Sprechen – Lesen – Schreiben verfahren.
Da es erfahrungsgemäß längere Zeit dauert, bis sich der Studierende mit dem Lesen und Schreiben der arabischen Schrift zurechtfindet, beginnen wir mit Hör- und Sprechübungen, für die ein Vokabular von etwa 80 arabischen Wörtern, die Gegenstände und Personen aus der unmittelbaren Umgebung des Studierenden (Klassenzimmer!) bezeichnen, die Grundlage bildet.
Es wird also im Sinne der direkten Methode gleich mit dem Sprechen begonnen, ohne daß der Studierende zunächst weiß, wie die im Gespräch verwendeten Wörter geschrieben werden. Zugleich prägt sich der Studierende die richtige Betonung der Wörter ein, ohne von irgendwelchen Akzentregeln belastet zu sein. Da die ersten Übungen, nachdem sie im Kolleg mit dem Lektor durchgenommen worden sind, dem Studierenden als Hausaufgabe zum Lesen gegeben werden, haben wir, trotz gewisser methodischer Bedenken, die Umschrift hinzugefügt. Die dreispaltige Anordnung ermöglicht die Kontrolle beim

häuslichen Lesen. Der Studierende sollte aber dazu angehalten werden, die mittlere und rechte Spalte abzudecken und sich nur auf den arabischen Text zu konzentrieren.
Die Übungstexte der Lektionen 1, 2 und 3 können später als Schreibübungen verwendet werden. Zunächst sind jedoch die Schreibübungen der Lektion 1 (Ü 7) durchzunehmen, die – aufgebaut nach dem Prinzip der Ähnlichkeit der Buchstaben – eine gewisse Schreibtechnik vermitteln sollen.
Alle in den Übungen der Lektionen 1, 2 und 3 verwendeten Vokabeln sind in einem Vokabelverzeichnis am Schluß von Lektion 3 zusammengefaßt.

Ü 1 Der Lektor spricht die folgenden Wörter mit deutlicher Artikulation vor und läßt sie von jedem einzelnen Studierenden nachsprechen. Er überprüft, verbessert und erläutert die Aussprache und versucht dabei, durch Gesten oder durch das Zeigen auf einen Gegenstand dem Studierenden das intuitive Erfassen der Bedeutung zu ermöglichen. Zur Kontrolle fragt er ab und zu nach der deutschen Bedeutung des Wortes, um falsche Assoziationen zu vermeiden.

السَّلَامُ عَلَيْكُمْ	Friede sei über euch	*as-salāmu ʿalaikum*	eine der zahlreichen arabischen Begrüßungsformeln
أَنَا	ich	*ana*	das an sich lange *ā* am Wortende von أنا wird hier kurz gesprochen
أَنْتَ	du (m.)	*anta*	
أَنْتِ	du (f.)	*anti*	
وَ	und	*wa*	steht unmittelbar, ohne Zwischenraum, vor dem folgenden Wort

Ü

أَنَا وَأَنْتَ	ich und du	*ana wa-anta*
أَنَا وَأَنْتِ	ich und du	*ana wa-anti*
أَنْتَ وَأَنَا	du und ich	*anta wa-ana*
أَنْتِ وَأَنَا	du und ich	*anti wa-ana*
أَنْتَ وَأَنْتِ	du und du	*anta wa-anti*
أَنْتِ وَأَنْتَ	du und du	*anti wa-anta*
هُوَ	er	*huwa*
هِيَ	sie	*hiya*
هُوَ وَهِيَ	er und sie	*huwa wa-hiya*
هِيَ وَهُوَ	sie und er	*hiya wa-huwa*
أَنَا وَأَنْتَ وَهُوَ	ich und du und er	*ana wa-anta wa-huwa*
أَنَا وَأَنْتِ وَهِيَ	ich und du und sie	*ana wa-anti wa-hiya*

Ü 2 Es gelten die gleichen Anweisungen wie bei Ü 1.

أَنَا مُعَلِّم .	Ich bin (ein) Lehrer.	*ana muʿallim.*
أَنَا مُعَلِّمَة .	Ich bin (eine) Lehrerin.	*ana muʿallima.*
أَنْتَ طَالِب .	Du bist (ein) Student.	*anta ṭālib.*
أَنْتِ طَالِبَة .	Du bist (eine) Studentin.	*anti ṭāliba.*
هُوَ طَالِب .	Er ist (ein) Student.	*huwa ṭālib.*
هِيَ طَالِبَة .	Sie ist (eine) Studentin.	*hiya ṭāliba.*

Ü

أَنَا مُعَلِّم وَأَنْتَ طَالِب .	Ich bin ein (Lehrer) und du bist (ein) Student.	*ana muʿallim wa-anta ṭālib.*
أَنَا مُعَلِّم وَأَنْتِ طَالِبَة .	Ich bin (ein) Lehrer und du bist (eine) Studentin.	*ana muʿallim wa-anti ṭāliba.*
هُوَ طَالِب وَأَنَا مُعَلِّم .	Er ist (ein) Student und ich bin (ein) Lehrer.	*huwa ṭālib wa-ana muʿallim.*
هِيَ طَالِبَة وَأَنَا مُعَلِّم .	Sie ist (eine) Studentin und ich bin (ein) Lehrer.	*hiya ṭāliba wa-ana muʿallim.*
هِيَ طَالِبَة وَهُوَ طَالِب .	Sie ist (eine) Studentin und er ist (ein) Student.	*hiya ṭāliba wa-huwa ṭālib.*

Ü 3 Es gelten die gleichen Anweisungen wie bei Ü 1.

هُنَا	hier	*hunā*
هُنَاكَ	dort	*hunāka*
هُنَا وَهُنَاكَ	hier und dort	*hunā wa-hunāka*
أَنَا هُنَا وَأَنْتَ هُنَاكَ .	Ich bin hier und du bist dort.	*ana hunā wa-anta hunāka.*
أَنَا هُنَا وَأَنْتِ هُنَاكَ .	Ich bin hier und du bist dort.	*ana hunā wa-anti hunāka.*
هُوَ هُنَا وَهِيَ هُنَاكَ .	Er ist hier und sie ist dort.	*huwa hunā wa-hiya hunāka.*
أَنْتَ هُنَا وَهُوَ هُنَاكَ .	Du bist hier und er ist dort.	*anta hunā wa-huwa hunāka.*
هُنَا وَرَق .	Hier ist Papier.	*hunā waraq.*
هُنَا قَلَم .	Hier ist ein Bleistift.	*hunā qalam.*

Ü

هُنَا كُرَّاسَة .	Hier ist ein Heft.	*hunā kurrāsa.*
هُنَا كِتَاب .	Hier ist ein Buch.	*hunā kitāb.*
هُنَا شَنْطَة .	Hier ist eine Tasche.	*hunā šanṭa.*
هُنَا وَرَق وهُنَاكَ قَلَم.	Hier ist Papier und dort ein Bleistift.	*hunā waraq wa-hunāka qalam.*
هُنَا كُرَّاسَة وهُنَاكَ كِتَاب .	Hier ist ein Heft und dort ein Buch.	*hunā kurrāsa wa-hunāka kitāb.*
هُنَا كِتَاب وهُنَاكَ شَنْطَة .	Hier ist ein Buch und dort eine Tasche.	*hunā kitāb wa-hunāka šanṭa.*
هُنَا طَاوِلَة .	Hier ist ein Tisch.	*hunā ṭāwila.*
هُنَا كُرْسِيّ .	Hier ist ein Stuhl.	*hunā kursī.*
هُنَا خِزَانَة .	Hier ist ein Schrank.	*hunā ḫizāna.*
هُنَا مِصْبَاح .	Hier ist eine Lampe.	*hunā miṣbāḥ.*
هُنَا لَوْح .	Hier ist eine Tafel.	*hunā lauḥ.*
هُنَا طَاوِلَة وهُنَاكَ كُرْسِيّ .	Hier ist ein Tisch und dort ein Stuhl.	*hunā ṭāwila wa-hunāka kursī.*
هُنَا خِزَانَة وهُنَاكَ مِصْبَاح .	Hier ist ein Schrank und dort eine Lampe.	*hunā ḫizāna wa-hunāka miṣbāḥ.*
هُنَا خِزَانَة وهُنَاكَ لَوْح .	Hier ist ein Schrank und dort eine Tafel.	*hunā ḫizāna wa-hunāka lauḥ.*
هُنَا بَاب .	Hier ist eine Tür.	*hunā bāb.*
هُنَا شُبَّاك .	Hier ist ein Fenster.	*hunā šubbāk.*
هُنَا جِدَار.	Hier ist eine Wand.	*hunā ǧidār.*

Ü

هُنَا بَاب وهُنَاكَ شُبَّاك .	Hier ist eine Tür und dort ein Fenster.	*hunā bāb wa-hunāka šubbāk.*
هُنَا جِدَار وهُنَاكَ بَاب .	Hier ist eine Wand und dort eine Tür.	*hunā ǧidār wa-hunāka bāb.*

Ü 4 Der Lektor stellt Fragen nach dem Muster: مَا هُنَا ؟ »Was ist hier?« مَا هُنَاكَ ؟ »Was ist dort?« bzw. مَنْ هُنَا ؟ »Wer ist hier?«, مَنْ هُنَاكَ ؟ »Wer ist dort?« und zeigt dabei auf einen Gegenstand bzw. eine Person. Der Studierende antwortet mit هُنَا bzw. هُنَاكَ und ergänzt das Wort, auf das die Frage zielt.

Beispiele:

Lektor:	مَا هُنَا ؟	Was ist hier?
Student:	هُنَا بَاب .	Hier ist eine Tür.
Lektor:	مَنْ هُنَا ؟	Wer ist hier?
Student:	هُنَا مُعَلِّم .	Hier ist ein Lehrer.
Lektor:	مَا هُنَا ومَا هُنَاكَ ؟	Was ist hier und was dort?
Student:	هُنَا بَاب وهُنَاكَ طَاوِلَة .	Hier ist eine Tür und dort ein Tisch.
Lektor:	مَنْ هُنَا ومَنْ هُنَاكَ ؟	Wer ist hier und wer dort?
Student:	هُنَا طَالِب وهُنَاكَ طَالِبَة .	Hier ist ein Student und dort eine Studentin.

Als Wörter, nach denen gefragt werden kann, kommen in Frage:

بَاب ، خِزَانَة ، كُرْسِيّ ، طَاوِلَة ، كُرَّاسَة ، كِتَاب . وَرَق ، شَنْطَة ،

Ü

قَلَم ، لَوْح ، جِدار ، شُبّاك ، مِصْباح ، طالِبَة ، طالِب ، مُعَلِّم ، مُعَلِّمَة .

Ü 5 Der Lektor läßt die Studierenden die Wörter und Sätze aus den Übungen 1–4 lesen. Dabei sind die mittlere und rechte Spalte abzudecken. Er gibt dabei ständig Hinweise auf Lautung und Schriftbild.

Ü 6 (Hausaufgabe) Ü 5 wird wiederholt. Die Begrüßungsformel zu Beginn von Ü 1 wird dabei weggelassen.

Ü 7 Der Lektor bereitet Ü 8 vor, indem er den Studierenden die einzelnen Buchstaben und Buchstabenverbindungen in der dort gegebenen Anordnung vorschreibt und ihren Duktus erklärt. Er erläutert durch einige Beispiele, wie die als Hausaufgabe gedachte Ü 8 auszuführen ist und macht dabei besonders auf die Buchstaben aufmerksam, die nach links nicht verbunden werden können.

Ü 8 ist als rein schreibtechnische Übung gedacht. Sie soll keine neuen Wörter vermitteln.

Ü 8 (Hausaufgabe)

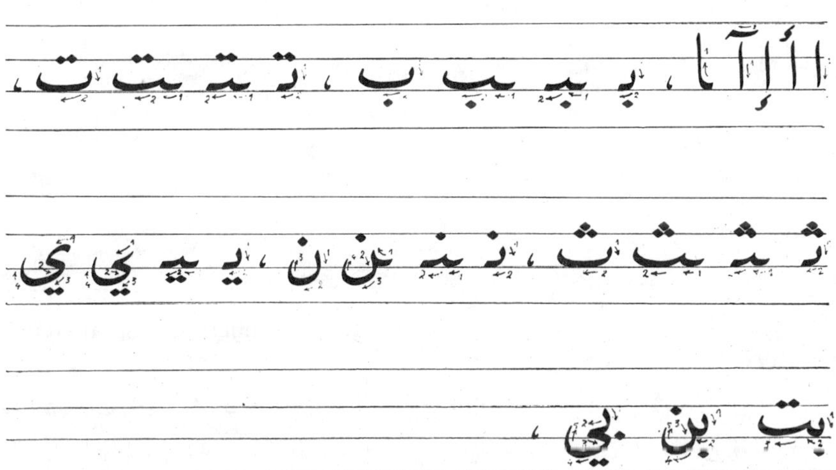

Ü

Verbinden Sie die folgenden isoliert geschriebenen Buchstaben zu Wörtern:

1. ا + ب
2. ا + ب + ا
3. ا + ن + ا
4. ا + ن + ت
5. ی + ا
6. ب + ی
7. ا + ی
8. ا + ن
9. ب + ی + ت
10. ب + ی + ن
11. ا + ب + ن
12. ب + ن + ت
13. ب + ا + ب
14. ت + ی + ن
15. ب + ی + ن + ا
16. ب + ی + ت + ی
17. ث + ا + ب + ت
18. ب + ث

Verbinden Sie die folgenden isoliert geschriebenen Buchstaben zu Wörtern:

1. ا + خ
2. ا + خ + ا
3. ن + ح + ن
4. ت + ح + ت
5. ح + ج
6. ح + ا + ج
7. ج + ی + ب
8. ج + ب + ن
9. ح + ب
10. ب + خ
11. ح + ی + ن
12. ح + ب + ی + ب
13. ح + ب + ی + ب + ی
14. ا + ح + ب
15. ن + ح + ب
16. ت + ا + ج
17. ا + ح + ت + ا + ج
18. ن + ح + ت + ا + ج

Verbinden Sie die folgenden isoliert geschriebenen Buchstaben zu Wörtern:

1. د + ب + ر
2. د + ا + ر
3. ت + د + ب + ی + ر
4. د + ج + ا + ج
5. د + ح + ر + ج
6. ا + د + ر + ی
7. ت + د + ر + ی + ب

8. ی + د + ر + ی 9. ذ + ب + ذ + ب 10. ر + ب 11. ر + ی + ح
12. ر + و + ح 13. ت + ر + ت + ی + ب 14. ج + د + د
15. ج + د + ی + د 16. ب + ی + ت 17. ب + ا + ب 18. ا + ب
+ و + ا + ب 19. ح + ب + ر 20. خ + ذ 21. ا + و 22. ز + ج
+ ا + ج 23. ی + د 24. ی + ر + ی 25. ا + ر + ی 26. ر + ا + ی
27. د + و + ن 28. ا + ب + و

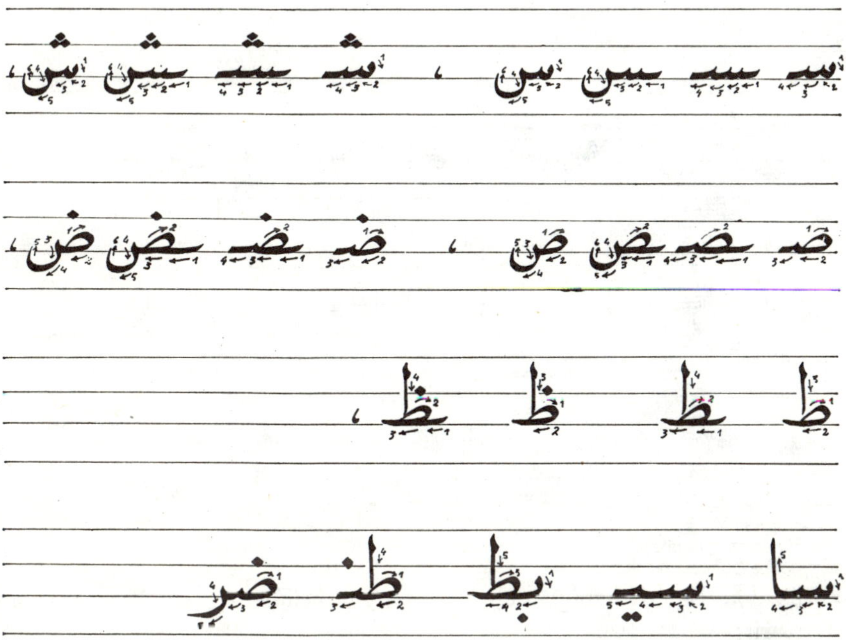

Verbinden Sie die folgenden isoliert geschriebenen Buchstaben zu Wörtern:

1. س + ی + ن 2. ش + ی + ن 3. ص + ا + د 4. ض + ا + د
5. د + ر + س 6. د + ر + و + س 7. ص + ح + ی + ح 8. ص + ح
+ ا + ح 9. ص + ب + ا + ح 10. س + ب + ب 11. ش + خ + ص
12. س + ا + ب + ح 13. ا + س + ب + ا + ب 14. ش + ر + ب

Ü

15. ش + ر + ط + ى 16. ش + ر + ح 17. ت + ش + د + ى + د
18. ص + د + ر 19. ض + ر + ب 20. ا + ج + ا + ص 21. ا + ص
\+ د + ا + ر 22. ط + ر + ب 23. ط + ب + ى + ب 24. ا + ظ + ن
25. ا + ر + ض 26. ض + د

Verbinden Sie die folgenden isoliert geschriebenen Buchstaben zu Wörtern:

1. ع + ى + ن 2. غ + ى + ن 3. غ + د + ا 4. ف + ى
5. ف + و + ق 6. ص + د + ى + ق 7. ك + ى + ف 8. ك + ر
\+ س + ى 9. ا + ل + ا + ن 10. ط + ا + ل + ب 11. و + ر + ق
12. ر + ج + ل 13. ك + ل 14. ح + ق 15. ح + ق + و + ق
16. ر + ج + ا + ل 17. ا + و + ر + ا + ق 18. ك + ب + ى + ر
19. ص + غ + ى + ر 20. ن + ظ + ى + ف 21. ط + و + ى + ل

22. ط + و + ا + ل　23. ا + ع + ط + ى　24. ى + ح + ك + ى
25. ح + ا + ل　26. ص + ب + ا + ح　27. ا + ل + خ + ى + ر
28. ش + ك + ر + ا　29. ع + ف + و + ا

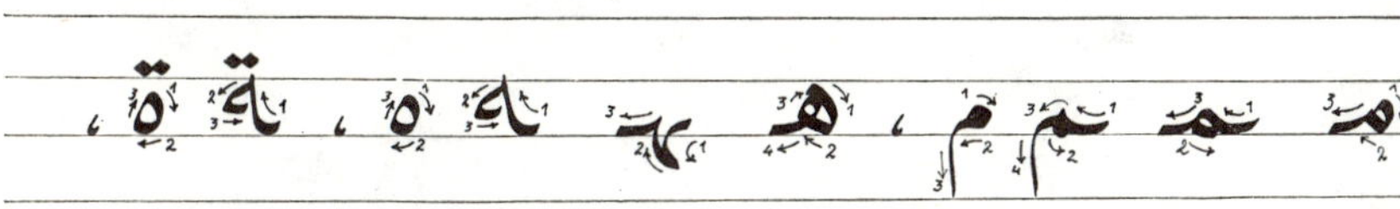

Verbinden Sie die folgenden isoliert geschriebenen Buchstaben zu Wörtern:

1. ا + ن + ت + م　2. ن + ع + م　3. ه + ذ + ا　4. ه + ذ + ه
5. ه + ل　6. م + ن　7. م + ا + ذ + ا　8. م + ع　9. ج + م + ى + ع
10. ه + ن + ا　11. ه + ن + ا + ك　12. م + ع + ل + م　13. م + ع
+ ل + م + و + ن　14. ط + ا + و + ل + ة　15. خ + ز + ا + ن + ة
16. م + ص + ب + ا + ح　17. غ + ر + ف + ة　18. ق + ل + م
19. م + د + ى + ن + ة　20. ا + س + م　21. ف + ت + ا + ة
22. ه + ا + ت　23. ش + ن + ط + ة　24. ق + د + ى + م
25. ت + ر + ج + م　26. ا + س + م + ع　27. م + ر + ح + ب + ا
28. ا + ل + س + ل + ا + م　29. م + ر + ة　30. م + ه + م
31. م + ه + م + ة　32. م + ه + ا + م

Lektion 2

G

1. Der Artikel

1.1. Der bestimmte Artikel (deutsch der, die, das) lautet im Arabischen أَلْ . Er ist in Kasus, Genus und Numerus unveränderlich, wird mit dem Substantiv zusammengeschrieben und bildet mit ihm eine lautliche Einheit:

das Haus	أَلْبَيْتُ	*al-bait*	Haus	بَيْتٌ	*bait*
das Heft	أَلْكُرَّاسَةُ	*al-kurrāsa*	Heft	كُرَّاسَةٌ	*kurrāsa*

A 1 Wir nennen ein Substantiv mit vorgesetztem Artikel أل determiniert.
Ohne Artikel determiniert sind zahlreiche Eigennamen, z. B. لُبْنَانُ „Libanon", مُحَمَّدٌ „Muḥammad". Andere Möglichkeiten der Determination lernen wir später kennen.

Einen unbestimmten Artikel gibt es im Arabischen nicht.

1.2. Beginnt das Substantiv, dem der Artikel vorgesetzt wird, mit einem der Laute

ت ، ث ، د ، ذ ، ر ، ز ، س ، ش ، ص ، ض ، ط ، ظ ، ل ، ن

so wird das *l* des Artikels den genannten Lauten assimiliert, die dadurch verdoppelt werden:

assimiliert			nicht assimiliert		
der Freund	أَلصَّدِيقُ	*aṣ-ṣadīq*	das Haus	أَلْبَيْتُ	*al-bait*
der Mann	أَلرَّجُلُ	*ar-rağul*	das Zimmer	أَلْغُرْفَةُ	*al-ġurfa*
die Sonne	أَلشَّمْسُ	*aš-šams*	der Mond	أَلْقَمَرُ	*al-qamar*

G

A 2 Nach den beiden letztgenannten Beispielen werden die Buchstaben, denen das *l* des Artikels assimiliert wird, *ḥurūf šamsīya* » Sonnenbuchstaben «, alle übrigen *ḥurūf qamarīya* » Mondbuchstaben « genannt.

1.3. Das mit *Fatḥa* vokalisierte *Hamza* des Artikels wird als kurzes *a* nur dann gesprochen, wenn das betreffende mit Artikel versehene Wort einen Satz oder selbständigen Satzteil einleitet. Im Satzinnern verschwindet das *Hamza*. In der Schrift steht dann statt *Hamza* das sog. *Waṣla* : ٱ

Er ist der Lehrer.	هُوَ ٱلْمُعَلِّمُ . *huwal-muʿallim*	der Lehrer	أَلْمُعَلِّمُ *al-muʿallim*
mit dem Freund	مَعَ ٱلصَّدِيقِ *maʿaṣ-ṣadīq*	der Freund	أَلصَّدِيقِ *aṣ-ṣadīq*
Wo ist die Tafel?	أَيْنَ ٱللَّوْحُ ؟ *ainal-lauḥ*	die Tafel	أَللَّوْحُ *al-lauḥ*

1.3.1. Endet das vorhergehende Wort auf einen langen Vokal, so wird dieser in der Aussprache gekürzt:

fī + *al-bait* > *fil-bait* فِي ٱلْبَيْتْ < أَلْبَيْتْ + فِي im Haus

ʿalā + *aṭ-ṭāwila* > *ʿalaṭ-ṭāwila* عَلَى ٱلطَّاوِلة < أَلطَّاوِلة + عَلَى
auf dem Tisch

1.3.2. Endet das vorhergehende Wort vokallos, so wird das *Sukūn* durch einen H i l f s v o k a l ersetzt, in der Regel ein *i* (خُذْ < خُذِ ٱلْكِتَابَ » Nimm das Buch! «), bei der Präposition مِنْ ein *a* (مِنَ ٱلْبَيْتِ » aus dem Haus «). Bei einigen Pronomen und Verbalsuffixen mit dem Vokal *u* ist auch der Hilfsvokal ein *u*.

A 3 Das *Hamza* des Artikels wird wegen dieser Eigenschaft *Hamzat al-waṣl* » Verbindungs-Hamza «, das gewöhnliche *Hamza* aber *Hamzat al-qaṭʿ* » Trennungs-Hamza « genannt. Auch bei anderen Wortarten und Wörtern ist manchmal das anlautende *Hamza* ein » Verbindungs-Hamza «. Es ist in diesem Lehrbuch jeweils als solches gekennzeichnet.

G

2. Das Genus

Im Arabischen gibt es zwei Genera: Maskulinum und Femininum. Substantive mit der Endung ـة *-at* sind feminin. Substantive ohne diese Endung sind maskulin.

A 4 Bei alleinstehenden Wörtern oder am Satzende spricht man das *t* der Femininendung (*Tā' marbūṭa*) nicht mit und läßt das Wort auf kurzes *a* auslauten.

A 5 Es gibt — zahlenmäßig allerdings kaum ins Gewicht fallende — Abweichungen von der oben formulierten Regel, u. a. folgende:
Bei Personen entscheidet das natürliche Geschlecht, nicht die äußere Form des Wortes: أُمّ »Mutter« ist fem., obwohl das Wort keine Femininendung hat;
fast alle Länder- und alle Städtenamen, manche Körperteilbezeichnungen und einige wenige andere Substantive maskuliner Form (vgl. im Grundvokabular أرض, S. 64) sind Feminina;
andere Substantive werden manchmal als Maskulinum, manchmal als Femininum behandelt.
Als solche nicht ohne weiteres erkennbare Feminina werden in diesem Buch bei der erstmaligen Nennung durch ein nachgestelltes (م) gekennzeichnet.

3. Der Nominalsatz

Der einfache arabische Nominalsatz besteht aus zwei Satzgliedern: dem Subjekt und dem Prädikat. Er hat generell-präsentischen Zeitwert und keine Kopula.

3.1. Subjekt kann ein Substantiv, ein Personal- oder Demonstrativpronomen sein, Prädikat ein Adjektiv, ein Substantiv oder ein Adverb bzw. eine Präpositionalgruppe (alle diese Wortarten erscheinen im Grundvokabular).

Folgende Varianten kommen häufig vor:

Satzstruktur 1 = das Subjekt ist ein determiniertes Substantiv oder ein Pronomen und steht voran.

a 1 **Substantiv** – Adjektiv

Das Haus ist groß. أَلْبَيْتُ كَبِيرٌ.

G

a 2 Substantiv — (indet.) Substantiv

Der Mann ist (ein) Lehrer. اَلرَّجُل مُعَلِّم .

a 3 Substantiv — Adverb

Der Lehrer ist hier. اَلْمُعَلِّم هُنَا .

— Präpositionalgruppe

Der Lehrer ist im Zimmer. اَلْمُعَلِّم فِي ٱلْغُرْفَة .

b 1 **Personalpronomen** — Adjektiv

Er (es) ist groß. هُوَ كَبِير.

b 2 Personalpronomen — (indet.) Substantiv

Er ist (ein) Lehrer. هُوَ مُعَلِّم .

— (det.) Substantiv

Er ist der Lehrer. هُوَ ٱلْمُعَلِّم .

b 3 Personalpronomen — Adverb

Er ist hier. هُوَ هُنَا .

— Präpositionalgruppe

Er ist im Zimmer. هُوَ فِي ٱلْغُرْفَة .

c 1 **Demonstrativpronomen** — Adjektiv

Dies(er) ist groß. هٰذَا كَبِير.

c 2 Demonstrativpronomen — (indet.) Substantiv

Dies(er) ist (ein) Lehrer. هٰذَا مُعَلِّم .

c 3 Demonstrativpronomen — Adverb

Dies(er) ist hier. هٰذَا هُنَا .

— Präpositionalgruppe

Dies(er) ist im Zimmer. هٰذَا فِي ٱلْغُرْفَة .

A 6 Die Verbindung Demonstrativpronomen — determiniertes Substantiv ergibt eine andere Bedeutung:

dieser Lehrer هَذَا ٱلْمُعَلِّم

G

Bei determiniertem Prädikat muß hier zusätzlich das Personalpronomen der 3. Person eingefügt werden:

Dies ist der Lehrer. هَذَا هُوَ ٱلْمُعَلِّمُ .

Dies ist die Lehrerin. هَذِهِ هِيَ ٱلْمُعَلِّمَةُ .

Das *a* in der ersten Silbe von هَذَا und هَذِهِ ist lang, obwohl dies im Schriftbild nicht zum Ausdruck kommt!
Zu sprechen ist also: *hāḏā*.

Satzstruktur 2 = das Subjekt ist ein indeterminiertes Substantiv und steht am Schluß.

Adverb — Substantiv

Hier ist ein Lehrer. هُنَا مُعَلِّمٌ .

Präpositionalgruppe – Substantiv

Im Zimmer ist ein Lehrer. فِي ٱلْغُرْفَةِ مُعَلِّمٌ .
(Ein Lehrer ist im Zimmer.)

3.2. In der mit »ja« oder »nein« zu beantwortenden Entscheidungsfrage ist die Wortstellung wie im Aussagesatz, nur wird die Partikel هَلْ (selten die Partikel أَ) vorangestellt.

Ist er hier? هَلْ هُوَ هُنَا؟

Ist das groß? هَلْ هَذَا كَبِيرٌ؟

Das »oder« der Doppelfrage lautet im Arabischen أَمْ :

Ist das groß oder klein? هَلْ هَذَا كَبِيرٌ أَمْ صَغِيرٌ؟

Bei der mit den Fragepronomen مَا »was« oder مَنْ »wer« eingeleiteten Ergänzungsfrage (auch »Wortfrage« genannt) ersetzt das Fragepronomen das Subjekt:

G

Was ist das?	مَا هَذَا ؟
Wer ist das?	مَنْ هَذَا ؟
Was ist hier?	مَا هُنَا ؟
Wer ist hier?	مَنْ هُنَا ؟

(Zu den Formen ما هذه und من هذه vgl. unten, 3.3.3.)

Ist ein S u b s t a n t i v oder A d j e k t i v Prädikat einer solchen Ergänzungsfrage, so wird (einer Kopula vergleichbar) das Personalpronomen هو (bzw. هي; vgl. unten, 3.3.3.) zwischen Fragepronomen und Prädikat eingeschoben:

Was ist groß?	مَا هُوَ كَبِير؟
Wer ist (der) Lehrer?	مَنْ هُوَ (الـ)مُعَلِّم ؟

A 7 Bei Sätzen, die mit einem Verb eingeleitet werden, steht als Fragepronomen statt ما im allgemeinen die erweiterte Form مَاذَا .

3.3. Die Genuskongruenz

3.3.1. Zwischen Subjekt und adjektivischem Prädikat besteht G e n u s k o n g r u e n z. Ist also das Substantiv feminin, muß das Adjektiv die Femininendung annehmen.

	feminines Subjekt = feminine Form des adjektivischen Prädikats		maskulines Subjekt = maskuline Form des adjektivischen Prädikats
a 1	اَلْخِزَانَة كَبِيرَة .	Der Schrank/ das Haus ist groß.	اَلْبَيْت كَبِير.
b 1	هِيَ كَبِيرَة .	Er/es ist groß.	هُوَ كَبِير.
c 1	هَذِهِ كَبِيرَة .	Dieser/ dieses ist groß.	هَذَا كَبِير.

G

3.3.2. Genuskongruenz besteht auch zwischen pronominalem Subjekt und nominalem Prädikat:

Er ist (ein) Lehrer. — هُوَ مُعَلِّمٌ .

Sie ist (eine) Lehrerin. — هِيَ مُعَلِّمَةٌ .

3.3.3. Auch bei der mit ما oder من eingeleiteten Ergänzungsfrage hängt das Genus eines als Prädikat stehenden Pronomens davon ab, ob nach einem Maskulinum oder einem Femininum gefragt wird, also:

Was ist das? — مَا هٰذَا ؟

Wer ist das? — مَنْ هٰذَا ؟

Wer ist er? — مَنْ هُوَ ؟

bei der Frage nach einem Maskulinum,

Was ist das? — مَا هٰذِهِ ؟

Wer ist das? — مَنْ هٰذِهِ ؟

Wer ist sie? — مَنْ هِيَ ؟

bei der Frage nach einem Femininum.

Dementsprechend lautet das bei der Ergänzungsfrage eingeschobene Personalpronomen (vgl. oben 3.2.) هو bei maskulinem, هي bei femininem Prädikat:

Was ist groß? — مَا هُوَ كَبِيرٌ؟

Wer ist schön? — مَنْ هِيَ جَمِيلَةٌ ؟

Wer ist (der) Lehrer? — مَنْ هُوَ (الـ)مُعَلِّمُ ؟

Wer ist (die) Lehrerin? — مَنْ هِيَ (الـ)مُعَلِّمَةُ ؟

A 8 Genuskongruenz besteht auch zwischen einem den Satz einleitenden Verb und dem folgenden Substantiv:

maskuline Form يُوجَدُ
feminine Form تُوجَدُ
} es gibt, befindet sich, ist vorhanden

G

Satzstruktur 1 a 3 unter Voransetzung von يوجد bzw. توجد:

Der Lehrer befindet sich im Zimmer. يوجد المعلّم في الغرفة .

Der Schrank befindet sich im Zimmer. توجد الخزانة في الغرفة .

Satzstruktur 2 unter Voransetzung von يوجد bzw. توجد:

Hier befindet sich ein Lehrer. يوجد هنا معلّم .

Hier befindet sich ein Schrank. توجد هنا خزانة .

In dem mit ماذا eingeleiteten Fragesatz verwendet man im allgemeinen die maskuline Form:

Was befindet sich in dem Zimmer? ماذا يوجد في الغرفة ؟

Ü

Ü 1 Der Lektor nennt aufeinanderfolgend die Substantive

بيت ، جدار ، كتاب ، ورق ، مصباح ، خزانة ، غرفة ، كرسيّ ، كرّاسة ، قلم ، معلّم ، معلّمة ، فتاة

und läßt sie von den Studenten einzeln nachsprechen. Die phonetische Kontrolle dieser und der folgenden Übungen durch den Lektor ist selbstverständlich.

Ü 2 Der Lektor wiederholt die in Ü 1 aufgeführten Wörter. Der Student spricht sie unter Hinzufügung des Artikels أل nach.

Ü 3 Wie Ü 1 unter Verwendung der Wörter

شبّاك ، صديق ، رجل ، طالب ، طاولة ، لوح ، شنطة ، صديقة

Ü 4 Wie Ü 2 unter Verwendung der Wörter von Ü 3.

Ü 5 Der Lektor nennt aufeinanderfolgend die determinierten Substantive

المعلّم ، المعلّمة ، الطالب ، الطالبة ، الرجل ، الصديق ، الصديقة

Der Student spricht diese Wörter nach und wiederholt sie noch einmal, indem er ihnen die Präposition مع vorsetzt.

Ü

Ü 6 Gleiche Übung mit der Präposition في und den Wörtern
الكتاب ، الخزانة ، الشنطة ، الغرفة ، الكرّاسة ، البيت

Ü 7 Gleiche Übung mit der Präposition على und den Wörtern
الورق ، الطاولة ، الجدار ، الكرسيّ ، الخزانة ، السقف ، الأرض .

Ü 8 Der Lektor nennt die Wörter . . . معلّم ، المعلّم ، طالب ، السيّد ، رجل ، صديق . Der Student bildet aus ihnen und den Personalpronomen هو und أنْتَ Nominalsätze.

Beispiele: معلّم > هو معلّم .
طالب > أنت طالب .

Nach السيّد wie auch bei السيّدة und الآنسة in Ü 9 können beliebige Namen eingesetzt werden.

Ü 9 Gleiche Übung mit den Substantiven معلّمة ، المعلّمة ، طالبة ، صديقة ، الفتاة ، فتاة ، الآنسة ، السيّدة und den Personalpronomen هي und أنْتِ .

Ü 10 Der Lektor nennt die Substantive
الشبّاك ، المصباح ، اللوح ، البيت ، الرجل ، القلم ، الطالب ، الكتاب
Der Student bildet mit ihnen unter Verwendung der aus der Grammatik dieser Lektion bekannten Adjektive جميل ، صغير ، كبير Nominalsätze.

Beispiele: الشبّاك > الشبّاك كبير.
الطالبة > الطالبة جميلة .

Ü 11 Wie Ü 10 unter Verwendung der Substantive
الخزانة ، الشنطة ، الطاولة ، الكرّاسة ، الغرفة ، الطالبة ، الفتاة .

Ü 12 Der Lektor nennt einige weitere Adjektive:
جديد ، قديم ، طويل ، قصير ، نظيف ، وسخ .

Ü

Der Student bildet selbständig Nominalsätze, bestehend aus jeweils einem der ihm bekannten Substantive und Adjektive. Dabei ist auf die richtige Endung des Adjektivs zu achten. Der Lektor wiederholt den Satz, der vom Studenten noch einmal nachgesprochen wird.

Ü 13 Der Lektor spricht einzeln die Sätze:

الكتاب جديد . البيت قديم . الخزانة كبيرة . الشبّاك صغير . الطالبة جميلة .
الغرفة نظيفة . الأرض وسخة . المعلّم طويل . الطالب قصير . القلم طويل .
الخزانة جديدة . اللوح نظيف . الغرفة وسخة . المصباح صغير . الشنطة
قديمة . الطاولة كبيرة . البيت جميل . الرجل قصير .

Der Student spricht zunächst nach und ersetzt dann das substantivische Subjekt durch das Personalpronomen هو bzw. هي

Beispiele:

Lektor: الكتاب جديد .

Student: الكتاب جديد — هو جديد .

Lektor: الخزانة صغيرة .

Student: الخزانة صغيرة — هي صغيرة .

Ü 14 Jeweils zwei Studenten bilden selbständig Fragesätze mit dem Frageadverb أين »wo« und den Substantiven, die sie bisher kennengelernt haben, und geben eine sinnvolle Antwort.

Beispiele: أين الكتاب ؟ < الكتاب في الشنطة .

الكتاب على الطاولة .

الكتاب في الخزانة .

Ü 15 Beantworten Sie die vom Lektor gestellten Fragen

ماذا يوجد في الغرفة (في البيت ، في الخزانة ، في الشنطة) ؟

ماذا يوجد على الطاولة (على الجدار ، على السقف) ؟

Ü

Ü 16 Lektor (deutet auf Gegenstände im Zimmer): ما هذا ؟ ما هذه ؟

Student: هذا شبّاك (لوح ، باب ، . . .)

هذه طاولة (شنطة ، كرّاسة ، . . .)

Lektor: نعم ، هذا . . . ، نعم ، هذه . . .

Student (wiederholt): نعم ، هذا . . . ، نعم ، هذه . . .

Ü 17 Lektor (deutet auf Gegenstände):

هل هذا شبّاك (لوح ، باب ، . . .)

هل هذه طاولة (شنطة ، كرّاسة ، . . .) ؟

Student: نعم ، هذا . . . ، نعم ، هذه . . .

أو:

لا ، هذا . . . ، لا ، هذه . . .

Ü 18 Lektor: هل هذا . . . أم . . . ؟

هل هذه . . . أم . . . ؟

Student: هذا . . . ، هذه . . .

Ü 19 Beantworten Sie die folgenden Fragen mit نعم oder لا und dem Personalpronomen der 1. P. Sg. als Subjekt:

هل أنْتَ طالب (معلّم ، المعلّم ، رجل ، السيّد . . . ، كبير ، صغير ، قصير ، طويل) ؟

هل أنْتِ طالبة (معلّمة ، المعلّمة ، فتاة ، الآنسة . . . ، كبيرة ، صغيرة ، قصيرة ، طويلة) ؟

Ü 20 Lektor (sich an einen Studenten wendend): هات الـ . . .

Student: خذ الـ . . .

Lektor: شكرا

Student: عفوا

Ü 21 Lektor und Student wiederholen Ü 20 mit vertauschten Rollen.

Ü 22 Lesen Sie

a) die arabischen Wörter in Ü 1, Ü 3, Ü 5
b) die arabischen Wörter von Ü 6 unter Hinzufügung der Präposition في
c) die arabischen Wörter von Ü 7 unter Hinzufügung der Präposition على
d) die Sätze von Ü 13
e) die Ihnen bisher bekannten Wörter in der Vokabelliste am Schluß von Lektion 3.

Ü 23 Setzen Sie vor alle in der Vokabelliste am Schluß von Lektion 3 aufgeführten Substantive den Artikel!

Ü 24 Bestimmen Sie das Genus der in dieser Vokabelliste aufgeführten Substantive!

Ü 25 Der Lektor schreibt die in dieser Lektion neu vorkommenden Wörter an die Tafel und gibt dabei Hinweise auf die Schreibung. Die Studenten schreiben die Wörter ab. Kontrolle durch den Lektor!

Ü 26 Der Lektor diktiert einige Wörter und Sätze.

Ü 27 (Hausaufgabe) Schreiben Sie die Sätze von Ü 13 in Ihr Heft!

Ü 28 (Hausaufgabe) Wiederholen Sie selbständig Ü 1–Ü 13!

Ü 29 (Hausaufgabe) Benennen Sie die Gegenstände Ihres Zimmers in der Form . . . هذا ، . . . هذه .

Lektion 3

G

1. Der Numerus

Das Arabische unterscheidet beim Nomen, Pronomen und Verb drei Numeri: Singular, Plural und Dual.
In dieser Lektion behandeln wir den *Plural* des Nomens und Personalpronomens, deren Singular aus Lektion 1 und 2 bereits bekannt ist.

1.1. Das Personalpronomen

Pl.		Sg.	
sie (m.)	هُمْ	er	هُوَ
sie (f.)	هُنَّ	sie	هِيَ
ihr (m.)	أَنْتُمْ	du (m.)	أَنْتَ
ihr (f.)	أَنْتُنَّ	du (f.)	أَنْتِ
wir	نَحْنُ	ich	أَنَا

A 1 Der Hilfsvokal bei هم und أنتم ist *-u* (vgl. Lektion 2, G 1.3.2.). Zur Reihenfolge 3. Person, 2. Person, 1. Person s. Lektion 5, G 1.3.

1.2. Substantiv und Adjektiv

Es gibt beim arabischen Nomen zwei Arten des Plurals, den *äußeren* und den *inneren* oder, wie sie meist genannt werden, den *gesunden* und den *gebrochenen* Plural. Der *äußere* oder *gesunde* Plural wird durch Suffixe gebildet.

G

Der innere oder gebrochene Plural entsteht durch eine Veränderung der Vokalstruktur der Singularform.

1.2.1. Der gesunde Plural hat zwei Formen, eine maskuline auf ـُونَ -*ūna* und eine feminine auf ـَاتٌ -*āt*.

Pl.		
m.	مُعَلِّمُونَ مُجْتَهِدُونَ	fleißige Lehrer *muʿallimūna muǧtahidūna*
f.	مُعَلِّمَاتٌ مُجْتَهِدَاتٌ	fleißige Lehrerinnen *muʿallimāt muǧtahidāt*

Sg.		
m.	مُعَلِّمٌ مُجْتَهِدٌ	ein fleißiger Lehrer *muʿallim muǧtahid*
f.	مُعَلِّمَةٌ مُجْتَهِدَةٌ	eine fleißige Lehrerin *muʿallima muǧtahida*

1.2.2. Der gebrochene Plural hat viele Formen, von denen wir hier zunächst die Modellstrukturen فِعَال *fiʿāl* und أَفْعَال *afʿāl* nennen (s. Lektion 4).

Pl.		Sg.	
رِجَال	*riǧāl*	رَجُل	*raǧul*
طِوَال	*ṭiwāl*	طَوِيل	*ṭawīl*
أَقْلاَم	*aqlām*	قَلَم	*qalam*

A 2 Die meisten Substantive und Adjektive bilden entweder den gesunden oder den gebrochenen Plural (oder auch mehrere gebrochene Plurale), manche haben sowohl den gesunden als auch den gebrochenen Plural. Genaue Auskunft darüber gibt das Wörterbuch.

G

In diesem Lehrbuch wird die gebräuchliche Pluralform jedes Substantivs und der meisten Adjektive angegeben. In den Vokabelverzeichnissen steht zwischen Singular und Plural ein einfacher Schrägstrich. Wird in Einzelfällen nur die Pluralform eines Wortes verzeichnet, so wird diese durch ein vorgesetztes ج (= arab. جَمْع *ǧam'* »Plural«) gekennzeichnet.

2. Das Adjektiv

2.1. Die Form: Jedes Adjektiv hat eine maskuline und eine feminine Singularform:

m.	كَبِير طَوِيل كَثِير مُجْتَهِد
f.	كَبِيرَة طَوِيلَة كَثِيرَة مُجْتَهِدَة

sowie eine maskuline gesunde oder gebrochene und eine feminine Pluralform:

m.	كِبَار طِوَال كَثِيرُونَ مُجْتَهِدُونَ
f.	كَبِيرَات طَوِيلَات كَثِيرَات مُجْتَهِدَات

Welche Form im Einzelfall gebraucht wird, hängt vom übergeordneten Wort ab.

2.2. Die Funktion: Das Adjektiv hat zwei Funktionen, eine attributive und eine prädikative (zu letzterer vgl. Lektion 2, G 3.1.).

prädikativ

Das Haus ist groß.	اَلْبَيْت كَبِير.
Das Zimmer ist neu.	اَلْغُرْفَة جَدِيدَة.

attributiv

das große Haus	اَلْبَيْتُ ٱلْكَبِير
das neue Zimmer.	اَلْغُرْفَةُ ٱلْجَدِيدَة
ein großes Haus	بَيْت كَبِير
ein neues Zimmer	غُرْفَة جَدِيدَة

G

A 3 Nehmen Sie den vokalischen Auslaut der Wörter البيت und الغرفة zunächst ohne Erklärung zur Kenntnis. Näheres dazu steht in Lektion 4, G 3.

2.3. Im Singular besteht zwischen Substantiv und Adjektiv Kongruenz (vgl. Lektion 2, G 3.3.1.–3.3.2.)

im Numerus

Das Haus ist groß. أَلْبَيْتُ كَبِيرٌ.

\ /

Singular

das große Haus أَلْبَيْتُ ٱلْكَبِيرُ

\ /

Singular

im Genus

Das Haus ist groß. أَلْبَيْتُ كَبِيرٌ.

\ /

maskulin

das große Haus أَلْبَيْتُ ٱلْكَبِيرُ

\ /

maskulin

das Zimmer ist neu. أَلْغُرْفَةُ جَدِيدَةٌ

\ /

feminin

das neue Zimmer أَلْغُرْفَةُ ٱلْجَدِيدَةُ

\ /

feminin

bei attributiver Funktion des Adjektivs außerdem im Status (= Determination/Indetermination)

das große Haus أَلْبَيْتُ ٱلْكَبِيرُ

\ /

determiniert

G

das neue Zimmer	اَلْغُرْفَةُ ٱلْجَدِيدَةُ
	determiniert
ein großes Haus	بَيْت كَبِير
	indeterminiert
ein neues Zimmer	غُرْفَة جَدِيدَة
	indeterminiert

und im Kasus (s. Lektion 4, G 3.1., 3.2.).

2.4. Im Plural ist die Kongruenz zwischen Substantiv und Adjektiv davon abhängig, ob das Substantiv Personen oder Nicht-Personen bezeichnet.

Bezeichnet es Personen, so besteht wie im Singular mit dem Adjektiv Kongruenz im Numerus und Genus, bei attributiver Funktion des Adjektivs auch im Status und Kasus.

prädikativ:

Die Lehrer sind fleißig.	اَلْمُعَلِّمُونَ مُجْتَهِدُونَ .
Die Lehrerinnen sind fleißig.	اَلْمُعَلِّمَات مُجْتَهِدَات .
Die Männer sind groß.	اَلرِّجَال طِوَال

attributiv:

die fleißigen Lehrer	اَلْمُعَلِّمُونَ ٱلْمُجْتَهِدُونَ
die fleißigen Lehrerinnen	اَلْمُعَلِّمَاتُ ٱلْمُجْتَهِدَات
die großen Männer	اَلرِّجَالُ ٱلطِّوَال
große Männer	رِجَال طِوَال

G

Bezeichnet das Substantiv Nicht-Personen, so hat das Adjektiv in attributiver und prädikativer Stellung die feminin-singulare Form.
Kongruenz besteht also genau genommen nur bei attributiver Funktion des Adjektivs, und zwar im Status und Kasus. Wir sprechen jedoch auch von einer Genuskongruenz, denn **der Plural von Wörtern, die Nicht-Personen bezeichnen, gilt als femininer Singular.**

prädikativ:

Die Tische sind groß.	أَلطَّاوِلَاتُ كَبِيرَةٌ .
Die Bleistifte sind neu.	أَلْأَقْلَامُ جَدِيدَةٌ .

attributiv:

die großen Tische	أَلطَّاوِلَاتُ ٱلْكَبِيرَةُ
die neuen Bleistifte	أَلْأَقْلَامُ ٱلْجَدِيدَةُ

2.5. In den Beispielen für die prädikative Stellung des Adjektivs kann das jeweilige Subjekt durch das entsprechende Personalpronomen ersetzt werden.

هُوَ كَبِيرٌ	أَلْبَيْتُ كَبِيرٌ
هِيَ كَبِيرَةٌ	أَلْغُرْفَةُ كَبِيرَةٌ
هُمْ مُجْتَهِدُونَ	أَلْمُعَلِّمُونَ مُجْتَهِدُونَ
هُنَّ مُجْتَهِدَاتٌ	أَلْمُعَلِّمَاتُ مُجْتَهِدَاتٌ
هِيَ كَبِيرَةٌ	أَلطَّاوِلَاتُ كَبِيرَةٌ
هِيَ جَدِيدَةٌ	أَلْأَقْلَامُ جَدِيدَةٌ

In den letzten beiden Beispielen steht mit هِيَ das sing. fem. Pronomen, weil طَاوِلَات und أَقْلَام als fem. Singular gelten.

Ü

Ü 1 Der Lektor spricht die folgenden Substantive (Singular und Plural) vor und läßt sie von den Studenten einzeln nachsprechen:

معلّم — معلّمون　　　رجل — رجال
الطاولة — الطاولات　　　صديقة — صديقات
الرجل — الرجال　　　المعلّم — المعلّمون
شنطة — شنطات　　　القلم — الأقلام
طالبة — طالبات　　　الصديقة — الصديقات
طاولة — طاولات　　　قلم — أقلام
الطالبة — الطالبات　　　السيّدة — السيّدات
الآنسة — الآنسات　　　الشنطة — الشنطات

Diese Übung wird mehrfach wiederholt, damit sich die Studenten die ihnen bisher unbekannten Plurale einprägen.

Ü 2 Der Lektor nennt von den in Ü 1 gegebenen Substantiven den Singular, der Student den Plural.

Ü 3 Ausgangsform ist der Plural, der Student nennt die Singularform.

Ü 4 Der Lektor spricht die folgenden Adjektive (Singular und Plural) vor und läßt sie von den Studenten einzeln nachsprechen:

كبير — كبار　　　كثير — كثيرون
جميل — جميلون　　　طويل — طوال　　　قصير — قصار
صغير — صغار　　　قليل — قليلون　　　مجتهد — مجتهدون

Ü 5 Der Lektor nennt von den in Ü 4 gegebenen Adjektiven den Singular, der Student den Plural.

Ü 6 Ausgangsform ist der Plural der in Ü 4 aufgeführten Adjektive. Die Studenten nennen die Singularform.

Ü 7 Der Lektor nennt jeweils ein Substantiv im Singular oder Plural und ein Adjektiv. Die Studenten bilden daraus Nominalsätze.

Beispiele:

شنطة — صغير > الشنطة صغيرة .
طالبات — جميل > الطالبات جميلات .

Ü

Wortmaterial:

قلم / أقلام – طويل ، قصير ، كبير ، صغير
صديقة / صديقات – جميل ، مجتهد ، قصير
طاولة / طاولات – كبير ، صغير ، جديد ، قديم ، نظيف
رجل / رجال – طويل ، قصير ، مجتهد ، كبير ، صغير

Ü 8 Ausgangspunkt ist das Beispielmaterial von Ü 7. Der Lektor nennt aus determiniertem Substantiv (Sg. und Pl.!) und Adjektiv bestehende Nominalsätze. Der Student ersetzt das Substantiv durch das entsprechende Personalpronomen.

Beispiele:

الرجل مجتهد > هو مجتهد .
الأقلام جديدة > هي جديدة .

Die Übung kann durch andere bekannte Substantive und Adjektive erweitert werden.

Ü 9 Die Studenten beantworten die folgenden vom Lektor gestellten Fragen entweder mit نعم oder mit لا:

هل أنتَ كبير (صغير، جميل ، مجتهد ، طويل ، قصير، معلّم ، طالب) ؟
هل أنتِ كبيرة (صغيرة ، جميلة ، مجتهدة ، طويلة ، قصيرة ، طالبة ، معلّمة) ؟
هل أنتم كبار (صغار، مجتهدون ، طوال ، قصار، كثيرون ، قليلون) ؟
هل أنتنّ كبيرات (صغيرات ، مجتهدات ، طويلات ، قصيرات ، كثيرات ، صديقات ، طالبات) ؟

Beispiele:

هل أنتَ صغير؟ > نعم ، أنا صغير.
هل أنتِ معلّمة ؟ > لا ، أنا طالبة .
هل أنتم كثيرون ؟ > لا ، نحن قليلون .
هل أنتنّ طالبات ؟ > نعم ، نحن طالبات .

Ü 10 Der Lektor deutet auf Gegenstände im Zimmer und fragt nach ihnen mit ماذا يوجد هناك oder ما هذا ، ما هذه ؟ .

Der Student beantwortet die Frage mit einem Satz, dessen Prädikat eine indeterminierte attributive Fügung (Substantiv + Adjektiv) ist.

Ü

Beispiele:

يوجد هناك شبّاك كبير.

يوجد هناك كرسيّ صغير.

هذا كتاب جديد.

هذه خزانة قديمة.

Ü 11 Die Studenten bilden selbständig Nominalsätze der Satzstruktur 2 (vgl. Lektion 2, G 3.1.) unter Voransetzung von

هنا	هناك	
في الغرفة	في الخزانة	في الشنطة
على الطاولة	على الجدار	على السقف

und einer sich anschließenden indeterminierten attributiven Fügung.

Beispiele:

هنا كتاب جديد.

في الشنطة أقلام كثيرة.

على السقف مصباح كبير.

Der Lektor wiederholt den Satz, der vom Studenten noch einmal nachgesprochen wird.

Dem Lektor wird empfohlen, dabei mit صحيح » richtig «, عظيم » prächtig «, » prima « und غلط » falsch «, » Fehler « den vom Studenten gebildeten Satz zu bewerten. Mit der Aufforderung أعد und ترجم läßt er einzelne Sätze wiederholen bzw. übersetzen.

Ü 12 Lesen Sie

a) alle Substantive, Adjektive und Pronomen des Grundvokabulars (Pluralformen nur, soweit sie bekannt sind),

b) die in G 2.2.–2.5. aufgeführten arabischen Beispiele.

Der Lektor berichtigt fehlerhaft ausgesprochene Wörter und Sätze und läßt sie mehrfach wiederholen.

Ü 13 Schreiben Sie die Beispiele aus Ü 9 ab. Zur Erleichterung und zur Kontrolle für den Studenten schreibt sie der Lektor auch an die Tafel. – Das Beispielmaterial kann durch den Lektor beliebig vermehrt werden.

Ü 14 (Hausaufgabe) Setzen Sie die Adjektive صغير، كبير، جميل، جديد jeweils als determiniertes Attribut zu den folgenden Substantiven:

بيت ، شنطة ، شنطات ، قلم ، أقلام ، كرسيّ ، طاولة ، طاولات ، غرفة ،
طالبة ، طالبات ، صديقة ، صديقات .

Beispiele: بيت + جديد > البيت الجديد
طاولات + كبير > الطاولات الكبيرة

Die Übung wird schriftlich ausgeführt und zu Beginn des nächsten Kollegs von einzelnen Studenten vorgelesen.

Ü 15 (Hausaufgabe) Wiederholen Sie Ü 11 schriftlich und bilden Sie etwa 12 Sätze!

Ü 16 (Hausaufgabe) Wiederholen Sie Ü 7 und Ü 8!

Ü 17 Der Lektor erklärt die Grußformeln

صباح الخير

مرحبا

أهلا وسهلا

مع السلامة

und die Frage nach dem Befinden كيف حالك

mit der Antwort الحمد لله

und übt sie jeweils zu Beginn und zu Ende jeder Stunde mehrmals.

V

Grundvokabular (Vokabeln der Lektionen 1 – 3)

أَرْض (م)	(Fuß-) Boden, Erde
بَاب / أَبْوَاب	Tür, Tor
بَيْت / بُيُوت	Haus
جِدَار / جُدْرَان	Wand
خِزَانَة / خِزَانَات و خَزَائِن	Schrank
سَقْف / سُقُوف	(Zimmer-) Decke
شُبَّاك / شَبَابِيك	Fenster
شَنْطَة / شَنْطَات وشُنَط	Tasche
مِصْبَاح / مَصَابِيح	Lampe
طَاوِلَة / طَاوِلَات	Tisch
غُرْفَة / غُرَف	Zimmer, Kammer
قَلَم / أَقْلَام	(Schreib-) Stift
كِتَاب / كُتُب	Buch
كُرَّاسَة / كُرَّاسَات و كَرَارِيس	Heft
كُرْسِيّ / كَرَاسِيّ	Stuhl
لَوْح / أَلْوَاح	Tafel
وَرَق / أَوْرَاق	Papier
آنِسَة / آنِسَات	Fräulein
رَجُل / رِجَال	Mann
سَيِّد / سَادَة	Herr
سَيِّدَة / سَيِّدَات	Frau (Anrede)
صَدِيق / أَصْدِقَاء	Freund
صَدِيقَة / صَدِيقَات	Freundin
طَالِب / طُلَّاب وطَلَبَة	Student
طَالِبَة / طَالِبَات	Studentin
مُعَلِّم / مُعَلِّمُونَ	Lehrer
مُعَلِّمَة / مُعَلِّمَات	Lehrerin
فَتَاة / فَتَيَات	(junges) Mädchen
جَدِيد / جُدُد	neu
جَمِيل / جَمِيلُونَ	schön
مُجْتَهِد / مُجْتَهِدُونَ	fleißig
صَغِير / صِغَار	klein; jung
طَوِيل / طِوَال	lang; groß (von Wuchs)
قَدِيم / قُدَمَاء	alt
قَصِير / قِصَار	kurz, klein (von Wuchs)

V

قَلِيل / قَلِيلُونَ	wenig(e)
كَبِير / كِبَار	groß; alt
كَثِير / كَثِيرُونَ	viel(e)
نَظِيف / نُظَفَاءُ ونِظَاف	sauber
وَسِخ	schmutzig
أَنَا	ich
أَنْتَ	du (m.)
أَنْتِ	du (f.)
هُوَ	er
هِيَ	sie (3. P. Sg. f.)
نَحْنُ	wir
أَنْتُمْ	ihr (2. P. Pl. m.)
أَنْتُنَّ	ihr (2. P. Pl. f.)
هُمْ	sie (3. P. Pl. m.)
هُنَّ	sie (3. P. Pl. f.)
عَلَى	auf
فِي	in
مَعَ	(zusammen) mit
نَعَمْ	ja
لَا	nein

وَ	und
أَوْ	oder
أَمْ	oder (in der Doppelfrage)
هَلْ	Fragepartikel
مَا	was
مَاذَا	was
مَنْ	wer
أَيْنَ	wo
يُوجَدُ ، تُوجَدُ	es gibt, befindet sich, ist vorhanden
هُنَا	hier
هُنَاكَ	dort
شُكْرًا	danke
عَفْوًا	bitte (Erwiderung auf » danke «)
هَاتِ	gib! ▼
خُذْ	nimm! ▼
تَرْجِمْ	übersetze! ▼
أَعِدْ	wiederhole! ▼

▶ Die 2. P. Sg. wird im Arabischen auch im Sinne der deutschen Anredeform » Sie « gebraucht.
Also: هات » gib! « und » geben Sie! «.

V

صَحِيح / صِحَاح	richtig, in Ordnung
عَظِيم / عُظَمَاءُ	groß(artig), prächtig, prima
غَلَط / أَغْلَاط	falsch; Fehler
كَيْفَ حَالُكَ ، كَيْفَ حَالُكِ ؟	Wie geht es Dir/Ihnen?
أَلْحَمْدُ لِلّٰهِ	Antwort auf die Frage nach dem Befinden (wörtl.: Lob sei Gott, Preis sei Gott!)
صَبَاحَ ٱلْخَيْرِ	guten Morgen!
مَرْحَبًا	etwa: Willkommen!
أَهْلًا وَسَهْلًا	etwa: Herzlich willkommen!
مَعَ ٱلسَّلَامَةِ	etwa: Auf Wiedersehen!
أَلسَّلَامُ عَلَيْكُمْ	wörtl.: Heil über euch, Friede sei auf euch!

Anhang: Besonderheiten der Schreibschrift

Wortbeispiele

Geschriebene Druckschrift *(Nasḫ)*	Schreibschrift *(Ruqʿa)*
بيت	بيت
جدار	جدار
خزانة	خزانة
سقف	سقف
شباك	شباك
مصباح	مصباح
طاولة	طاولة

Geschriebene Druckschrift *(Nasḫ)*	Schreibschrift *(Ruqʿa)*
غرفة	غرفة
كتاب	كتاب
كرسي	كرسي
ورق	ورق
مجتهد	مجتهد
في	في
مع	مع
من	من
نعم	نعم
لا	لا
السلام عليكم	السلام عليكم
كل	كل
كان	كان
ممتاز	ممتاز

Alphabet

Geschriebene Druckschrift (*Nasẖ*)				Schreibschrift (*Ruqʿa*)			
Isolierte Stellung	Endstellung	Mittelstellung	Anfangsstellung	Isolierte Stellung	Endstellung	Mittelstellung	Anfangsstellung
ا	ـا	ـا	ا	ا	ـا	ـا	ا
ب	ـب	ـبـ	بـ	ب	ـب	ـبـ	بـ
ت	ـت	ـتـ	تـ	ت	ـت	ـتـ	تـ
ث	ـث	ـثـ	ثـ	ث	ـث	ـثـ	ثـ
ج	ـج	ـجـ	جـ	ج	ـج	ـجـ	جـ
ح	ـح	ـحـ	حـ	ح	ـح	ـحـ	حـ
خ	ـخ	ـخـ	خـ	خ	ـخ	ـخـ	خـ
د	ـد	ـد	د	د	ـد	ـد	د
ذ	ـذ	ـذ	ذ	ذ	ـذ	ـذ	ذ
ر	ـر	ـر	ر	ر	ـر	ـر	ر
ز	ـز	ـز	ز	ز	ـز	ـز	ز
س	ـس	ـسـ	سـ	س	ـس	ـسـ	سـ
ش	ـش	ـشـ	شـ	ش	ـش ـسه	ـشـ	شـ
ص	ـص	ـصـ	صـ	ص	ـص	ـصـ	صـ

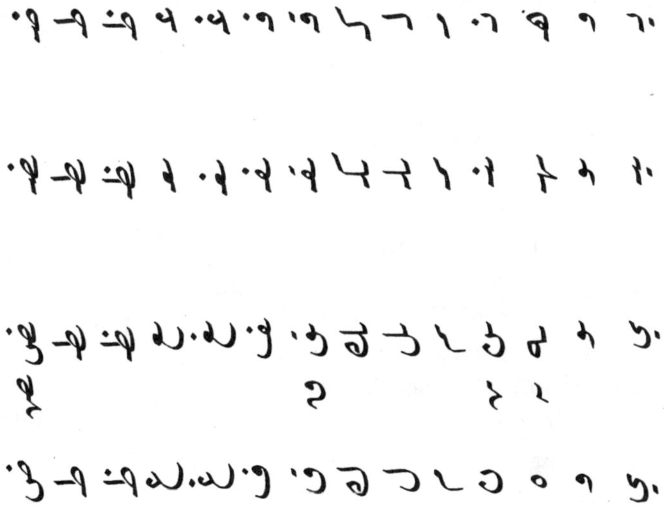

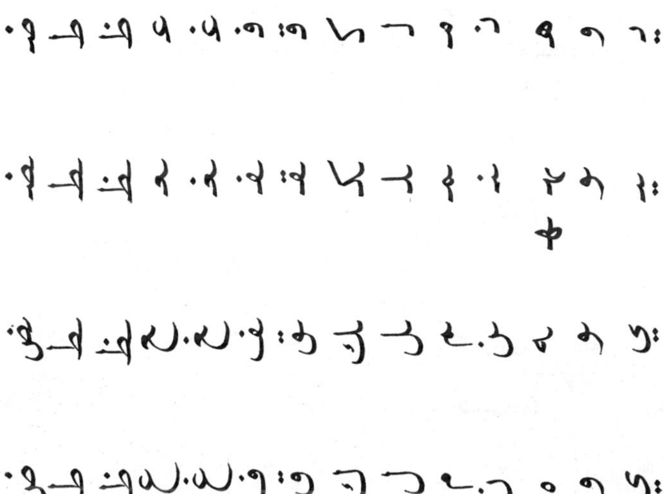

Lektion 4

G

1. Radikal, Wurzel, Modellstruktur

1.1. Die meisten arabischen Wörter lassen sich auf eine Wurzel zurückführen, die in der Regel aus drei Konsonanten besteht. Sie werden Radikale genannt. Wir bezeichnen sie mit R_1, R_2, R_3.
Diese dreiradikalige Wurzel bringt einen bestimmten Begriffsinhalt zum Ausdruck. So wohnt z. B. der Wurzel *K – T – B* (ك – ت – ب) die Bedeutung »schreiben« inne, der Wurzel *Ḏ – H – B* (ذ – ه – ب) die Bedeutung »gehen«, der Wurzel *Š – R – B* (ش – ر – ب) die Bedeutung » trinken «.
Dieser Begriffsinhalt wird durch kurze und lange Vokale zwischen den Konsonanten, durch Präfixe und Suffixe sowohl hinsichtlich der Wortart (Verb, Substantiv, Adjektiv) als auch der grammatischen Kategorie (Tempus, Modus, Numerus, Kasus usw.) spezifiziert.
Man kann vereinfachend sagen, daß im arabischen Wort die Wurzelkonsonanten (Radikale) semantische und die Vokale grammatische Funktion haben.

Beispiele:

KaTaBa	(كَتَبَ)	= er hat geschrieben
KāTiB	(كَاتِب)	= schreibend; Schreiber, Schriftsteller
KiTāB	(كِتَاب)	= Buch
KuTuB	(كُتُب)	= Bücher
maKTūB	(مَكْتُوب)	= geschrieben; Brief
maKTaBa	(مَكْتَبَة)	= Bibliothek, Buchhandlung

G

1.2. Zur systematischen Darstellung der zahlreichen Wortformen verwenden die arabischen Grammatiker Modellstrukturen, die sie mit ف für R_1 (1. Radikal), mit ع für R_2 (2. Radikal) und mit ل für R_3 (3. Radikal) darstellen.
Fā', *'Ain* und *Lām* stehen in den Modellstrukturen als variable Größen, für die theoretisch jeder beliebige Konsonant eingesetzt werden kann.

Beispiele:

فَعَلَ	*fa'ala*	ist die Modellstruktur für das Perfekt (3. P. Sg. m.): كَتَبَ ، ذَهَبَ
فَاعِل	*fā'il*	ist die Modellstruktur für das Partizip des Aktivs كَاتِب
فَعِيل	*fa'īl*	ist eine typische Modellstruktur des Adjektivs: كَبِير ، صَغِير
فِعَال	*fi'āl*	ist eine typische Modellstruktur des gebrochenen Plurals: كِبَار
أَفْعَال	*af'āl*	ist eine typische Modellstruktur des gebrochenen Plurals: أَقْلَام

Die sichere Kenntnis der am häufigsten vorkommenden Modellstrukturen ist einer guten Sprachbeherrschung dienlich.

2. Der gebrochene Plural

2.1. Der überwiegende Teil der Nomina bildet den gebrochenen Plural.
Es gibt kaum Regeln, nach denen man mit Sicherheit aus der Singularform die dazugehörende Pluralform ableiten kann. Der Studierende muß deshalb rein vokabelmäßig für jedes Nomen (mindestens) zwei Wortformen lernen, nämlich Singular und Plural.

A 1 Regelmäßigkeiten in der Pluralbildung gibt es nur bei einigen Gruppen von Verbalnomina, die den gesunden Plural bilden.
Entsprechende Hinweise werden in den jeweiligen Lektionen gegeben.

G

2.2. Es gibt zahlreiche gebrochene Pluralformen. Die am häufigsten vorkommenden sind: فُعُول ، أَفْعَال ، فِعَال .
Von den im Grundvokabular aufgeführten Nomina haben folgende die Modellstruktur فِعَال :

كبير / كِبَار ، صغير / صِغَار ، قصير / قِصَار ،
طويل / طِوَال ، صحيح / صِحَاح .

Die Modellstruktur أَفْعَال haben die Wörter:

قلم / أَقْلَام ، ورق / أَوْرَاق ، لوح / أَلْوَاح ، باب / أَبْوَاب .

Die Modellstruktur فُعُول haben die Wörter:

بيت / بُيُوت ، سقف / سُقُوف .

A 2 Weitere Modellstrukturen des gebrochenen Plurals sind u. a.:

فُعُل ، فُعَل ، فُعَّال ، أَفْعِلَة ، أَفْعُل ، فَوَاعِلُ ، فَعَالِلُ ، فَعَالِيلُ ، أَفْعِلَاءُ ،
فُعَلَاءُ ، فَعَائِلُ .

3. Deklination und Nunation

3.1. Mit Hilfe der drei kurzen Vokale kennzeichnet das Arabische drei Kasus: *-u* = Nominativ, *-i* = Genitiv, *-a* = Akkusativ.
In vokalisierten Texten stehen dafür die Vokalzeichen *Ḍamma*, *Kasra* und *Fatḥa*.

der neue Lehrer	أَلْمُعَلِّمُ ٱلْجَدِيدُ	*al-muʿallimu l-ǧadīdu*
des neuen Lehrers	أَلْمُعَلِّمِ ٱلْجَدِيدِ	*al-muʿallimi l-ǧadīdi*
den neuen Lehrer	أَلْمُعَلِّمَ ٱلْجَدِيدَ	*al-muʿallima l-ǧadīda*
die neue Lehrerin	أَلْمُعَلِّمَةُ ٱلْجَدِيدَةُ	*al-muʿallimatu l-ǧadīdatu*
der neuen Lehrerin	أَلْمُعَلِّمَةِ ٱلْجَدِيدَةِ	*al-muʿallimati l-ǧadīdati*
die neue Lehrerin	أَلْمُعَلِّمَةَ ٱلْجَدِيدَةَ	*al-muʿallimata l-ǧadīdata*

G

3.2. Nach den Kasusendungen *-u*, *-i*, *-a* wird als Kennzeichen der Indetermination ein *-n* (*Nūn*) gesprochen. Diesen Vorgang nennt man Nunation. Es entstehen also die Endungen: *-un*, *-in*, *-an*.
In vokalisierten Texten wird die Nunation durch die zweifache Setzung des jeweiligen Vokalzeichens ausgedrückt: ٌ oder ُُ = *-un*, ٍ = *-in*, ً = *-an*.
Im Akkusativ indeterminierter Nomina, die nicht auf ة (*Tā' marbūṭa*) auslauten, steht am Schluß des Wortes ein *Alif*, das jedoch keine Lautqualität ausdrückt.

ein neuer Lehrer	مُعَلِّمٌ جَدِيدٌ	*muʿallimun ǧadīdun*
eines neuen Lehrers	مُعَلِّمٍ جَدِيدٍ	*muʿallimin ǧadīdin*
einen neuen Lehrer	مُعَلِّمًا جَدِيدًا	*muʿalliman ǧadīdan*
eine neue Lehrerin	مُعَلِّمَةٌ جَدِيدَةٌ	*muʿallimatun ǧadīdatun*
einer neuen Lehrerin	مُعَلِّمَةٍ جَدِيدَةٍ	*muʿallimatin ǧadīdatin*
eine neue Lehrerin	مُعَلِّمَةً جَدِيدَةً	*muʿallimatan ǧadīdatan*

A 3 Bestimmte arabische Wörter bilden auf Grund ihrer Wortstruktur nur zwei Kasusendungen, manche sogar nur eine.

A 4 Eine größere Anzahl von Wörtern hat auch indeterminiert keine Nunation, darunter viele gebrochene Plurale, z. B. قُدَمَاءُ ، أَصْدِقَاءُ ، شَبَابِيكُ; vgl. dazu Lektion 7, G 3.

3.3. Die Deklinationsendungen des gesunden Plurals lauten: ـُونَ *-ūna* = Nominativ und ـِينَ *-īna* = Genitiv und Akkusativ bei maskulinen Wörtern, ـَاتٌ *-ātun* = Nominativ und ـَاتٍ *-ātin* = Genitiv und Akkusativ bei femininen Wörtern.

	determiniert	indeterminiert	
N.	اَلْمُعَلِّمُونَ	مُعَلِّمُونَ	(*al-*)*muʿallimūna*
G.	اَلْمُعَلِّمِينَ	مُعَلِّمِينَ	(*al-*)*muʿallimīna*
A.	اَلْمُعَلِّمِينَ	مُعَلِّمِينَ	(*al-*)*muʿallimīna*

G

	determiniert	indeterminiert	
N.		مُعَلِّمَاتٌ	*muʿallimātun*
G.		مُعَلِّمَاتٍ	*muʿallimātin*
A.		مُعَلِّمَاتٍ	*muʿallimātin*
N.	اَلْمُعَلِّمَاتُ		*al-muʿallimātu*
G.	اَلْمُعَلِّمَاتِ		*al-muʿallimāti*
A.	اَلْمُعَلِّمَاتِ		*al-muʿallimāti*

3.4. Der gebrochene Plural hat die gleichen Deklinationsendungen wie der Singular.

		Pl.		Sg.	
indeterminiert	N.	أَقْلَامٌ	*aqlāmun*	قَلَمٌ	*qālamun*
	G.	أَقْلَامٍ	*aqlāmin*	قَلَمٍ	*qalamin*
	A.	أَقْلَامًا	*aqlāman*	قَلَمًا	*qalaman*
determiniert	N.	اَلْأَقْلَامُ	*al-aqlāmu*	اَلْقَلَمُ	*al-qalamu*
	G.	اَلْأَقْلَامِ	*al-aqlāmi*	اَلْقَلَمِ	*al-qalami*
	A.	اَلْأَقْلَامَ	*al-aqlāma*	اَلْقَلَمَ	*al-qalama*

3.5. Die Kasusfunktionen:

Nominativ = Subjektkasus,
Genitiv = Präpositionalkasus und Attributskasus,
Akkusativ = Kasus des direkten Objekts und Adverbialkasus.

G

3.6. Arabische Texte sind im allgemeinen, wie schon in Lektion 1 vermerkt, unvokalisiert. Deshalb werden auch für die Kasusendungen keine Vokalzeichen gesetzt.
Für die Aussprache dieser Endungen, d. h., ob sie überhaupt gesprochen werden oder nicht, gibt es keine allgemeingültige Regel. Während sie bei Rezitationen vollständig zu hören sind, werden sie in der Umgangssprache weitgehend weggelassen.
Wir empfehlen für die Ausbildungszeit dem Lektor und dem Studierenden, die Aussprache dem Rundfunkarabisch anzugleichen und die Kasusendungen (und die anderen Endungen mit kurzem Vokal) außer beim letzten Wort vor einer Sprechpause und am Schluß eines Sinnzusammenhanges (Satz, Teilsatz) mitzusprechen. Durch das Mitsprechen der Kasusendungen werden die syntaktischen Bezüge in den Sätzen und Teilsätzen klarer.

Beispiele:

هَذَا بَيْتْ ، هَذِهِ غُرْفَة ، هَذَا بَيْتٌ كَبِيرْ ، هَذِهِ غُرْفَةٌ
جَمِيلَة ، هُنَاكَ ٱلْمُعَلِّمُونْ ، هُنَاكَ ٱلْمُعَلِّمُونَ ٱلْجُدُدْ .

4. Die Betonung

4.1. Für die Betonung kommen nur die drei letzten Silben eines Wortes in Betracht. Die Nunation wird dabei, wenn gesprochen, mitgezählt.

4.2. Betont wird die letzte Silbe mit langem Vokal:

ki-tā́b	*ki-tā́-bun*
ǧa-dī́d	*ǧa-dī́-dun*
ma-ḫā́-zin	*ma-ḫā́-zi-nu,*

jedoch nie der vokalische Auslaut des Wortes:

hú-nā
kúr-sī (aber: *kur-sī́-yun*)

G

4.3. Enthalten die drei letzten Silben keinen langen Vokal, so liegt die Betonung auf der vorletzten Silbe, wenn dies eine geschlossene Silbe (Lautfolge Konsonant – kurzer Vokal – Konsonant) ist:

mu-ʿál-lim
mu-tár-ǧim,

bzw. wenn das Wort nur zweisilbig ist:

án-ta
rá-ǧul,

sonst generell auf der d r i t t l e t z t e n Silbe, gleichgültig, welche Struktur sie hat:

mu-ʿál-li-ma
muǧ-tá-hi-dun

4.4. Die in der modernen arabischen Sprache geltende Forderung, die Betonung dürfe über die drittletzte Silbe hinaus nicht weiter nach vorn rücken, verlangt eine Verlagerung der Betonung, wenn sich durch das Mitsprechen der Nunation oder die Anfügung von Suffixen die Silbenzahl verändert:

ṭā́-li-ba	*ṭā-lí-ba-tun*
mu-ʿál-li-ma	*mu-ʿal-lí-ma-tun*
kú-tu-bun	*ku-tú-bu-nā* (» unsere Bücher «)
mu-ʿál-li-mun	*mu-ʿal-lí-mu-nā* (» unser Lehrer «)
ṭā́-li-ba	*ṭā-lí-ba-tun*
	ṭā-li-bá-tu-nā (» unsere Studentin «)
mu-ʿál-li-ma	*mu-ʿal-lí-ma-tun*
	mu-ʿal-li-má-tu-nā (» unsere Lehrerin «)

Die Studierenden empfinden es im allgemeinen nicht als schwierig, die arabischen Wörter richtig zu betonen. Durch das Hören und Lesen der Texte und durch die zahlreichen Übungen haben sie genügend Gelegenheit, sich die Betonung einzuprägen. Deshalb wurde in diesem Lehrbuch auch darauf verzichtet, Betonungszeichen zu setzen.

G

5. Präpositionen

Alle Präpositionen haben den Genitiv nach sich.

Beispiele: يُوجَدُ عَلَى ٱلطَّاوِلَةِ كِتَابٌ .

تُوجَدُ فِي ٱلْبَيْتِ غُرَفٌ كَثِيرَةٌ .

ذَهَبَ ٱلطَّالِبُ مِنَ ٱلْبَيْتِ إِلَى ٱلْمَحَطَّةِ .

بِ »mit« und لِ »für« werden mit dem folgenden Wort zusammengeschrieben. Nach لِ fällt außerdem das *Alif* des Artikels weg:

بِٱلْقَلَمِ ، لِلرَّجُلِ .

A 5 Wie in vielen anderen Sprachen, so dienen auch im Arabischen die Präpositionen häufig zum Ausdruck der Verbalrektion. Sie gehören in solchen Fällen fest zum Verb und müssen mit diesem zusammen gelernt werden. So bedeutet z. B. قَامَ »aufstehen«, قَامَ بِ »durchführen« und قَامَ عَلَى »sich gegen jmdn. od. etw. erheben«.

V

Mit dieser Lektion beginnend werden zu jeder Lektion Vokabelverzeichnisse gegeben. Sie enthalten alle aus den vorhergehenden Lektionen noch nicht bekannten Wörter, die in den Texten, den Übungen und zum Teil auch in der Grammatik vorkommen.

Die Vokabeln sind alphabetisch nach Wurzeln geordnet, d. h. als erster Ordnungsbuchstabe gilt stets R_1.

Dem Studierenden mag es anfangs noch manche Schwierigkeit bereiten, von jedem Wort die Wurzel zu erkennen. Mit fortschreitender Übung wird er sich jedoch rasch die Fertigkeit aneignen, jedes gesuchte Wort im Vokabelverzeichnis zu finden.

Eine solche Fertigkeit ist für ihn unbedingt notwendig, um das Glossar am Schluß des Lehrbuches und das nach dem gleichen Prinzip geordnete, gebräuchlichste arabisch-deutsche Wörterbuch benutzen zu können.

V

An dieser Stelle noch ein allgemeiner Hinweis, der dem Studierenden das Auffinden vieler Wörter erleichtern wird. مـ (*Mīm*) als erster Buchstabe eines Wortes ist selten R_1, meist Präfix (مُـ ، مِـ ، مَـ). Das Wort مَخْزَن ist im Vokabelverzeichnis, im Glossar und im Wörterbuch nicht unter *Mīm* eingeordnet, sondern unter *Ḫā'*, das Wort مِصْبَاح unter *Ṣād* und das Wort مُعَلِّم unter *'Ain*.

إِلَى	nach, zu, bis
أَمَامَ	vor (räumlich)
أَيْضاً	auch
بِ	mit, mittels; in
مَحَطَّة / مَحَطَّات	Bahnhof, Station
مَخْزَن / مَخَازِنُ	Laden, Geschäft
دَرْس / دُرُوس	Lektion, Unterricht(sstunde)
ذَهَبْتُ (مِنْ . . . إِلَى)	ich bin gegangen (von . . . nach)
ذَهَبْتَ	du (m.) bist gegangen
ذَهَبْتِ	du (f.) bist gegangen
رَأَيْتُ	ich habe gesehen
رَأَيْتَ	du (m.) hast gesehen
رَأَيْتِ	du (f.) hast gesehen
سَيَّارَة / سَيَّارَات	Auto
إِشْتَرَيْتُ	ich habe gekauft (das anlautende *Hamza* von اشتريت ist ein *Hamzat waṣl*)
إِشْتَرَيْتَ	du (m.) hast gekauft
إِشْتَرَيْتِ	du (f.) hast gekauft
عَدَد / أَعْدَاد	Zahl, Anzahl
عَدَدٌ مِنْ	eine Anzahl von
قِطَار / قِطَارَات	(Eisenbahn-) Zug
لِ	für, wegen
مَدِينَة / مُدُن	Stadt
مِنْ	von, aus
وَ	und (bei Aufzählungen und am Satzanfang meist nicht zu übersetzen)

T

T 1

المعلّم والطلّاب في الغرفة . هم في الغرفة . نحن في الغرفة . هذا طالب جديد . هذه طالبة جديدة . أنتم طلّاب جدد . هذه غرفة جديدة . الغرفة نظيفة . توجد هنا طاولات ، وهناك خزانة . الكرّاسات والكتب والأقلام على الطاولات .

T 2

1 طالب : أنا طالب .
2 طالبة : أنا طالبة .

3 طالب : نحن طلّاب جدد .
4 طالبة : نحن أصدقاء جدد .
5 طالب : أين نحن ؟
6 طالبة : نحن في الغرفة .
7 طالب : الغرفة كبيرة ونظيفة .

8 طالبة : الطلّاب في الغرفة والمعلّم أيضا .
9 طالب : ماذا يوجد في الغرفة ؟
10 طالبة : توجد في الغرفة طاولات .
11 طالب : توجد هنا عدد من الكراسيّ وباب وشبابيك ولوح كبير وخزانة ومصابيح جميلة .
12 طالبة : أين الشبابيك ؟
13 طالب : الشبابيك هناك .
14 طالبة : أين الباب ؟
15 طالب : الباب هناك .
16 طالبة : أين الكتب الجديدة ؟
17 طالب : الكتب الجديدة هنا .
18 طالبة : هل الشبابيك نظيفة ؟
19 طالب : نعم ، الشبابيك نظيفة .

T

20 طالبة : هل الباب كبير؟

21 طالب : نعم ، الباب كبير .

22 طالبة : هل الكتاب كبير؟

23 طالب : لا ، الكتاب صغير .

24 طالبة : هل الأقلام قديمة ؟

25 طالب : لا ، هي جديدة .

26 طالبة : هل الرجل قصير؟

27 طالب : لا ، هوطويل .

28 طالبة : أين البيت الجميل ؟

29 طالب : البيت الجميل في المدينة .

30 طالبة : أين المخازن ؟

31 طالب : المخازن في المدينة .

32 طالبة : ماذا اشتريت من المخزن ؟

33 طالب : اشتريت من المخزن أقلاما .

34 طالبة : ماذا رأيت أمام المخزن ؟

35 طالب : رأيت أمام المخزن سيّارات كثيرة .

36 طالبة : وماذا رأيت أمام المحطّة ؟

37 طالب : رأيت أمام المحطّة سيّارات أيضا .

38 طالبة : ماذا رأيت في المحطّة ؟

39 طالب : رأيت في المحطّة قطارات كثيرة .

40 طالبة : هل رأيت هناك رجالا كثيرين ؟

41 طالب : نعم ، رأيت هناك رجالا كثيرين .

42 طالبة : هل الدرس صحيح ؟

43 طالب : نعم ، الدرس صحيح .

Ü

Ü 1 Hören Sie mehrmals Text 1 vom Tonband oder vorgelesen vom Lektor!

Ü 2 Lesen Sie mehrmals Text 1 unter Kontrolle des Lektors!

Ü 3 (Hausaufgabe) Lesen Sie nochmals Text 1 und übersetzen Sie ihn! Bereiten Sie Ü 4 vor!

Ü 4 Beschreiben Sie unter Verwendung der Ihnen bekannten Substantive und Adjektive das Zimmer! Der Lektor kontrolliert dabei sowohl die phonetische als auch die lexikalische und grammatische Richtigkeit. Dies gilt auch für die folgenden Übungen.

Ü 5 Hören Sie mehrmals Text 2 vom Tonband oder vorgelesen vom Lektor!

Ü 6 Lesen Sie mehrmals Text 2 mit verteilten Rollen!

Ü 7 (Hausaufgabe) Lesen Sie nochmals Text 2 und arbeiten Sie ihn so durch, daß Sie selbständig, ohne Zuhilfenahme der Textvorlage, einen Dialog dieser Art führen können! Die Studenten sollen bei der Vorbereitung des Dialogs, der auch in allen folgenden Lektionen verlangt wird, in Gruppen arbeiten.

Ü 8 Führen Sie diesen Dialog im Kolleg mit verteilten Rollen!

Ü 9 Fügen Sie den in Text 1 vorkommenden Substantiven, die kein Attribut haben, ein passendes Adjektiv hinzu!

Ü 10 Ersetzen Sie im Text 2 bei den Sätzen 7, 8, 13, 15, 17, 19, 21, 23, 31, 43 das Subjekt durch das entsprechende Personalpronomen der 3. P.!

Ü 11 Geben Sie die Wurzel der folgenden Substantive an:

معلّم ، طالب ، صديق ، خزانة ، مصباح ، شبّاك ، جدار ، غرفة ، لوح ،
كتاب ، كرّاسة ، ورق ، سيّارة ، قطار ، مخزن .

Ü 12 Der Lektor spricht die folgenden Substantive vor. Der Student spricht sie nach und ergänzt den Plural:

طاولة ، معلّمة ، شبّاك ، باب ، كرّاسة ، كتاب ، رجل ، معلّم ، طالب ،
قلم ، كرسيّ ، مصباح ، مخزن ، سيّارة ، قطار ، فتاة .

Ü

Ü 13 (schriftliche Hausaufgabe) Wandeln Sie in den folgenden Sätzen das im Singular stehende Subjekt in den Plural um! Achten Sie dabei auf die richtige Form des Adjektivs!

Beispiel: هناك بيت جميل . > هناك بيوت جميلة .

هناك مدينة جميلة .

في البيت غرفة كبيرة .

الجدار نظيف .

اللوح كبير.

الصديق في الغرفة .

في الغرفة باب .

على الطاولة شنطة .

الدرس صحيح .

هناك مخزن جديد .

في المدينة محطّة .

في المحطّة قطار.

هنا فتاة جميلة.

Ü 14 Der Student trägt die in Ü 13 gegebenen und die von ihm erarbeiteten Sätze im Kolleg vor. Der Lektor kontrolliert die Richtigkeit. Er überprüft auch die richtige Schreibung der vom Studenten vorgelegten Hausaufgabe.

Ü 15 Ergänzen Sie die Teilsatzstruktur توجد في المدينة »in der Stadt gibt es ...« durch ein Pluralsubjekt! Verwenden Sie alle Ihnen bekannten passenden Substantive!

Ü 16 Bei den in Ü 15 gewonnenen Sätzen ist dem Subjekt ein passendes adjektivisches Attribut hinzuzufügen.

Beispiel:

توجد في المدينة بيوت . > توجد في المدينة بيوت قديمة .

Ü

Ü 17 Wie Ü 15. Ausgangspunkt ist die Teilsatzstruktur توجد في الغرفة »im Zimmer gibt es ...«.

Ü 18 Bei den in Ü 17 gewonnenen Sätzen ist dem Subjekt ein passendes adjektivisches Attribut hinzuzufügen.

Ü 19 Wie Ü 15. Ausgangspunkt ist die Teilsatzstruktur توجد على الطاولة »auf dem Tisch befinden sich ...«.

Ü 20 Dem Subjekt der in Ü 19 gewonnenen Sätze ist wiederum ein passendes Adjektiv als Attribut hinzuzufügen.

Ü 21 Antworten Sie auf die Frage ماذا رأيت أمام البيت ؟ »Was hast du vor dem Haus gesehen?« mit رأيت أمام البيت + indeterminiertes Pluralobjekt. Zu verwenden sind die Plurale solcher Wörter wie طالب ، رجل ، سيّارة ، معلّم ، فتاة .

Ü 22 Fügen Sie dem Objekt der in Ü 21 gebildeten Sätze ein passendes Adjektiv als Attribut hinzu!

Ü 23 Wie Ü 21. Ausgangspunkt ist die Frage ماذا اشتريتَ من المخزن ؟ »Was hast du im Laden gekauft?«.

Ü 24 Erweitern Sie die in Ü 23 gewonnenen Sätze dergestalt, daß Sie statt des einfachen substantivischen Objekts das Syntagma عدد من »eine Anzahl von«, im Akkusativ also عدداً من , setzen!

Beispiel: اشتريتُ من المخزن عددا من الأقلام .

Ü 25 Dem Objekt der in Ü 23 und Ü 24 gewonnenen Sätze ist wiederum ein Adjektiv als Attribut hinzuzufügen, bei den Sätzen aus Ü 24 dabei sowohl dem Substantiv عدد als auch dem eingesetzten Pluralobjekt.

Beispiele: اشتريت من المخزن كرّاسات كثيرة .

اشتريت من المخزن عددا كبيرا من الأقلام الجميلة .

Ü

Ü 26 Determinieren Sie in den folgenden Sätzen das singularische oder pluralische Objekt durch Voranstellen des Artikels!

رأيتُ بيوتا قديمة
هل رأيتَ فتاة جميلة ؟
هل رأيتَ معلّمين جددا ؟
هل اشتريتَ كتبا كثيرة ؟
اشتريتُ أقلاما جديدة
اشتريتُ سيّارة قديمة

Ü 27 Setzen Sie in den folgenden Sätzen die richtige Präposition ein! Zur Auswahl stehen: في ، على ، أمام ، مع ، إلى ، من ، ب .

ذهبتُ . . . الصديق . . . هناك .
رأيتُ الأصدقاء . . . / . . . المحطّة .
اشتريت الكراريس . . . المخزن .
هل ذهبت . . . المحطّة . . . البيت ؟
هل ذهبت . . . هناك . . . السيّارة أم . . . القطار؟
ماذا يوجد . . . الطاولة ؟
ماذا يوجد . . . / . . . الخزانة ؟
هل توجد . . . البيت سيّارات كثيرة ؟

Ü 28 (Hausaufgabe) Bilden Sie mit jeder der in Ü 27 angegebenen Präpositionen einen Satz! Schreiben Sie die Sätze in Ihr Heft und tragen Sie sie im nächsten Kolleg vor!

In dieser und den folgenden Lektionen Schreibübungen unter Anleitung des Lektors!

Lektion 5

1. Die Perfektform

1.1. Die Perfektform ist eine der beiden einfachen Verbformen des Arabischen. Sie bezeichnet in der überwiegenden Zahl der Fälle eine Handlung (Geschehen, Zustand) in der Zeitstufe der Vergangenheit.

A 1 Die Perfektform kann auch zum Ausdruck von Handlungen in den Zeitstufen Gegenwart und Zukunft verwendet werden, wie z. B. in Bedingungs- und Wunschsätzen, bei Flüchen u. a. Das hängt damit zusammen, daß die Perfektform eigentlich tempusindifferent ist und die Verbalhandlung lediglich konstatiert.

Für die deutsche Übersetzung wählt man in Abhängigkeit vom Kontext das Perfekt oder das Präteritum:

كَتَبَ er hat geschrieben, er schrieb

ذَهَبَ er ist gegangen, er ging.

A 2 Im Deutschen wird das Verb in Wörterbüchern o. ä. im Infinitiv aufgeführt. Die arabische Zitierform ist die 3. P. Sg. m. der Perfektform.

Also

deutsch: schreiben,

arabisch: كَتَبَ er hat geschrieben.

Die Vokabelangaben in diesem Lehrbuch erfolgen in der in beiden Sprachen üblichen Zitierform.

Beispiel: كتب »schreiben« (statt der genauen Entsprechung »er hat geschrieben«).

G

1.2. Die Perfektform hat nach R_1 und R_3 stets Vokal *a* (*Fatḥa*), R_2 hat meist *a* (*Fatḥa*):

	كَتَبَ	schreiben
	ذَهَبَ	gehen
	فَعَلَ	tun, machen
oft *i* (*Kasra*):	شَرِبَ	trinken
	سَمِعَ	hören

A 3 Verben mit *u* (*Ḍamma*) nach R_2 sind verhältnismäßig selten. Sie sind immer Intransitiva, kommen nur in der Schriftsprache vor und entsprechen deutschen Verbalgruppen mit Adjektiv + Hilfsverb (z. B. حَسُنَ « etw. war [oder wurde] gut, schön » u. a.).

1.3. Die Konjugation

Die Reihenfolge der Personen im Konjugationsparadigma ist 3. Person – 2. Person – 1. Person. Sie entspricht der arabischen Tradition und der in fast allen Arabisch-Lehrbüchern geübten Praxis.
Die Personen werden durch Suffixe ausgedrückt. Im folgenden Paradigma wurde das selbständige Personalpronomen in Klammern hinzugefügt, um eine übersichtliche Gliederung zu erreichen und auf sonst notwendige Angaben zu Person, Genus und Numerus verzichten zu können.

فَعَلُوا (هم)		فَعَلَ (هو)
فَعَلْنَ (هنّ)	Perfektform (Grundstamm)	فَعَلَتْ (هي)
فَعَلْتُمْ (أنتم)		فَعَلْتَ (أنتَ)
فَعَلْتُنَّ (أنتنّ)		فَعَلْتِ (أنتِ)
فَعَلْنَا (نحن)		فَعَلْتُ (أنا)

Die 3. P. Pl. m., also die Form فعلوا, wird auch dazu benutzt, das unpersönliche » man « auszudrücken. Das *Alif* von فعلوا wird nicht gesprochen. In der Schrift fällt es bei Anfügung von Suffixen weg.

A 4 Der Hilfsvokal bei der Form فعلتم lautet *u*, bei فعلْتِ *i*; vgl. Lektion 2, G 1.3.2.

G

2. Der Verbalsatz

2.1. Der arabische Verbalsatz besteht entweder aus einem Verb allein

Er hat getrunken. شَرِبَ

Er ist angekommen. وَصَلَ

(wobei das Subjekt im Verb enthalten ist; das selbständige Personalpronomen kann zur Verstärkung gesetzt werden),

einem Verb + folgendem Subjekt

Der Mann hat getrunken. شَرِبَ ٱلرَّجُلُ.

Der Freund ist angekommen. وَصَلَ ٱلصَّدِيقُ.

oder einem Verb (+ Subjekt) + Objekt

شَرِبَ (ٱلرَّجُلُ) ٱلنَّبِيذَ.

Er (der Mann) hat Wein getrunken.

سَأَلَ (ٱلرَّجُلُ) عَنْ ذَلِكَ.

Er (der Mann) hat danach gefragt, erfragte das.

Diese Sätze können durch Präpositionalgruppen und Nebensätze beliebig erweitert werden.

2.2. Die normale Wortfolge im Verbalsatz ist Verb – Subjekt – Objekt. Auch beim verbalen Fragesatz ändert sich diese Wortfolge nicht. Das Verb folgt unmittelbar der Fragepartikel هَلْ, dem Fragepronomen oder -adverb.

Beispiel: شَرِبَ ٱلرَّجُلُ ٱلنَّبِيذَ.

هَلْ شَرِبَ ٱلرَّجُلُ ٱلنَّبِيذَ؟

Die Wortfolge Verb – Objekt – Subjekt im Aussage- und im Fragesatz, wird dann gebraucht, wenn das Subjekt der hervorzuhebende Satzteil ist.

G

Beispiel:

هَلْ فَعَلَ ذٰلِكَ مُحَمَّدٌ ؟

Hat Muḥammad das getan?

نَعَمْ فَعَلَ ذٰلِكَ مُحَمَّدٌ .

Ja, Muḥammad hat das getan.

A 5 Die Wortfolge ist hier vom Satzakzent abhängig. Der betonte Satzteil wird an das Ende, manchmal auch an den Anfang des Satzes gestellt.

Die Wortfolge Subjekt — Verb — (Objekt) ist im Aussagesatz ebenfalls möglich. Dem Vorangestellten geht meist eine Konjunktion oder Partikel voraus. Wir erwähnen hier zunächst nur die Konjunktion أَنَّ »daß«, die Objektsätze einleitet (vgl. unten, G 2.4.).

2.3. Im Verbalsatz gelten folgende Kongruenzregeln:

2.3.1. Steht das Verb vor dem Subjekt, so besteht zwischen beiden immer Kongruenz im Genus, nicht aber im Numerus. Den Satz leitet stets eine Singularform des Verbs ein. Dabei steht die Form der 3. P. Sg. m. vor einem maskulinen Substantiv im Singular oder vor einem Substantiv im Plural, das männliche Personen bezeichnet, die Form der 3. P. Sg. f. vor allen femininen Substantiven im Singular und allen anderen Pluralen.

Beispiele:

Subjekt: m. Sg.	ذَهَبَ ٱلرَّجُلُ إِلَى هُنَاكَ
Pl.	ذَهَبَ ٱلرِّجَالُ إِلَى هُنَاكَ
f. Sg.	ذَهَبَتِ ٱلْفَتَاةُ إِلَى هُنَاكَ
Pl.	ذَهَبَتِ ٱلْفَتَيَاتُ إِلَى هُنَاكَ
wie f. Sg.	وَصَلَتِ ٱلرَّسَائِلُ إِلَى هُنَاكَ

A 6 Die maskuline Form steht auch — trotz femininen Subjekts — bei einigen unpersönlich oder passivisch konstruierten Verben.
Sie kann verwendet werden, wenn das (feminine) Subjekt nicht unmittelbar dem Verb folgt.

G

2.3.2. Steht das Verb *hinter* dem Subjekt, so besteht zwischen beiden sowohl Genus- als auch Numeruskongruenz.

Beispiele:

Subjekt: m. Sg.	سَمِعْتُ أَنَّ ٱلرَّجُلَ ذَهَبَ إِلَى هُنَاكَ.
Pl.	سَمِعْتُ أَنَّ ٱلرِّجَالَ ذَهَبُوا إِلَى هُنَاكَ.
f. Sg.	سَمِعْتُ أَنَّ ٱلْفَتَاةَ ذَهَبَتْ إِلَى هُنَاكَ.
Pl.	سَمِعْتُ أَنَّ ٱلْفَتَيَاتِ ذَهَبْنَ إِلَى هُنَاكَ.
wie f. Sg.	سَمِعْتُ أَنَّ ٱلرَّسَائِلَ وَصَلَتْ إِلَى هُنَاكَ.

(ich habe gehört, daß . . .)
(zur Konstruktion mit أَنَّ vgl. unten, 2.4.)

Dem Studierenden sei nochmals ins Gedächtnis gerufen, daß der Plural von Wörtern, die Nicht-Personen bezeichnen, als femininer Singular gilt.

2.4. In den Abschnitten 2.1. und 2.2. haben wir die normale Wortfolge des Verbalsatzes kennengelernt. Statt des Objekts in Gestalt eines Substantivs kann auch ein Satz stehen. Ein solcher sog. *Objektsatz* wird oft mit der Konjunktion أَنَّ »daß« eingeleitet, nach der das Substantiv im *Akkusativ* steht:

كَتَبَ ٱلصَّدِيقُ أَنَّ مُحَمَّدًا وَصَلَ إِلَى برلين.

Der Freund hat geschrieben, daß Muḥammad in Berlin angekommen ist.

سَمِعْتُ أَنَّ ٱلْوَفْدَ وَصَلَ أَمْسِ.

Ich habe gehört, daß die Delegation gestern angekommen ist.

G

Im mit أَنَّ eingeleiteten Objektsatz selbst gilt stets die Wortfolge Subjekt – Verb – (Objekt). Unmittelbar nach أَنَّ steht also nie ein Verb.

Nebensatz	Hauptsatz
أنّ محمّدًا وصل إلى برلين .	كتب الصديقُ
Subjekt Verb	
Objektsatz	Verb Subjekt
أنّ الوفدَ وصل أمس .	سمعتُ
Subjekt Verb	
Objektsatz	(Subjekt +) Verb

A 7 Selbstverständlich kann auch ein Nominalsatz Objektsatz sein. Die normale Wortstellung ändert sich nicht. Das Subjekt steht wie beim Verbalsatz nach أنّ im Akkusativ. Das Prädikat bleibt im Nominativ: سمعت أنّ محمّدًا مريضٌ » ich habe gehört, daß Muḥammad krank ist «.

3. Die Nisbe-Endung

3.1. Die sog. Nisbe-Endung lautet ـِيّ, f. ـِيّة (in Umschrift *-ī*, f. *-īya*, mit Nunation *-īyun* bzw. *-īyatun*), wird an Substantive und verschiedene Verbalnomina (selten an Zahlen, Präpositionen und Pronomen) angefügt und bildet (Beziehungs-) Adjektive und Substantive.

A 8 Die Nisbe-Endung ist das produktivste wortbildende Suffix im Arabischen. Sie ist den deutschen adjektivbildenden Suffixen *-ig*, *-isch* und den substantivbildenden Suffixen *-ist*, *-er* vergleichbar.

Die Endungen ة und ـِيا fallen bei Anfügung der Nisbe weg.

G

Beispiele:

libanesisch; Libanese لُبْنَانِيّ < لُبْنَانُ Libanon

syrisch; Syrer سُورِيّ < سُورِيَا Syrien

politisch; Politiker سِيَاسِيّ < سِيَاسَة Politik

A 9 Einzelheiten über bestimmte Lautveränderungen bei Anfügung der Nisbe besonders an Wörter mit seltener vorkommenden Endungen können einer größeren Grammatik (z. B. der » Grammar of the Arabic Language « von W. Wright) entnommen werden.

Attributiven Fügungen des Typs Substantiv + Adjektiv mit Nisbe-Endung entspricht im Deutschen oft ein Nominalkompositum:

Schulbuch, Lehrbuch كِتَاب مَدْرَسِيّ < كِتَاب + مَدْرَسَة

Weitere Beispiele können der Übung 24 entnommen werden.

3.2. Auch für das Adjektiv mit Nisbe-Endung gelten die bereits in den Lektionen 2 und 3 gegebenen Kongruenzregeln für den Nominalsatz (Subjekt — adjektivisches Prädikat) und die attributive Fügung (Substantiv — adjektivisches Attribut).

3.3. Substantive mit Nisbe-Endung, die Personen bezeichnen und Adjektive mit Nisbe-Endung, die als Attribut zu Substantiven stehen, die Personen bezeichnen, haben meist den gesunden Plural:

لُبْنَانِيّ / لُبْنَانِيُّون ، لُبْنَانِيَّة / لُبْنَانِيَّات، طُلَّاب لُبْنَانِيُّون ،
طَالِبَات لُبْنَانِيَّات

A 10 Manche Nisbe-Nomina bilden einen (kollektiven) Plural ohne Endung: arabisch, Araber عَرَبِيّ / عَرَب / arabische Studenten طُلَّاب عَرَب

Sie sind vokabelmäßig genauso zu erlernen wie einige Berufsbezeichnungen mit dem Plural ـيَّة oder andere Nisbe-Nomina, die einen gebrochenen Plural haben, z. B. صَيْدَلِيّ, Pl. صَيَادِلَة » Apotheker «, تُرْكِيّ, Pl. أَتْرَاك » türkisch; Türke «.

V

أَلْمَانِيّ / أَلْمَان	deutsch; Deutscher
أَمْسِ	gestern
أَنَّ	daß
أَيْنَ	wo
إِلَى أَيْنَ	wohin
مِنْ أَيْنَ	woher
برلين (م)	Berlin (die Aussprache nichtarabischer Eigennamen nähert sich der Originalaussprache, deshalb keine Vokalisierung!)
بَغْدَادُ (م)	Bagdad (bei Eigennamen, z. B. بغداد , محمّد , بيروت , wird der vokalische Auslaut nicht gesprochen.)
بَلَد / بِلَاد / بُلْدَان	Land (die Pluralform بلاد wird auch im Sinne des deutschen Singulars »Land« gebraucht.)
بَيْرُوتُ (م)	Beirut
بَيْنَ	zwischen
تِجَارَة	Handel
تِجَارِيّ	kommerziell, Handels-
الجَزَائِرُ	Algerien
جَزَائِرِيّ / جَزَائِرِيُّونَ	algerisch; Algerier
إِجْتِمَاع / إِجْتِمَاعَات	Zusammenkunft (das anlautende *Hamza* von اجتماع ist ein *Hamzat waṣl*.)
جُمْهُورِيَّة / جُمْهُورِيَّات	Republik
الجُمْهُورِيَّةُ ٱلدِّيمُقْرَاطِيَّةُ ٱلْأَلْمَانِيَّة	Deutsche Demokratische Republik
جُمْهُورِيَّةُ مِصْرَ ٱلْعَرَبِيَّة	Arabische Republik Ägypten (früher: الجُمْهُورِيَّةُ ٱلْعَرَبِيَّةُ ٱلْمُتَّحِدَةُ »Vereinigte Arabische Republik«)
جَيِّد	gut
حَرْف / حُرُوف / أَحْرُف	Buchstabe
أَحْمَدُ	Aḥmad
مُحَمَّدٌ	Muḥammad
خَبَر / أَخْبَار	Nachricht, Meldung
مَدْرَسَة / مَدَارِسُ	Schule
مَدْرَسِيّ	Schul-

V

كِتَاب مَدْرَسِيّ	Schulbuch, Lehrbuch
دِمَشْق (م)	Damaskus
دِيمُقْرَاطِيّ	demokratisch
ذٰلِكَ	das, jenes (Demonstrativpronomen; vgl. Lektion 7, G 2)
ذَهَبَ	gehen
رِسَالَة / رَسَائِلُ	Brief
سَأَلَ ه (عَنْ)	fragen (jmdn. nach) (das ه steht für den Akkusativ der Person)
سَافَرَ	reisen, fahren
سَمِعَ ه	hören (das ه steht für den Akkusativ der Sache)
سُورِيَا	Syrien
سُورِيّ / سُورِيُّونَ	syrisch; Syrer
سِيَاسَة	Politik
سِيَاسِيّ / سِيَاسِيُّونَ	politisch; Politiker
شَرِبَ ه	trinken
شَمْس (م)	Sonne
صَدِيق	befreundet
مَطَار / مَطَارَات	Flugplatz
عَرَبِيّ / عَرَب	arabisch; Araber
عَرَفَ ه / ه	wissen, kennen, erfahren
العِرَاق	Irak
عِرَاقِيّ / عِرَاقِيُّونَ	irakisch; Iraker
عَاصِمَة / عَوَاصِمُ	Hauptstadt
عَقَدَ ه	abhalten (eine Konferenz, eine Zusammenkunft); abschließen (einen Vertrag)
عَلَاقَة / عَلَاقَات	Beziehung
عَنْ	von; über; nach
فَعَلَ ه	machen, tun
فُنْدُق / فَنَادِقُ	Hotel
قَرَأَ ه	lesen
قَمَر	Mond
قَالَ*	er hat gesagt
قُلْتُ	ich habe gesagt
قُلْتَ	du (m.) hast gesagt
قُلْتِ	du (f.) hast gesagt
قُلْتُ لَهُ	ich habe ihm gesagt
كَتَبَ ه	schreiben

V

كَتَبَ رِسَالَةً	einen Brief schreiben
كَتَبَ لِلصَّدِيقِ رِسَالَةً	dem Freund oder an den Freund einen Brief schreiben
كَيْفَ	wie (Frageadverb)
لُبْنَانُ	Libanon
لُبْنَانِيّ / لُبْنَانِيُّونَ	libanesisch; Libanese
مَنْ	wer, wen
مَعَ مَنْ	mit wem
لِمَنْ	wem, an wen, für wen
نَبِيذ	Wein
مُتَّحِد	vereinigt
وَصَلَ (إِلَى)	ankommen (an einem Ort)
وَضَعَ ه	(hin-) legen, stellen, setzen, stecken
وَفْد / وُفُود	Delegation

T

T 1

وفود في برلين

نحن في برلين ، الوفد العراقيّ وأنا . برلين مدينة جميلة وكبيرة . ذهبتُ مع الأصدقاء الجدد إلى الفندق . توجد في الفندق وفود عربيّة كثيرة . عقدت الوفود اجتماعا .

قال الصديق اللبنانيّ : أنا من الوفد التجاريّ .

وقال الصديق السوريّ : أنا من الوفد السياسيّ .

وقال الصديق العراقيّ : توجد هنا وفود عربيّة كثيرة .

وقال الصديق الجزائريّ : توجد علاقات سياسيّة وتجاريّة جيّدة بين البلدان العربيّة والجمهوريّة الديمقراطيّة الألمانيّة .

وقال الصديق من جمهوريّة مصر العربيّة : قرأتُ أنّ الجمهوريّة الديمقراطيّة الألمانيّة بلد صديق .

وقلتُ أنا : نعم ، نحن وأنتم أصدقاء .

T

T 2

طالبة : أين أنتم ؟
طالب : نحن في برلين .
طالبة : مَن أنتم ؟
طالب : نحن الوفد العراقيّ ، وأنا .
طالبة : كيف هي برلين ؟
طالب : برلين مدينة جميلة وكبيرة .
طالبة : هل رأيت برلين ؟
طالب : نعم ، رأيت برلين .
طالبة : إلى أين وصل الوفد العراقيّ ؟
طالب : وصل الوفد العراقيّ إلى المطار.
طالبة : إلى أين ذهبت مع الوفد العراقيّ ؟
طالب : ذهبت مع الوفد العراقيّ إلى الفندق .
طالبة : ماذا قال الصديق اللبنانيّ ؟
طالب : قال الصديق اللبنانيّ : أنا من الوفد التجاريّ .
طالبة : وماذا قال الصديق السوريّ ؟
طالب : قال الصديق السوريّ : أنا من الوفد السياسيّ .
طالبة : وماذا قال الصديق العراقيّ ؟
طالب : قال الصديق العراقيّ : توجد هنا وفود عربيّة كثيرة .
طالبة : وماذا قال الصديق الجزائريّ ؟
طالب : قال الصديق الجزائريّ : توجد علاقات سياسيّة وتجاريّة جيّدة بين البلدان العربيّة والجمهوريّة الديمقراطيّة الألمانيّة .
طالبة : وماذا قال الصديق من جمهوريّة مصر العربيّة ؟
طالب : قال الصديق من جمهوريّة مصر العربيّة : قرأت أنّ الجمهوريّة الديمقراطيّة الألمانيّة بلد صديق .
طالبة : وماذا قلت أنت ؟
طالب : قلت أنا : نعم ، نحن وأنتم أصدقاء .

Ü

Ü 1 Hören Sie mehrmals Text 1 vom Tonband oder vorgelesen vom Lektor!

Ü 2 Lesen Sie mehrmals Text 1 unter Kontrolle des Lektors!

Ü 3 (Hausaufgabe) Lesen Sie nochmals Text 1 und übersetzen Sie ihn! Bereiten Sie Ü 4 und Ü 5 vor!

Ü 4 Geben Sie den Inhalt von Text 1 in Arabisch wieder! Der Lektor kontrolliert dabei sowohl die phonetische als auch die grammatische und lexikalische Richtigkeit. Dies gilt auch für die folgenden Übungen.

Ü 5 Führen Sie mit den in Text 1 in direkter Rede vorkommenden Sätzen mit verteilten Rollen ein Gespräch!

Ü 6 Hören Sie mehrmals Text 2 vom Tonband oder vorgelesen vom Lektor!

Ü 7 Lesen Sie die Fragen und Antworten von Text 2 mit verteilten Rollen!

Ü 8 (Hausaufgabe) Arbeiten Sie Text 2 so durch, daß Sie selbständig, ohne Zuhilfenahme der Textvorlage, ein solches Frage-Antwort-Gespräch führen können!

Ü 9 Führen Sie dieses Gespräch unter Kontrolle des Lektors!

Ü 10 Beantworten Sie die Frage:

من أين وصلت الوفود العربيّة إلى برلين ؟

Ü 11 Beantworten Sie die Fragen:

ما هي العاصمة السوريّة ؟

ما هي العاصمة اللبنانيّة ؟

ما هي العاصمة العراقيّة ؟

ما هي العاصمة الجزائريّة ؟

Ü 12 Der Lektor nennt in willkürlicher Reihenfolge die selbständigen Personalpronomen. Der Studierende gibt dazu die richtige Perfektform der Verben

a) فعل b) كتب c) سمع d) ذهب e) وصل f) قرأ g) شرب .

Ü

Ü 13 Die im folgenden genannten einfachen Verbalsätze mit dem Verb in der 1. P. Sg. sind in Fragesätze mit dem Verb in der 2. P. Sg. m. umzuwandeln.

Beispiel: فعلتُ ذلك > هل فعلتَ ذلك ؟

كتبت رسالة . كتبت الرسالة . كتبت الرسائل . سمعت الخبر . سمعت الأخبار . سمعت أنّ الوفد العراقيّ وصل إلى برلين . عرفت الرجل . عرفت الفتاة . عرفت أنّ الطالب ذهب إلى هناك . عرفت أنّ الطلّاب ذهبوا إلى البيت . قرأت الخبر . قرأت الأخبار . قرأت أنّ الوفد اللبنانيّ (السوريّ ، العراقيّ ، الجزائريّ) وصل إلى برلين . قرأت الرسالة . قرأت الرسائل . وصلت إلى هناك . وصلت إلى برلين . ذهبت إلى الفندق . ذهبت إلى هناك . ذهبت مع الأصدقاء . ذهبت إلى الصديق . ذهبت إلى المعلّم . رأيت الفتيات . اشتريت السيّارة . سافرت بالقطار . ذهبت إلى المحطّة . ذهبت إلى المدرسة . اشتريت كتبا . رأيت الأصدقاء .

A 11 Da سافر » reisen «, » fahren « – obwohl anderer Struktur als فعل, كتب , ذهب und die anderen behandelten Verben – im Perfekt genauso konjugiert wird wie jene, verwenden wir dieses Verb ebenso wie die als Vokabeln vermittelten Formen رأيت , اشتريت usw. in den Übungen.

Ü 14 Wie Ü 13, doch wird als Ausgangsform die 1. P. Pl. genommen.

Beispiel: كتبنا رسالة > هل كتبتم رسالة ؟

Ü 15 Wie Ü 13, doch ist von der 3. P. Sg. m. auszugehen, die im Fragesatz beibehalten wird.

Beispiel: كتب رسالة > هل كتب رسالة ؟

(Die Sätze mit den Verbformen رأيت und اشتريت werden in Ü 15, Ü 16 und Ü 17 weggelassen.)

Ü 16 Gleiche Übung, doch ist Ausgangsform die 3. P. Sg. f.

Ü 17 Gleiche Übung, doch ist Ausgangsform die 3. P. Pl. m.

Ü

Ü 18 Setzen Sie vor die genannten Substantive die richtige Form von وصل :

... المعلّم . ... المعلّمون . ... الطّلاب . ... الفتاة .
... الفتيات . ... الوفود . ... الرجال . ... المعلّمات .
... الوفد . ... الصديق . ... الأصدقاء . ... محمّد .

Ü 19 Vervollständigen Sie die folgenden Sätze durch die richtige Form des Verbs ذهب :

... الصديق إلى البيت . ... الأصدقاء إلى الفندق . ... الفتيات إلى الأصدقاء . ... الفتاة إلى الصديقة . ... الطالب إلى المعلّم . ... الطّلاب إلى الغرفة . ... السياسيّون إلى الاجتماع . ... الرجال إلى المحطّة . ... الطالبات إلى المخزن . ... أحمد إلى المطار.

Ü 20 Setzen Sie in den folgenden Sätzen die richtige Form von وضع ein! (Die in Klammern stehenden Nomina und Pronomen werden nicht mitgelesen.):

(الطالب) ... الكتاب في الخزانة . (المعلّمة) ... القلم على الطاولة .
(أنا) ... الشنطة على الكرسيّ . (أنت) ... المصباح على الأرض .
(نحن) ... الخزانة في الغرفة . (هي) ... الكتب في الشنطة .

Ü 21 Geben Sie auf die folgenden Fragen eine sinnvolle Antwort:

هل ذهبت إلى الصديق ؟ هل ذهبت إلى هناك مع الصديقة ؟ إلى أين وصل الوفد العراقيّ ؟ إلى أين وصلت الوفود العربيّة ؟ إلى أين ذهب الوفد العراقيّ ؟ إلى أين ذهبت مع الوفد العراقيّ ؟ أين وضعت الكتب ؟ هل سمعتم الخبر؟ لمن كتبت الرسالة ؟ مع من شربت النبيذ ؟ من أين اشتريت المصباح ؟ من عقد الاجتماع ؟ هل فعلن ذلك ؟ أين رأيتم الأصدقاء ؟ من عرف ذلك ؟ مع من ذهبتم إلى هناك ؟ هل قرأت الأخبار؟ من فعل ذلك ؟ إلى أين ذهبوا ؟ إلى أين سافروا ؟ ماذا رأيتم هناك ؟ ماذا اشتريت من المخزن ؟ ماذا قلت للأصدقاء العرب ؟

Die Übung läßt sich beliebig erweitern, indem andere Substantive und Verbformen eingesetzt werden.

Ü 22 Fragen Sie mit dem richtigen Fragepronomen oder -adverb nach Subjekt, Objekt oder Präpositionalgruppe der folgenden Sätze! Wandeln Sie dabei Verbformen der 1. P. in solche der 2. P. um!

Verwenden Sie die folgenden Fragewörter:

من ، لمن ، مع من ، ماذا ، أين ، إلى أين ، من أين .

Beispiele:

فعل ذلك محمّد . > من فعل ذلك ؟

قرأتُ الكتب . > ماذا قرأتَ ؟

اشتريت ذلك من المخزن . > من أين اشتريتَ ذلك ؟

كتب الرسالة صديق عربيّ . كتبت للصديق رسالة . كتبت رسالة للصديق . قرأت كتابا جديدا . وصل الوفد إلى المطار . اشتريت القلم من المخزن . اشتريت من المخزن قلما جديدا . ذهب الوفد إلى الفندق . عقدت الوفود العربية اجتماعا . عقدت الوفود اجتماعات كثيرة . ذهبوا إلى الفندق . وضعت الكتاب على الطاولة . وضعنا الكتب في الخزانة . عقدت الاجتماع وفود كثيرة . شربنا النبيذ مع الأصدقاء . سمعت أخبارا جديدة . فعل ذلك صديق . رأينا فتيات جميلات . يوجد المصباح على السقف . توجد الكراسيّ والطاولة على الأرض . يوجد اللوح على الجدار . وصلت الوفود من البلدان العربيّة .

Ü 23 Wandeln Sie die folgenden Sätze in mit أنّ eingeleitete Objektsätze um!

الغرفة جميلة . البيت قديم . المعلّم طويل . وصلت الوفود أمس . وصل الوفد إلى المطار . عقدت الوفود اجتماعا . سافر الأصدقاء إلى برلين . العلاقات التجاريّة جيّدة . ذهب الأصدقاء العرب إلى هناك . وصلت الصديقة إلى المحطّة . وصلت وفود كثيرة .

Stellen Sie, zum jeweiligen Objektsatz passend, einen der folgenden Hauptsätze voran: هل عرفتَ ؟ قرأنا ، هل سمعتم ؟ سمعتُ

Beispiel: البيت جميل . > سمعت أنّ البيت جميل .

Ü

Achten Sie darauf, daß sich bei Verbalsätzen nach أنّ die Wortstellung ändert!

Ü 24 Bilden Sie aus den folgenden jeweils 2 Substantiven eine determinierte attributive Fügung, indem Sie das 2. Substantiv durch Anfügen der Nisbe-Endung in ein Adjektiv verwandeln!

Beispiel: بلدان — عرب > البلدان العربيّة

علاقات — تجارة ، كتاب — مدرسة ، اجتماع — سياسة ، كتب — عرب ،
علاقات — سياسة ، طالب — العراق ، طلّاب — الجزائر ، معلّمون — لبنان ،
أرض — عرب ، جمهوريّة — عرب ، حروف — شمس ، حروف — قمر .

Lektion 6

G

1. Die Genitivverbindung

Die nähere Bestimmung eines Substantivs kann nicht nur durch ein attributives Adjektiv, sondern auch durch ein sich im Genitiv anschließendes Substantiv erfolgen.
Beide Substantive stehen zueinander im Verhältnis von Leitwort (Nomen regens) und Attribut (Nomen rectum) als 1. und 2. Glied einer Genitivverbindung.

1.1. Das Leitwort steht ohne Artikel und ohne Nunation im sog. Status constructus.

Beispiel:

das Haus eines Mannes — بَيْتُ رَجُلٍ

das Haus des Mannes — بَيْتُ ٱلرَّجُلِ

Die Genitivverbindung kennzeichnet durchaus nicht immer nur ein Besitzverhältnis wie im Beispiel بَيْتُ رَجُلٍ , sondern auch eine Zugehörigkeit:

عُضْوُ وَفْدٍ عَرَبِيٍّ

das Mitglied einer arabischen Delegation

und ein Merkmal oder eine Eigenschaft:

رَمْزُ صَدَاقَةٍ عَمِيقَةٍ

das Symbol einer festen Freundschaft

A 1 Die Frage nach dem Besitzer wird ebenfalls in Form einer Genitivverbindung ausgedrückt:

» Wessen Haus ist das? « — بَيْتُ مَنْ هٰذَا ؟

G

Da es im Arabischen keine Komposita gibt, dient die Genitivverbindung neben anderen Syntagmen auch dazu, Wortverbindungen mit festem lexikalischem Wert zu schaffen, die etwa unseren Komposita vergleichbar sind.

Beispiel:

das Studentenheim بَيْتُ ٱلطَّلَبَةِ

Die Übersetzung des indeterminierten بَيْتُ طَلَبَةٍ lautet dabei nicht »das Haus von Studenten«, sondern »ein Studentenheim«.

A 2 Wortverbindungen wie »ein Haus des Mannes«, »ein Mitglied der arabischen Delegation« usw. werden mit Hilfe von Präpositionen ausgedrückt.

In Frage kommt vor allem die Präposition مِنْ :

ein Haus des Mannes, بَيْتٌ مِنْ بُيُوتِ ٱلرَّجُلِ
wörtl.: ein Haus von den Häusern des Mannes

عُضْوٌ مِنْ أَعْضَاءِ ٱلْوَفْدِ ٱلْعَرَبِيِّ

ein Mitglied der arabischen Delegation,
wörtl.: ein Mitglied von den Mitgliedern der arabischen Delegation.

Auch die Präposition لِ wird verwendet.

1.2. Bei einer Genitivverbindung mit mehreren Gliedern (Genitivkette) stehen alle Glieder außer dem letzten im Status constructus.

Beispiel:

صِحَّةُ سِيَاسَةِ حُكُومَةِ ٱلْعِرَاقِ

die Richtigkeit der Politik der Regierung des Irak

1.2.1. Erstes Glied einer Genitivverbindung soll – im guten Stil – nicht mehr als ein Substantiv sein. Während wir z. B. im Deutschen »der Leiter und die Mitglieder der Delegation« sagen, also zwei Substantive mit einem nachfolgenden Genitiv, nehmen wir im Arabischen nur ein Substantiv als Leitwort, setzen das andere hinter die Genitivverbindung und stellen den Bezug zum 2. Glied durch das entsprechende Personalsuffix (vgl. unten, G 2.) her:

wörtl.: der Leiter der Delegation und ihre Mitglieder — رَئِيسُ ٱلْوَفْدِ وَأَعْضَاؤُهُ

1.2.2. Für die Determinationsverhältnisse in der Genitivverbindung gilt folgendes:

a) Wenn das 2. Glied determiniert ist, so gilt auch das im Status constructus stehende 1. Glied als determiniert. Ein adjektivisches Attribut zum 1. Glied muß also den Artikel erhalten.

Da jedoch die Glieder der Genitivverbindung nicht voneinander getrennt werden dürfen (mit einer Ausnahme – vgl. Lektion 7, G 2.5.), muß das Attribut entweder der ganzen Genitivverbindung nachgestellt werden, also:

das schöne Haus des Mannes — بَيْتُ ٱلرَّجُلِ ٱلْجَمِيلُ

oder aber es wird, um eine mögliche Verwechslung mit »das Haus des schönen Mannes« zu vermeiden, dem 1. Glied nachgestellt und das 2. Glied der nunmehr aufgelösten Genitivverbindung mit لِ angefügt:

أَلْبَيْتُ ٱلْجَمِيلُ لِلرَّجُلِ

Letztgenannte Konstruktion kommt im modernen Arabisch außerordentlich häufig vor.

b) Wenn das 2. Glied indeterminiert ist, so gilt das im Status constructus stehende 1. Glied als indeterminiert:

ein Studentenheim — بَيْتُ طَلَبَةٍ

Ein adjektivisches Attribut zum 1. Glied, also zu بيت, wird indeterminiert nachgestellt:

ein neues Studentenheim — بَيْتُ طَلَبَةٍ جَدِيدٌ

G

1.2.3. Der gesunde maskuline Plural verliert als 1. Glied einer Genitivverbindung das ن .

Beispiele:

die Lehrer des Studenten مُعَلِّمُو ٱلطَّالِبِ

mit den Lehrern des Studenten مَعَ مُعَلِّمِي ٱلطَّالِبِ

2. Die suffigierten Personalpronomen

Das Arabische kennt neben den sog. selbständigen Personalpronomen, die Ihnen aus den vorangegangenen Lektionen bekannt sind, auch suffigierte Personalpronomen.

2.1. Sie lauten:

Pl.		Sg.
—هُمْ	3. P. m.	—هُ
—هُنَّ	3. P. f.	—هَا
—كُمْ	2. P. m.	—كَ
—كُنَّ	2. P. f.	—كِ
—نَا	1. P.	—ِي

(beim Verb —نِي)

A 3 Der Hilfsvokal bei هم und كم ist *-u*.

2.2. Die Personalsuffixe können an

Substantive,
Präpositionen,
verschiedene Partikeln und Konjunktionen (u. a. أنّ » daß «)
und Verben
angefügt werden.

G

2.2.1. In Verbindung mit S u b s t a n t i v e n entsprechen die Personalsuffixe den deutschen Possessivpronomen.

Substantiv und Personalsuffix verhalten sich zueinander wie das 1. und 2. Glied einer determinierten Genitivverbindung. Das Substantiv ist das Leitwort und steht im Status constructus, d. h. ohne Artikel und ohne Nunation.

Pl.		Sg.	
ihr (m.) Haus	بَيْتُهُمْ	sein Haus	بَيْتُهُ
ihr (f.) Haus	بَيْتُهُنَّ	ihr Haus	بَيْتُهَا
euer (m.) Haus	بَيْتُكُمْ	dein (m.) Haus	بَيْتُكَ
euer (f.) Haus	بَيْتُكُنَّ	dein (f.) Haus	بَيْتُكِ
unser Haus	بَيْتُنَا	mein Haus	بَيْتِي

Ein Adjektiv, das als Attribut hinzugefügt wird, muß den Artikel erhalten:

euer neues Haus — بَيْتُكُمُ ٱلْجَدِيدُ

2.2.1.1. Besonderheiten der Lautung und Schreibung:

Das Personalsuffix der 1. P. Sg. assimiliert jeden unmittelbar vorangehenden k u r z e n Vokal.

B e i s p i e l e:

mein Buch — كِتَابِي

in meinem Buch — فِي كِتَابِي

Hast du mein Buch gesehen? — هَلْ رَأَيْتَ كِتَابِي ؟

Nach vorangehendem, meist genitivischem *-i* oder *-ī* (auch *-ai*) wird das *-u* der Suffixe der 3. Person zu *-i*:

ـهُ < ـهِ   ـهُمْ < ـهِمْ   ـهُنَّ < ـهِنَّ

G

Beispiele:

in seinem Haus — فِي بَيْتِهِ

in ihrem (Pl. m.) Haus — فِي بَيْتِهِمْ

in ihrem (Pl. f.) Haus — فِي بَيْتِهِنَّ

Das ة (*Tā' marbūṭa*) der Femininendung wird bei Anschluß von Personalsuffixen zu ت.

Beispiele:

eine Lehrerin — مُعَلِّمَةٌ

meine Lehrerin — مُعَلِّمَتِي

deine Lehrerin usw. — مُعَلِّمَتُكَ

Der gesunde maskuline Plural verliert nicht nur als 1. Glied einer Genitivverbindung, sondern auch bei Anfügung von Personalsuffixen das ن.

Beispiele:

deine Lehrer — مُعَلِّمُوكَ

bei ihren Lehrern — عِنْدَ مُعَلِّمِيهِمْ

Ich habe eure Lehrer gesehen. — رَأَيْتُ مُعَلِّمِيكُمْ

Nach langem *ā*, *ī* und *ai* erhält das Personalsuffix der 1. P. Sg. den Wert يَ.

Beispiel:

mit meinen Lehrern — مَعَ مُعَلِّمِيَّ (مُعَلِّمِي[نَ] + يَ)

A 4 Merken Sie: »Meine Lehrer« heißt مُعَلِّمِيَّ und nicht مُعَلِّمُويَ.

2.2.2. In Verbindung mit Präpositionen entsprechen die Personalsuffixe dem Dativ oder Akkusativ der Personalpronomen im Deutschen.

G

Beispiele:

mit ihm	مَعَهُ
von ihnen	مِنْهُمْ
bei uns	عِنْدَنَا

Mit Hilfe der Präpositionen عِنْدَ ، لِ ، مَعَ + Personalsuffix wird das deutsche Wort »haben« (im Sinne von »besitzen«) wiedergegeben. Am häufigsten ist die Präposition عِنْدَ »bei«:

Hast du viele Bücher? هَلْ عِنْدَكَ كُتُبٌ كَثِيرَةٌ ؟

A 5 In der gleichen Bedeutung wie عِنْدَ wird manchmal die Präposition لَدَى gebraucht.

Auch die Präposition لِ »für«, vor allem zur Hervorhebung eines Eigentumsverhältnisses, und die Präposition مَعَ »mit« zum Ausdruck eines augenblicklichen Bei-sich-habens werden dazu verwendet.

2.2.2.1. Besonderheiten der Lautung und Schreibung:

لِ lautet vor Suffixen mit Ausnahme des Suffixes der 1. P. Sg. لَ :
لَكَ لَهَا لَهُ usw., jedoch لِي .

مِنْ verdoppelt bei Anfügung des Suffixes der 1. P. Sg. das ن : مِنِّي

إِلَى und عَلَى lauten vor Suffixen إِلَيْ– und عَلَيْ– :

Pl.		Sg.	
عَلَيْهِمْ	إِلَيْهِمْ	عَلَيْهِ	إِلَيْهِ
عَلَيْهِنَّ	إِلَيْهِنَّ	عَلَيْهَا	إِلَيْهَا
عَلَيْكُمْ	إِلَيْكُمْ	عَلَيْكَ	إِلَيْكَ
عَلَيْكُنَّ	إِلَيْكُنَّ	عَلَيْكِ	إِلَيْكِ
عَلَيْنَا	إِلَيْنَا	عَلَيَّ	إِلَيَّ

Dieser Regel folgt auch die Präposition لَدَى .

G

2.2.3. An ein Verb angefügt haben die Personalsuffixe die Funktion eines Akkusativobjekts.

Beispiele:

Ich habe das Buch gekauft. — اِشْتَرَيْتُ ٱلْكِتَابَ .

Ich habe es gekauft. — اِشْتَرَيْتُهُ .

Ihr habt die Briefe geschrieben. — كَتَبْتُمُ ٱلرَّسَائِلَ .

Ihr habt sie geschrieben. — كَتَبْتُمُوهَا .

(الرسائل gilt als f. Sg., deshalb ها) .

Nimm den Bleistift! — خُذِ ٱلْقَلَمَ .

Nimm ihn! — خُذْهُ .

Haben sie den Wein getrunken? — هَلْ شَرِبُوا ٱلنَّبِيذَ ؟

Ja, sie haben ihn getrunken. — نَعَمْ شَرِبُوهُ .

Hast du der Veranstaltung beigewohnt? — هَلْ حَضَرْتَ ٱلْحَفْلَةَ ؟

Ja, ich habe ihr beigewohnt (= ja, ich war dort). — نَعَمْ حَضَرْتُهَا .

2.2.3.1. Besonderheiten der Lautung und Schreibung:

Die 3. P. Pl. m. der Perfektform verliert bei Anschluß eines Personalsuffixes das *Alif*: شَرِبُوهُ .

Bei der 2. P. Pl. m. wird vor dem Personalsuffix ein *Wāw* eingefügt: كَتَبْتُمُوهَا .

3. Determination (Zusammenfassung)

Ein Substantiv ist determiniert durch

den Artikel: ٱلْبَيْتُ

einen folgenden Genitiv: بَيْتُ ٱلرَّجُلِ

ein Personalsuffix: بَيْتُهُ

G

4. Das Adverb

Das Arabische hat keine besondere Form für das Adverb. Adverbielle Beziehungen werden durch den Akkusativ oder durch Präpositionalgruppen ausgedrückt.
Den Akkusativ haben vor allem die sog. Umstandsadverbien, zu denen auch die Adverbien der Zeit gehören.

Beispiele:

morgens, früh	صَبَاحًا	< Morgen	صَبَاح
abends	مَسَاءً	< Abend	مَسَاء
am Morgen des heutigen Tages = heute morgen	صَبَاحَ ٱلْيَوْمِ		
am Abend des heutigen Tages = heute abend	مَسَاءَ ٱلْيَوْمِ		

An die Stelle des Akkusativs kann in manchen Fällen auch eine Präpositionalgruppe mit فِي treten: صَبَاحًا = فِي ٱلصَّبَاحِ . Im allgemeinen sind jedoch die Umstandsadverbien lexikalisiert. Der Student kann sie nicht selbständig bilden, sondern muß sie vokabelmäßig lernen. Mehr zu Adverbialkonstruktionen steht in Lektion 22.

V

بَيْتُ طَلَبَةٍ / بُيُوت	Studentenheim
جِدًّا	sehr
جَامِعَة / جَامِعَات	Universität
أَجْنَبِيّ / أَجَانِب	ausländisch; Ausländer
حَضَرَ ه	anwesend sein (bei), beiwohnen
حُكُومَة / حُكُومَات	Regierung
حَفْلَة / حَفَلَات	Veranstaltung, Fest, Feier
دِبْلُومَاسِيّ / دِبْلُومَاسِيُّون	diplomatisch; Diplomat
دَهَنَ ه	(an)streichen

V

رَئِيس / رُؤَسَاءُ	Leiter; Präsident
رَأَيْتُمْ	ihr (m.) habt gesehen
رَأَيْنَا	wir haben gesehen
مُرَافِق / مُرَافِقُونَ	Begleiter, Betreuer
مَرْكَز / مَرَاكِزُ	Zentrum
مَسْرَح / مَسَارِحُ	Theater
إِسْم / أَسْمَاء	Name (*Hamzat waṣl*!)
شَعْب / شُعُوب	Volk
شَعْبِيّ	Volks-
صَبَاح	Morgen
صَبَاحًا	morgens, früh
في ٱلصَّبَاحِ	am Morgen
صَبَاحَ ٱلْأَمْسِ	gestern früh
صَبَاحَ ٱلْيَوْمِ	heute früh
ظُهْر	Mittag
ظُهْرًا	mittags
ظُهْرَ ٱلْأَمْسِ	gestern mittag
ظُهْرَ ٱلْيَوْمِ	heute mittag
عُضْو / أَعْضَاء	Mitglied
عِنْدَ	bei
كَلاوس	Klaus
لَدَى	bei
مَتَى	wann
مَسَاء	Abend
مَسَاءً	abends
مَسَاءَ ٱلْأَمْسِ	gestern abend
مَسَاءَ ٱلْيَوْمِ	heute abend
هَيْفَاءُ	Haifā' (arab. Mädchenname)
يَوْم / أَيَّام	Tag
اَلْيَوْمَ	heute, am heutigen Tag

T

T 1

في المسرح

إسمي كلاوس . أنا مرافق الوفد العربيّ . أسماء أعضاء الوفد محمّد وأحمد وهيفاء .

ذهبت مساء الأمس مع الوفد العربيّ إلى المسرح . يوجد المسرح في مركز عاصمتنا . إسمه « المسرح الشعبي » . مسرح برلين الشعبيّ قديم وجميل .

ذهبنا إليه بسيّارتي الجديدة . حضرنا حفلة جميلة . رأينا هناك عددا من الدبلوماسيّين والسياسيّين الأجانب وعرفنا كثيرين منهم .

سأل رئيس الوفد : هل يوجد في جمهوريّتكم عدد كبير من المسارح الجديدة ؟ قال له صديق ألمانيّ : نعم ، يوجد عندنا عدد كبير منها .

T 2

طالبة : هل ذهبت مع الوفد العربيّ إلى المسرح ؟
طالب : نعم ، ذهبت معه إلى المسرح .
طالبة : متى ذهبت مع الأصدقاء إلى هناك ؟
طالب : ذهبت معهم إلى هناك مساء الأمس .
طالبة : ما هو اسم هذا المسرح ؟
طالب : إسمه « مسرح برلين الشعبيّ » .
طالبة : أين يوجد المسرح ؟
طالب : يوجد المسرح في مركز عاصمتنا .
طالبة : هل هو جميل ؟
طالب : نعم ، هو جميل جدّا .
طالبة : هل حضرتم حفلة جميلة ؟
طالب : نعم ، حضرنا حفلة جميلة .
طالبة : من رأيتم هناك ؟
طالب : رأينا هناك عددا من الدبلوماسيّين والسياسيّين الأجانب .
طالبة : يوجد في جمهوريّتنا عدد كبير من المسارح .
طالب : نعم ، هذا صحيح .

Ü

Ü 1 Hören Sie mehrmals Text 1 vom Tonband oder vorgelesen vom Lektor!

Ü 2 Lesen Sie mehrmals Text 1 unter Kontrolle des Lektors!

Ü 3 (Hausaufgabe) Lesen Sie nochmals Text 1 und übersetzen Sie ihn! Bereiten Sie Ü 4 vor!

Ü 4 Geben Sie den Inhalt von Text 1 in Arabisch wieder, und zwar in der 3. Person! Der Lektor kontrolliert dabei sowohl die phonetische als auch die grammatische und lexikalische Richtigkeit! Dies gilt auch für die folgenden Übungen.

Ü 5 Hören Sie mehrmals Text 2 vom Tonband oder vorgelesen vom Lektor!

Ü 6 Lesen Sie Text 2 mit verteilten Rollen!

Ü 7 (Hausaufgabe) Arbeiten Sie Text 2 so durch, daß Sie selbständig, ohne Zuhilfenahme der Textvorlage, ein Gespräch zum Thema » Besuch der Volksbühne in Berlin « führen können!

Ü 8 Führen Sie dieses Gespräch im Kolleg!

Ü 9 Jeder Student beantwortet die Frage ما هو اسمك ؟ !

Ü 10 Setzen Sie in Text 1 an die Stelle von مسرح das Wort جامعة und tragen Sie die entsprechenden Sätze vor!

Ü 11 (Hausaufgabe) Geben Sie an, welche Wortverbindungen in Text 1 Genitivverbindungen, welche attributive Fügungen sind! Schreiben Sie die Beispiele beider Gruppen in Ihr Heft! Der Lektor überprüft die Richtigkeit und Ihre inzwischen erworbenen kalligraphischen Fertigkeiten.

Ü 12 Bilden Sie mit dem folgenden Wortmaterial Genitivverbindungen!

	2. Glied (determiniert)	1. Glied
a)	بيت	باب ، أبواب جدار ، جدران شبابيك غرف

	2. Glied (determiniert)	1. Glied
b)	غرفة	باب ، أبواب جدار ، جدران شبّاك ، شبابيك سقف أرض
c)	صديق ، صديقة ، محمّد	رسالة كتاب ، كتب غرفة بيت سيّارة
d)	مدينة ، عاصمة	مسرح ، مسارح جامعة ، جامعات مخازن محطّة ، محطّات مدارس
e)	وفد	عضو ، أعضاء مرافق ، مرافقون سيّارة ، سيّارات رئيس

Ü 13 Bilden Sie mit dem Wortmaterial von Ü 12, Gruppen a–d, Genitivverbindungen, bei denen das 2. Glied nicht durch den Artikel, sondern durch ein Personalsuffix determiniert ist.

Beispiele: شبابيك غرفتي ، مسرح مدينتنا .

Ü 14 Setzen Sie die in Ü 12, a und b, gebildeten Genitivverbindungen in den Akkusativ, indem Sie einen Verbalsatz mit دهن bilden!

Beispiele: دهن باب البيت ، دهنت أبواب الغرفة.

Ü

Ü 15 Ein Student bildet mit den Wörtern بيت ، غرفة ، شنطة ، رسالة ، كتاب ، كتب ، قلم ، كرّاسة ، كراريس ، سيّارة Fragesätze nach dem Muster بيت مَنْ هذا ؟ »Wessen Haus ist das?«. Ein anderer Student antwortet darauf mit هذا بيت صديقي . هذا بيتي . هذا بيت المعلّم u. a., d. h., Prädikat soll eine Genitivverbindung oder ein durch Personalsuffix determiniertes Substantiv sein.

Ü 16 Ein Student stellt Fragen nach dem Muster هل هذا بيتك ؟ · هل هذه غرفتك ؟ Ein anderer Student antwortet darauf entweder bejahend: نعم ، هذا بيتي . نعم ، هذه غرفتي . oder verneinend: لا ، هذا بيت صديقي . لا ، هذه غرفة صديقي .

Verwenden Sie das Wortmaterial aus Ü 15 und erweitern Sie es selbständig!

Ü 17 Fügen Sie den folgenden, durch Personalsuffix determinierten Substantiven das Adjektiv جديد (جدد ، جديدة) als Attribut hinzu!

Beispiel: بيتي > بيتي الجديد .

غرفتك ، معلّمكم ، أصدقاؤنا ، كتبها ، سيّارته ، بسيّارته ، في فندقنا ، أمام مسرحنا ، صديقتي ، مرافقكم ، في مطارهم ، سياستهم ، مدرستك .

Ü 18 Ersetzen Sie das nach den Präpositionen إلى ، على ، ل stehende Substantiv in den folgenden Sätzen durch das entsprechende Personalsuffix der 3. P.!

Beispiel: ذهب إلى الصديق . > ذهب إليه .

سافر إلى العاصمة .	وصل الوفد إلى المطار.
توجد الكتب على الطاولة .	قلت للأصدقاء : مع السلامة .
كتب للصديق رسالة .	ذهبوا إلى أصدقائهم .
كتبت للصديقة رسالة .	يوجد اللوح على الجدار.
قلت للمعلّم : صباح الخير.	ذهبنا إلى المسرح .

Ü

Ü 19 Setzen Sie die folgenden Wortverbindungen durch Vorsetzen der Präposition في bzw. مع in den Genitiv!

Beispiel: بيته الجديد > في بيته الجديد .

مسرحنا الجميل ، جامعتنا القديمة ، سيّارته الجديدة ، صديقتي الجديدة ، أصدقاؤك العرب ، وفدهم التجاريّ ، حكومتنا القديمة ، صديقاتهنّ السوريّات ، جامعاتكم الجديدة ، مطارنا الكبير ، كرّاسته الصغيرة ، مرافقهم الألمانيّ ، وفودنا الأجنبيّة ، اجتماعاتكم الطويلة .

Ü 20 (Hausaufgabe) Beantworten Sie die Frage ما هي أسماء العواصم العربيّة ؟ unter Verwendung der Ihnen bisher bekannten Städtenamen. Stellen Sie außerdem anhand einer arabischen Landkarte weitere Namen von arabischen Hauptstädten fest!

Ü 21 Beantworten Sie die folgenden Fragen mit einem der Zeitadverbien

اليوم ، أمس ، في الصباح ، في المساء
صباحا ، ظهرا ، مساء
صباح اليوم ، صباح الأمس
ظهر اليوم ، ظهر الأمس
مساء اليوم ، مساء الأمس

متى سافر صديقكم إلى برلين (إلى دمشق ، بيروت ، بغداد ، الجزائر) ؟
متى ذهبت إلى الجامعة (المسرح ، المحطّة ، بيتك ، بيته ، هناك) ؟
متى عقد الوفد اجتماعه ؟
متى شربت النبيذ مع أصدقائك (مع أصدقائك العرب ، مع أصدقائك الأجانب) ؟
متى كتبتم رسالتكم ؟
متى دهنت شبابيك (أبواب ، جدران ، أرض ، سقف) غرفتك (بيتك) ؟

Ü

متى اشتريت الكتب (الكتاب ، الشنطة ، الكراريس ، السيّارة) ؟

متى رأيت الأصدقاء (الوفد ، أعضاء الوفد ، مرافقكم) ؟

متى حضرتم الحفلة (الدرس) ؟

متى سمعت الخبر ؟

متى عرفت ذلك ؟

متى فعلوا ذلك ؟

Lektion 7

G

1. Die Imperfektform

1.1. Die Imperfektform ist neben der Perfektform (Lektion 5) die zweite der beiden einfachen Verbformen des Arabischen. Sie bezeichnet fast immer eine Handlung in den Zeitstufen Gegenwart oder Zukunft.

> **A 1** Die Imperfektform kann manchmal zum Ausdruck von Handlungen in der Zeitstufe der Vergangenheit verwendet werden, so in manchen Nebensätzen. Das hängt damit zusammen, daß die Imperfektform eigentlich tempusindifferent ist und die Verbalhandlung lediglich in ihrem Verlauf schildert.

1.2. Die Imperfektform ist gekennzeichnet durch die Vokallosigkeit von R_1 und einen sog. Imperfektvokal nach R_2, der sowohl *a* (*Fatḥa*) als auch *i* (*Kasra*) oder *u* (*Ḍamma*) sein kann.

Auf R_3 folgt der Vokal *u* oder ein Suffix.

Die Personen werden durch Präfixe ausgedrückt.

1.3. Die Konjugation:

(هم) يَفْعَلُونَ		(هو) يَفْعَلُ
(هنّ) يَفْعَلْنَ	Imperfekt Indikativ (Grundstamm)	(هي) تَفْعَلُ
(أنتم) تَفْعَلُونَ		(أنتَ) تَفْعَلُ
(أنتنّ) تَفْعَلْنَ		(أنتِ) تَفْعَلِينَ
(نحن) نَفْعَلُ		(أنا) أَفْعَلُ

G

Bei den bisher behandelten Verben

فَعَلَ		يَفْعَلُ	
ذَهَبَ	lautet der Imperfekt-vokal *a*, also	يَذْهَبُ	
سَأَلَ		يَسْأَلُ	
قَرَأَ		يَقْرَأُ	(2. P. Sg. f. تَقْرَئِينَ 3., 2. P. Pl. m. يَقْرَؤُونَ bzw. تَقْرَؤُونَ),

ebenso bei

شَرِبَ	يَشْرَبُ
سَمِعَ	يَسْمَعُ

Er lautet *u* bei

كَتَبَ	يَكْتُبُ

und *i* bei

عَرَفَ	يَعْرِفُ
عَقَدَ	يَعْقِدُ

A 2 Bei Verben mit و als R_1 fällt dieses و in der Imperfektform weg: وصل > يَصِل ، وضع > يَضَع . Vgl. dazu Lektion 11!

A 3 Im Vokabelverzeichnis jeder Lektion sind alle Verben in der Perfekt- und Imperfektform angegeben.

Dem Studierenden wird dringend empfohlen, b e i d e Formen zu lernen, da es keine Regeln dafür gibt, wie der Imperfektvokal lautet. Lediglich bei Verben, die in der Perfektform nach R_2 *i* haben, ist der Imperfektvokal bis auf verschwindend geringe Ausnahmen *a*.

G

1.4. Zur Hervorhebung des futurischen Zeitwerts kann der Imperfektform die Partikel سَوْفَ vorangestellt oder die verkürzte Form سَـ als Präfix vorgesetzt werden:

سَوْفَ يَكْتُبُ لَكَ ، سَيَكْتُبُ لَكَ

Er wird dir (gewiß) schreiben.

2. Die Demonstrativpronomen

2.1. Das Demonstrativpronomen für das örtlich oder zeitlich Naheliegende lautet:

	Pl.	Sg.	
dieser, diese,	هٰؤُلَاءِ	هٰذَا	m.
dieses; das		هٰذِهِ	f.

Das Demonstrativpronomen für das örtlich oder zeitlich Fernerliegende lautet:

	Pl.	Sg.	
jener, jene,	أُولٰئِكَ	ذٰلِكَ	m.
jenes; das		تِلْكَ	f.

A 4 Bei هذا ، هذه ، هؤلاء und ذلك hat die erste, bei اولئك die zweite Silbe ein langes *ā*, das nicht, wie sonst üblich, durch *Alif* zum Ausdruck gebracht wird.
Dagegen ist das anlautende *u* von أولئك kurz.

2.2. Das Demonstrativpronomen wird dem durch den Artikel determinierten Substantiv vorangestellt:

هٰذَا ٱلرَّجُلُ ، ذٰلِكَ ٱلرَّجُلُ

dieser Mann, jener Mann

هٰذِهِ ٱلْفَتَاةُ ، تِلْكَ ٱلْفَتَاةُ

dieses Mädchen, jenes Mädchen

G

هٰؤُلَاءِ ٱلرِّجَالُ ، أُولٰئِكَ ٱلرِّجَالُ

diese Männer, jene Männer

هٰؤُلَاءِ ٱلْفَتَيَاتُ، أُولٰئِكَ ٱلْفَتَيَاتُ

diese Mädchen, jene Mädchen

A 5 Vor Pluralen von Wörtern, die Nicht-Personen bezeichnen, steht natürlich die fem. sing. Form des Demonstrativpronomens:

تلك البيوت ، هذه الغرف .

2.3. Das Demonstrativpronomen wird dem durch ein Personalsuffix determinierten Substantiv nachgestellt:

dieser mein Freund	صَدِيقِي هٰذَا
diese seine Bücher	كُتُبُهُ هٰذِهِ
diese unsere Freunde	أَصْدِقَاؤُنَا هٰؤُلَاءِ

2.4. Bezieht sich das Demonstrativpronomen auf das 1. Glied einer Genitivverbindung, so wird es ebenfalls nachgestellt:

dieses Buch des Lehrers	كِتَابُ ٱلْمُعَلِّمِ هٰذَا
jene Freunde meines Lehrers	أَصْدِقَاءُ مُعَلِّمِي أُولٰئِكَ

2.5. Bezieht es sich auf das 2. Glied der Genitivverbindung, so steht es vor diesem, also zwischen 1. und 2. Glied:

das Buch dieses Studenten	كِتَابُ هٰذَا ٱلطَّالِبِ
der Freund jenes Mädchens	صَدِيقُ تِلْكَ ٱلْفَتَاةِ

A 6 Es wird jedoch nachgestellt, wenn das 2. Glied der Genitivverbindung ein durch ein Personalsuffix determiniertes Nomen ist:

das Buch dieses meines Freundes	كِتَابُ صَدِيقِي هٰذَا

(vgl. oben, 2.3.)

G

Eine Konstruktion dieser Art kann also doppeldeutig sein, da sich das Demonstrativpronomen (bei gleichem Genus beider Glieder der Genitivverbindung) sowohl auf das 1. Glied (dieses Buch meines Freundes) als auch – wie eben dargestellt – auf das 2. Glied der Genitivverbindung beziehen kann.

2.6. Die Demonstrativpronomen haben nicht nur, wie in 2.2.–2.5. dargestellt, hinweisende Funktion, sondern werden auch substantivisch gebraucht. Sie können im Nominalsatz Subjekt, im Verbalsatz Subjekt oder Objekt sein:

Das (dies) ist ein Lehrer. هَـٰذَا مُعَلِّمٌ .

Diese haben den Wein getrunken. شَرِبَ هٰؤُلَاءِ ٱلنَّبِيذَ .

Das hat Muhammad getan. فَعَلَ ذَٰلِكَ مُحَمَّدٌ .

Beim Nominalsatz ist dabei wieder auf Genus- und Numeruskongruenz zwischen Subjekt und Prädikat zu achten, bei durch Artikel determiniertem Prädikat auch auf die Einfügung des Personalpronomens (vgl. Lektion 2, A 6):

feminines Prädikat	maskulines Prädikat
هَـٰذِهِ مُعَلِّمَةٌ .	هَـٰذَا مُعَلِّمٌ .
هَـٰذِهِ كَبِيرَةٌ .	هَـٰذَا كَبِيرٌ .
هَـٰذِهِ هِيَ ٱلْمُعَلِّمَةُ .	هَـٰذَا هُوَ ٱلْمُعَلِّمُ .
هَـٰذِهِ هِيَ ٱلْكُتُبُ .	
هٰؤُلَاءِ هُنَّ ٱلْمُعَلِّمَاتُ .	هٰؤُلَاءِ هُمُ ٱلْمُعَلِّمُونَ .

A 7 Im lexikalischen Bereich kommen vor allem Verbindungen mit ذلك recht oft vor: لذلك »deshalb«, بَعْدَ ذلك »danach«, قَبْلَ ذلك »davor«, مَعَ ذلك »dennoch«, »trotzdem« u. a.

G

3. Diptota

3.1. In Lektion 4 haben wir die Deklination von Nomina kennengelernt, die indeterminiert die Nunation haben und 3 Kasus bilden. Sie werden Triptota genannt. Nomina, die indeterminiert keine Nunation haben und nur 2 Kasus bilden, werden Diptota genannt. Zum Vergleich stellen wir im folgenden Schema Triptota und Diptota einander gegenüber:

	Diptota	Triptota
N.	خَزَائِنُ بَيْضَاءُ	رَجُلٌ كَبِيرٌ
G.	خَزَائِنَ بَيْضَاءَ	رَجُلٍ كَبِيرٍ
A.	خَزَائِنَ بَيْضَاءَ	رَجُلًا كَبِيرًا

Merkmal der Diptota ist also das Fehlen des auslautenden Nūn und das Zusammenfallen der Genitiv- und Akkusativendung.

A 8 Diptota sind vor allem die Plurale von mehrkonsonantigen Wörtern (*fawāʿil, faʿālil, faʿālīl, fuʿalāʾ* u. a.) und Adjektive der Form *afʿal, fem. faʿlāʾ* (diese Struktur haben viele Farbadjektive; vgl. das Vokabelverzeichnis dieser Lektion).

In den Vokabelverzeichnissen und im Glossar werden Diptota mit einem Ḍamma im Auslaut gekennzeichnet:

أَصْدِقَاءُ ، خَزَائِنُ ، أَبْيَضُ .

3.2. Diptotische Nomina, die durch den Artikel, ein Personalsuffix oder einen folgenden Genitiv determiniert werden, werden dadurch zu Triptota:

فِي ٱلْخَزَائِنِ ٱلْبَيْضَاءِ ،

فِي رَسَائِلِهَا

مَعَ أَصْدِقَاءِ ٱلطَّالِبِ .

V

Einige Wörter sind mit (coll) als Kollektiva gekennzeichnet, die in Lektion 20 ausführlich behandelt werden.

أَخَذَ (يَأْخُذُ) ه	nehmen
أَكَلَ (يَأْكُلُ) ه	essen
ج مَأْكُولَات	Gerichte, Speisen
أَمَّا . . . فَ . . .	was . . . anbelangt, so . . .
أُورُبِّيّ / أُورُبِّيُّونَ	europäisch; Europäer
بُرْتُقَال	Orange(n) (coll)
بَعْدَ	nach (temporale Präposition)
بِيرَة	Bier
أَبْيَضُ م بَيْضَاءُ	weiß
تُرْكِيّ / أَتْرَاك	türkisch; Türke
جَلَسَ (يَجْلِسُ)	sich setzen, sitzen
حَدِيث	modern, neu
أَحْمَرُ م حَمْرَاءُ	rot
حَيَاة	Leben
أَحْيَانًا	manchmal
خَرَجَ (يَخْرُجُ) (مِنْ)	(heraus)kommen, (hinaus)gehen (aus)
خَصِيب	fruchtbar
أَخْضَرُ م خَضْرَاءُ	grün
ج خُضْرَوَات	Gemüse
دَجَاج	Huhn, Hühner (coll)
دَخَلَ (يَدْخُلُ) ه	hineingehen, betreten
دَرَسَ (يَدْرُسُ) ه	studieren
ذَلِكَ م تِلْكَ / أُولَئِكَ	jener, jene, jenes; das (Demonstrativpronomen)
بَعْدَ ذَلِكَ	danach
قَبْلَ ذَلِكَ	davor
كَذَلِكَ	auch
لِذَلِكَ	deshalb
مَعَ ذَلِكَ	dennoch, trotzdem
رَجَعَ (يَرْجِعُ)	zurückkehren
رُزّ	Reis
زَرَعَ (يَزْرَعُ) ه	anbauen (Landwirtschaft)
أَزْرَقُ م زَرْقَاءُ	blau
زَهْر / زُهُور	Blume(n) (coll)
سِكِّين (م) / سَكَاكِين	Messer
أَسْمَرُ م سَمْرَاءُ	braun

V

أَسْوَدُ م سَوْدَاءُ	schwarz
سَوْفَ ، سَـ	(Futurpartikel)
شَاي	Tee
ج مَشْرُوبَات	Getränke
شَرْق	Osten, Orient
شَرْقِيّ	östlich, orientalisch
أَشْقَرُ م شَقْرَاءُ	blond
شَوْكَة / شَوْكَات	Gabel
أَصْفَرُ م صَفْرَاءُ	gelb
طَرَقَ (يَطْرُقُ) (أَلْبَابَ)	(an die Tür) klopfen
طَعَام / أَطْعِمَة	Essen, Speise, Mahl(zeit)
(طَعَامُ) ٱلْعَشَاء	Abendessen
مَطْعَم / مَطَاعِمُ	Restaurant
طَلَبَ (يَطْلُبُ) هـ ، أَنْ	bestellen, erbitten (etw.), bitten (darum, daß)
طَلَبَ (يَطْلُبُ) مِنْهُ أَنْ	erbitten, verlangen (von jmdm. etw.)
طَيِّب	gut
عَلِمَ (يَعْلَمُ) هـ	erfahren; wissen
عَمِلَ (يَعْمَلُ) (هـ)	arbeiten
عِنَب	Weinbeere(n) (coll)

فَقَطْ	nur
فَاكِهَة / فَوَاكِهُ	Obst
فِنْجَان / فَنَاجِينُ	Tasse
فَهِمَ (يَفْهَمُ) ه / هـ	verstehen
قَبْلَ	vor (temporale Präposition)
قَهْوَة	Kaffee
قَاعَة / قَاعَات	Saal, Halle
قَائِمَة / قَوَائِمُ	Liste
قَائِمَةُ ٱلطَّعَامِ	Speisekarte
كَأْس (م) / كُؤُوس	Glas
كَلَّا	nein, mitnichten
لَحْم / لُحُوم	Fleisch
مِلْعَقَة / مَلَاعِقُ	Löffel
لُغَة / لُغَات	Sprache
لَوْن / أَلْوَان	Farbe
لَيْمُون	Zitrone(n) (coll)
مَاء / مِيَاه	Wasser
أَلنَّاس	die Leute
هٰذَا م هٰذِهِ / هٰؤُلَاءِ	dieser, diese, dieses; das (Demonstrativpronomen)
وَسَط / أَوْسَاط	Mitte
فِي يَوْمٍ مِنَ ٱلْأَيَّامِ	eines Tages

T

في المطعم

T 1

علمنا ظهر اليوم أنّ عددا من الأصدقاء العرب والألمان سيأكلون طعام العشاء في مطعم فندقنا . وفي المساء ذهبت مع أعضاء الوفد إلى قاعة الطعام الزرقاء . جلسنا مع أولائك الأصدقاء على كراسيّ حديثة في وسط هذه القاعة . رأينا على الطاولة شوكات وسكاكين وملاعق وكؤوسا وزهورا صفراء .

سأل محمّد : هل تأكلون أطعمة شرقيّة ؟
قال له صديقه أحمد : نعم . هل توجد في قائمة الطعام هذه لحوم ورزّ وخضروات ؟
قلت : نعم ، توجد فيها لحوم ورزّ وخضروات وكذلك دجاج .
قال لي محمّد : هل تطلب لنا لحم الدجاج مع الرزّ ؟
قلت : طيّب ، وهل تشربون النبيذ الأحمر أم النبيذ الأبيض ؟
قال : شكرا ، أشرب بعد الطعام فنجانا من القهوة . أمّا أصدقائي هؤلاء فيشربون الشاي .
قال الأصدقاء : أكلنا في بلدكم طعاما شرقيّا وسوف تأكلون في بلادنا طعاما أوربّيّا .

يجلس محمّد وكلاوس في غرفة محمّد

T 2

محمّد : ماذا نفعل مساء اليوم ؟
كلاوس : نأكل طعام العشاء مع أصدقاء عرب وألمان .
محمّد : ماذا يشرب الناس عندكم مساء ؟
كلاوس : يشربون الشاي أو البيرة أو النبيذ وأحيانا يشربون الماء .
محمّد : يشرب الناس عندنا الشاى أو الماء فقط .
كلاوس : هل تزرعون الفواكه في بلادكم ؟
محمّد : نعم ، نزرع فواكه كثيرة منها العنب والبرتقال والليمون .
كلاوس : هل الأرض عندكم خصبة ؟

T

محمّد : نعم ، الأرض عندنا خصبة جدّا .
كلاوس : في يوم من الأيّام سأصل إلى بغداد وأطرق باب بيتك وأدرس الحياة في بلادكم .

Ü

Ü 1 Hören Sie mehrmals Text 1 vom Tonband oder vorgelesen vom Lektor!

Ü 2 Lesen Sie mehrmals Text 1 unter Kontrolle des Lektors!

Ü 3 (Hausaufgabe) Lesen Sie nochmals Text 1 und übersetzen Sie ihn! Bereiten Sie Ü 4 und Ü 5 vor!

Ü 4 Geben Sie den Inhalt von Text 1 in Arabisch wieder! Der Lektor kontrolliert dabei sowohl die phonetische als auch die lexikalische und grammatische Richtigkeit. Dies gilt auch für die folgenden Übungen.

Ü 5 Führen Sie mit den im Text 1 in direkter Rede vorkommenden Sätzen mit verteilten Rollen ein Gespräch!

Ü 6 Hören Sie mehrmals Text 2 vom Tonband oder vorgelesen vom Lektor!

Ü 7 Lesen Sie mehrmals Text 2 mit verteilten Rollen!

Ü 8 (Hausaufgabe) Lesen Sie nochmals Text 2 und arbeiten Sie ihn so durch, daß Sie selbständig, ohne Zuhilfenahme der Textvorlage, ein Frage-Antwort-Gespräch führen können.

Ü 9 Führen Sie dieses Gespräch mit verteilten Rollen!

Ü 10 Beantworten Sie die folgenden Fragen:

أين سيأكل الأصدقاء العرب والألمان ؟
الى أين يذهب كلاوس مع أعضاء الوفد ؟
ما هو لون قاعة الطعام ؟
وما هو لون الزهور على الطاولة ؟
ما هى أسماء المأكولات فى قائمة الطعام ؟

Ü

ماذا يطلب كلاوس ؟
ماذا يشرب محمّد بعد الطعام ؟
وماذا يشرب أولئك الأصدقاء ؟
هل تعرف عددا من أسماء الفواكه ؟
كيف هي الأرض فى العراق ؟

Ü 11 Wandeln Sie bei den folgenden Sätzen die Perfektform der 3. P. Sg. m. in die Imperfektform der 3. P. Sg. m. um!

Beispiel: كتب رسالة . > يكتب رسالة .

خرج من الغرفة . ذهب إلى المطعم . دخل القاعة . أخذ قائمة الطعام .
شرب القهوة (الشاي ، البيرة ، الماء ، النبيذ) .
أكل اللحم (الرزّ ، الخضروات ، الفواكه) .
كتب رسالة . قرأها . وضعها فى الخزانة .

Ü 12 Setzen Sie bei den Sätzen von Ü 11 anstelle der Perfektform nacheinander die Imperfektform der 1. P. Sg. und der 1. P. Pl. ein!

Beispiel: كتب رسالة . > أكتب رسالة . نكتب رسالة ؛

Ü 13 Wandeln Sie die Sätze von Ü 11 in Fragesätze mit der Imperfektform 2. P. Sg. und Pl. m. um!

Beispiel: كتب رسالة . > هل تكتب رسالة ؟ هل تكتبون رسالة ؟

Ü 14 Beantworten Sie die in Ü 13 gebildeten Sätze mit نعم oder لا ! Verwenden Sie die Imperfektform 1. P. Sg. bzw. Pl.!

Beispiele: هل تكتب رسالة ؟ > نعم ، أكتب رسالة .
هل تكتبون رسالة ؟ > نعم ، نكتب رسالة .
هل تشرب القهوة ؟ > لا ، أشرب البيرة .

Ü 15 Wandeln Sie die in den folgenden Sätzen vorkommenden Perfektformen in Imperfektformen um und umgekehrt!

Ü

يصل الوفد العراقيّ اليوم . تصل الوفود العربيّة ظهر اليوم . يجلسون في القاعة الزرقاء . أشرب فنجانا من القهوة . هل تأكل اللحم والخضروات ؟ يطلب لحم الدجاج . أكلوا طعاما شرقيّا . نشرب الشاي بعد الأكل . يجلسون في مطعم من مطاعم المدينة . هل تعرف هؤلاء الأصدقاء ؟ نعم ، أعرفهم . هل تفهمون ذلك الرجل ؟ هل فهمتني ؟ هل تفهمونني ؟ عقدوا اجتماعا . كتبن رسائل كثيرة . أسمع ذلك . وضع كتبه في الشنطة . قرأنا تلك الكتب . فعل ذلك أصدقاؤنا الألمان . ندرس اللغة العربيّة .

Ü 16 Der Lektor nennt in willkürlicher Reihenfolge von den bisher bekannten Verben verschiedene Personen in der Perfektform und läßt sie in die entsprechende Imperfektform umwandeln.

Ü 17 Umgekehrt!

Ü 18 Erzählen Sie, wie Sie den morgigen Tag verbringen werden! Verwenden Sie dabei die Futurpartikel ســ !

Beispiel : سأخرج من البيت صباحا . سأذهب إلى . . . ،
سأعمل في . . .

Ü 19 Determinieren Sie die im folgenden genannten Substantive durch den Artikel und setzen Sie das entsprechende Demonstrativpronomen هذا ، هذه ، هؤلاء davor!

Beispiele: بيت > هذا البيت ، بيوت > هذه البيوت
رجال > هؤلاء الرجال

غرفة ، غرف ، فواكه ، طلّاب ، بلد ، بلدان ، كتاب ، طالبات ، علاقات ، يوم ، مساء ، مسرح ، سيّارة ، سيّارات ، مشروبات ، مأكولات ، لغة ، لون ، ألوان ، فتيات ، فتاة ، أصدقاء ، صديق ، أرض ، خضروات ، شوكة ، سكّين ، ملعقة ، كأس ، فنجان .

Ü 20 Wie Ü 19 unter Voranstellung von ذلك ، تلك ، أولئك .

Ü 21 In der folgenden Übung wird eine Reihe von Genitivverbindungen genannt. Setzen Sie die entsprechende Form von هذا so ein, daß sie sich a) auf das 2. Glied, b) auf das 1. Glied der Genitivverbindung bezieht.

Beispiele:

كتاب الصديق > كتاب هذا الصديق/كتاب الصديق هذا

كتاب صديقي > كتاب صديقي هذا

لون السيّارة ، بيوت الطلّاب ، أصدقاء الفتاة ، عاصمة البلد ، جامعة المدينة ، غرف البيت ، معلّم صديقي ، طلّاب جامعتنا ، معلّمو المدرسة ، علاقات البلد ، أعضاء الوفد ، قاعة المطعم ، فواكه البلد .

Ü 22 Gleiche Beispiele wie Ü 21, jedoch wird ذلك (bzw. تلك oder أولئك) eingesetzt!

Ü 23 Bilden Sie mit Hilfe der genannten Substantive und attributiven Fügungen Nominalsätze mit dem Demonstrativpronomen هذا bzw. هذه oder هؤلاء als Subjekt und dem determinierten Substantiv als Prädikat!

Beispiele: بيت > هذا هو البيت . غرفة > هذه هي الغرفة .

معلّم ، طلّاب سوريّون ، طالبات جديدات ، صديق ، أصدقاء عرب ، رجل ، فتاة جميلة ، رسالة ، كتاب جديد ، شنطة ، كأس ، غرفة كبيرة ، عاصمة ، مدينة ، مطعم ، مسرح ، جامعة ، قائمة ، قاعة .

Ü 24 (Hausaufgabe) Setzen Sie die in Klammern stehenden Substantive und Adjektive in den richtigen Kasus und vokalisieren Sie die Endung!

اشتريت (أقلام سوداء ، ورق أبيض ، كراريس ، كتب جديدة ، فناجين صفراء ، فواكه ، خضروات)

رأيت (رجال ، معلّمونا ، الطلّاب العراقيّون ، أصدقاء عرب ، مدن كثيرة)

ذهبت إلى (أصدقاء عرب ، أصدقاؤنا هؤلاء ، فتاة شقراء ، معلّمتنا الشقراء)

Ü

كتبت (رسالة ، رسائل كثيرة ، كتاب)

دخلت (بيتكم ، القاعة البيضاء ، مطعم جميل ، مسرح المدينة)

وضعت الكتب في (شنطة سوداء ، خزائن قديمة)

شربت (نبيذ أحمر ، نبيذ أبيض ، كأس من النبيذ الأحمر ، كأس من النبيذ الأبيض)

درست (اللغة العربيّة ، لغات كثيرة ، الحياة في البلدان العربيّة) .

Ü 25 Beschreiben Sie Gegenstände und Personen Ihrer Umgebung unter Verwendung von Farbadjektiven!

Beispiele: ذلك البيت أبيض . هذه الكرّاسة حمراء .

Ü 26 (Hausaufgabe) Wiederholen Sie Ü 25! Schreiben Sie 12 Sätze und erweitern Sie diese durch Anfügung eines Nominalsatzes mit لون + Personalsuffix als Subjekt!

Beispiele:

ذلك البيت أبيض ، لونه أبيض . هذه الكرّاسة حمراء ، لونها أحمر.

Ü 27 Beantworten Sie die Fragen

ماذا تشرب (تشربين) صباحا (ظهرا ، مساء ، قبل الطعام ، بعد الطعام) ؟

ماذا تأكل (تأكلين) صباحا (ظهرا ، مساء) ؟

Lektion 8

1. Konjunktiv und Apokopat

Die Imperfektform gliedert sich in mehrere Modi.

Der Indikativ (vgl. Lektion 7) dient generell zum Ausdruck einer Handlung (eines Geschehens, auch eines Zustandes). Dasselbe gilt auch für den Konjunktiv (auch als Subjunktiv bezeichnet) und den Apokopat (auch Jussiv genannt), die jedoch nie in freier Stellung vorkommen, sondern nur nach bestimmten Konjunktionen und Partikeln gebraucht werden.

1.1. Die Konjugation

Apokopat	Konjunktiv	Indikativ	
يَفْعَلْ	يَفْعَلَ	يَفْعَلُ	(هو)
تَفْعَلْ	تَفْعَلَ	تَفْعَلُ	(هي)
تَفْعَلْ	تَفْعَلَ	تَفْعَلُ	(أنتَ)
تَفْعَلِي	تَفْعَلِي	تَفْعَلِينَ	(أنتِ)
أَفْعَلْ	أَفْعَلَ	أَفْعَلُ	(أنا)
يَفْعَلُوا	يَفْعَلُوا	يَفْعَلُونَ	(هم)
يَفْعَلْنَ	يَفْعَلْنَ	يَفْعَلْنَ	(هنّ)
تَفْعَلُوا	تَفْعَلُوا	تَفْعَلُونَ	(أنتم)
تَفْعَلْنَ	تَفْعَلْنَ	تَفْعَلْنَ	(أنتنّ)
نَفْعَلْ	نَفْعَلَ	نَفْعَلُ	(نحن)

G

A 1 Konjunktiv und Apokopat gibt es nur von der Imperfektform. Die Perfektform hat nur einen Modus, den Indikativ.

Konjunktiv und Apokopat unterscheiden sich vom Indikativ dadurch, daß an die Stelle des kurzen *u* nach R_3 ein *a* (Konjunktiv) tritt bzw. R_3 vokallos ist (Apokopat) und die Suffixe *-īna* und *-ūna* gekürzt werden. Bei letzterem wird an das nun auslautende lange *-ū* – wie bei der 3. P. Pl. m. der Perfektform – in der Schrift ein *Alif* angefügt, das nicht gesprochen wird.

1.2. Die Anwendung

1.2.1. Der Konjunktiv steht in Nebensätzen nach folgenden Konjunktionen:

أَنْ »daß«

أَطْلُبُ مِنْكَ أَنْ تَفْعَلَ ذٰلِكَ .

Ich bitte dich, das zu tun
(wörtl.: . . ., daß du das tust).

أَطْلُبُ مِنْكُمْ أَنْ تَفْعَلُوا ذٰلِكَ .

Ich bitte euch, das zu tun
(wörtl.: . . ., daß ihr das tut).

أَنْ لَا, kontrahiert أَلَّا »daß nicht«

أَطْلُبُ أَنْ لَا / أَلَّا تَفْعَلَ ذٰلِكَ .

Ich bitte dich, das nicht zu tun
(wörtl.: . . ., daß du das nicht tust).

لِ ، كَيْ und لِكَيْ »damit«, حَتَّى »so daß«

Er steht auch nach der die Zukunft verneinenden Negation لَنْ (vgl. unten 3.3.).

G

A 2 Am häufigsten von diesen Konjunktionen kommt أَنْ vor. – Zur Abgrenzung von أَنَّ, das ebenfalls »daß« bedeutet, gilt folgendes:

Verben, die eine Feststellung treffen, leiten den Objektsatz mit أَنَّ ein (es folgt das Subjekt in Gestalt eines Substantivs im Akkusativ oder eines suffigierten Personalpronomens, dann das Verb in der Perfekt- oder Imperfektform).
Verben, die eine Hoffnung, Befürchtung, einen Wunsch, eine Forderung o. ä. zum Ausdruck bringen, leiten den Objektsatz mit أَنْ (+ folgendem Konjunktiv) ein. Nur nach بَعْدَ أَنْ »nachdem« und مُنْذُ أَنْ »seit« steht die Perfektform.
Vgl. im einzelnen Lektion 20, G 3!

1.2.2. Der Apokopat steht nach den Negationen لَمْ und لَا.
Mit لَمْ »nicht« werden Handlungen in der Zeitstufe der Vergangenheit verneint (vgl. unten, 3.2.);
mit لَا »nicht« wird der verneinte Imperativ gebildet (vgl. unten, 3.1.).
Mit der Präposition لِ + Apokopat wird der positive Befehl vor allem der 3. Person ausgedrückt.

Er soll das tun! لِيَفْعَلْ ذٰلِكَ

2. Der Imperativ

Bildung und Konjugation:

Ausgangsform ist die 2. P. Sg. und Pl. des Apokopat. Das Präfix *ta-* wird weggelassen und die nun entstandene Doppelkonsonanz durch einen Vorschlagvokal aufgelöst.
In der Schrift steht *Alif* mit *Hamza* (im Satzinneren *Hamzat waṣl*!). Der Vokal lautet *i-* bei Verben, deren Imperfektvokal ein *a* oder *i* ist:

(أَنْتَ)	إِفْعَلْ	إِعْرِفْ
(أَنْتِ)	إِفْعَلِي	إِعْرِفِي

G

(أنتم إفْعَلُوا إعْرِفُوا
(أنتنّ إفْعَلْنَ إعْرِفْنَ

Er lautet *u*- bei Verben, deren Imperfektvokal *u* ist:

(أنتَ أُدْخُلْ
(أنتِ أُدْخُلِي
(أنتم أُدْخُلُوا
(أنتنّ أُدْخُلْنَ

A 3 Die Verben $R_1 =$ و und einige Verben $R_1 =$ أ bilden den Imperativ ohne Vorschlagvokal: خُذْ »nimm!«, كُلُوا »eßt!« (vgl. Lektionen 11 und 24).

Verneinter Imperativ: s. 3.1.!

3. Die Verneinung

Mit لاَ, لَمْ und لَنْ haben wir bereits 3 Negationen kennengelernt. Es folgt jetzt eine Übersicht über die Anwendung aller gebräuchlichen Negationen.

3.1. لاَ + Imperfektform = Verneinung von Handlungen in den Zeitstufen Gegenwart und Zukunft:

لاَ يَفْعَلُ ذَلِكَ .

Er tut das nicht, er wird das nicht tun.

A 4 Soll mit لا eine mit der Futurpartikel versehene Verbform verneint werden, so ist nur die Konstruktion mit سوف möglich: سوف لا يفعل ذلك »Er wird das (bestimmt) nicht tun«, nicht aber mit der verkürzten Form سـ (also falsch: لا سيفعل).

G

لَا + Apokopat = verneinter Imperativ:

Tu das nicht! لَا تَفْعَلْ ذَلِكَ ، لَا تَفْعَلِي ذَلِكَ .

Tut das nicht! لَا تَفْعَلُوا ذَلِكَ ، لَا تَفْعَلْنَ ذَلِكَ .

لَا + indeterminiertes Nomen im Akkusativ ohne Nunation = generelle Verneinung »es gibt kein . . .«:

لَا إِلٰهَ إِلَّا ٱللهُ وَمُحَمَّدٌ رَسُولُ ٱللهِ .

Es gibt keinen Gott außer Allah und Muḥammad ist der Gesandte Allahs (das islamische Glaubensbekenntnis).

A 5 لا **ist in dieser letztgenannten Funktion weitgehend lexikalisiert:** لا مَفَرَّ مِنْهُ **»es gibt kein Entrinnen daraus« = »unvermeidlich«;** لا بُدَّ (مِن) **»es gibt keinen Ausweg« = »unbedingt«;** لا شَكَّ في أن **»es gibt keinen Zweifel daran, daß . . .« = »zweifellos« u. a.**

A 6 لا **führt auch, wenn kein neues Verb genannt wird, eine schon durch eine andere Negationspartikel ausgedrückte Verneinung fort:** لم يشرب البيرة ولا النبيذ . **»Er hat nicht das Bier und nicht den Wein getrunken«. Die zweifache Verneinung entspricht dem deutschen »weder – noch«.**

3.2. لَمْ + Apokopat = Verneinung von Handlungen in der Zeitstufe der Vergangenheit:

Er hat das nicht getan. لَمْ يَفْعَلْ ذَلِكَ .

Er hat den Wein nicht getrunken. لَمْ يَشْرَبِ ٱلنَّبِيذَ .

A 7 **Hilfsvokal *i*- statt *Sukūn* vor *Hamzat waṣl*!**

لَمْ mit nachgestelltem بَعْدُ ergibt die Bedeutung »noch nicht«:

Er hat das noch nicht getan. لَمْ يَفْعَلْ ذَلِكَ بَعْدُ .

G

3.3. لَنْ

لَنْ + Konjunktiv = (starke) Verneinung von Handlungen in der Zeitstufe der Zukunft:

Er wird (oder soll) das nicht tun. لَنْ يَفْعَلَ ذَلِكَ .

3.4. مَا

مَا + Perfektform = Verneinung von Handlungen in der Zeitstufe der Vergangenheit:

Er hat das nicht getan. مَا فَعَلَ ذَلِكَ .

A 8 Statt ما + Perfektform wird in der Schriftsprache fast ausschließlich لم + Apokopat gebraucht. Es gibt aber mit ما eine ganze Reihe lexikalisierter Ausdrücke sowohl verbaler als auch nominaler Konstruktion, wie z. B. (يشرب) ما زال »Er hat nicht aufgehört (zu trinken)« = »(er trinkt) noch immer«.

ما أنْ . . . حتّى »kaum . . ., (da . . .)« u. a. – In der Umgangssprache ist ما die gebräuchliche Partikel zur Verneinung sowohl der Perfekt- als auch der Imperfektform.

3.5. لَيْسَ

لَيْسَ ist die verneinte Kopula und heißt »nicht sein«. Es hat präsentischen Zeitwert, obwohl es nur in der Perfektform vorkommt.

Konjugation:

Sg. لَيْسَ ، لَيْسَتْ ، لَسْتَ ، لَسْتِ ، لَسْتُ

Pl. لَيْسُوا ، لَسْنَ ، لَسْتُمْ ، لَسْتُنَّ ، لَسْنَا

ich bin nicht, du bist nicht . . . usw.

Durch لَيْسَ wird der positive Nominalsatz, der **keine** Kopula hat (vgl. Lektion 2, G 3) verneint. Das Prädikatsnomen steht nach لَيْسَ im Akkusativ:

Das Haus ist nicht groß. لَيْسَ ٱلْبَيْتُ كَبِيراً .

G

Ich bin kein Student.	لَسْتُ طَالِباً .
Sie sind keine fleißigen Männer.	لَيْسُوا رِجَالاً مُجْتَهِدِينَ .
Im Zimmer ist kein Lehrer.	لَيْسَ فِي ٱلْغُرْفَةِ مُعَلِّمٌ .

V

أَخِير	letzt(er, -e, -es)
أَلْمَانِيَا	Deutschland
أَمَلَ (يَأْمُلُ) هـ ، أَنْ	hoffen
أَنْ	daß
أَنْ لَا ، أَلَّا	daß nicht
ٱلْآنَ	jetzt
بَعْدَ أَنْ	nachdem
بَلْ	sondern
جَرِيدَة / جَرَائِدُ	Zeitung
جَامِعَةُ هومبولدت	Humboldt-Universität
جُمْهُورِيَّةُ أَلْمَانِيَا ٱلدِّيمُقْرَاطِيَّة	Deutsche Demokratische Republik
جِهَاز / أَجْهِزَة	Gerät
جِهَازُ تَسْجِيلٍ	Tonbandgerät
الخَرْطُوم (م)	Khartoum
خَاصّ	besonder(er, -e, -es)
دِرَاسَة / دِرَاسَات	Studium
مُدِير / مُدَرَاءُ وَمُدِيرُونَ	Direktor
دَوْلَة / دُوَل	Staat
دَائِماً	immer, ständig (Adverb)
رَغِبَ (يَرْغَبُ) فِي (أَنْ)	wünschen
مَزْرَعَة / مَزَارِعُ	Gut (Landwirtschaft)
زِيَارَة / زِيَارَات	Besuch
سُؤَال / أَسْئِلَة	Frage
سَابِقاً	früher (Adverb)
تَسْجِيل	Registrierung, Aufzeichnung
سَمَحَ (يَسْمَحُ) (لَهُ) هـ	erlauben, gestatten (jmdm. etw.)

V

شَرَحَ (يَشْرَحُ) (لَهُ) هـ	erklären, erläutern (jmdm. etw.)
شَرِيط / أَشْرِطَة	Band
شَرِيطُ تَسْجِيلٍ	Tonband
إِشْتِرَاكِيّ / إِشْتِرَاكِيُّونَ	sozialistisch; Sozialist (*Hamzat waṣl*!)
شَكَرَ (يَشْكُرُ) ه (على)	danken (jmdm. für etw.)
صَبَاحَ ٱلْغَدِ	morgen früh
ضَمِنَ (يَضْمَنُ) ه	garantieren
مَصْنَع / مَصَانِعُ	Fabrik
مُطَالَعَة	s. قاعة مطالعة
ظُهْرَ ٱلْغَدِ	morgen mittag
تَعْلِيم	Unterricht, Ausbildung
ج مَعْلُومَات	Informationen
عَمَل / أَعْمَال	Arbeit
مَعْهَد / مَعَاهِدُ	Institut
غَداً	morgen
بَعْدَ غَدٍ	übermorgen
مَسَاءَ ٱلْغَدِ	morgen abend
تَفَضَّلْ م تَفَضَّلِي / تَفَضَّلُوا م تَفَضَّلْنَ	bitte!

قَاعَةُ مُطَالَعَةٍ / قَاعَات	Lesesaal
القَاهِرَة	Kairo
قَالَتْ	sie hat gesagt
مَكْتَبَة / مَكْتَبَات	Bibliothek, Buchhandlung
مَكْتَبَةُ ٱلدَّوْلَةِ	Staatsbibliothek
لَا	nicht
لَا . . . فَقَطْ بَلْ	nicht nur . . ., sondern auch
لَمْ	nicht
لَمْ . . . بَعْدُ	noch nicht
لَنْ	nicht
لَيْسَ	nicht sein (verneinte Kopula)
مَا	nicht
لِمَاذَا	warum
مَجَّانِيّ	kostenlos, umsonst
مُنْذُ	seit (Präposition, Konjunktion)
مُنْذُ أَنْ	seit (Konjunktion)
نَظَرَ (يَنْظُرُ) إِلَى	betrachten, ansehen
نَظَرِيّ	theoretisch
نَظَرِيًّا	theoretisch (Adverb)
نِظَام / أَنْظِمَة	Ordnung, System

T

T 1

في مكتبة الجامعة

طلب محمّد صباح اليوم أن نذهب إلى مكتبة الدولة وقال : أرغب في أن أقرأ هناك كتابا عربيّا جديدا .
قالت الآنسة هيفاء : لا تذهبوا إلى هناك . إذهبوا إلى جامعة هومبولدت .
توجد هناك مكتبة كذلك ، وفيها كتب عربيّة كثيرة .
قلت : طيّب ، سنذهب بسيّارتنا إلى هناك .

في المكتبة قال لنا المدير : أهلا وسهلا . إسمحوا لي أن أشرح لكم عمل جامعتنا ومكتبتنا .
سأل محمّد : هل يدرس عندكم طلبة أجانب ؟
قال المدير : يدرس في جامعات جمهوريّة ألمانيا الديمقراطيّة طلبة أجانب كثيرون .

بعد ذلك دخلنا قاعة المطالعة . طلب محمّد أن يأخذ معه كتابا عربيّا وعددا من الجرائد العربيّة .
قال المدير : خذها معك .

ثم دخلنا غرفة خاصّة . رأينا هناك أجهزة تسجيل .
قال المدير : لم نعمل سابقا بهذه الأجهزة الحديثة . أمّا الآن فنعمل بها دائما . أنظروا إلى أشرطة التسجيل هذه ، توجد فيها معلومات كثيرة .

شكرنا مدير المكتبة ورجعنا إلى الفندق .

T 2

محمّد : هل يدرس طلبة كثيرون في معاهد جامعة هومبولدت ؟
المدير : نعم ، يدرس طلّاب وطالبات كثيرون في جامعة هومبولدت .
محمّد : هل يدرس طلبة الجامعة نظريّا فقط ؟
المدير : كلّا ، لا يدرس الطلبة نظريّا فقط، بل يعملون في المصانع والمدارس والمزارع أحيانا .
محمّد : هل التعليم في جمهوريّة المانيا الديمقراطيّة مجّاني ؟

T

المدير : نعم ، يضمن النظام الاشتراكيّ في جمهوريّة المانيا الديمقراطيّة التعليم المجّانيّ .

محمّد : هل توجد علاقات جيّدة بين جامعاتكم والجامعات في البلدان العربيّة ؟

المدير : نعم ، توجد علاقات جيّدة بين جامعاتنا والجامعات في بغداد ودمشق والقاهرة والخرطوم .

محمّد : عندي سؤال أخير . . .

المدير : تفضّل . . .

محمّد : هل توجد في مكتبتكم كتب شرقيّة جديدة ؟

المدير : نعم ، توجد فيها كتب شرقيّة قديمة وجديدة .

Ü

Ü 1 Hören Sie mehrmals Text 1 vom Tonband oder vorgelesen vom Lektor!

Ü 2 Lesen Sie mehrmals Text 1 unter Kontrolle des Lektors!

Ü 3 (Hausaufgabe) Lesen Sie nochmals Text 1 und übersetzen Sie ihn! Bereiten Sie Ü 4 und Ü 5 vor!

Ü 4 Geben Sie den Inhalt von Text 1 in Arabisch wieder!
Der Lektor kontrolliert dabei sowohl die phonetische als auch die lexikalische und grammatische Richtigkeit. Dies gilt auch für die folgenden Übungen.

Ü 5 Führen Sie mit den in Text 1 in direkter Rede vorkommenden Sätzen mit verteilten Rollen ein Gespräch!

Ü 6 Beantworten Sie die folgenden Fragen zu Text 1!

ماذا طلب السيّد محمّد ؟

هل توجد في مكتبة جامعة هومبولدت كتب عربيّة ؟

من شرح عمل جامعة هومبولدت ومكتبتها ؟

هل يدرس في جامعات جمهوريّة ألمانيا الديمقراطيّة طلبة أجانب ؟

Ü

ماذا طلب محمّد من المدير؟
هل يعملون في المكتبة بأجهزة قديمة ؟
كيف عملوا سابقا ؟
ماذا يوجد في أشرطة التسجيل ؟
إلى أين ذهب الأصدقاء بعد زيارة المكتبة ؟

Ü 7 Hören Sie mehrmals Text 2 vom Tonband oder vorgelesen vom Lektor!

Ü 8 Lesen Sie mehrmals Text 2 mit verteilten Rollen!

Ü 9 (Hausaufgabe) Lesen Sie nochmals Text 2 und arbeiten Sie ihn so durch, daß Sie selbständig, ohne Zuhilfenahme der Textvorlage, ein Frage-Antwort-Gespräch führen können!

Ü 10 Führen Sie dieses Gespräch mit verteilten Rollen!

Ü 11 Unterstreichen Sie in Text 1 alle Verbformen, die im Konjunktiv oder Apokopat stehen!

Ü 12 Unterstreichen Sie die Imperative in Text 1!

Ü 13 (Hausaufgabe) Ergänzen Sie sinnvoll die folgenden unvollständigen Sätze:

أرغب في أن . . . ، هل ترغب في أن . . . ؟ يرغبون في أن . . . ، ترغب في أن . . . ، هل ترغبون في أن . . . ؟ رغب الطالب في أن . . . ، رغبت الفتاة في أن . . . ، هل رغبتَ في أن . . . ؟ هل رغبتم في أن . . . ؟ رغبوا في أن . . . ، رغبنا في أن . . . .

Verwenden Sie dazu die Ihnen bereits bekannten Verben und Nomina und die im Vokabelverzeichnis unter غدا aufgeführten Zeitadverbien!

Beispiele: أرغب في أن أذهب إلى البيت .
هل ترغب في أن تشرب فنجانا من القهوة ؟
رغب الطالب في أن يتصل بصديقه غدا .

Ü

Ü 14 (Hausaufgabe) Ergänzungsübung zum Verb طلب :

طلب منّي أن . . . ، طلبتُ منه أن . . . ، طلبتُ منهم أن . . . ، طلبوا منّا أن . . . ، طلبنا منهم أن . . . ، يطلب منك أن . . . ، هل تطلب منّي أن . . . ؟ نطلب منكم أن . . . ، هل تطلبون منّا أن . . . ؟

Ü 15 (Hausaufgabe) Ergänzungsübung zum Verb أمل :

يأمل صديقنا أن . . . . تأمل صديقتي أن . . . . نأمل أن . . . . آمل أن . . . . هل تأملين أن . . . ؟ يأملون أن . . . . هل تأملون أن . . . ؟ أمل صديقه أن . . . . أملت الفتاة أن . . . . هل أملتم أن . . . ؟ أملنا أن . . . .

Ü 16 Der Lektor läßt jeweils einen Studenten einige der von ihm in den Übungen 13—15 ausgearbeiteten Sätze vorlesen. Ein anderer Student spricht diese Sätze nach, ein dritter übersetzt sie. Die Studenten sollen dabei selbst die Richtigkeit der von ihren Kommilitonen ausgearbeiteten und vorgetragenen Sätze überprüfen und beurteilen.

Ü 17 Verneinen sie die folgenden Sätze unter Verwendung der Negation لم !

Beispiel: فعلتُ ذلك . > لم أفعلْ ذلك .

عرفت ذلك . عرفنا ذلك . عرفوا ذلك . عرفت ذلك . عمل هناك . عملت هناك . عملت في ذلك المصنع . عملوا في تلك المدينة . عملنا هناك . عملوا بأجهزة حديثة . أخذوا ذلك . أخذ الكتاب . أخذنا الجرائد . أخذن ذلك . أخذتم ذلك . فعل ذلك . فعلنا ذلك . فعلت ذلك . ذهبت إلى هناك . ذهبت إلى المكتبة . ذهبوا إلى قاعة المطالعة . شربت النبيذ . شربوا القهوة . شربنا البيرة . أكلنا اللحم . أكلوا في المطعم . أكلتم هناك . خرجت من البيت . خرج من المعهد . خرجن من المطعم . دخل بيت صديقه . دخلنا المطعم . دخلت ذلك البيت . وصل الوفد أمس . وصلت الوفود مساء أمس . وصلوا صباح اليوم .

فهمت . فهمتم . فهم . فهمتْ . فهمنا . درس هناك طلّاب أجانب . شرح

Ü

لهم عمل المكتبة . رجعوا إلى البيت . طلبنا منه ذلك . طلبوا منّي ذلك . طلبتُ منكم ذلك . رغبوا في أن يكتبوا لها . رغبتُ في أن يدخل بيتي .

Ü 18 Verneinen Sie die folgenden Sätze entweder durch لا, durch لن oder لم !

Beispiele: أشرب البيرة . > لا أشرب البيرة .

سأذهب إلى المعهد . > لن أذهب إلى المعهد .

فهمت ذلك . > لم أفهم ذلك .

أعرف ذلك . أخذ الكتاب . فعلوا ذلك . دخلت ذلك المعهد . قرأنا كتبا كثيرة . يدرسون اللغة العربيّة . نعرف ذلك . سيعقدون اجتماعا . سيعمل في برلين . ستكتبون لهم . وضعت الكتب في الخزانة . نرغب في أن نذهب إلى هناك . طلب منّي أن أذهب إلى هناك . خرجت من البيت صباحا . سمعنا هذا الخبر . نفهم ذلك . يأكلون فواكه كثيرة . سيذهبون إلى المعهد . ذهبتْ إلى صديقتها . عمل بالأجهزة الحديثة . ينظرون إلى أشرطة التسجيل .

Ü 19 Verneinen Sie die folgenden Nominalsätze durch ليس !

Beispiel: الطالب مجتهد . > ليس الطالب مجتهدا .

الغرفة جميلة . > ليست الغرفة جميلة .

البيت كبير . البيوت جميلة . المعلّمون في الغرفة . هؤلاء الرجال طيّبون . هؤلاء الرجال معلّمون . تلك الفتاة معلّمة . اولئك الفتيات طالبات . هذه الكرّاسة زرقاء . سيّارتي بيضاء . لونها أبيض . عندي كتب كثيرة . في الغرفة طلّاب . هناك أجهزة حديثة . في المعهد طلبة أجانب .

Beachten Sie bei den letzten 4 Beispielen, daß das der Präpositionalgruppe folgende Nomen oder Syntagma nicht Prädikat, sondern Subjekt des Satzes ist. Es handelt sich hier also um den Satztyp, der in Lektion 2, G 3.1., Satzstruktur 2, dargestellt wurde.

Ü

Ü 20 Verneinen Sie die folgenden Imperative!

إشرب . إشربوا النبيذ . إذهب إلى هناك . إذهبن إلى هناك . أدخل ذلك البيت . أدخلي ذلك المخزن . إفعلوا ذلك . إفعل ذلك . أخرج . أخرجوا . خذ الجهاز. خذوا ذلك . إسمعي . إسمعوا . إقرأ هذا الكتاب . إقرؤوا هذه الكتب . أكتب لي . أكتبن لنا . ضعوا ذلك في الشنطة .

Ü 21 Wandeln Sie die folgenden verneinten Imperative in positive Befehle um!

لا تفعلي ذلك . لا تفعلوا ذلك . لا تكتبوا لهم . لا تأخذ ذلك الجهاز. لا تدخل ذلك المطعم . لا تذهبوا إلى هناك . لا تشربي النبيذ . لا تخرج من هنا . لا تقرؤوا تلك الرسالة . لا تضع ذلك في الخزانة .

Ü 22 Übersetzen Sie in das Arabische:

Tu das nicht! Ich habe das nicht getan. Warum hast du das nicht getan? Sie sind noch nicht angekommen. Sie werden morgen nicht ankommen. Nimm das Buch! Lege es auf den Tisch! Geh nicht aus dem Zimmer! Du kennst ihn nicht. Ihr kennt uns nicht. Er hat von mir verlangt, ich solle nicht dorthin gehen.

Ü 23 (Hausaufgabe) Bilden Sie selbständig 10 Sätze unter Verwendung der Zeitadverbien بعد غد ، مساء الغد ، ظهر الغد ، صباح الغد ، غدا .

Ü 24 Der Lektor stellt Fragen mit dem Zeitadverb متى, die von den Studenten unter Verwendung der bisher bekannten Zeitadverbien zu beantworten sind!

Beispiele:

متى ستذهب إلى المسرح ؟ >
سأذهب إلى المسرح مساء الغد .

متى سألتني عن الكتاب ؟ >
سألتك عن الكتاب صباح اليوم .

Lektion 9

G

1. Der Dual

Das Arabische hat neben dem Singular und dem Plural noch einen dritten Numerus: den Dual. Er steht dann, wenn zwei Dinge oder Personen bezeichnet werden.
Der Dual wird durch Suffixe gebildet, deren charakteristisches Morphem ein langes *ā* ist, das in manchen Fällen durch *n* erweitert wird.

1.1. Der Dual des Nomens

Suffix: ـَانِ im Nominativ, ـَيْنِ im Genitiv und Akkusativ

	Pl.		Sg.	
N.	أَلْمُعَلِّمُونَ	مُعَلِّمُونَ	أَلْمُعَلِّمُ	مُعَلِّمٌ
G.	أَلْمُعَلِّمِينَ	مُعَلِّمِينَ	أَلْمُعَلِّمِ	مُعَلِّمٍ
A.	أَلْمُعَلِّمِينَ	مُعَلِّمِينَ	أَلْمُعَلِّمَ	مُعَلِّمًا

	Du.	
N.	أَلْمُعَلِّمَانِ	مُعَلِّمَانِ
G.	أَلْمُعَلِّمَيْنِ	مُعَلِّمَيْنِ
A.	أَلْمُعَلِّمَيْنِ	مُعَلِّمَيْنِ

A 1 Im unvokalisierten Schriftbild ist der Genitiv und Akkusativ des Duals nicht von den gleichen Kasus des gesunden maskulinen Plurals zu unterscheiden!

G

	Pl.		Sg.	
N.	اَلْمُعَلِّمَاتُ	مُعَلِّمَاتٌ	اَلْمُعَلِّمَةُ	مُعَلِّمَةٌ
G.	اَلْمُعَلِّمَاتِ	مُعَلِّمَاتٍ	اَلْمُعَلِّمَةِ	مُعَلِّمَةٍ
A.	اَلْمُعَلِّمَاتِ	مُعَلِّمَاتٍ	اَلْمُعَلِّمَةَ	مُعَلِّمَةً

	Du.	
N.	اَلْمُعَلِّمَتَانِ	مُعَلِّمَتَانِ
G.	اَلْمُعَلِّمَتَيْنِ	مُعَلِّمَتَيْنِ
A.	اَلْمُعَلِّمَتَيْنِ	مُعَلِّمَتَيْنِ

Im Status constructus, d. h. als 1. Glied einer Genitivverbindung oder mit Personalsuffix versehen, fällt beim Dual ebenso wie beim gesunden Plural die Endung ن weg.

Beispiele:

die beiden Delegationsbegleiter	مُرَافِقَا ٱلْوَفْدِ
mit den beiden Delegationsbegleitern	مَعَ مُرَافِقَيِ ٱلْوَفْدِ
ihre beiden Begleiter	مُرَافِقَاهَا
mit ihren beiden Begleitern	مَعَ مُرَافِقَيْهَا

A 2 Das Personalsuffix der 1. P. Sg. lautet, an einen Dual angefügt, يَ :
meine beiden Freunde صَدِيقَايَ ; (vgl. Lektion 6, G 2.2.1.1.).

Zwischen einem im Dual stehenden Substantiv und einem adjektivischen Attribut besteht Kongruenz in Kasus, Status, Genus und Numerus:

مُعَلِّمَانِ جَدِيدَانِ

مُعَلِّمَتَانِ جَدِيدَتَانِ

G

اَلْمُعَلِّمَانِ ٱلْجَدِيدَانِ

اَلْمُعَلِّمَتَانِ ٱلْجَدِيدَتَانِ

عِنْدَ ٱلْمُعَلِّمَيْنِ ٱلْجَدِيدَيْنِ

رَأَيْتُ ٱلْمُعَلِّمَتَيْنِ ٱلْجَدِيدَتَيْنِ

Statt eines Attributs im Dual können auch zwei Attribute im Singular stehen. In diesem Falle gehört jedes von ihnen nur jeweils zu einem der beiden in der Dualform des Substantivs verkörperten Begriffe:

اَلْمُعَلِّمَانِ ٱلْقَدِيمُ وَٱلْجَدِيدُ

die beiden Lehrer, der alte und der neue
= der alte und der neue Lehrer

اَلْحُكُومَتَانِ ٱلسُّورِيَّةُ وَٱلْعِرَاقِيَّةُ

die syrische und die irakische Regierung

1.2. Der Dual des Pronomens

Sowohl bei den selbständigen als auch bei den suffigierten Personalpronomen kommen Dualformen in der 3. und 2. P. vor. Das Suffix lautet *-ā*.

suffigierte Pronomen		selbständige Pronomen	
sie beide; ihrer beider	ـهُمَا	sie beide	هُمَا
euch beide; eurer beider	ـكُمَا	ihr beide	أَنْتُمَا

Das Demonstrativpronomen هٰذَا hat das gleiche Dualsuffix wie das Nomen:

	f.	m.
N.	هَاتَانِ	هٰذَانِ
G. A.	هَاتَيْنِ	هٰذَيْنِ

A 3 Bei der femininen Dualform des Demonstrativpronomens kommt das lange *ā* in der ersten Silbe auch im Schriftbild zum Ausdruck.

G

1.3. Die verbalen Dualformen

Perfektform: An die 3. P. Sg. m. und f. und an die 2. P. Pl. m. wird das Dualsuffix *-ā* angefügt.

Imperfektform: An die 3. P. Sg. m. und f. und an die 2. P. Sg. m. wird das Dualsuffix *-āni* angefügt:

	Imperfektform	Perfektform	
3. P. m.	يَفْعَلَانِ	فَعَلَا	(هما)
3. P. f.	تَفْعَلَانِ	فَعَلَتَا	(هما)
2. P.	تَفْعَلَانِ	فَعَلْتُمَا	(أنتما)

A 4 **Beim Konjunktiv und Apokopat fällt die Endung ن weg.**

Imperativ: An den maskulinen Imperativ des Singulars wird das Dualsuffix *ā* angefügt: اِفْعَلَا ، أُكْتُبَا (Anhang: Tafel 9).

2. Die Zahlen 1 und 2

2.1. Die arabischen Wörter für die Kardinalzahlen 1 und 2 sind Adjektive und kongruieren als solche mit dem übergeordneten Substantiv in Kasus, Status, Genus und Numerus:

2.2. Sie lauten:

	2		1	
	f.	m.	f.	m.
N.	اِثْنَتَانِ	اِثْنَانِ	وَاحِدَةٌ	وَاحِدٌ
G.	اِثْنَتَيْنِ	اِثْنَيْنِ	وَاحِدَةٍ	وَاحِدٍ
A.	اِثْنَتَيْنِ	اِثْنَيْنِ	وَاحِدَةً	وَاحِدًا

A 5 **Das anlautende *Hamza* von اثنان ist ein *Hamzat waṣl*.**

G

وَاحِدٌ (bzw. وَاحِدَةٌ) wird nicht als unbestimmter Artikel gebraucht (dieser wird allein durch die Indeterminiertheit des Nomens zum Ausdruck gebracht: Nunation, kein Artikel; vgl. Lektion 4, G 3.2.), sondern als reines Zahlwort: كِتَابٌ وَاحِدٌ ein Buch.

إِثْنَانِ (bzw. إِثْنَتَانِ) kommt als Attribut selten vor (es wird allenfalls als Verstärkung dem Substantiv hinzugefügt), da bereits durch dessen Dualform die Zweizahl zum Ausdruck gebracht wird.

2.3. Auch die Ordinalzahlen von 1 und 2 sind Adjektive und unterliegen den genannten Kongruenzregeln.
Sie lauten (determiniert):

	2.		1.	
	f.	m.	f.	m.
N.	اَلثَّانِيَةُ	اَلثَّانِي	اَلْأُولَى	اَلْأَوَّلُ
G.	اَلثَّانِيَةِ	اَلثَّانِي	اَلْأُولَى	اَلْأَوَّلِ
A.	اَلثَّانِيَةَ	اَلثَّانِيَ	اَلْأُولَى	اَلْأَوَّلَ

3. كَمْ »wieviel«

3.1. Nach der Anzahl von Personen oder Nichtpersonen fragt man mit كَمْ. Die Konstruktion ist wie folgt:

a) كم + indeterminiertes Substantiv im Akkusativ Singular:

wieviel Bücher	كم كِتاباً
wieviel Männer	كم رَجُلاً
wie viele Male = wie oft	كم مَرَّةً

b) كم + مِنْ + determiniertes Substantiv im Genitiv Plural:

wieviel Bücher, wie viele der Bücher	كم مِنَ ٱلْكُتُبِ
wieviel Männer, wie viele der Männer	كم مِنَ ٱلرِّجالِ

G

Die unter b) genannte Konstruktion m u ß dann eintreten, wenn nicht nach der Anzahl von Einzelexemplaren, sondern nach Mengen oder Größen ohne zählbaren Einzelbegriff gefragt wird (die meist im Singular stehen):

wieviel Zeit, wie lange	كم مِنَ ٱلْوَقْتِ
wieviel Fleisch	كم مِنَ ٱللَّحْمِ
wieviel Geld	كم مِنَ ٱلنُّقُودِ

3.2. Das Prädikat folgt dem nach كم stehenden indeterminierten Substantiv:

Wieviel Bücher hast du gekauft?	كم كِتَاباً اشْتَرَيْتَ ؟
Wieviel Bücher hast du?	كم كِتاباً عِنْدَكَ ؟

Die gleiche Wortstellung gilt für Fragesätze, die mit كم + مِنْ + determiniertem Substantiv eingeleitet werden. Hier tritt jedoch in manchen Fällen das Prädikat direkt hinter كم :

كم لَكَ / عِنْدَكَ مِنَ ٱلْكُتُبِ ؟

Wieviel Bücher hast du?

3.3. كم kann mit verschiedenen Präpositionen kombiniert werden. Das folgende Substantiv steht entweder, nach der gegebenen Regel, im Akkusativ, oder, in Abhängigkeit von der Präposition, im Genitiv:

für wieviel, um wieviel, mit wieviel	بِكَمْ

بكم لِيرَةً اشْتَرَيْتَ ذلك ؟

Für wieviel Lira hast du das gekauft?

بكم مِنَ ٱلْمَارْكَاتِ اشْتَرَيْتَ هذا الكِتابَ ؟

Für wieviel Mark hast du dieses Buch gekauft?

mit wieviel	مَعَ كَمْ

G

مع كم صَديقٍ (صَديقاً) ذَهَبْتَ إلى هُناكَ ؟

Mit wieviel Freunden bist du dorthin gegangen?

seit wieviel مُنْذُ كَمْ

منذ كم سَنَةٍ تَدْرُسُ في جامِعَتِنا ؟

Seit wieviel Jahren studierst du an unserer Universität?

3.4. كم tritt auch als (prädikatives) Glied eines Nominalsatzes auf. Das auf كم folgende Substantiv — Subjekt des Satzes — steht hier nicht im Akkusativ, sondern im Nominativ:

Wie(viel) ist dein Alter? كم عُمْرُكَ ؟
= wie alt bist du?

Wie(viel) ist sein Preis? كم سِعْرُهُ ؟
= wieviel kostet es, wie teuer ist es?

Wie(viel) ist seine Höhe? كمِ ٱرْتِفاعُهُ ؟
= wie hoch ist es?

Wie(viel) ist die Stunde? كمِ ٱلسّاعَةُ ؟
= wie spät ist es?

Bei diesem Beispiel auch Umkehrung der Wortstellung: الساعةُ كَمْ ؟.

Zwischen كم und Subjekt kann هُوَ bzw. هِيَ treten, vor allem bei durch den Artikel determinierten Substantiven:

كم هِيَ ٱلأُجْرَةُ ؟

Wieviel beträgt, wie hoch ist das Mietgeld?

كم هِيَ ٱلْمَسافَةُ بَيْنَ . . . وَ . . . ؟

Wie(viel) ist die Entfernung zwischen ... und ...?
= wie weit ist es von ... nach ...?

A 6 Anstelle des prädikativen كم kann ما in gleicher Bedeutung gebraucht werden: ما هي المسافة ؟ ما هو السعر ؟ usw.

V

Die Monatsnamen:

äg	يَنَايِرُ	syr	كَانُونُ ٱلثَّانِي	Januar
	فِبْرَايِرُ		شُبَاطُ	Februar
	مَارْسُ		آذَارُ	März
	أَبْرِيلُ		نِيسَانُ	April
	مَايُو		أَيَّارُ	Mai
	يُونِيُو		حَزِيرَانُ ، حُزَيْرَانُ	Juni
	يُولِيُو		تَمُّوزُ	Juli
	أَغُسْطُسُ		آبُ	August
	سِبْتَمْبَرُ		أَيْلُولُ	September
	أُكْتُوبِرُ		تَشْرِينُ ٱلْأَوَّلُ	Oktober
	نُوفَمْبَرُ		تَشْرِينُ ٱلثَّانِي	November
	دِيسَمْبَرُ		كَانُونُ ٱلْأَوَّلُ	Dezember

A 6 Alle Monatsnamen sind Eigennamen und o h n e Artikel determiniert. Die Monatsnamen des islamischen Kalenders s. S. 542.

الأَوَّلُ م الأُولَى	der (die, das) 1. (Ordinalzahl)
بِ	auch: für (bei der Preisangabe)
بَرْد	Kälte
بَارِد	kalt
من أجل s. أجل	
أُذُن (م) / آذَان	Ohr
أَنْتُمَا	ihr beide
أَنْف / أُنُوف	Nase
أوبرهوف	Oberhof (Luftkurort in Thüringen)

V

مَبْلَغ / مَبَالِغُ	Betrag, Summe
ثَلْج / ثُلُوج	Schnee
إِثْنَان م إِثْنَتَان	2 (Kardinalzahl)
الثَّانِي م الثَّانِيَة	der (die, das) 2. (Ordinalzahl)
جَبَل / جِبَال	Berg
جَلَبَ (يَجْلِبُ) ه	bringen, holen
إِسْتِجْمَام	Erholung (*Hamzat waṣl*!)
جَنُوب	Süden
حَارّ	heiß
حَضَرَ (يَحْضُرُ)	auch: sich einstellen, erscheinen
حَمَلَ (يَحْمِلُ) ه	tragen, bringen
خُبْز	Brot
خَرِيف	Herbst
دَار (م) / دُور	Haus, Heim
دَارُ ٱسْتِجْمَامٍ	Erholungsheim, Ferienheim
رَأَيْتُمَا	ihr habt gesehen (2. P. Du.)
رَبِيع	Frühling
رِحْلَة / رِحْلَات	Reise
زُجَاجَة / زُجَاجَات	Flasche
أُسْبُوع / أَسَابِيعُ	Woche

سَفَر	Fahrt
سَقَطَ (يَسْقُطُ)	fallen
سَكَنَ (يَسْكُنُ)	wohnen
سَمِيك	dick
سَمَاء (م)	Himmel
سَنَة / سَنَوَات وسِنُونَ	Jahr
سَاعَة / سَاعَات	Stunde
شِتَاء	Winter
مَشْتًى / مَشَاتٍ	Winterkurort
شَرَاب	Getränk(e)
شَرِيحَة / شَرَائِحُ	Scheibe (von Fleisch, Obst o. ä.)
إِشْتَرَيْنَا	wir haben gekauft
شَعَرَ (يَشْعُرُ) ب	spüren, fühlen, empfinden (شعر regiert das direkte Objekt mittels der Präposition ب)
شَعَرَ بِٱلْبَرْدِ	frieren
ج الشَّغِّيلَةُ	die Werktätigen
شَمَال	Norden
شَهْر / شُهُور وأَشْهُر	Monat
صَرَفَ (يَصْرِفُ) ه	ausgeben, aufwenden
صَيْف	Sommer

V

طَقْس	Wetter
مُعْتَدِل	gemäßigt
عَصِير	Saft (von Früchten)
مِعْطَف / مَعَاطِف	Mantel
عُمْر	Leben, Lebensalter
عَامِل / عُمَّال	Arbeiter
فَصْل / فُصُول	Abschnitt; Jahreszeit
فَلَّاح / فَلَّاحُونَ	Bauer
قُبَّعَة / قُبَّعَات	Hut
إِسْتِقْبَال	Empfang (*Hamzat waṣl!*)
قَدَم (م) / أَقْدَام	Fuß
قَرْيَة / قُرًى	Dorf, Ort
كَثِيرًا	viel, sehr (Adverb)
كَمْ	wieviel, wie viele
بِكَمْ	für wieviel, um wieviel, mit wieviel
مَعَ كَمْ	mit wie vielen
مُنْذُ كَمْ	seit wieviel
كَمْ لَكَ مِنَ الْـ . . .	wieviel . . . hast du?
لايبزغ (م)	Leipzig
لَبِسَ (يَلْبَسُ) ه	anziehen, anlegen (Kleidungsstück)
ج مَلَابِس	Kleidung
لَطِيف	freundlich, angenehm, nett, hübsch
مَارْك / مَارْكَات	Mark (Währungsbezeichnung)
مَرَّة / مَرَّات	Mal
مَرَّةً وَاحِدَةً	einmal
مَكَثَ (يَمْكُثُ)	bleiben, verweilen
مِنْ أَجْلِ	für, um . . . willen
هٰذَانِ م هَاتَانِ	diese beiden
هُمَا	sie beide
وَاحِد م وَاحِدَة	1 (Kardinalzahl)
وَقَفَ (يَقِفُ)	(an)halten
وُلِدْتُ ، وُلِدْتَ	ich wurde geboren, du wurdest geboren

T

T 1 رحلة إلى الجبال

يسقط الثلج وأيّام الشتاء باردة . لذلك طلب عضوان من الوفد زيارة الجبال .

في صباح اليوم الثاني من شهر كانون الأوّل حضر عضوا الوفد ومعهما شنطتان صغيرتان . وقبل سفرنا بالسيّارة سألتهما : هل معكما ملابس سميكة ؟ قال محمّد : اشترينا هذين المعطفين السميكين وهاتين القبّعتين. سوف نلبسهما هناك .

بعد ساعتين من السفر وقفت السيّارة أمام مطعم صغير. قلت لصديقيّ : أمكثا هنا ، سأجلب لكما الشراب والطعام . حملت لهما زجاجتي عصير وخبزا مع شرائح من اللحم البارد .

وصلنا بعد ساعة واحدة إلى « أوبرهوف » وهو مشتى جميل في جنوب بلدنا . سكنت مع الصديقين في دار من دور الاستجمام الكثيرة ، وفيها غرف لطيفة وقاعتان حديثتان ، الأولى قاعة الطعام والثانية قاعة الاستقبال .

وفي المساء جلسنا مع العمّال والفلّاحين والمعلّمين في قاعة الاستقبال وشربنا الشاي .

T 2

المعلّم : الطقس هذا اليوم بارد . هل شعرتما بالبرد ؟
محمّد : شعرت بالبرد في قدميّ . أمّا صديقي أحمد فشعر بالبرد في أذنيه وأنفه .
المعلّم : هل تشربان كأسين من النبيذ ؟
محمّد : شكرا ، أمامنا الآن فنجانان من الشاي

الفلّاح : علمت أنّ الصديقين من العراق . هل العراق بلد جميل ؟
محمّد : نعم ، العراق بلد جميل ، سماؤه زرقاء وأرضه خصبة .

الفلّاح : هل الطقس حارّ هناك ؟
محمّد : الطقس في الصيف عندنا حارّ وفي الخريف والربيع معتدل وفي الشتاء بارد .

T

العامل : هل توجد جبال في العراق ؟
محمّد : نعم ، توجد جبال في شمال العراق .
العامل : هل رأيتما الثلج سابقا ؟
محمّد : نعم ، رأينا الثلج مرّة واحدة في جبال شمال العراق .
المعلّم : غدا سوف أذهب معكما إلى القرية ونشرب القهوة في فندقها الحديث.
محمّد : هل توجد هنا فنادق كثيرة ؟
المعلّم : نعم ، توجد هنا فنادق ودور استجمام كثيرة ، وتصرف الحكومة والمصانع مبالغ كبيرة من أجل استجمام الشغّيلة .
محمّد : نشكركم كثيرا .

Ü

Ü 1 Hören Sie mehrmals Text 1 vom Tonband oder vorgelesen vom Lektor!

Ü 2 Lesen Sie mehrmals Text 1 unter Kontrolle des Lektors!

Ü 3 (Hausaufgabe) Lesen Sie nochmals Text 1 und übersetzen Sie ihn! Bereiten Sie Ü 4 vor!

Ü 4 Geben Sie den Inhalt von Text 1 in Arabisch wieder!
Der Lektor kontrolliert dabei sowohl die phonetische als auch die lexikalische und grammatische Richtigkeit. Dies gilt auch für die folgenden Übungen.

Ü 5 Beantworten Sie die folgenden Fragen:

ماذا طلب عضوا الوفد ؟
متى حضر الصديقان ؟
ما هو سؤال كلاوس الى الصديقين العراقيّين ؟
ماذا قال محمّد ؟
متى وقفت السيّارة ؟
أين وقفت السيّارة ؟
ماذا حمل كلاوس لهما ؟
ما هو اسم المشتى ؟

Ü

أين سكن الصديقان ؟
هل توجد في الدار قاعة واحدة أم قاعتان ؟
من يسكن في هذه الدار؟
متى جلس الأصدقاء مع المعلّمين والفلّاحين والعمّال فى قاعة الاستقبال ؟

Ü 6 Hören Sie mehrmals Text 2 vom Tonband oder vorgelesen vom Lektor!

Ü 7 Lesen Sie mehrmals Text 2 mit verteilten Rollen!

Ü 8 (Hausaufgabe) Lesen Sie nochmals Text 2 und arbeiten Sie ihn so durch, daß Sie selbständig, ohne Zuhilfenahme der Textvorlage, ein Frage-Antwort-Gespräch führen können!

Ü 9 Führen Sie dieses Gespräch!

Ü 10 Lesen Sie die in den Vokabellisten der Lektionen 8 und 9 aufgeführten Substantive, bilden Sie dazu — soweit logisch möglich — die indeterminierte und determinierte Dualform und setzen Sie dann eine von beiden mittels einer passenden Präposition in den Genitiv!

Beispiele: معهد — معهدان — المعهدان — في المعهدين
شهر — شهران — الشهران — منذ شهرين
يوم — يومان — اليومان — قبل يومين

Ü 11 Beantworten Sie die folgenden Fragen entweder unter Verwendung des Duals oder von واحد bzw. واحدة !

Beispiele: كم ساعة عملت هناك . < عملت هناك ساعة واحدة .
او : عملت هناك ساعتين .

كم ساعة عملت في البيت (في المكتبة ، في المعهد) ؟
شرحت له العمل (عمله ، هذه الأعمال ، الدرس) ؟
جلست فى المطعم (فى القاعة ، هناك ، عندهم) ؟

كم يوما عملت في المصنع (في بيتك ، في المكتبة ، في المعهد) ؟
مكثت في تلك المدينة (في ذلك البلد ، في العاصمة ، في المشتى)
سكنت في الفندق (في بيته ، في بيت الطلبة ، هناك) ؟

Ü

كم أسبوعا درست هذه اللغة (الحياة هناك) ؟
سكنت في الفندق (عندهم ، هناك) ؟
عملت في المصنع (في المكتبة ، معه هناك) ؟

كم شهرا عملت في ذلك المصنع (هناك ، معه هناك ، في بيتهم) ؟
سكنت في تلك الغرفة (ذلك البيت ، تلك المدينة) ؟
مكثت في ذلك البلد (في تلك المدينة ، في عاصمتنا) ؟

كم سنة درست اللغة العربيّة (اللغة الألمانيّة ، هذه اللغة) ؟
عملت هناك (في تلك المدينة ، في ذلك المصنع) ؟
مكثت في لايبزغ (في برلين ، في تلك المدينة الجميلة) ؟

كم كأسا من البيرة (النبيذ ، الماء) شربت ؟
كم فنجانا من القهوة (الشاي) شربت ؟
كم كتابا (قلما ، كرّاسة ، جهازا ، شريطا) أخذت (طلبت) ؟
كم شهرا (سنة) درست في تلك الجامعة ؟
بكم من الماركات اشتريت هذا القلم (ذلك الكتاب ، تلك الكرّاسة ، ذلك الجهاز) ؟
مع كم من الأصدقاء ذهبت إلى هناك (إلى المحطّة ، إلى المكتبة ، إلى المطعم) ؟
كم لك من الآذان (الأقدام ، البيوت ، الكتب العربيّة ، الأصدقاء) ؟

Ü 12 Wie Ü 11, jedoch mit der Frage in der 2. P. Pl., Antwort in der 1. P. Pl.

Ü 13/14 Wie Ü 11 und 12, jedoch unter Verwendung der entsprechenden Imperfektformen.
Dabei kann, im Interesse einer sinnvolleren Aussage, für كم (+ ساعة ، يوم ، أسبوع ، شهر ، سنة) auch منذ كم eingesetzt werden.

Ü 15 Ersetzen Sie in den folgenden Sätzen das substantivische Objekt bzw. den substantivischen Teil der Präpositionalgruppe durch das entsprechende suffigierte Personalpronomen!

Ü

Beispiele: رأيت الرجلين . > رأيتهما .

ذهبنا إلى المكتبة . > ذهبنا إليها .

قرأت (قرأنا ، هل قرأتم) الكتابين .
قرأت (لم أقرأ ، لم نقرأ) هذه الكتب .
رأيت (رأينا ، هل رأيتم) الفتيات .
مكثت (مكثتْ ، مكث) في ذلك المشتى .
شربت (شربا ، شربتا) كأسين من العصير.
ذهبت (ذهبنا ، ذهبوا) إلى هناك مع الصديقين .
ذهبت (ذهبن) إلى هناك مع الصديقتين .
ذهبت (ذهبوا ، ذهب) إلى هناك مع الأصدقاء .
شرحت له العمل .
درست (درسنا ، درس) لغتين .
درست (درسوا ، هل درست) لغات كثيرة .
وضعت (وضعتْ) القلمين في الشنطة .
أخذت (أخذنا ، أخذوا) الجهازين .
كتبت (كتبتْ ، كتبن) رسالتين .
خرجت (خرجنا ، خرجوا) من البيت .
سمعت (سمعنا ، هل سمعتم) هذا الخبر.
عملت (عملوا ، هل عملت) في تلك المصانع .
أكلت (أكلنا ، أكلوا) اللحم (الخبز ، الفواكه ، البرتقال) .
رجعت (رجعنا ، هل رجعتم) إلى الفندق .
شكرت (شكرنا ، شكروا) المدير.
نظرت (نظر ، هل نظرت) إلى هاتين الغرفتين .

Ü 16 Setzen Sie vor die folgenden Substantive die richtige Form des Demonstrativpronomens!

Ü

Beispiele:

الرجل > هذا الرجل
مع الرجال > مع هؤلاء الرجال
مع الرجلين > مع هذين الرجلين

الدولة ، البُلْدان ، البَلَدان ، الجهازان ، الأرض ، اللغة ، الاجتماع ، المدرستان ، المشروبات ، الأيّام ، الخزانتان ، في الرسالتين ، المسرح ، في الأذنين ، المحطّات ، الوفود ، الشهران ، الأسبوعان ، المعهد ، الدول ، في الغرفتين ، الزجاجات ، بالسيّارتين ، المعطفان ، مع الأصدقاء ، الطالبان ، الاسئلة ، الأعمال ، القرية ، الجبلان ، الملابس ، العمّال ، الفلّاحون .

Ü 17 (Hausaufgabe) Wandeln Sie in den folgenden Sätzen die Perfektform in die Imperfektform um und umgekehrt!

Beispiel: هل كتبتما رسالة ؟ > هل تكتبان رسالة ؟

يذهبان إلى المكتبة . ... إلى المكتبة .
عقدتا اجتماعا . ... اجتماعا .
متى يخرجان من البيت ؟ متى ... من البيت ؟
لماذا تفعلان ذلك ؟ لماذا ... ذلك ؟ أو: لماذا ... ذلك ؟
أين يعملان ؟ أين ... ؟
ماذا شربتما ؟ ماذا ... ؟
ماذا تدرسان ؟ ماذا ... ؟ او: ماذا ... ؟

Ü 18 Jeder Student beantwortet die Frage nach seinem Geburtsmonat mit dem Satz ولدت في شهر ... .

Ü 19 (Hausaufgabe) Beantworten Sie die Fragen

ما هي أسماء فصول السنة ؟
ما هي أسماء شهور الربيع ؟
ما هي أسماء شهور الصيف ؟
ما هي أسماء شهور الخريف ؟
ما هي أسماء شهور الشتاء ؟

Ü 20 Beantworten Sie die Fragen aus Ü 19 im Kolleg ohne Zuhilfenahme der von Ihnen schriftlich ausgearbeiteten Antworten!

Lektion 10

G

1. Die Perfektform der Verben mit و und ى

Bei der Behandlung der Perfektform und der Imperfektform haben wir bisher nur die sog. gesunden Verben kennengelernt, d. h. solche Verben, bei denen R_1, R_2 und R_3 vollwertige Konsonanten sind. Gewisse Besonderheiten gibt es bei der Konjugation der sog. schwachen Verben. Darunter sind die Verben zu verstehen, bei denen die »schwachen« Konsonanten و (*Wāw*), ى (*Yā'*) oder ء (*Hamza*) als R_1, R_2 oder R_3 auftreten.
In dieser Lektion wird die Perfektform der schwachen Verben mit و oder ى behandelt.

A 1 In den Grammatiken oder Lehrbüchern des Arabischen bezeichnet man die schwachen Verben oft mit lateinischen Termini:

R_1 = و oder ى = *Verba primae (radicalis)* و *et* ى
R_2 = و oder ى = *Verba mediae (radicalis)* و *et* ى
R_3 = و oder ى = *Verba tertiae (radicalis)* و *et* ى

1.1. Verben mit R_1 = و oder ى bilden die Perfektform genauso wie die gesunden Verben.

Musterverb وَصَلَ »ankommen«:

(هو) وَصَلَ
(هي) وَصَلَتْ
(هم) وَصَلُوا

usw. (Vgl. Anhang Tafeln 1 u. 15)

1.2. Verben mit R_2 = و oder ى haben in der Perfektform nach R_1 ein langes *ā*, wenn auf R_3 ein Vokal folgt.

G

Beispiele mit den Musterverben:

I قَامَ »aufstehen« (> قَوَمَ = فَعَلَ) $R_2 =$ و

قَامَ (هو)

قَامَتْ (هي)

قَامُوا (هم)

II بَاعَ »verkaufen« (> بَيَعَ = فَعَلَ) $R_2 =$ ى

بَاعَ (هو)

بَاعَتْ (هي)

بَاعُوا (هم)

III خَافَ »fürchten« (> خَوِفَ = فَعِلَ) $R_2 =$ و

خَافَ (هو)

خَافَتْ (هي)

خَافُوا (هم)

A 2 Es ist also bei diesen Formen äußerlich nicht feststellbar, ob es sich um ein Verb $R_2 =$ و oder um ein solches $R_2 =$ ى handelt.

Auskunft darüber gibt das Wörterbuch. Auch an der Imperfektform (s. Lektion 11, G 1.2.) läßt sich erkennen, welcher Gruppe das entsprechende Verb angehört.

Verben mit $R_2 =$ و oder ى haben in der Perfektform nach R_1 ein kurzes *u* oder *i*, wenn R_3 vokallos ist.

Beispiele mit den Musterverben

III	II	I	
خِفْتَ	بِعْتَ	قُمْتَ	(أنتَ)
خِفْتِ	بِعْتِ	قُمْتِ	(أنتِ)
خِفْتُ	بِعْتُ	قُمْتُ	(أنا)

G

III	II	I	
خِفْنَ	بِعْنَ	قُمْنَ	(هنّ)
خِفْتُمْ	بِعْتُمْ	قُمْتُمْ	(أنتم)
خِفْتُنَّ	بِعْتُنَّ	قُمْتُنَّ	(أنتنّ)
خِفْنَا	بِعْنَا	قُمْنَا	(نحن)

Kurzes *u* haben also die Verben der Gruppe I, kurzes *i* die Verben der Gruppen II und III. (Anhang: Tafeln 1, 18, 20, 22).

A 3 Die Dualformen folgen den gleichen Regeln. Da sie verhältnismäßig selten vorkommen, werden sie hier und in den folgenden Lektionen nicht extra genannt. In den Tabellen im Anhang sind sie vollständig aufgeführt.

1.3. Verben mit R_3 = و oder ى

In der 3. P. Sg. f. (Gruppen I und II) fällt R_3 weg.

Beispiele mit den Musterverben:

I دَعَا »einladen« (< دَعَوَ = فَعَلَ) R_3 = و

دَعَا (هو)

دَعَتْ (هي)

II مَشَى »gehen« (< مَشَيَ = فَعَلَ) R_3 = ى

مَشَى (هو)

مَشَتْ (هي)

III لَقِيَ »treffen« (= فَعِلَ) R_3 = ى

لَقِيَ (هو)

لَقِيَتْ (هي)

A 4 Bei den Verben der Gruppe II (Musterverb مشى) hat das als R_3 stehende ى den Lautwert *ā*. Wir haben ى = *ā*, in der arabischen Terminologie *Alif maqṣūra* genannt, bereits in solchen Wörtern wie المشنى und

G

المقهى kennengelernt. Dieses lange *ā* (ى) im Auslaut mancher Wörter wird auch in der Schrift als Alif (ا) sichtbar, wenn diesen Wörtern ein Personalsuffix hinzugefügt wird: مَقْهَاهُ »sein Café«, تَرَانِي »du siehst mich«. (Anhang: Tafel 37).

Alle anderen Formen sind gekennzeichnet durch einen Diphthong nach R_2 bei Verben der Gruppen I und II, durch einen langen Vokal nach R_2 bei Verben der Gruppe III:

III	II	I	
لَقِيتَ	مَشَيْتَ	دَعَوْتَ	(أنتَ)
لَقِيتِ	مَشَيْتِ	دَعَوْتِ	(أنتِ)
لَقِيتُ	مَشَيْتُ	دَعَوْتُ	(أنا)
لَقُوا	مَشَوْا	دَعَوْا	(هم)
لَقِينَ	مَشَيْنَ	دَعَوْنَ	(هنّ)
لَقِيتُمْ	مَشَيْتُمْ	دَعَوْتُمْ	(أنتم)
لَقِيتُنَّ	مَشَيْتُنَّ	دَعَوْتُنَّ	(أنتنّ)
لَقِينَا	مَشَيْنَا	دَعَوْنَا	(نحن)

(Anhang: Tafeln 1, 23, 24, 25)

2. Wortstellung: إنّ und das Subjekt des Satzes

Die normale Wortstellung im Satz ist Verb — Subjekt. Wenn im Hauptsatz das Subjekt hervorgehoben werden soll und dem Verb vorangestellt wird, tritt vor das Subjekt die Partikel إنّ. Die Wortfolge ist also:

إنّ + Subjekt + Verb + (Objekt).

G

A 5 Auch nach der Konjunktion لَكِنَّ steht erst das Subjekt, dann das Verb. Diese Wortfolge kommt außerdem, ohne daß die Partikel إِنَّ verwendet wird, bei der Einleitung des Hauptsatzes durch eine koordinierende Konjunktion (فَ ، وَ) vor.
Die Wortstellung Subjekt-Verb – ohne Voranstellung einer Partikel – ist vor allem in Überschriften von Zeitungsmeldungen üblich.

Die Partikel إِنَّ setzt das Subjekt in den Akkusativ.

Beispiel:

(قَالُوا لَنَا) إِنَّ ٱلْوَفْدَ ٱلْعِرَاقِيَّ زَارَ مَدِينَةَ لايبزغ أَمْسِ

(Man hat uns gesagt:)

Die irakische Delegation hat gestern die Stadt Leipzig besucht.

Nach dem Verb قَالَ »sagen« steht die Partikel إِنَّ zur Einleitung einer direkten Rede. Da im Deutschen auf »sagen« meist die indirekte Rede folgt, übersetzt man den Beispielsatz am besten mit: »Man hat uns gesagt, daß die irakische Delegation ...«

A 6 Beim Lesen unvokalisierter Texte muß der Studierende anfangs darauf achten, daß er nicht unter dem Einfluß seiner Muttersprache das إنّ nach قال als أنّ (» daß «) liest.

Statt eines Substantivs kann auf إِنَّ ein Personalpronomen folgen; wie auch nach أَنَّ steht dessen suffigierte Form:

Sg. انّه ، انّها ، انّكَ ، انّكِ ، انّني

Pl. انّهم ، انّهنّ ، انّكم ، انّكنّ ، انّنا

V

Wie bei den gesunden Verben wird auch bei den schwachen Verben zusammen mit der Perfektform die Imperfektform angegeben, obwohl diese erst in der nächsten Lektion behandelt wird.

إِنَّ	(satzeinleitende Partikel)
أَوَّلاً	erstens, zuerst
بُحَيْرَة / بُحَيْرَات	See (m.)
بُرْج / أَبْرَاج	Turm
بِطَاقَة / بِطَاقَات	Karte
بِطَاقَة مُصَوَّرَة	Ansichtskarte
بَعَثَ (يَبْعَثُ) (لَهُ / إِلَيْهِ) ب / ه	schicken, senden (jmdm. etw.)
مُبَكِّراً	früh, zeitig
بَنَى (يَبْنِي) ه	bauen
مَبْنًى / مَبَانٍ	Gebäude (zur Deklination s. Tafel 37 im Anhang)
بَاعَ (يَبِيعُ) ه	verkaufen
تُفَّاح	Äpfel (coll)
جَمَال	Schönheit
حَرْب (م) / حُرُوب	Krieg
حَيْثُ	wo (Konjunktion)
خَوْخ	(äg) Pfirsich(e), (syr) Pflaume(n) (coll)
خَافَ (يَخَافُ) مِنْ	fürchten (etw. od. jmdn.), sich fürchten (vor)
دَعَا (يَدْعُو) ه (إِلَى)	einladen (jmdn. zu etw.); nennen, rufen (ه هـ jmdn. mit einem Namen)
دَامَ (يَدُومُ)	dauern
رَجَا (يَرْجُو) ه / مِنْهُ أَنْ	bitten (jmdn. um etw.)
مُرْتَفِع	hoch
رَائِع	prächtig, großartig, wunderbar
زَارَ (يَزُورُ) ه / ه	besuchen
سُرْعَة	Geschwindigkeit, Schnelligkeit
بِسُرْعَة	schnell (Adverb)
سَارَ (يَسِيرُ)	gehen; fahren
شَجَر / أَشْجَار	Bäume (coll)
مَشْهُور (ب)	berühmt (wegen, ob)
صَعِدَ (يَصْعَدُ) ه	hinaufgehen, besteigen

V

مُصَوَّر	illustriert
ج ضَوَاحٍ	Umgebung
طَبْعاً	natürlich, freilich (Adverb)
طَائِرَة / طَائِرَات	Flugzeug
عَادَ (يَعُودُ)	zurückkehren
غَابَة / غَابَات	Wald
فُطُور	Frühstück
قَرِيب	nahe (Adjektiv)
قَضَى (يَقْضِي) ه	verbringen
قَلِيلاً	(ein) wenig (Adverb)
مَقْهًى / مَقَاهٍ	Café (zur Deklination s. Tafel 37 im Anhang)
قَادَ (يَقُودُ) ه	steuern, führen (ein Fahrzeug)
قَالَ (يَقُولُ)	sagen
إِنَّ / هـ	
قَامَ (يَقُومُ)	aufstehen
قَامَ بِ	durchführen
قَامَ بِزِيَارَةٍ	einen Besuch abstatten, besuchen
كَسْلَانُ / كَسَالَى	faul
كَانَ (يَكُونُ)	sein
لَقِيَ (يَلْقَى) ه	treffen
(وَ) لَكِنَّ ، (و) لَكِنْ	jedoch, aber (mit folgendem Personalsuffix oder Substantiv im Akkusativ)
لَوْز	Mandel(n) (coll)
مَثَلاً	zum Beispiel
مِشْمِش	Aprikose(n) (coll)
مَشَى (يَمْشِي)	laufen, gehen
نُزْهَة / نُزُهَات	Spaziergang, Spazierfahrt, Ausflug
نَصَحَ (يَنْصَحُ) ه ب	raten (jmdm. etw.)
ج أَنْقَاض	Trümmer
نَهْر / أَنْهَار	Fluß
مُتَنَوِّع	verschiedenartig, mannigfaltig
نَوْم	Schlaf
وَعَدَ (يَعِدُ) ه ب	versprechen (jmdm. etw.)
وَقْت / أَوْقَات	Zeit
وَلَد / أَوْلَاد	Kind, Sohn

T

T 1

نزهة في ضواحي برلين

قمت في الصباح مبكّرا من النوم. لبست ملابسي وذهبت إلى قاعة الطعام. لقيت هناك أصدقائي، وأكلت معهم طعام الفطور.

قال لي محمّد: إنّك وعدتنا أمس بنزهة في ضواحي المدينة.
قلت له: نعم، وعدتكم بهذا.

رجونا هيفاء أن تذهب معنا، ولكنّها قالت: إنّ صديقتي دعتني لزيارتها. لذلك لن أذهب معكم.

قدت السيّارة بسرعة. زرنا أوّلا المركز الجديد للعاصمة، حيث بنى العمّال، على أنقاض الحرب، مباني جديدة رائعة. ثمّ سافرنا إلى الضواحي. وبعد ساعة من السفر وصلنا إلى برج مرتفع. صعدناه ورأينا الغابات والبحيرات في ضواحي برلين.

بعد أن زرنا البرج سرنا قليلا في الغابة، ثمّ ذهبنا إلى المقهى القريب. شربنا فنجانا من القهوة ثمّ عدنا إلى الفندق بعد أن قضينا نزهة جميلة في ضواحي برلين.

T 2

محمّد: هل زرت مدينة دمشق؟

أحمد: كلّا، وهل زرتها أنت؟
محمّد: نعم، قمت بزيارة دمشق قبل سنة واحدة.
أحمد: هل قضيت هناك وقتا جميلا؟
محمّد: نعم، كنت هناك في الصيف، وقضيت وقتا جميلا جدّا.
أحمد: كيف كان الطقس؟
محمّد: الطقس في دمشق لطيف.
أحمد: هل توجد في دمشق ضواح جميلة؟
محمّد: ضواحي دمشق رائعة، وهي مشهورة في البلدان العربيّة بجمالها.
أحمد: هل توجد فيها أشجار وأنهار؟

T

محمّد : نعم ، توجد في ضواحي دمشق أشجار متنوّعة مثلا أشجار التفّاح والمشمش والخوخ واللوز وكذلك توجد هناك أنهار ، ولكنها صغيرة جدّا .

أحمد : هل تنصحني بزيارة دمشق في الصيف ؟

محمّد : طبعا ، وأطلب منك أن تبعث لي ببطاقة مصوّرة من هناك .

Ü

Ü 1 Hören Sie mehrmals Text 1 vom Tonband oder vorgelesen vom Lektor!

Ü 2 Lesen Sie mehrmals Text 1 unter Kontrolle des Lektors!

Ü 3 (Hausaufgabe) Lesen Sie nochmals Text 1 und übersetzen Sie ihn! Bereiten Sie Ü 4 vor!

Ü 4 Geben Sie den Inhalt von Text 1 in Arabisch wieder! Der Lektor kontrolliert dabei sowohl die phonetische als auch die grammatische und lexikalische Richtigkeit. Das gilt auch für die folgenden Übungen.

Ü 5 (Hausaufgabe) Bereiten Sie auf die folgenden Fragen zu Text 1 passende Antworten vor!

متى قام كلاوس من النوم ؟
إلى أين ذهب ؟
من لقي في قاعة الطعام ؟
ماذا أكلوا ؟
ماذا قال محمّد ؟
هل ذهبت هيفاء مع الأصدقاء ؟
ماذا زاروا أوّلا ؟
كم من الوقت دام السفر ؟
إلى أين وصل الأصدقاء ؟
هل صعدوا البرج ؟
ماذا فعلوا بعد زيارة البرج ؟

Ü

هل شربوا في المقهى كأسا من النبيذ ؟

الى أين عاد الأصدقاء ؟

Ü 6 Die in Ü 5 gegebenen Fragen und die dazu vorbereiteten Antworten dienen den Studierenden als Grundlage für ein Gespräch in der 1. und 2. P. Sg. oder Pl.

Ü 7 Hören Sie mehrmals Text 2 vom Tonband oder vorgelesen vom Lektor!

Ü 8 Lesen Sie mehrmals Text 2 unter Kontrolle des Lektors!

Ü 9 (Hausaufgabe) Lesen Sie nochmals Text 2 und arbeiten Sie ihn so durch, daß Sie mit den in ihm vorkommenden Fragen und Antworten selbständig, ohne Zuhilfenahme der Textvorlage, ein Gespräch führen können!

Ü 10 Führen Sie dieses Gespräch mit verteilten Rollen!

Ü 11 In den folgenden Übungen zur Grammatik wird hauptsächlich der Wechsel der Personen in der Perfektform geübt. Vorgegeben wird ein Satz, der von dem Studierenden zu wiederholen und in der Art des folgenden Beispiels zu ergänzen ist:

Vorgegebener Satz:	عاد محمّد إلى الفندق .
Wiederholung:	عاد محمّد إلى الفندق .
Ergänzung:	وعدت أنا إلى البيت .

Wenn ein Satzteil des vorgegebenen Satzes im Ergänzungssatz durch ein anderes Wort oder eine andere Wortverbindung ersetzt werden oder im Ergänzungssatz zusätzlich ein Wort verwendet werden soll, steht es in Klammern nach dem vorgegebenen Satz. Das Beispiel von oben wird demnach wie folgt notiert:

عاد محمّد إلى الفندق (إلى البيت) .

Personalsuffixe der 3. P. sind dabei — wenn es der Sinn erfordert — in solche der 1. P. umzuwandeln.

Beispiel: عاد محمّد إلى فندقه . . . وعدت أنا إلى بيتي

Ü

Zunächst wird der Wechsel der 3. P. Sg. m. oder f. mit der 1. P. Sg. geübt.

1	زار الرجال المركز الجديد للعاصمة .	(معهم)
2	قال صديقي إنّني مجتهد .	(كسلان)
3	باع الرجل سيّارته .	
4	رجا الطالب الجزائري أن أكتب له .	(أن يكتب لي)
5	مشى الأصدقاء إلى المقهى .	(معهم)
6	وعد المرافق أصدقاءه بنزهة في الضواحي .	
7	وضع محمّد المعطف في الخزانة .	(على الطاولة)
8	دعت الحكومة الوفود الأجنبيّة إلى الحفلة .	(مرافقي الوفود)
9	لقي المعلّم أصدقائي في المخزن .	(أمام المخزن)
10	قاد المرافق السيّارة بسرعة .	(أيضا)
11	خافت المعلّمة من السفر بالطائرة .	
12	كان صديقي هناك في شهر أيلول .	(تشرين الأوّل)
13	سافر هو بالقطار .	(بالسيّارة)
14	قام هو من النوم صباحا .	(ظهرا)
15	عاد صديقي من برلين .	(معه)
16	نامت هي كثيرا .	(قليلا)
17	وضعت صديقتي على الطاولة كؤوسا .	(زجاجتي بيرة)
18	وعد الطالب صديقته بزيارة العاصمة .	(مدينة لايبزغ)
19	رجت الفتاة أن تذهب إلى المسرح .	(معها)
20	زار الوفد جامعتنا .	(أيضا)
21	قال محمّد إنّني شربت كأسا واحدة فقط .	(كأسين)
22	سار هو إلى المكتبة مساء .	(صباحا)
23	باع صديقي بيته .	
24	نام مرافق الوفد في تلك الغرفة .	(في هذه الغرفة)
25	مشى الرجال إلى قاعة الاجتماع .	(أيضا)

Ü

26 دعا صديقي العربيّ ولده محمّدا . (أحمد)

27 لقي صديقي فتاة شقراء . (سمراء)

28 خاف أعضاء الوفد التجاريّ من الطقس الحارّ في العراق . (في جمهوريّة مصر العربيّة)

29 كان أحمد في القاهرة . (بيروت)

30 وضعت صديقتي على الطاولة تفّاحا . (خوخا)

31 وضع الطالب الكتاب في الشنطة . (في الخزانة)

32 دعا هو صديقته إلى الحفلة .

33 مشت الطالبات إلى المخزن . (إلى المعهد)

34 باع الطالب كتبه .

35 قالت الطالبة إنّني أكلت كثيرا . (قليلا)

36 عادت هي إلى بيتها .

37 زار صديقي عددا من البلدان العربيّة . (الأوربّيّة)

38 قام أصدقائي بنزهة جميلة . (معهم)

39 عاد الوفد أمس . (اليوم)

40 زارت الفتاة مدينة لايبزغ . (معها)

41 وصلت صديقتي مساء الأمس . (صباح اليوم)

42 سارت هي إلى البيت . (أيضا)

43 عاذت الطائرة من دمشق . (فيها)

44 قام رئيس الوفد . (أيضا)

45 وصل الوفد إلى برلين بالطائرة . (بالسيّارة)

46 عاد الأصدقاء صباح الأمس . (مساء الأمس)

47 وصلت الوفود إلى هنا . (معها)

48 بنى العمّال مباني رائعة . (بيتا جميلا)

Ü 12 Wie Ü 11. Geübt wird der Wechsel der 3. P. Sg. m. oder f. mit der 1. P. Pl.

Ü

Beispiel:

Vorgegebener Satz: عاد محمّد إلى الفندق .

Wiederholung: عاد محمّد إلى الفندق .

Ergänzung: وعدنا نحن إلى البيت .

Ü 13 Wandeln Sie die Sätze von Ü 11 in mit هل , متى oder لماذا eingeleitete Fragesätze in der 2. P. Sg. m. und dann in der 2. P. Sg. f. um! Das substantivische Subjekt ist dabei natürlich wegzulassen. Personalsuffixe der 3. P. sind — wenn es der Sinn erfordert — in solche der 2. P. umzuwandeln.

Beispiele: عاد محمّد إلى الفندق . > هل عدت إلى الفندق ؟

عاد محمّد إلى بيته . > هل عدت إلى بيتك ؟

Ü 14 Wie Ü 13. Die Fragesätze sind mit der 2. P. Pl. m. zu bilden.

Ü 15 Verändern Sie die Wortstellung der Sätze 1, 5, 6, 16, 25, 28, 32, 33, 38 in Ü 11 dergestalt, daß das Subjekt unter Hinzufügung von إنّ vor das Verb gestellt wird!

Beispiel: عاد الوفد أمس . > إنّ الوفد عاد أمس .

Lektion 11

G

1. Die Imperfektform der Verben mit و oder ى

1.1. Verben mit R_1 = و bilden die Imperfektform unter Wegfall von R_1.

Beispiele mit dem Musterverb وَصَلَ »ankommen«:

(وصل hat den Imperfektvokal *i*)

(هو)	يَصِلُ
(هي)	تَصِلُ
—	—
—	—
(نحن)	نَصِلُ

A 1 Verben mit R_1 = ى sind sehr selten und kommen fast ausschließlich in den sog. abgeleiteten Stämmen (vgl. Lektion 14, G 1.) vor. Sie bilden die Imperfektform wie die gesunden Verben, d. h. R_1 fällt nicht weg. (Anhang: Tafel 2, 17).

1.2. Verben mit R_2 = و oder ى haben in der Imperfektform ein langes *ū* bei Verben der Gruppe I, ein langes *ī* bei Verben der Gruppe II und ein langes *ā* bei Verben der Gruppe III, wenn auf R_3 ein Vokal folgt.

Beispiele mit den Musterverben:

I قَامَ »aufstehen« (< قَوَمَ = فَعَلَ) R_2 = و

(هو)	يَقُومُ
(هي)	تَقُومُ
—	—
—	—
(نحن)	نَقُومُ

G

II بَاعَ »verkaufen« (> بَيَعَ = فَعَلَ) $R_2 =$ ى

(هو)	يَبِيعُ
(هي)	تَبِيعُ
—	—
—	—
(نحن)	نَبِيعُ

III خَافَ »fürchten« (> خَوِفَ = فَعِلَ) $R_2 =$ و

(هو)	يَخَافُ
(هي)	تَخَافُ
—	—
—	—
(نحن)	نَخَافُ

A 2 Gleiche Formen bilden auch Verben mit $R_2 =$ ى, z.B. نَالَ (> نَيِلَ) يَنَالُ | »erhalten«.

Verben mit $R_2 =$ و oder ى haben in der Imperfektform nach R_1 ein kurzes *u* bei Verben der Gruppe I, ein kurzes *i* bei Verben der Gruppe II und ein kurzes *a* bei Verben der Gruppe III, wenn R_3 vokallos ist.

Beispiele mit den Musterverben (Anhang: Tafeln 2, 18, 20, 22):

	I	II	III
(هنّ)	يَقُمْنَ	يَبِعْنَ	يَخَفْنَ
(أنتنّ)	تَقُمْنَ	تَبِعْنَ	تَخَفْنَ

1.3. Verben mit $R_3 =$ و oder ى haben nach R_2 ein langes *ū* bei Verben der Gruppe I, ein langes *ī* bei Verben der Gruppe II und ein langes *ā* (*Alif maqṣūra*) bei Verben der Gruppe III.

G

Beispiele mit den Musterverben:

I دَعَا »einladen« (> دَعَوَ = فَعَلَ) $R_3 =$ و

يَدْعُو	(هو)
تَدْعُو	(هي)
—	—
—	—
نَدْعُو	(نحن)

II مَشَى »gehen« (> مَشَيَ = فَعَلَ) $R_3 =$ ى

يَمْشِي	(هو)
تَمْشِي	(هي)
—	—
—	—
نَمْشِي	(نحن)

III لَقِيَ »treffen« (= فَعِلَ) $R_3 =$ ى

يَلْقَى	(هو)
تَلْقَى	(هي)
—	—
—	—
نَلْقَى	(نحن)

A 3 Bei der Gruppe II, Musterverb مشى , gibt es vereinzelt auch Verben, die in der Imperfektform wie Verben der Gruppe III, Musterverb لقي , flektiert werden, z. B. سَعَى »sich bemühen, streben«: يَسْعَى , تَسْعَى usw. – Vgl. auch unten, G 4., die Konjugation von رأى .

Die Formen mit Suffix sind durch einen langen Vokal nach R_2 bei den Verben der Gruppen I und II, durch einen Diphthong nach R_2 bei den Verben der Gruppe III gekennzeichnet.

G

III	II	I	
تَلْقَيْنَ	تَمْشِينَ	تَدْعِينَ	(أنتِ)
—	—	—	—
—	—	—	—
تَلْقَوْنَ	تَمْشُونَ	تَدْعُونَ	(أنتم)

(Anhang: Tafeln 2, 23, 24, 25)

2. Konjunktiv und Apokopat der Verben mit و oder ى

2.1. Die Bildung des Konjunktivs und des Apokopats erfolgt bei den schwachen Verben nach den gleichen Prinzipien wie bei den gesunden Verben (s. Lektion 8, G 1.).
Eine vollständige Übersicht bringen die Tafeln 3 u. 4 im Anhang.

2.2. Wir führen hier nur einige Besonderheiten auf:

2.2.1. Konjunktiv der Verben $R_3 =$ و oder ى :

يَدْعُوَ , يَمْشِيَ , يَلْقَى usw.

2.2.2. Apokopat der Verben $R_2 =$ و oder ى :

يَقُمْ , يَبِعْ , يَخَفْ usw.

2.2.3. Apokopat der Verben $R_3 =$ و oder ى :

يَدْعُ , يَمْشِ , يَلْقَ usw.

2.3. Bei solchen Apokopatformen, wie sie unter 2.2.2. und 2.2.3. angeführt sind, ist in unvokalisierten Texten äußerlich nicht erkennbar, welche Wurzel der betreffenden Form zugrunde liegt. Das Schriftbild gibt uns keine Auskunft darüber, ob der letzte Konsonant R_2 (يَدْعُ > دعا) oder R_3 (يَقُمْ > قام) ist.

G

3. Der Imperativ der Verben mit و oder ى

Auch die Bildung des Imperativs erfolgt nach den gleichen Prinzipien wie bei den gesunden Verben.
Ableitungsform ist der Apokopat (s. Lektion 8, G 2.). Eine vollständige Übersicht bringt die Tafel 9 im Anhang.

4. Die Verben جَاءَ ، أَتَى und رَأَى

Einige der im Arabischen am häufigsten gebrauchten Verben sind doppelt schwach, d. h. zwei ihrer drei Radikale sind و , ى oder ء . Da die Besonderheiten der Verben mit *Hamza* fast ausschließlich orthographischer Natur sind, gibt es bei der Konjugation von جَاءَ »kommen«, أَتَى »kommen« und رَأَى »sehen« auch kaum Schwierigkeiten:

جَاءَ wird konjugiert wie das Musterverb بَاعَ :

Imperfektform	Perfektform	
يَجِيءُ	جَاءَ	(هو)
تَجِيءُ	جَاءَتْ	(هي)
—	جِئْتَ	(أنت)
—	—	—
—	—	—
نَجِيءُ	جِئْنَا	(نحن)

أَتَى wird konjugiert wie das Musterverb مَشَى :

Imperfektform	Perfektform	
يَأْتِي	أَتَى	(هو)
تَأْتِي	أَتَتْ	(هي)

G

Imperfektform	Perfektform	
—	أَتَيْتَ	(أنتَ)
—	—	—
—	—	—
نَأْتِي	أَتَيْنَا	(نحن)

رَأَى wird in der Perfektform wie das Musterverb مَشَى, in der Imperfektform — bei Wegfall des *Hamza* — wie das Musterverb لَقِيَ konjugiert:

Imperfektform	Perfektform	
يَرَى	رَأَى	(هو)
تَرَى	رَأَتْ	(هي)
تَرَى	رَأَيْتَ	(أنتَ)
تَرَيْنَ	رَأَيْتِ	(أنتِ)
أَرَى	رَأَيْتُ	(أنا)
يَرَوْنَ	رَأَوْا	(هم)
يَرَيْنَ	رَأَيْنَ	(هنّ)
تَرَوْنَ	رَأَيْتُمْ	(أنتم)
تَرَيْنَ	رَأَيْتُنَّ	(أنتنّ)
نَرَى	رَأَيْنَا	(نحن)

Zur Schreibung des *Hamza* (Hamzaträger) vgl. Lektion 24 und die Tafel 36 im Anhang.

G

Bei Verben mit $R_1 =$ و und $R_3 =$ ى sind die Konjugationsspezifika beider Verbtypen zu berücksichtigen. Vgl. das Verb وَفَى, Imperfektform يَفِي im Text 1 dieser Lektion.

V

أَتَى (يَأْتِي)	kommen
مُتَأَخِّراً	spät, verspätet (Adverb)
آسِيَا	Asien
إِفْرِيقِيَا	Afrika
أُورُبَّا	Europa
بَقِيَ (يَبْقَى)	bleiben
تَحْتَ	unter (Präposition)
جَاءَ (يَجِيءُ)	kommen
حَتَّى	bis (Präposition, Konjunktion)
حَسَبَ	gemäß, entsprechend, nach (Präposition)
حَسَبَ ٱلْمَوْعِدِ	verabredungsgemäß, pünktlich
حَسَناً	gut!
رَأْس / رُؤُوس	Kopf
رَئِيسِيّ	Haupt-
رَأَى (يَرَى) ه/ه	sehen
بَعْدَ ٱلظُّهْرِ	(am) Nachmittag
عَذَرَ (يَعْذِرُ) ه/ه	entschuldigen
عُمَرُ	Omar
غَرْب	Westen
غَرْبِيّ	westlich
المَغْرِبُ	Marokko
قَارَّة / قَارَّات	Erdteil, Kontinent
كَلِمَة / كَلِمَات	Wort; Ansprache
مَثَل / أَمْثَال	Sprichwort
مُنَبِّه / مُنَبِّهَات	Wecker
نَسِيَ (يَنْسَى) ه	vergessen
نَامَ (يَنَامُ)	schlafen
وَجَبَ (يَجِبُ) (عَلَيْهِ) أَنْ	müssen
وَحْدَكَ	(du) allein (وحد wird nur mit Personalsuffix gebraucht, also وحده »(er) allein«, وحدها »(sie) allein« usw.)

V

مَنْ وَعَدَ وَفَى	(Sprichwort:) Was man verspricht, muß man halten
وَقَعَ (يَقَعُ)	liegen (geogr.)
يَا	Vokativpartikel (»o . . .!«; wird nicht übersetzt)
وِسَادَة / وَسَائِدُ	Kissen
وَعْد / وُعُود	Versprechen
مَوْعِد / مَوَاعِيدُ	Verabredung, Termin
وَفَى (يَفِي) بِ	halten (ein Versprechen)

T

T 1 الوعد

سألني محمّد مساء الأمس : هل تزور عمر صباح الغد معي ؟
قلت له : نعم ، عمر صديقي ، أرغب في أن أزوره كذلك . لكنّه يخرج من البيت صباحا ، وأنت تنام حتّى الظهر.

قال محمّد : كلّا ، أعدك بأن أقوم صباح الغد مبكّرا من النوم .
قلت : قم من النوم مبكّرا ، وأحضر إلى قاعة الطعام ، يجب أن نصل إليه قبل أن يخرج من البيت .

جئت في اليوم الثاني مبكّرا إلى قاعة الطعام ، لكنّ محمّدا أتى متأخّرا .
قلت له : لماذا لم تأت حسب الموعد ، يا صديقي ؟
قال : رجوت أمس صديقي أحمد أن يضع المنبّه على الطاولة لكنّه نسي ذلك .
قلت : من وعد وفى ، هذا مثل عربيّ . أنت لا تفي بوعدك ، لذلك زر عمر وحدك .
قال محمّد : أرجو أن تعذرني هذه المرّة ، وأن تزوره معي . أعدك بأن أضع المنبّه هذا المساء تحت الوسادة .

T 2 هل عندك وقت ؟

كلاوس : هل ترغب في أن ترى بيت الطلبة ؟
محمّد : نعم ، أرغب في أن أراه .

T

كلاوس : يسكن هناك صديق لي . هل تزوره معي ؟
محمّد : نعم ، ومتى ؟
كلاوس : هل عندك وقت غدا ؟
محمّد : كلّا ، وعدت صديقي عمر بأن أذهب معه إلى المسرح غدا .
كلاوس : وبعد غد ؟
محمّد : بعد غد عندي وقت بعد الظهر.
كلاوس : أين أراك ؟
محمّد : سوف تراني أمام مخزن الزهور في المحطّة الرئيسيّة .
كلاوس : حسنا ، لكنّني أرجو أن تأتي حسب الموعد .
محمّد : أعدك بأن أفي بوعدي وآتي حسب الموعد .

Ü

Ü 1 Hören Sie mehrmals Text 1 vom Tonband oder vorgelesen vom Lektor!

Ü 2 Lesen Sie mehrmals Text 1 unter Kontrolle des Lektors!

Ü 3 (Hausaufgabe) Lesen Sie nochmals Text 1 und übersetzen Sie ihn! Bereiten Sie Ü 4 und Ü 5 vor!

Ü 4 Geben Sie den Inhalt von Text 1 in Arabisch wieder! Der Lektor kontrolliert dabei sowohl die phonetische als auch die lexikalische und grammatische Richtigkeit. Dies gilt auch für die folgenden Übungen.

Ü 5 Führen Sie mit den in Text 1 in direkter Rede vorkommenden Sätzen ein Gespräch!

Ü 6 Hören Sie mehrmals Text 2 vom Tonband oder vorgelesen vom Lektor!

Ü 7 Lesen Sie Text 2 unter Kontrolle des Lektors!

Ü 8 (Hausaufgabe) Lesen Sie nochmals Text 2 und arbeiten Sie ihn so durch, daß Sie selbständig, ohne Zuhilfenahme der Textvorlage, ein Frage-Antwort-Gespräch führen können!

Ü 9 Führen Sie dieses Gespräch!

Ü

Ü 10 Wandeln Sie die folgenden Sätze (ohne Berücksichtigung der in Klammern stehenden Form) in die Imperfektform 3. P. Sg. m. oder f. um!

Beispiel: عاد محمّد إلى الفندق . > يعود محمّد إلى الفندق .

1 وفى محمّد بوعده .
2 نسي الطالب الكلمات الجديدة .
3 أتى الوفد مساء اليوم . (مساء الغد)
4 جاء أحمد حسب الموعد .
5 رأى أحمد صديقه أمام مخزن الزهور. (في مخزن الزهور)
6 رجا محمّد أصدقاءه أن يحضروا إليه .
7 زار الرجال ذلك البرج . (معهم)
8 قال صديقي إنّني مجتهد . (كسلان)
9 باع الرجل سيّارته .
10 مشى الأصدقاء إلى المقهى .
11 وعد المرافق أصدقاءه بنزهة في الضواحي .
12 وضع الطالب المعطف في الخزانة . (على الطاولة)
13 لقي المعلّم أصدقائي في المخزن . (أمام المخزن)
14 قاد المرافق السيّارة بسرعة . (أيضا)
15 خافت المعلّمة من السفر بالطائرة .
16 سار صديقي بالقطار. (بالسيّارة)
17 قام محمّد من النوم ظهرا . (صباحا)
18 عاد صديقي من برلين . (معه)
19 وفت صديقتي بوعدها .
20 نسيت الطالبة مواعيدها .
21 وضع محمّد المنبّه تحت الوسادة .
22 أتى أعضاء الوفد صباحا . (مساء)
23 رأى عمر في المخزن بطاقات مصوّرة .

Ü

24 رجت هيفاء أصدقاءها أن تذهب معهم .

25 نامت الطالبات كثيرا .	(قليلا)
26 وضعت صديقتي على الطاولة كؤوسا .	(زجاجتي بيرة)
27 وعد الطالب صديقه بزيارة العاصمة .	(مدينة لايبزغ)
28 رجت الفتاة أن تذهب إلى المسرح .	(معها)
29 زار الوفد جامعتنا .	(أيضا)
30 قال محمّد إنّني شربت كأسا واحدة فقط .	(كأسين)
31 باع صديقي بيته .	
32 مشى الرجال إلى قاعة الاجتماع .	(أيضا)
33 لقي صديقي فتاة شقراء .	(سمراء)
34 وضع الطالب الكتاب في الشنطة .	(في الخزانة)
35 دعا الطالب صديقته إلى الحفلة .	
36 مشت الطالبات إلى المخزن .	(الى المعهد)
37 باع الطالب كتبه .	
38 قال صديقنا العربيّ إنّني أكلت قليلا .	(كثيرا)
39 عادت الفتيات إلى بيتهنّ .	
40 زار صديقي عددا من البلدان العربيّة .	(الأوربيّة)
41 قام أصدقائي بنزهة جميلة .	(معهم)
42 عاد الوفد اليوم .	(أيضا)
43 زارت الوفود مدينة لايبزغ .	(معها)
44 وفى المعلّمون بوعدهم .	
45 جاء المرافق إلى قاعة الطعام .	
46 جاءت صديقتي إليّ .	(اليها)
47 رأى محمّد هناك رجالا كثيرين .	(قليلين)
48 وصل الأصدقاء مساء اليوم .	(صباح اليوم)
49 عادت الطائرة من القاهرة .	(فيها)
50 قام رئيس الوفد .	(أيضا)

Ü

51 وصل الوفد إلى برلين بالطائرة . (بالسيّارة)
52 عاد الأصدقاء صباحا . (مساء)
53 وصلت الوفود إلى هنا . (معها)
54 بنى العمّال مباني رائعة . (بيتا جميلا)

Ü 11 (Schriftliche Hausaufgabe) Wie Ü 10! Niedergeschrieben werden nur die umgewandelten Sätze mit der Imperfektform.

Ü 12 Der Lektor verwendet die Sätze aus Ü 10. Er nennt jedoch statt der Perfektform der Verben die Imperfektform. Der Student wiederholt den Satz und ergänzt ihn unter Verwendung der 1. P. Sg. und gegebenenfalls des in Klammern stehenden Wortes bzw. der Präpositionalgruppe.

Beispiele:

Vorgegebener Satz: يعود محمّد إلى الفندق .
Wiederholung: يعود محمّد إلى الفندق .
Ergänzung: وأعود أنا إلى البيت .

Vorgegebener Satz: يعود محمّد إلى بيته .
Wiederholung: يعود محمّد إلى بيته .
Ergänzung: وأعود أنا إلى بيتي .

Vergleichen Sie auch die Übungsanweisung zu Ü 11 in Lektion 10!

Ü 13 Wie Ü 12. Geübt wird in der Imperfektform der Wechsel der 3. P. Sg. m. oder f. mit der 1. P. Pl.

Beispiel:

Vorgegebener Satz: يعود محمّد إلى بيته .
Wiederholung: يعود محمّد إلى بيته .
Ergänzung: ونعود نحن إلى بيتنا .

Ü 14 Ausgangspunkt sind wieder die Sätze aus Ü 10. Der Lektor gibt jeden Satz in der 1. P. Sg. oder Pl., der Student wandelt ihn in einen mit هل , متى oder أين eingeleiteten Fragesatz um. Personalsuffixe der 1. P. sind in solche der 2. P. umzuwandeln.

Ü

Beispiele:

Lektor:	أعود إلى البيت .
Student:	متى تعود إلى البيت ؟
Lektor:	أراهم أمام المخزن .
Student:	أين تراهم ؟
Lektor:	أفي بوعدي .
Student:	هل تفي بوعدك ؟

Ü 15 (Hausaufgabe) Bilden Sie aus dem Material von Ü 10 selbständig 20 mit einem Fragepronomen oder -adverb eingeleitete Sätze! Das Verb soll dabei immer in der Imperfektform stehen.

Ü 16 Bilden Sie Sätze mit der Imperfektform des Verbs وقع (يقع) und den Wörtern شرق ، غرب ، شمال ، جنوب ، وسط ، ضواح (ضواحي) ! Verwenden Sie als Subjekt die Substantive فندق ، محطّة ، مبان ، جامعة ، مخازن ، مطعم ، مقهى ، برج ، مشتى ، بحيرة ، مدينة ، بلد ، بلدان und die Ihnen bisher bekannten Ländernamen!

Beispiele:

تقع المحطّة في جنوب مدينتنا

يقع المغرب في شمال إفريقيا .

Ü 17 Bilden Sie unter Verwendung verschiedener Imperativformen

von a) وضع b) قام c) زار d) عاد e) مشى f) بقي

selbständig Sätze. Gebrauchen Sie dabei die folgenden Imperativformen, Substantive, Personalsuffixe und Präpositionalgruppen:

a)	على الطاولة und andere Präpositionalgruppen	الكؤوس ، الفناجين ، الزجاجة ، التفّاح ، الخوخ ، الكتب ، الخبز ، الفواكه ، الطعام	ضع ، ضعي

b)	قم ، قومي ، قوموا		الآن بسرعة
c)	زر، زوري، زوروا، زرن	ـني ، ـنا ، العاصمة ، هذا البلد ، تلك المدينة ، ضواحي المدينة ، ذلك البرج ، ذلك المطعم ، ذلك المقهى ، المشتى ، صديقنا	غدا ، في شهرآب und andere Zeitadverbien und Monatsnamen
d)	عد، عودي، عودوا		إلى البيت، إلى الفندق ، إلى هنا ، إلى هناك ، إليّ ، إلينا ، غدا ، بعد ساعة und andere Zeitadverbien
e)	إمش ، إمشي ، إمشوا		إلى المعهد ، إليه ، إلى هناك und andere Präpositionalgruppen
f)	إبق ، إبقوا		هنا ، هناك ، في البيت ، في الفندق ، عندنا ، حتّى الغد

Lektion 12

G

1. Der Gebrauch von كَانَ

Das Verb كَانَ (Imperfektform يَكُونُ) ist ein temporales Hilfsverb, das die Handlung (Zustand, Vorgang) in einer bestimmten Zeitstufe lokalisiert.

1.1. كَانَ im Nominalsatz

Im Nominalsatz ist كَانَ Kopula und als solche dem deutschen Hilfsverb »sein« vergleichbar.
Das nominale Prädikat steht nach كَانَ im Akkusativ. Die Perfektform von كَانَ lokalisiert die Aussage des Nominalsatzes in der Zeitstufe der Vergangenheit.

Der Student war fleißig. كَانَ ٱلطَّالِبُ مُجْتَهِدًا .

كَانَ مُحَمَّدٌ مُعَلِّمَنَا .

Muḥammad war unser Lehrer.

Die Verneinung erfolgt durch لَمْ + Apokopat, also لَمْ يَكُنْ :

لَمْ يَكُنِ ٱلطَّالِبُ مُجْتَهِدًا .

Der Student war nicht fleißig.

Die Imperfektform von كَانَ lokalisiert die Aussage des Nominalsatzes in den Zeitstufen Gegenwart und Zukunft.

Der Student ist fleißig. يَكُونُ ٱلطَّالِبُ مُجْتَهِدًا .

يَكُونُ مُحَمَّدٌ مُرَافِقَ ٱلْوَفْدِ .

Muḥammad ist der Delegationsbegleiter
oder wird der Delegationsbegleiter sein.

G

In präsentischer Funktion, also يَكُونُ = »ist«, kommt كَانَ selten vor und dient lediglich der Verstärkung der Satzaussage. Im allgemeinen haben positive Nominalsätze mit präsentischem Zeitwert keine Kopula (vgl. Lektion 2, G 3.).

A 1 Obligatorisch ist يكون allerdings dann, wenn die Konjunktion أَنْ »daß« steht, die eine Verbform im Konjunktiv nach sich verlangt; vgl. das folgende Beispiel aus Text 1 dieser Lektion:

أَخَافُ أَنْ يَكُونَ صَدِيقُكُمْ مُصَابًا . . .

Die Verneinung erfolgt durch لَا + Imperfektform, also لَا يَكُونُ:

لَا يَكُونُ مُحَمَّدٌ مُرَافِقَ ٱلْوَفْدِ .

Muhammad ist nicht der Delegationsbegleiter
oder wird nicht der Delegationsbegleiter sein.

Auch hier kommt كَانَ in präsentischer Funktion, also لَا يَكُونُ = »ist nicht«, selten vor. Im allgemeinen wird der präsentische Nominalsatz durch لَيْسَ verneint (vgl. Lektion 8. G 3.5.).

1.2. كَانَ im Verbalsatz

Wie im Nominalsatz dient كَانَ auch im Verbalsatz zur Temporalisierung der Satzaussage.

كَانَ + Perfektform (فَعَلَ) und كَانَ + Imperfektform (يَفْعَلُ) sind zusammengesetzte Formen, die bestimmten zusammengesetzten Zeitformen im Deutschen vergleichbar sind.
Es gibt die folgenden mit كَانَ zusammengesetzten Formen:

(1) كَانَ قَدْ فَعَلَ er hatte getan
= Plusquamperfekt als Ausdruck der Vorzeitigkeit oder einer abgeschlossenen Handlung in der Zeitstufe der Vergangenheit mit deutlicher Distanz zum Moment des Redeaktes

G

(2) كَانَ يَفْعَلُ er tat, er pflegte zu tun
= Imperfekt als Ausdruck einer dauernden, wiederholten oder usuellen Handlung in der Vergangenheit

(3) يَكُونُ قَدْ فَعَلَ er wird getan haben
= Futur II als Ausdruck einer in der Zukunft sicher erwarteten Handlung

Zur Darstellung der Zeitbezüge stehen dem Arabischen also fünf Formen zur Verfügung:
die beiden einfachen فَعَلَ »er hat getan«, »er tat« (Perfekt, Präteritum) und يَفْعَلُ »er tut«, »er wird tun« (Präsens, Futur I) und die drei eben genannten zusammengesetzten Formen. Bei diesen ist كَانَ / يَكُونُ als temporaler Determinator aufzufassen, während فَعَلَ und يَفْعَلُ ihren eigentlichen, tempusindifferenten Wert haben. Am häufigsten gebraucht werden فَعَلَ und يَفْعَلُ. Auch كَانَ يَفْعَلُ ist sowohl im mündlichen als auch im schriftlichen Sprachgebrauch oft anzutreffen. Seltener sind كَانَ قَدْ فَعَلَ und يَكُونُ قَدْ فَعَلَ.

A 2 Bei der Übersetzung ins Arabische gibt es vor allem bei der Abgrenzung der Formen فعل und كان يفعل gewisse Schwierigkeiten. Verbindliche Regeln dafür, daß in einem Falle فعل, im anderen كان يفعل obligatorisch sind, gibt es nicht. Es kommt nicht selten vor, daß beide Formen als stilistische Varianten verwendet werden und somit austauschbar sind. Die Form كان يفعل sollte man verwenden, wenn eine gewohnheitsmäßige oder wiederholte Handlung wiederzugeben ist.

قَدْ ist eine dem Verb voranstehende Partikel. Steht قَدْ vor der Perfektform (قَدْ فَعَلَ ، كَانَ قَدْ فَعَلَ), so kennzeichnet sie den sicheren Vollzug der Handlung in der Vergangenheit oder den sicher zu erwartenden Vollzug der Handlung in der Zukunft (يَكُونُ قَدْ فَعَلَ). Steht قَدْ vor der Imperfektform (قَدْ يَفْعَلُ), so wird dadurch angezeigt, daß die Verbalhandlung vielleicht oder unter Umständen stattfindet bzw. stattfinden wird.

G

2. كُلّ und جَمِيع

كُلّ und جَمِيع sind Nomina, die im Sinne der deutschen Indefinitpronomen »jeder«, »alle«, »alles«, »ganz« verwendet werden. Sie stehen in diesen Fällen immer im Status constructus. Ihnen folgt entweder ein determiniertes oder indeterminiertes Substantiv oder ein Personalsuffix.

2.1. كُلّ und جَمِيع + Substantiv

2.1.1. كُلّ + indeterminiertes Substantiv im Singular = »jeder (-e, -es)«:

jeder Student — كُلُّ طَالِبٍ

jeden Tag — كُلَّ يَوْمٍ

A 3 In der Bedeutung »jeder« steht auch كل + من + determiniertes Substantiv im Plural:

jeder der Studenten — كُلٌّ مِنَ ٱلطُّلَّابِ

2.1.2. كُلّ + determiniertes Substantiv im Singular = »ganz«:

die ganze Familie — كُلُّ ٱلْعَائِلَةِ

2.1.3. كُلّ + determiniertes Substantiv im Plural = »alle«:

alle Bücher — كُلُّ ٱلْكُتُبِ

2.1.4. جَمِيع + determiniertes Substantiv im Plural = »alle«:

alle Studenten — جَمِيعُ ٱلطُّلَّابِ

2.2. كُلّ und جَمِيع + Personalsuffix

2.2.1. In dieser Konstruktion steht كُلّ (selten جَمِيع) in der Bedeutung »ganz« und »alle« überwiegend als Apposition. Das Personal-

G

suffix stimmt mit dem vorangehenden Substantiv in Genus und Numerus überein:

die ganze Familie — اَلْعَائِلَةُ كُلُّهَا

Ich habe alle Freunde gesehen. — رَأَيْتُ ٱلْأَصْدِقَاءَ كُلَّهُمْ.

كُلّ (und جَمِيع) stehen dabei wie jede Apposition im gleichen Kasus wie das Bezugswort.

2.2.2. In Verbindung mit dem Personalsuffix kommen كُلّ (und جَمِيع) auch selbständig, d. h. ohne Bezugswort, vor:

sie alle — كُلُّهُمْ

wir alle — كُلُّنَا

alles (davon) — كُلُّهُ

A 4 Notieren Sie außerdem الجميعُ = »alle« und das appositionell nachgestellte جميعاً = »allesamt«, »insgesamt«.

3. نَفْس

Das Substantiv نَفْسٌ wird — außer in seiner eigentlichen Bedeutung »Seele« — im Sinne der deutschen Identifikationswörter »selb(er, -e, -es, -st)« und »gleich(er, -e, -es)« verwendet.
Es steht immer im Status constructus. Ihm folgt entweder ein determiniertes Substantiv oder ein Personalsuffix.

3.1. نَفْس + Substantiv

am selben Tag — فِي نَفْسِ ٱلْيَوْمِ

إِشْتَرَيْتُ نَفْسَ ٱلْكِتَابِ.

Ich habe das gleiche Buch gekauft.

G

3.2. نَفْس + Personalsuffix

3.2.1. Die gleiche Bedeutung wie 3.1. hat die appositionelle Konstruktion, bei der نَفْس + Personalsuffix dem Substantiv nachgestellt wird:

am selben Tag — فِي ٱلْيَوْمِ نَفْسِهِ

اِشْتَرَيْتُ ٱلْكِتَابَ نفسَهُ .

Ich habe das gleiche Buch gekauft.

3.2.2. نَفْس + Personalsuffix kommen auch selbständig vor, d. h. ohne vorangehendes Substantiv. In Verbindung mit der Präposition ب wird das deutsche »er (du, ich ...) selbst« ausgedrückt:

er selbst	بِنَفْسِهِ	(هو)
sie selbst	بِنَفْسِهَا	(هي)
du selbst	بِنَفْسِكَ ، بِنَفْسِكِ	(أنتَ ، أنتِ)
ich selbst	بِنَفْسِي	(أنا)
sie selbst	بِأَنْفُسِهِمْ ، بِأَنْفُسِهِنَّ	(هم ، هنّ)
ihr selbst	بِأَنْفُسِكُمْ ، بِأَنْفُسِكُنَّ	(أنتم ، أنتنّ)
wir selbst	بِأَنْفُسِنَا	(نحن)
Ich habe das selbst getan.	فَعَلْتُ ذَلِكَ بِنَفْسِي .	

A 5 نفس + Personalsuffix wird im Arabischen auch als Reflexivpronomen (sich, dich, mich usw.) verwendet:

Bediene dich selbst! — أُخْدُمْ نَفْسَكَ بِنَفْسِكَ

Vgl. auch das Beispiel in Lektion 14, Text 1: قدّم أحمد نفسه .

G

4. بَعْضٌ , عِدَّةٌ und أَحَدٌ

Die Nomina بَعْضٌ , عِدَّةٌ und أَحَدٌ werden im Sinne verschiedener deutscher Indefinitpronomen gebraucht.

بَعْضٌ bedeutet »einige«, عِدَّةٌ »mehrere« und أَحَدٌ »einer«.

Auf بَعْض und أَحَد folgt ein determiniertes Substantiv oder ein Personalsuffix; auf عِدَّة folgt ein indeterminiertes Substantiv.

4.1. بَعْض + determiniertes Substantiv im Plural = »einige«:

einige Lehrer, ein Teil der Lehrer	بَعْضُ ٱلْمُعَلِّمِينَ
mit einigen Freunden, mit einigen der Freunde	مَعَ بَعْضِ ٱلْأَصْدِقَاءِ
mit einigen von ihnen	مَعَ بَعْضِهِمْ

A 6 Zu بَعْض als Reziprokpronomen »einander« s. Lehrbuch des modernen Arabisch, T. II, 1, Lektion 6, 1. 2. 2. 2.

4.2. عِدَّة + indeterminiertes Substantiv im Plural = »mehrere«:

mehrere Lehrer	عِدَّةُ مُعَلِّمِينَ
nach mehreren Tagen	بَعْدَ عِدَّةِ أَيَّامٍ

4.3. أَحَد, f. إِحْدَى + determiniertes Substantiv im Plural = »einer«:

einer der Lehrer	أَحَدُ ٱلْمُعَلِّمِينَ
einer von ihnen	أَحَدُهُمْ
eine der Lehrerinnen	إِحْدَى ٱلْمُعَلِّمَاتِ
in einem der Zimmer	فِي إِحْدَى ٱلْغُرَفِ

G

5. أيّ

Das Fragepronomen أَيٌّ, f. أَيَّةٌ bedeutet »welch(er, -e, -es)«. Es steht immer im Status constructus als 1. Glied einer Genitivverbindung.

5.1. أَيٌّ + indeterminiertes Substantiv = »welch(er, -e, -es)«:

in welchem Monat?	فِي أَيِّ شَهْرٍ ؟
welche Stadt?	أَيَّةُ مَدِينَةٍ ؟
Welche Stadt hast du besucht?	أَيَّةَ مَدِينَةٍ زُرْتَ ؟
welche Delegationen?	أَيَّةُ وُفُودٍ ؟

Auch folgende Konstruktion mit أَيّ ist möglich:

5.2. أَيٌّ + مِنْ + determiniertes Substantiv im Plural:

welcher der Freunde? welcher von den Freunden?	أَيٌّ مِنَ ٱلْأَصْدِقَاءِ
welcher von ihnen?	أَيٌّ مِنْهُمْ

A 7 Das Fragepronomen أَيّ ist nicht zu verwechseln mit der indeklinablen Partikel أَيْ, die die Bedeutung »d. h.« hat.

V

أَحَدٌ م إِحْدَى	einer, eine	أَمْسِ مَسَاءً	gestern abend (appositionelle Konstruktion in gleicher Bedeutung wie مساء الأمس)
آخَرُ م أُخْرَى	ander(er, -e, -es), weiter(er, -e, -es)		
أَمْسِ ٱلْأَوَّلَ	vorgestern		

V

لِأَنَّ	weil
إِنفلوينزا	Influenza, Grippe
أَيّ م أَيَّة	welch(er, -e, -es) (Fragepronomen)
بَسِيط / بُسَطَاء	einfach
بَعْض	einige
بِنَاء / أَبْنِيَة	Bau, Gebäude
تِلْمِيذ / تَلَامِيذُ	Schüler
جَمِيع	alle
حَدَثَ (يَحْدُثُ)	geschehen, vorfallen, sich ereignen
حَسَن	gut, schön
حَكَى (يَحْكِي) (لَهُ) ه (عَنْ)	erzählen (jmdm. etw. von, über)
حُلْو	süß
حَالًا	gleich, unverzüglich
حَالَة / حَالَات	Zustand
خَدَمَ (يَخْدُمُ) ه	bedienen
أُخْدُمْ نَفْسَكَ بِنَفْسِكَ	bediene dich selbst!
خَيْر	Wohl
لَيْسَ بِخَيْرٍ	sich nicht wohl fühlen

دَفَعَ (يَدْفَعُ) (لَهُ) ه	bezahlen (jmdm. etw.)
دَوَاء / أَدْوِيَة	Arzneimittel
رُبَّمَا	vielleicht, möglicherweise
رَغْمَ أَنَّ	obwohl
مُرِيح	bequem
زَمَن	Zeit (من الزمن bleibt in der Übersetzung unberücksichtigt)
إِسْعَاف	Hilfeleistung, Hilfe
سَيَّارَةُ إِسْعَافٍ	Krankenwagen
شَارِع / شَوَارِعُ	Straße
مُسْتَشْفًى / مُسْتَشْفَيَات	Krankenhaus
شَكَا (يَشْكُو) (إِلَيْهِ) ه	klagen (jmdm. etw.)
مُصَاب (ب)	befallen, betroffen (von)
مُصَابٌ بِمَرَضٍ	an etw. erkrankt sein
ضَحِكَ (يَضْحَكُ)	lachen
طِبّ	Medizin
طِبِّيّ	medizinisch

V

طَبِيب / أَطِبَّاء	Arzt
عِدَّة	mehrere
عِدَّةَ مَرَّاتٍ	mehrmals
عِلَاج	Behandlung
عَالَم	Welt
عَائِلَة / عَائِلَات	Familie
غَالٍ م غَالِيَة	teuer
غَيْرَ أَنَّ	freilich, allerdings
فَ	und, (und) da, (und) dann, (und) so (koordinierende Konjunktion, meist nicht zu übersetzen)
فَتْرَة	Zeitraum, Zeitspanne
بَعْدَ فَتْرَةٍ قَصِيرَةٍ مِنَ ٱلزَّمَنِ	nach kurzer Zeit
فَحَصَ (يَفْحَصُ) ٥ / ه	untersuchen, prüfen
فَرْع / فُرُوع	Zweig, Filiale; Disziplin
تَفْصِيل / تَفَاصِيل	Einzelheit, Detail
فَعَّال	wirksam, wirkungsvoll, effektiv
فنك / فنكات	Pfennig
فَوْراً	gleich, sofort
قَدْ	(Partikel im Verbalsatz)
تَقْرِيباً	annähernd, fast, beinahe, etwa
إِقَامَة	Aufenthalt
كُلّ	jeder; alle; ganz
كُلَّ مَسَاءٍ	jeden Abend
كُلَّ يَوْمٍ	jeden Tag
لَ	(Bekräftigungspartikel)
مُدَّة	Zeitdauer, Zeitraum
لِمُدَّةِ سَاعَةٍ	für eine Stunde, eine Stunde lang
مُرّ	bitter
مَرَض / أَمْرَاض	Krankheit
مَرِيض / مَرْضَى	krank; Kranker, Patient
مُمَرِّضَة / مُمَرِّضَات	Krankenschwester
مُمْتَاز	ausgezeichnet, vorzüglich
نَشِيط	tüchtig, tatkräftig, aktiv
نَفْس / أَنْفُس	selb(er, -e, -es, -st)
نَقَلَ (يَنْقُلُ) ٥ / ه	transportieren
هونج كونج	Hongkong

T

T 1

في المستشفى

كان أحمد قد طلب منّا أمس أن نذهب معه اليوم إلى المكتبة . ولكنّه شكا إلينا اليوم حالته وقال : إنّني لست بخير ، وربّما أكون مريضا . قال محمّد : كيف حدث ذلك ؟ قال أحمد : إنّكم تعرفون أنّني كنت أمشي كلّ مساء لمدّة ساعة في شوارع المدينة ، وأمس مساء كان الطقس باردا جدّا فشعرت بالبرد في رأسي .

دعونا الطبيب فورا فجاء وفحص صديقنا من رأسه إلى قدمه وقال : أخاف أنْ يكون صديقكم مصابا بانفلوينزا هونج كونج ، لذلك يجب أن يدخل المستشفى حالا . وبعد فترة قصيرة من الزمن نقلت سيّارة إسعاف المريض إلى المستشفى .

لقد رجع أحمد إلينا في نفس الأسبوع ، وحكى لنا كلّ التفاصيل عن إقامته في المستشفى وقال : كان المرض إنفلوينزا بسيطة ، غير أنّني كنت أرغب في أن أبقى في المستشفى أسبوعا آخر لأنّ الأكل كان ممتازا والغرفة مريحة وكنت أنام كثيرا والممرّضة كانت تأتي إليّ عدّة مرّات كلّ يوم .

فسأل محمّد : هل كنت تأخذ أدوية كلّ يوم ؟

قال أحمد : نعم ، كنت آخذ أدوية مرّة جدّا .

وقال محمّد : وكنت ترغب في أن تبقى هناك رغم أنّ الأدوية كانت مرّة ؟

فضحك أحمد وقال : إنّ الأدوية كانت مرّة ، لكنّ الممرّضة كانت حلوة .

T 2

الطبيب والمريض

أحمد : لم تكن حالتي حسنة أمس الأوّل ، أمّا اليوم فهي ممتازة .

الطبيب : الأدوية الحديثة فعّالة جدّا .

أحمد : وغالية . . .

الطبيب : نعم ، هي غالية ، ولكنّ المرضى لا يدفعون فنكا واحدا . العلاج الطبّيّ في جمهوريّتنا مجّانيّ .

T

أحمد : هل هذا المستشفى حديث أم قديم ؟
الطبيب : الأبنية قديمة ولكنّ الأجهزة حديثة .
أحمد : هل توجد هنا جميع الفروع الطبّيّة ؟
الطبيب : توجد عندنا جميع الفروع الطبّيّة تقريبا .
أحمد : درس أحد أصدقائي العرب الطبّ في جامعة لايبزغ وهو يقول إنّ الأطبّاء الألمان جميعهم نشيطون .
الطبيب : الأطبّاء في كلّ بلدان العالم تلاميذ الأطبّاء العرب القدماء .

Ü

Ü 1 Hören Sie mehrmals Text 1 vom Tonband oder vorgelesen vom Lektor!

Ü 2 Lesen Sie mehrmals Text 1 unter Kontrolle des Lektors!

Ü 3 (Hausaufgabe) Lesen Sie nochmals Text 1 und übersetzen Sie ihn! Bereiten Sie Ü 4 und Ü 5 vor!

Ü 4 Geben Sie den Inhalt von Text 1 in Arabisch wieder! Der Lektor kontrolliert dabei sowohl die phonetische als auch die lexikalische und grammatische Richtigkeit. Dies gilt auch für die folgenden Übungen.

Ü 5 Beantworten Sie die folgenden Fragen:

ماذا كان أحمد قد طلب ؟
كيف كانت حالته ؟
لأيّة مدّة من الزمن كان أحمد يمشي كلّ مساء في شوارع المدينة ؟
كيف كان الطقس في ذلك المساء ؟
من دعا الأصدقاء ؟
ماذا قال الطبيب ؟
بعد أيّة مدّة من الزمن نقلت سيّارة الإسعاف المريض إلى المستشفى ؟
متى رجع أحمد إلى أصدقائه ؟
كيف كان الأكل في المستشفى وكيف كانت الغرفة ؟

Ü

هل كانت الأدوية حلوة ؟
لمذا كان أحمد يرغب في أن يبقى هناك ؟

Ü 6 Hören Sie mehrmals Text 2 vom Tonband oder vorgelesen vom Lektor!

Ü 7 Lesen Sie Text 2 unter Kontrolle des Lektors!

Ü 8 (Hausaufgabe) Lesen Sie nochmals Text 2 und arbeiten Sie ihn so durch, daß Sie selbständig, ohne Zuhilfenahme der Textvorlage, ein Frage-Antwort-Gespräch führen können!

Ü 9 Führen Sie dieses Gespräch!

Ü 10 Beantworten Sie die folgenden Fragen:

هل توجد في مدينتكم مستشفيات كثيرة ؟
هل يوجد في مدينتكم أطبّاء كثيرون ؟
هل توجد في بلدكم جامعات كثيرة ؟
هل يدرس في جامعتكم طلّاب أجانب ؟
ما اسم جامعتكم ؟

Ü 11 Setzen Sie die folgenden präsentischen Nominalsätze in die Vergangenheit!

Beispiel: الطالب مجتهد . > كان الطالب مجتهدا .

الطالب مجتهد .
الطقس بارد .
الفتاة جميلة .
الطلّاب مجتهدون .
مرافق الوفد طالب .
الطبيب نشيط .
الأطبّاء نشيطون .
الأكل ممتاز.

Ü

الغرفة مريحة .
الأدوية مرّة .
الممرّضة حلوة .
المستشفى حديث .
أحمد مريض .
حالته حسنة .
الأبنية قديمة .
المباني رائعة .
العلاج مجّانيّ .
الأدوية غالية .

Ü 12 Ersetzen Sie in den folgenden Beispielen die Perfektform durch die zusammengesetzte Form كان يفعل !
Fügen Sie eine der folgenden Zeitangaben hinzu:

لمدّة أسبوع	كلّ يوم
لمدّة أسبوعين	كلّ يوم بعد الظهر
لمدّة شهر	كلّ أسبوع
لمدّة شهرين	كلّ شهر
لمدّة سنة	كلّ سنة
لمدّة سنتين	كلّ مساء

Beispiel: عمل الرجل في ذلك المصنع . >
كان الرجل يعمل في ذلك المصنع لمدّة سنتين .

سكن صديقي في مدينة لايبزغ .
مشى الطالب إلى المعهد .
ذهب ولدي إلى المدرسة .
زارت المعلّمة مكتبة المدينة .
نام التلميذ ساعة واحدة .

Ü

كتب صديقي رسالة .
مشى أحمد في شوارع المدينة .
درس عمر الطبّ في جامعة لايبزغ .
زارنا صديقنا العربيّ .
دعانا المرافق إلى بيته .
شربت كأسا من البيرة .
بقيت عندكم .

Ü 13 Wie Ü 12, jedoch mit dem Subjekt im Plural.

Beispiel: عمل الرجال في ذلك المصنع . >
كان الرجال يعملون في ذلك المصنع لمدّة سنتين .

Ü 14 Wandeln Sie das singularische Subjekt bzw. Objekt in den folgenden Sätzen in den Plural um und setzen Sie كُلّ » alle « davor!

Beispiel: وصل الوفد أمس . > وصلت كلّ الوفود أمس .

Beachten Sie, daß für die Genuskongruenz zwischen Verb und Subjekt nicht das maskuline كلّ , sondern das 2. Glied der Genitivverbindung maßgebend ist!

وصل الصديق أمس الأوّل .
وصل صديقي أمس الأوّل .
بقي الطالب في المعهد .
سافرت الفتاة إلى مدينة برلين .
دعونا معلّمنا إلى الحفلة .
يعمل الطبيب هناك .
بعت الكتاب .
رأيت المرافق .
قرأت الجريدة .
زرت القرية .
دهنت الشبّاك .

Ü

Ü 15 Wie Ü 14. كلّ wird in den Sätzen, in denen eine Person Subjekt oder Objekt ist, durch جميع ersetzt.

Ü 16 (Schriftliche Hausaufgabe). Verwenden Sie in den Sätzen aus Ü 14 كلّ in appositioneller Konstruktion!

Beispiel: وصل الوفد أمس . > وصلت الوفود كلّها أمس .

Ü 17 (Schriftliche Hausaufgabe). Bilden Sie selbständig Sätze mit den Ihnen bekannten arabischen Wörtern für Zeitangaben wie »Stunde«, »Tag«, »Morgen« usw. und vorangestelltem كلّ !

Beispiele: أشرب كلّ صباح فنجانا من القهوة .

أمشي كلّ أسبوع إلى ضواحي مدينتنا .

Ü 18 Der Lektor läßt einige Studenten die von ihnen erarbeiteten Sätze vortragen.

Ü 19 Bilden Sie selbständig zehn Sätze mit نفس und den folgenden Substantiven: فندق ، سنة ، شهر ، أسبوع ، يوم ، كتاب ، مستشفى ، طبيب ، بلد ، مدينة .

Schriftliche Hausaufgabe: نفس in appositioneller Konstruktion.

Mündlicher Vortrag: نفس in genitivischer Konstruktion.

Beispiel: Schriftlich: كنت في المستشفى نفسه .

Mündlich: كنت في نفس المستشفى .

Ü 20 Fügen Sie den folgenden Sätzen das arabische Äquivalent für (er, sie ...) selbst hinzu!

Beispiel: كتب الرسالة . > كتب الرسالة بنفسه .

كتبت الرسالة .

كتبوا الرسائل .

هل قدت السيّارة ؟

فعلت ذلك .

Ü

هل فعلت ذلك ؟
هل فعلتم ذلك ؟
إفعل ذلك .
إفعلي ذلك .
إفعلوا ذلك .
أخدم نفسك .

Ü 21 Bilden Sie Sätze des Typs كان + Adverb oder Adverbialgruppe + عدّة ساعات ! Verwenden Sie nach عدّة außerdem die Zeitangaben أيّام ، أسابيع ، شهور ، سنوات ، مرّات !

Beispiele: كنت هناك عدّة مرّات .
كنت في قرية صديقي عدّة أيّام .

Ü 22 Bilden Sie Sätze mit den Verben كتب ، قرأ ، زار ، اشترى ، قضى ، شرب ، دعا ، أخذ , in denen عدّة und eines der in den Plural zu setzenden Substantive Objekt ist!
Substantive: رسالة ، كتاب ، جريدة ، صديق ، كأس ، فنجان ، يوم ، أسبوع .

Beispiele: قرأت عدّة كتب عربيّة .
قضيت عدّة أيّام في المشتى .

Ü 23 Bilden Sie Sätze, in denen eines der in den Plural zu setzenden Substantive معلّم ، صديق ، عضو ، فتاة ، مرافق ، وفد ، طبيب ، ممرّضة ، رئيس ، مدير ، طالب unter Voransetzung von بعض Subjekt ist!
Folgende Verben sind zu verwenden: حضر ، جاء ، أتى ، وصل ، سكن ، عاد ، عمل ، رجع .

Beispiele: حضر بعض الأصدقاء الحفلة مساء الأمس .
جاء بعض الأصدقاء العرب إليّ .

Ü 24 Wandeln Sie die folgenden Sätze in Fragesätze mit أيّ / أيّة ، من أيّ ، في أيّ ، إلى أيّ um!

Ü

Beispiele:

أنا من بلد أوربّيّ > من أيّ بلد أنت ؟

اشتريتُ كتابا عربيّا > أيّ كتاب اشتريتَ ؟

أنا من بلد عربيّ .

ولدت في شهر نيسان .

سافرت إلى مدينة بغداد .

درست في جامعة كارل ماركس .

كنت أسكن في فندق « لايبزغ » .

كان عندنا وفد لبنانيّ .

دخل أحمد المستشفى .

حضرت الحفلة وفود كثيرة .

Lektion 13

G

1. Die Kardinalzahlen

Die arabischen Ziffern werden folgendermaßen geschrieben:

١٠	٩	٨	٧	٦	٥	٤	٣	٢	١
10	9	8	7	6	5	4	3	2	1

A 1 Handschriftlich differieren die Ziffern für 2 und 3 von den oben angegebenen Druckzeichen, nämlich < für 2 und ٣ für 3.

Zusammengesetzte Zahlen, die durch Ziffern ausgedrückt werden, schreibt man wie im Deutschen von links nach rechts: 1974 ١٩٧٤ .

1.1. Die Zahlen lauten:

١	واحد	*wāḥid*
٢	إثنان	*iṯnān* (*Hamzat waṣl!*)
٣	ثلاثة	*ṯalāṯa*
٤	أربعة	*arbaʿa*
٥	خمسة	*ḫamsa*
٦	ستّة	*sitta*
٧	سبعة	*sabʿa*
٨	ثمانية	*ṯamāniya*
٩	تسعة	*tisʿa*
١٠	عشرة	*ʿašara*

Bei der abstrakten Zählung gelten nach den grammatischen Regeln die Zahlen 3–10 als Diptota. Die richtige Aussprache wäre also *wāḥidun*, *iṯnāni*, *ṯalāṯatu*, *arbaʿatu*, *ḫamsatu* usw. Im allgemeinen

G

werden jedoch im mündlichen Sprachgebrauch die Endungen weggelassen. Wir sprechen also: *wāḥid, iṯnān, ṯalāṯa, arbaʿa* usw.

1.2. 1 und 2 sind Adjektive. Sie sind in Lektion 9 behandelt worden. 3–10 sind Substantive.
Alle Zahlen von 1–10 haben eine maskuline und eine feminine Form. Bei der abstrakten Zählung verwendet man die Zahlen wie angegeben, also 1 und 2 in der maskulinen, 3–10 in der femininen Form.

1.3. Bei 3–10 gilt in Verbindung mit einem Substantiv als gezähltem Gegenstand die Regel der sog. Polarität, d. h., vor einem maskulinen Wort steht die feminine Form des Zahlworts, vor einem femininen Wort die maskuline Form des Zahlworts.
Zahlwort und Substantiv sind 1. und 2. Glied einer Genitivverbindung. Das Substantiv steht indeterminiert im Genitiv Plural.

in Verbindung mit einem fem. Substantiv			in Verbindung mit einem mask. Substantiv	
فَتَيَاتٍ	ثَلَاثُ	٣	رِجَالٍ / مُعَلِّمِينَ	ثَلَاثَةُ
فَتَيَاتٍ	أَرْبَعُ	٤	رِجَالٍ / مُعَلِّمِينَ	أَرْبَعَةُ
فَتَيَاتٍ	خَمْسُ	٥	رِجَالٍ / مُعَلِّمِينَ	خَمْسَةُ
فَتَيَاتٍ	سِتُّ	٦	رِجَالٍ / مُعَلِّمِينَ	سِتَّةُ
فَتَيَاتٍ	سَبْعُ	٧	رِجَالٍ / مُعَلِّمِينَ	سَبْعَةُ
فَتَيَاتٍ	ثَمَانِي	٨	رِجَالٍ / مُعَلِّمِينَ	ثَمَانِيَةُ
فَتَيَاتٍ	تِسْعُ	٩	رِجَالٍ / مُعَلِّمِينَ	تِسْعَةُ
فَتَيَاتٍ	عَشْرُ	١٠	رِجَالٍ / مُعَلِّمِينَ	عَشَرَةُ

Diese Regel von der Polarität gilt auch dann, wenn das Substantiv nicht direkt dem Zahlwort folgt oder es überhaupt nicht genannt ist.

G

Beispiele:

drei Männer	ثَلَاثَةُ رِجَالٍ
drei der Männer	ثَلَاثَةٌ مِنَ ٱلرِّجَالِ
drei von ihnen	ثَلَاثَةٌ مِنْهُمْ
Ich habe drei gesehen.	رَأَيْتُ ثَلَاثَةً .

1.4. Die Zahlen 11–19 sind bis auf eine Ausnahme, nämlich die 12, indeklinabel.

Zwischen der Zehnerzahl عَشَرَ , f. عَشْرَةَ und dem folgenden Substantiv besteht Genuskongruenz, nicht Genuspolarität.
Das Substantiv steht im Akkusativ Singular.

in Verbindung mit einem fem. Substantiv		in Verbindung mit einem mask. Substantiv
إِحْدَى عَشْرَةَ فَتَاةً	١١	أَحَدَ عَشَرَ رَجُلًا
إِثْنَتَا عَشْرَةَ فَتَاةً	١٢	إِثْنَا عَشَرَ رَجُلًا
ثَلَاثَ عَشْرَةَ فَتَاةً	١٣	ثَلَاثَةَ عَشَرَ رَجُلًا
أَرْبَعَ عَشْرَةَ فَتَاةً	١٤	أَرْبَعَةَ عَشَرَ رَجُلًا
خَمْسَ عَشْرَةَ فَتَاةً	١٥	خَمْسَةَ عَشَرَ رَجُلًا
سِتَّ عَشْرَةَ فَتَاةً	١٦	سِتَّةَ عَشَرَ رَجُلًا
سَبْعَ عَشْرَةَ فَتَاةً	١٧	سَبْعَةَ عَشَرَ رَجُلًا
ثَمَانِيَ عَشْرَةَ فَتَاةً	١٨	ثَمَانِيَةَ عَشَرَ رَجُلًا
تِسْعَ عَشْرَةَ فَتَاةً	١٩	تِسْعَةَ عَشَرَ رَجُلًا

G

A 2 Die Regel der Genuspolarität bei den Zahlen 3–10 gilt insofern auch für die Zahlen 13–19, als die maskuline Einerzahl mit der femininen Zehnerzahl und umgekehrt die feminine Einerzahl mit der maskulinen Zehnerzahl verbunden werden. Die Genuspolarität besteht also innerhalb der beiden Glieder dieser Zahlenverbindungen. Bei der 11 und 12 besteht wiederum Kongruenz: Maskuline Einerzahl und maskuline Zehnerzahl, feminine Einerzahl und feminine Zehnerzahl.

A 3 Bei der 12 tritt im Genitiv und Akkusativ die schon behandelte Dualflexion ein:

ذَهَبْتُ إِلَى هُنَاكَ مَعَ ٱثْنَتَيْ عَشْرَةَ فَتَاةً .

رَأَيْتُ هُنَاكَ ٱثْنَيْ عَشَرَ رَجُلًا .

A 4 Die Zahl 10 lautet mask. عَشْر, fem. عَشَرَة, als Bestandteil der Zahlenverbindungen 11–19 dagegen عَشَر und عَشْرَة.

1.5. Auch die Zahlen 20–99 haben das Substantiv im Akkusativ Singular nach sich.
Die Zehnerzahlen 20, 30, 40 bis 90 haben die Form des gesunden maskulinen Plurals (N. ـُونَ, G., A. ـِينَ). Die mit ihnen zusammengesetzten Einer folgen den unter 1.3. und 1.4. angegebenen Regeln, d. h., es besteht Genuskongruenz zwischen den Einerzahlen 1 und 2 und dem gezählten Gegenstand, Genuspolarität zwischen den Einerzahlen 3–9 und dem gezählten Gegenstand.
Die Wortfolge ist wie im Deutschen, also Einer vor Zehner.

in Verbindung mit einem fem. Substantiv		in Verbindung mit einem mask. Substantiv
عِشْرُونَ فَتَاةً	٢٠	عِشْرُونَ رَجُلًا
إِحْدَى وَعِشْرُونَ فَتَاةً	٢١	وَاحِدٌ / أَحَدٌ وَعِشْرُونَ رَجُلًا
إِثْنَتَانِ وَعِشْرُونَ فَتَاةً	٢٢	إِثْنَانِ وَعِشْرُونَ رَجُلًا
ثَلَاثٌ وَعِشْرُونَ فَتَاةً	٢٣	ثَلَاثَةٌ وَعِشْرُونَ رَجُلًا

G

in Verbindung mit einem fem. Substantiv		in Verbindung mit einem mask. Substantiv
ثَلَاثُونَ فَتَاةً	٣٠	ثَلَاثُونَ رَجُلًا
إِحْدَى وَثَلَاثُونَ فَتَاةً	٣١	وَاحِدٌ / أَحَدٌ وَثَلَاثُونَ رَجُلًا
إِثْنَتَانِ وَثَلَاثُونَ فَتَاةً	٣٢	إِثْنَانِ وَثَلَاثُونَ رَجُلًا
ثَلَاثٌ وَثَلَاثُونَ فَتَاةً	٣٣	ثَلَاثَةٌ وَثَلَاثُونَ رَجُلًا
أَرْبَعُونَ فَتَاةً	٤٠	أَرْبَعُونَ رَجُلًا
خَمْسُونَ فَتَاةً	٥٠	خَمْسُونَ رَجُلًا
سِتُّونَ فَتَاةً	٦٠	سِتُّونَ رَجُلًا
سَبْعُونَ فَتَاةً	٧٠	سَبْعُونَ رَجُلًا
ثَمَانُونَ فَتَاةً	٨٠	ثَمَانُونَ رَجُلًا
تِسْعُونَ فَتَاةً	٩٠	تِسْعُونَ رَجُلًا

1.6. Die ganzen Hunderter, die Zahlen Tausend, Million, Milliarde haben als 1. Glied einer Genitivverbindung das folgende Substantiv im Genitiv Singular nach sich. Die 300, 400, ... 900, jeweils selbst als Genitivverbindung aus den entsprechenden Einern und dem Wort für 100, مِائَة oder مِئَة (gesprochen *mi'a*[*tun*]) gebildet, werden zusammengeschrieben. Da auch hier die Regel von der Polarität der Einer gilt, haben diese die maskuline Form vor مِائَة, die feminine Form vor أَلْف ، مَلْيُون ، مِلْيَار . Der Plural der drei letztgenannten Wörter lautet آلَاف ، مَلَايِينُ ، مِلْيَارَات . مِائَة bildet den Plural مِئَات , der jedoch nur in der Bedeutung » Hunderte « verwendet wird.

G

Bei der Bildung der Zahlen 300–900 steht مِائَة im Singular, obwohl die Zahlen 3–9 sonst den Plural nach sich haben:

١٠٠٠	أَلْفُ رَجُلٍ	١٠٠	مِائَةُ رَجُلٍ
٢٠٠٠	أَلْفَا رَجُلٍ	٢٠٠	مِائَتَا رَجُلٍ
٣٠٠٠	ثَلاثَةُ آلافِ رَجُلٍ	٣٠٠	ثَلاثُمِائَةِ رَجُلٍ
١٠٠٠٠٠٠	مَلْيُونُ رَجُلٍ	٤٠٠	أَرْبَعُمِائَةِ رَجُلٍ
		٩٠٠	تِسْعُمِائَةِ رَجُلٍ

1.7. Bei zusammengesetzten Zahlen ist die Reihenfolge Tausender + Hunderter + Einer + Zehner, verbunden jeweils durch ein kopulatives و. Die Rektion richtet sich nach der letzten Komponente. Sind die Einer 3–9 oder die 10 vorhanden, ist auf die Genuspolarität zu achten.

Beispiele:

١٠٣	مِائَةٌ وثَلاثَةُ رِجَالٍ
١١٢	مِائَةٌ وٱثْنَتَا عَشْرَةَ فَتَاةً
٢٠٠	مِائَتَا مَارْكٍ
٢١٠	مِائَتَانِ وعَشَرَةُ أَشْخَاصٍ
٣٠٠	ثَلاثُمِائَةِ مَلِّيمٍ
٤٨٦	أَرْبَعُمِائَةٍ وسِتٌّ وثَمَانُونَ لِيرَةً
١٧٥٩	أَلْفٌ وسَبْعُمِائَةٍ وتِسْعَةٌ وخَمْسُونَ عَاماً
٢٠٠٠	أَلْفَا سَنَةٍ
٨٠٠٠	ثَمَانِيَةُ آلافِ دِينَارٍ

G

أَحَدَ عَشَرَ أَلْفَ جُنَيْه ١١ ٠٠٠

مِائَتَا أَلْفٍ ٢٠٠ ٠٠٠

ثَلاثُمِائَةٍ وخَمْسَةٌ وعِشْرُونَ أَلْفاً ٣٢٥ ٠٠٠

A 5 Bei den Zahlen 101, 102, 1001, 1002 unterscheidet sich die abstrakte Zählung etwas von der Konstruktion Zahlwort + Substantiv als gezählter Gegenstand:

مِائَةُ دِينَارٍ ودِينَار aber: مِائَةٌ ووَاحِدٌ

مِائَةُ دِينَارٍ ودِينَارَانِ aber: مِائَةٌ وآثْنَانِ

أَلْفُ لَيْلَةٍ ولَيْلَةٌ aber: أَلْفٌ ووَاحِدٌ

أَلْفُ لَيْلَةٍ ولَيْلَتَانِ aber: أَلْفٌ وآثْنَانِ

1.8. Die Zahlen stehen in Abhängigkeit von Präpositionen, Substantiven, Verben, Partikeln oder Zahlen im jeweils geforderten Kasus, und zwar im

Genitiv

nach Präpositionen — مَعَ ثَلاثَةِ رِجَالٍ

nach Substantiven — صَاحِبُ ثَلاثَةِ بُيُوتٍ

nach den Zahlen 3–10 — ثَلاثَةُ آلافٍ

und den Hundertern — مِائَةُ أَلْفٍ

Akkusativ

nach Verben — رَأَيْتُ ثَلاثَةَ رِجَالٍ

nach إِنَّ und أَنَّ — أَعْرِفُ أَنَّ ثَلاثَةَ رِجَالٍ . . .

nach den Zahlen 11–99 — وَاحِدٌ وعِشْرُونَ أَلْفاً

G

A 6 Die Deklination der Zahl 8 lautet:

N. und G. ثَمَانٍ, A. ثَمَانِياً und determiniert الثَّمَانِي bzw. الثَّمَانِيَ. Vgl. auch Tafel 37 im Anhang.

1.9. Im Genitiv, und zwar nach den Wörtern سَنَة und عَام »Jahr« stehen u. a. die Jahreszahlen. Bei ihnen ist wieder auf die Genuspolarität der Zahlen 3–10, die Genuskongruenz der Zahlen 1 und 2 zu achten.

Beispiele:

im Jahre 1970 فِي سَنَةِ أَلْفٍ وَتِسْعِمِائَةٍ وَسَبْعِينَ

فِي سَنَةِ أَلْفٍ وَتِسْعِمِائَةٍ وَإِحْدَى وَسَبْعِينَ

im Jahre 1971

فِي عَامِ أَلْفٍ وَتِسْعِمِائَةٍ وَوَاحِدٍ وَسَبْعِينَ

im Jahre 1971

فِي سَنَةِ أَلْفٍ وَتِسْعِمِائَةٍ وَاثْنَتَيْنِ وَسَبْعِينَ

im Jahre 1972

فِي عَامِ أَلْفٍ وَتِسْعِمِائَةٍ وَاثْنَيْنِ وَسَبْعِينَ

im Jahre 1972

فِي سَنَةِ أَلْفٍ وَتِسْعِمِائَةٍ وَثَلَاثٍ وَسَبْعِينَ

im Jahre 1973

فِي عَامِ أَلْفٍ وَتِسْعِمِائَةٍ وَثَلَاثَةٍ وَسَبْعِينَ

im Jahre 1973

1.10. Soll die aus Zahl und Substantiv bestehende Wortverbindung determiniert werden (3 Männer > die 3 Männer), so tritt das Zahlwort, wie auch bei 1 und 2, hinter das Substantiv.

G

Das Substantiv steht dann in jedem Falle im Plural. Die Regel von der Polarität wird davon nicht berührt.

Beispiele: الرِّجَالُ ٱلثَّلَاثَةُ ، الفَتَيَاتُ ٱلثَّلَاثُ

الأَشْخَاصُ ٱلثَّلَاثَةَ عَشَرَ

المُدُنُ ٱلْمِائَةُ

الكُتُبُ ٱلْأَلْفُ

A 7 Häufig anzutreffen ist auch die an sich nicht korrekte Konstruktion durch den Artikel determiniertes Zahlwort + Substantiv ohne Artikel: الثلاثة عشر شخصا ، الثلاثة رجال .

V

Die Zahlwörter sind nicht in das Vokabelverzeichnis dieser Lektion aufgenommen worden. Eine ausführliche Übersicht finden Sie im Anhang.

Zu den in den arabischen Ländern im Umlauf befindlichen Währungen vgl. die Übersicht in Lektion 28, Text 2!

أُجْرَة / أُجُور	Gebühr, Mietgeld
أُجْرَة ، أَجْر / أُجُور	Lohn
مُؤَخَّرَة	Ende, Endteil
أستوريا	Astoria
أَمْرِيكِيّ / أَمْرِيكِيُّونَ وأَمْرِيكَان	amerikanisch; Amerikaner
إِنْكْلِيزِيّ / إِنْكْلِيز	englisch; Engländer
بَنْزِين	Benzin
تَاكْسِي ، سَيَّارَة تَاكْسِي/سَيَّارَات تَاكْسِي	Taxi
تَرَكَ (يَتْرُكُ) ه/ه	lassen; verlassen
جُنَيْه / جُنَيْهَات	Pfund (gesprochen *ginēh*; Währungseinheit)
مُحَدَّد	festgesetzt, festgelegt

V

خَاصّ بِ	zu übersetzen mit: für
مُنْخَفِض	niedrig
مُخْتَلِف	verschieden, unterschiedlich
دَقِيقَة / دَقَائِق	Minute
دُولَار / دُولَارَات	Dollar
دِينَار / دَنَانِير	Dinar
رَخِيص	billig
رَقْم / أَرْقَام	Nummer; Ziffer
روبل / روبلات	Rubel
زَبُون / زَبَائِن	Kunde (m.)
مَسْرُوراً	zufrieden (Adverb)
سِعْر / أَسْعَار	Preis
سَنْتِيمِتْر / سَنْتِيمِتْرَات	Zentimeter (Abkürzung سم)
مَسَافَة / مَسَافَات	Entfernung, Strecke
سُوفْيِيتِيّ / سُوفْيِيت	sowjetisch
سَائِق / سُوَّاق وسَائِقُون	Fahrer, Chauffeur
مُسَاوَمَة	Feilschen
سِيجَارَة / سَجَائِر	Zigarette (gesprochen sīgāra, sagā'ir)
شُبَّاك / شَبَابِيك	auch: Schalter
شَخْص / أَشْخَاص	Person
إِشْتَرَى	er hat gekauft
شَيْء / أَشْيَاء	Ding, Sache; etwas
صَاحِب / أَصْحَاب	(+ folg. Genitiv) Besitzer, Inhaber, Herr
صَرَفَ (يَصْرِفُ) ه	ausgeben; auch: wechseln
صَرْف	Ausgeben, Wechseln
صَرْفُ ٱلْعُمْلَة	Geldwechsel
مَصْرِف / مَصَارِف	Bank (Geldinstitut)
صَفّ / صُفُوف	Reihe
طَرِيق / طُرُق	Weg, Straße
فِي ٱلطَّرِيق	auf dem Wege, unterwegs
عُلْبَة / عُلَب	Schachtel
عُمْلَة / عُمْلَات	Währung
يَعْنِي	d. h.
عَام / أَعْوَام	Jahr
غَنِيّ / أَغْنِيَاء (بِ)	reich (an)
فَرَنْسِيّ / فَرَنْسِيُّون	französisch; Franzose
فِرَنْك / فِرَنْكَات	Franc

V

فِلْس / فُلُوس	Fils (irakische Währungseinheit) [Pl. فلوس = umgangssprachlich » Geld «]
مُقَابِلَ	gegen, als Gegenwert
قِرْش / قُرُوش	Piaster
كَنَدِيّ / كَنَدِيُّونَ	kanadisch; Kanadier
كِيلُومِتْر / كِيلُومِتْرَات	Kilometer (Abkürzung كم)
لِ	(Konjunktion mit nachfolgendem Konjunktiv:) damit, um zu (Konjunktion mit nachfolgendem Apokopat:) positiver Befehl
لِذٰلِكَ فَ . . .	deshalb ist . . .
لَفَتَ (يَلْفِتُ) نَظَرَهُ	jmds. Blick auf sich lenken, anziehen
لِيرَة / لِيرَات	Lira, Lire, Pfund
لَيْلَة / لَيَالٍ	Nacht
مِتْر / أَمْتَار	Meter (Abkürzung م)
مِصْرِيّ / مِصْرِيُّونَ	ägyptisch; Ägypter

مَلِّيم / مَلَالِيم	Mallim (ägyptische Währungseinheit)
نَفْط	Erdöl
نَقْد / نُقُود	Geld
هَدِيَّة / هَدَايَا	Geschenk
هَدِيَّةً (لِ)	als Geschenk (für)
وَرْدَة / وَرْدَات	Rose
وَرَقَةٌ نَقْدِيَّةٌ / أَوْرَاقٌ نَقْدِيَّةٌ	Banknote
وَاسِع	weit, geräumig
مُوَظَّف / مُوَظَّفُونَ	Beamter
وَقَفَ (يَقِفُ)	auch: sich hinstellen
مَوْقِف / مَوَاقِف	Haltestelle, Halteplatz
يَوْمُ ٱلِاثْنَيْنِ	Montag
يَوْمُ ٱلثَّلَاثَاء	Dienstag
يَوْمُ ٱلْأَرْبِعَاء (الأَرْبَعَاء)	Mittwoch
يَوْمُ ٱلْخَمِيس	Donnerstag
يَوْمُ ٱلْجُمْعَة	Freitag
يَوْمُ ٱلسَّبْت	Sonnabend
يَوْمُ ٱلْأَحَد	Sonntag

T

T 1 في المصرف

كان محمّد قد صرف يوم الأحد نقوده كلّها. لذلك ترك في اليوم الثاني – يوم الاثنين– الفندق ليذهب إلى المصرف . وبعد ٣٠ دقيقة وصل إلى هناك .

كان يوجد في القاعة الواسعة ١٠ شبابيك . ولم يعرف محمّد الشبّاك الخاصّ بصرف العملة . وقد لفت نظره صفّ طويل من الزبائن أمام الشبّاك رقم ٨ . فذهب ووقف في مؤخّرة الصفّ .

رأى محمّد على طاولة الموظّف أوراقا نقديّة مختلفة ، وعرف منها الليرات السوريّة واللبنانيّة ، والجنيهات الإنكليزيّة والمصريّة ، والروبلات السوفييتيّة ، والفرنكات الفرنسيّة ، والدولارات الامريكيّة والكنديّة .

طلب محمّد من الموظّف أن يصرف له ٥٠ دينارا عراقيّا بالعملة الألمانيّة . وأخذ الموظّف المبلغ منه ودفع له مقابل ذلك ٥٠٠ مارك .

خرج محمّد من المصرف مسرورا . وفي الطريق إلى الفندق اشترى علبتين من السجائر و٣ زجاجات من النبيذ وكذلك ٦ وردات هديّة لهيفاء .

T 2 في موقف سيّارات التاكسي

محمّد : صباح الخير

السائق : صباح الخير ، تفضّل . إلى أين ؟

محمّد : إلى فندق أستوريا . كم هي الأجرة ؟

السائق : ٤ ماركات تقريبا .

محمّد : هذا كثير. من هنا إلى الفندق ٥ كيلومترات فقط .

السائق : الأسعار محدّدة ، ولا مساومة هنا .

محمّد : في بلادي أدفع ١٤٠ فلسا فقط لنفس المسافة ، يعني ماركا و ٤٠ فنكا .

السائق : بلادكم غنيّة بالنفط ، لذلك فسعر البنزين عندكم منخفض . أمّا في بلادي فتوجد أشياء أخرى رخيصة جدّا ، وأجور العمل مرتفعة .

محمّد : لنذهب .

Ü

Ü 1 Hören Sie mehrmals Text 1 vom Tonband oder vorgelesen vom Lektor!

Ü 2 Lesen Sie mehrmals Text 1 unter Kontrolle des Lektors!

Ü 3 (Hausaufgabe) Lesen Sie nochmals Text 1 und übersetzen Sie ihn! Bereiten Sie Ü 4 und Ü 5 vor!

Ü 4 Geben Sie den Inhalt von Text 1 in Arabisch wieder! Der Lektor kontrolliert dabei sowohl die phonetische als auch die grammatische und lexikalische Richtigkeit. Das gilt auch für die folgenden Übungen.

Ü 5 Beantworten Sie die folgenden Fragen:

متى كان محمّد قد صرف نقوده ؟

الى أين مشى يوم الاثنين ؟

هل عرف محمّد الشبّاك "الخاص" بصرف العملة ؟

ماذا لفت نظره ؟

أين وقف محمّد ؟

ماذا رأى محمّد على طاولة الموظّف ؟

أيّ مبلغ دفع الموظّف مقابل الدنانير الخمسين ؟

هل اشترى محمّد هدايا ؟

ما هي العملات الاجنبيّة الرئيسيّة ؟

Ü 6 Fragen Sie mit كم nach den in Text 1 vorkommenden Wortverbindungen Zahlwort-Substantiv!

Ü 7 Hören Sie mehrmals Text 2 vom Tonband oder vorgelesen vom Lektor!

Ü 8 Lesen Sie mehrmals Text 2 unter Kontrolle des Lektors!

Ü 9 (Hausaufgabe) Lesen Sie nochmals Text 2! Bereiten Sie, in Zweiergruppen arbeitend, Ü 10 vor!

Ü 10 Jeweils 2 Studenten führen ein Gespräch Taxifahrer-Fahrgast.

Ü 11 Der Lektor läßt von 1–100 zählen.

Ü

Ü 12 Bilden Sie Wortgruppen aus den folgenden Zahlen und Substantiven:

a)	ليرة ، دينار	٣ — ١٣ — ٢٣
b)	ساعة ، شهر	٤ — ١٤ — ٣٤
c)	كيلومتر ، سنة	٥ — ١٥ — ٤٥
d)	ملّيم ، قرش	٦ — ١٦ — ٥٦
e)	متر ، يوم	٧ — ١٧ — ٦٧
f)	سنتيمتر ، كتاب	٨ — ١٨ — ٧٨
g)	يوم ، سنة	٩ — ١٩ — ٨٩
h)	دقيقة ، أسبوع	١٠ — ٢٠ — ٣٠
i)	جنيه ، يوم	١١ — ٢١ — ٤٠
k)	فلس ، شخص	١٢ — ٢٢ — ٥٠
l)	موظّف ، سنة	٦٠ — ٧٠ — ٨٠
m)	ليرة ، جنيه	٩٠ — ١٠٠ — ١٠١
n)	متر ، ملّيم	٢٠٠ — ٣٠٠ — ٤٠٠
o)	شخص ، كيلومتر	١٠٠٠ — ٢٠٠٠ — ١٠ ٠٠٠

Ü 13 Bilden Sie selbständig Sätze nach dem Muster

اشتريتُ هذا الـ / هذه الـ . . . بـ . . . .

unter Verwendung der Ihnen bekannten Währungsbezeichnungen!

Beispiele: اشتريت هذا الكتاب بثلاثة ماركات .

اشتريت هذا المصباح بثلاث عشرة ليرة .

Ü 14 Geben Sie auf die folgenden Fragen eine sinnvolle Antwort:

كم مرّة كنتَ (كنتِ ، كنتم) في المكتبة (في المعهد ، عند أصدقائنا ، في المصرف ، في بيته ، في ذلك المطعم) ؟

كم مرّة زرتَ (زرتِ ، زرتم) تلك المدنية (ذلك البلد، عاصمتنا، أصدقاءنا، المشتى ، القاهرة ، تلك العائلة) ؟

Ü

كم ساعة (يوما ، أسبوعا ، شهرا ، سنة) كنت تعمل (كنتم تعملون) في ذلك المصنع (في تلك المدينة ، هناك ، في تلك القرية) ؟

كم كأسا من البيرة (النبيذ) شربتَ (شربتِ ، شربتم) ؟

كم كتابا (قلما ، كرّاسة ، جهازا ، شريطا ، قبّعة) اشتريتَ (أخذتِ ، طلبتم) ؟

كم من الكراسيّ (المصابيح ، الشبابيك ، الأبواب ، الجدران) توجد في غرفتكَ (في غرفتكِ ، في بيتكم) ؟

منذ كم أسبوع (شهر ، سنة) تدرس في جامعتنا ؟

مع كم من الأصدقاء (الصديقات ، الطلّاب ، الطالبات ، المعلّمين ، المعلّمات ، الأشخاص) ذهبتَ (مشيت ، تذهب ، تمشي ، تمشون) إلى هناك (إلى الحفلة ، إلى ضواحي المدينة ، إليهم) ؟

كم لك من الكتب (الأقلام ، الشنطات ، الأصدقاء ، المعلّمين ، النقود) ؟
كم عمرك ؟

كم سعر ذلك الكتاب (الشنطة ، المعطف ، القبّعة ، جهاز التسجيل) ؟

Ü 15 (Hausaufgabe) Bilden Sie aus den Ihnen bekannten Währungs- und Zeitbezeichnungen einfache Nominalsätze, die entsprechende Maßverhältnisse zum Ausdruck bringen!

Beispiele:

Ein Monat hat 30 oder 31 Tage.	الشهر ٣٠ أو ٣١ يوما
Der Februar hat 28 oder 29 Tage.	شهر شباط ٢٨ أو ٢٩ يوما
Ein £S hat 100 Piaster.	الليرة السوريّة ١٠٠ قرش

Ü 16 (Schriftliche Hausaufgabe) Determinieren Sie die folgenden Wortgruppen Zahlwort-Substantiv!

Beispiele: ثلاثة رجال > الرجال الثلاثة

عشرون يوما > الأيّام العشرون

Ü

عشرة طلّاب – خمس علب – ثلاثة معلّمين – ثمانية زبائن – اثنا عشر كتابا – أحد عشر شريطا – سبع فتيات – تسعة شبابيك – عشرون يوما – ثلاثة عشر أسبوعا – سبعة عشر ماركا – أربع ساعات – أربع وعشرون ساعة – ثلاثون يوما – ستّة وستّون شخصا – أحد وسبعون كيلومترا – مئة رجل – ستّ عشرة دقيقة – عشرة موظّفين – مائتا شخص .

Ü 17 Der Lektor läßt die arabischen Ziffern ins Heft und an die Tafel schreiben.

Ü 18 Beantworten Sie die Frage ما أيّام الأسبوع ؟

Ü 19 Beantworten Sie die Frage

في أيّ يوم من أيّام الأسبوع ولدتَ / ولدتِ ؟

Ü 20 Beantworten Sie die Frage في أية سنة ولدتَ / ولدتِ ؟

Ü 21 Der Lektor gibt in Arabisch eine Reihe von Jahreszahlen, die von den Studierenden ins Deutsche übersetzt werden. I n t e n s i v e Ü b u n g z u m v e r s t e h e n d e n H ö r e n, die in mehreren aufeinanderfolgenden Kollegs zu wiederholen ist!

Ü 22 Deutsche Jahreszahlen sind ins Arabische zu übersetzen.

Lektion 14

G

1. Das erweiterte Verb

1.1. Die Grundform des arabischen Verbs (فَعَلَ/يَفْعَلُ) wie wir sie bisher kennengelernt haben, kann durch Konsonantenverdopplung, Vokallängung, Präfigierung oder Infigierung bzw. die Kombination zweier angegebener Möglichkeiten erweitert werden. Die auf diese Weise entstehenden Grundformerweiterungen wie auch die Grundform selbst werden *Stämme* genannt.
Es gibt 15 Stämme, von denen allerdings nur 10 mehr oder weniger gebräuchlich sind. Sie werden in europäischen Grammatiken und Wörterbüchern mit römischen Ziffern bezeichnet: Grundstamm = I. Stamm, abgeleitete Stämme = II., III., . . . X. Stamm. Theoretisch sind von jedem Verb alle Stämme bildbar. Praktisch kommt jedoch ein Verb nur selten in mehr als 4 oder 5 Stämmen vor, oft sogar nur im Grundstamm oder einem abgeleiteten Stamm.

> **A 1** Den formalen Erweiterungen der Grundform entsprechen ursprünglich auch bedeutungsmäßige Veränderungen. So wird beispielsweise für den II. Stamm eine verstärkende, kausative und denominative, für den VII. Stamm eine reflexive Bedeutung angegeben. Da jedoch jedes einzelne Verb lexikalisch fixiert und der ursprüngliche „Stammwert" oft nicht mehr erkennbar ist, verzichten wir zunächst darauf, die Grundbedeutung der einzelnen Stämme anzugeben. Vgl. dazu die Übersicht in Lektion 19!

1.2. Der II. Stamm:

Kennzeichen: Verdopplung von R_2

Perfektform:	فَعَّلَ
Imperfektform:	يُفَعِّلُ
Imperativ:	فَعِّلْ

A 2 Die gleiche Imperfektvokalisation hat das vierradikalige Verb.

Modellstruktur: فَعْلَلَ ، يُفَعْلِلُ

Beispiel: »übersetzen« تَرْجَمَ ، يُتَرْجِمُ

Auskunft über sämtliche Formen des vierradikaligen Verbs gibt Tafel 35 im Anhang.

1.3. Der III. Stamm

Kennzeichen: Längung des Vokals nach R_1

Perfektform: فَاعَلَ

Imperfektform: يُفَاعِلُ

Imperativ: فَاعِلْ

1.4. Der IV. Stamm

Kennzeichen: Präfix *a-* أ, Vokallosigkeit von R_1

Perfektform: أَفْعَلَ

Imperfektform: يُفْعِلُ

Imperativ: أَفْعِلْ

A 3 Das präfigierte *Hamza* des IV. Stammes ist ein *Hamzat qaṭʿ*.

1.5. In den Imperfektformen haben die Stämme II, III, IV die gleiche Vokalfolge: *u* – (*a*/*ā*/–) – *i*. Wir fassen sie deshalb zu einer Gruppe zusammen.

Hier noch einmal die Übersicht:

	Imperativ	Imperfektform	Perfektform
II. Stamm	فَعِّلْ	يُفَعِّلُ	فَعَّلَ
III. Stamm	فَاعِلْ	يُفَاعِلُ	فَاعَلَ
IV. Stamm	أَفْعِلْ	يُفْعِلُ	أَفْعَلَ

(Anhang: Tafeln 5, 6, 9, 14)

G

A 4 Ohne Hilfszeichen sind die Imperfektformen des II. und des IV. Stammes weder voneinander noch vom Grundstamm zu unterscheiden.

2. Der attributive Relativsatz

Einem Substantiv kann nicht nur ein Wort oder eine Wortgruppe als Attribut hinzugefügt werden, sondern auch ein ganzer Satz. Häufigste Form des Attributsatzes ist der Relativsatz.

2.1. Es gibt zwei Arten von attributiven Relativsätzen:

a) Relativsätze, die als Attribut zu einem determinierten Substantiv stehen.

b) Relativsätze, die als Attribut zu einem indeterminierten Substantiv stehen.

2.2. Ist der Relativsatz nähere Bestimmung eines determinierten Substantivs, so wird ihm ein Relativpronomen vorangestellt.

A 5 Zwischen einem Substantiv und einem Attributsatz besteht die gleiche Statuskongruenz wie zwischen einem Substantiv und einem adjektivischen Attribut. Ist das Bezugswort determiniert, so wird das Adjektiv durch den Artikel أل, der relativische Attributsatz durch das sog. Relativpronomen determiniert. Die Bezeichnung Relativpronomen ist also insofern nicht ganz zutreffend, da es neben der Kennzeichnung von Genus und Numerus vor allem die Determiniertheit des Attributsatzes zum Ausdruck bringt.

2.2.1. Die Relativpronomen lauten:

اَلَّذِي	nach einem mask. Substantiv im Singular
اَلَّتِي	nach einem fem. Substantiv im Singular und nach Pluralen, die Nicht-Personen bezeichnen
اَلَّذِينَ	nach einem mask. Substantiv im Plural, das Personen bezeichnet

G

اَللَّاتِي ، اَللَّوَاتِي nach einem fem. Substantiv im Plural, das Personen bezeichnet

اَللَّذَانِ nach einem mask. Dual

اَللَّتَانِ nach einem fem. Dual

A 6 Während die vier erstgenannten Formen kasusindifferent sind, werden die beiden Dualformen flektiert. Nach einem Substantiv im Genitiv oder Akkusativ lauten sie اللَّذَيْنِ bzw. اللَّتَيْنِ .

A 7 Achten Sie auf die unterschiedliche Schreibung:

mit einem ل : الذى — التي — الذين ،

mit zwei ل : اللاتي — اللواتي — اللذان — اللتان .

A 8 Der erste Bestandteil des Relativpronomens ist der Artikel ال , deshalb ist das anlautende *Hamza* von الذى , التي usw. *Hamzat waṣl.*

2.2.2. الَّذِي ، الَّتِي usw. entsprechen den deutschen Relativpronomen » der, die, das, welch (er, -e, -es) « im Nominativ. Das Substantiv, das durch den Relativsatz näher bestimmt wird, ist gleichzeitig Subjekt dieses Satzes.

الطَّالِبُ ٱلَّذِي جَاءَ مِنَ ٱلْعِرَاق

der Student, der aus dem Irak gekommen ist

الطَّالِبَةُ ٱلَّتِي جَاءَتْ مِنَ ٱلْعِرَاق

die Studentin, die aus dem Irak gekommen ist

الطُّلَّابُ ٱلَّذِينَ جَاؤُوا مِنَ ٱلْعِرَاق

die Studenten, die aus dem Irak gekommen sind

الطَّالِبَاتُ ٱللَّاتِي جِئْنَ مِنَ ٱلْعِرَاق

die Studentinnen, die aus dem Irak gekommen sind

G

اَلطَّالِبَانِ ٱللَّذَانِ جَاءَا مِنَ ٱلْعِرَاقِ

die beiden Studenten, die aus dem Irak gekommen sind

اَلطَّالِبَتَانِ ٱللَّتَانِ جَاءَتَا مِنَ ٱلْعِرَاقِ

die beiden Studentinnen, die aus dem Irak gekommen sind

Eine wörtliche Übersetzung der arabischen Beispiele verdeutlicht uns die unterschiedliche Wortstellung im arabischen und im deutschen Relativsatz. Im Arabischen: Normale Wortstellung des Verbalsatzes, also » der Student der er ist gekommen «, im Deutschen: Invertierte Wortstellung, also » der Student, der gekommen ist «.

2.2.3. أَلَّذِي , أَلَّتِي usw. stehen auch in Sätzen, deren Subjekt nicht mit dem Bezugswort identisch ist. Im Deutschen steht in diesen Fällen das Relativpronomen im Genitiv, Dativ, Akkusativ oder mit einer Präposition verbunden.

Im Arabischen stellt das rückweisende suffigierte Personalpronomen im Relativsatz die Verbindung zum Bezugswort her.

اَلصَّدِيقُ ٱلَّذِي قَابَلْتُهُ

der Freund, den ich getroffen habe
(wörtl. der Freund der ich habe ihn getroffen)

اَلصَّدِيقَةُ ٱلَّتِي قَابَلْتُهَا

die Freundin, die ich getroffen habe

اَلْأَصْدِقَاءُ ٱلَّذِينَ قَابَلْتُهُمْ

die Freunde, die ich getroffen habe

اَلصَّدِيقَانِ ٱللَّذَانِ قَابَلْتُهُمَا

die beiden Freunde, die ich getroffen habe

اَلصَّدِيقُ ٱلَّذِي كَتَبْتُ لَهُ رِسَالَةً

der Freund, dem / an den ich einen Brief geschrieben habe

G

الصَّدِيقَةُ ٱلَّتِي كَتَبْتُ لَهَا رِسَالَةً

die Freundin, der / an die ich einen Brief geschrieben habe

الأَصْدِقَاءُ ٱلَّذِينَ كَتَبْتُ لَهُمْ رِسَالَةً

die Freunde, denen / an die ich einen Brief geschrieben habe

الصَّدِيقَاتُ ٱللَّاتِي كَتَبْتُ لَهُنَّ رِسَالَةً

die Freundinnen, denen / an die ich einen Brief geschrieben habe

الصَّدِيقُ ٱلَّذِي قَابَلْتُ طَبِيبَهُ

der Freund, dessen Arzt ich getroffen habe

الصَّدِيقَةُ ٱلَّتِي قَابَلْتُ طَبِيبَهَا

die Freundin, deren Arzt ich getroffen habe

الأَصْدِقَاءُ ٱلَّذِينَ قَابَلْتُ طَبِيبَهُمْ

die Freunde, deren Arzt ich getroffen habe

الصَّدِيقَتَانِ ٱللَّتَانِ قَابَلْتُ طَبِيبَهُمَا

die beiden Freundinnen, deren Arzt ich getroffen habe

الصَّدِيقُ ٱلَّذِي كُنْتُ فِي ٱلْمَسْرَحِ مَعَهُ

der Freund, mit dem ich im Theater gewesen bin

الأَصْدِقَاءُ ٱلَّذِينَ كُنْتُ عِنْدَهُمْ

die Freunde, bei denen ich gewesen bin

عِنْدَ ٱلصَّدِيقَيْنِ ٱللَّذَيْنِ أَخَذْتُ ٱلْكُتُبَ مِنْهُمَا

bei den beiden Freunden, von denen ich die Bücher bekommen habe

G

الصَّدِيقَةُ ٱلَّتِي كُنْتُ فِي بَيْتِهَا

die Freundin, in deren Haus ich war

A 9 Anstelle der als Beispiel gewählten الصديق ، الأصدقاء ، الصديقة usw. könnten natürlich auch anders als durch den Artikel determinierte Formen stehen, z. B. صديق محمد ، صديقي u. a.

2.3. Ist der Relativsatz nähere Bestimmung eines indeterminierten Substantivs, so steht kein Relativpronomen.

A 10 Es besteht auch hier wieder Statuskongruenz. Das Bezugswort ist indeterminiert, also erhält auch der Attributsatz kein Determinationskennzeichen.

Wortstellung und Rückverweis durch das Personalsuffix sind genauso wie beim determinierten Relativsatz:

قَرَأْتُ فِي جَرِيدَةِ ٱلْأَهْرَام خَبَراً جَاءَ فِيهِ

Ich habe in der Zeitung *al-Ahrām* eine Meldung gelesen, in der es heißt . . .

قَابَلْتُ ٱلْيَوْمَ صَدِيقاً وَصَلَ أَمْسِ مِنْ برلين .

Ich habe heute einen Freund getroffen, der gestern von Berlin gekommen ist.

فِي ٱلْفُنْدُقِ وُفُودٌ وَصَلَتْ مِنَ ٱلْبُلْدَانِ ٱلْعَرَبِيَّة .

Im Hotel sind Delegationen, die aus den arabischen Ländern gekommen sind.

هَدِيَّةٌ أَرْسَلْتُهَا إِلَى صَدِيقِي

ein Geschenk, das ich meinem / an meinen Freund geschickt habe

V

أَثَاث	Einrichtung, Ausstattung
آخَرُونَ	mask. Pluralform zu آخر
أَخ / إِخْوَة	Bruder (im Status constructus أخو, also: أخـو صديقـي der Bruder meines Freundes أخوه sein Bruder أخونا unser Bruder aber: أخي mein Bruder
اَلَّذِي م اَلَّتِي ج اَلَّذِينَ م اَللَّاتِي وَاللَّوَاتِي ث اَللَّذَانِ م اَللَّتَانِ	(Relativpronomen)
اَلْمَانِيَا الدِّيمُقْرَاطِيَّة	Kurzbezeichnung für Deutsche Demokratische Republik (wörtl.: demokratisches Deutschland)
بَدَا (يَبْدُو) (وَكَأَنَّ)	(so) aussehen, scheinen (als ob)
بَعْدَ قَلِيلٍ	binnen kurzem, gleich, bald

تَرْجَمَ (يُتَرْجِمُ) ه (إِلَى)	übersetzen (in eine Fremdsprache)
ثَقَافَة	Kultur
ثُمَّ	dann, darauf
جَاءَ	auch: heißen, stehen (in einer Meldung o. ä.)
أُحِبُّ ه / ه	ich liebe
تُحِبُّ ه / ه	du liebst
حَدَّثَ II (يُحَدِّثُ) ه (عَنْ)	sprechen (mit jmdm. über)
أَحْضَرَ IV (يُحْضِرُ) (لَهُ) ه	bringen (jmdm. etw.)
حَال / أَحْوَال	Zustand, Lage; Fall
عَلَى كُلِّ حَالٍ	auf jeden Fall, jedenfalls
حَوَالَيْ	ungefähr, etwa, ca. (gesprochen *ḥawālī*)
أَدْهَشَ IV (يُدْهِشُ) ه	in Erstaunen versetzen
رَحَّبَ II (يُرَحِّبُ) ب	begrüßen
أَرْسَلَ IV (يُرْسِلُ) (لَهُ / إِلَيْهِ) ه	schicken, senden (jmdm. etw.)

V

رَافَقَ (يُرَافِقُ) ه	III	begleiten
سُرُور		Freude, Vergnügen
بِكُلِّ سُرُور		mit Vergnügen!
سَافَرَ (يُسَافِرُ)	III	reisen, fahren
سَلَّمَ (يُسَلِّمُ) ه ه	II	übergeben, überbringen (jmdm. etw.)
شَخْصِيًّا		persönlich (Adverb)
شُكْراً جَزِيلاً		vielen Dank!
شَاهَدَ (يُشَاهِدُ) ه / ه	III	sehen, erblicken; ansehen, anschauen
ضَيْف / ضُيُوف		Gast
ظَرْف / ظُرُوف		Umstand, Bedingung
ظِلّ / ظِلَال		Schatten
فِي ظِلِّ		unter *(übertr)*
عَدْنَان شَرِيف		(Personenname)
عَلِيّ		ʿAlī
أَفْرَحَ (يُفْرِحُ) ه	IV	erfreuen
فَيْلَسُوف / فَلَاسِفَة		Philosoph

فِلْم ، فِيلْم / أَفْلَام		Film
قَابَلَ (يُقَابِلُ) ه	III	treffen (jmdn.), sich treffen (mit jmdm.)
قَدَّمَ (يُقَدِّمُ) (لَهُ) ه	II	überreichen, vortragen, vorlegen, anbieten (jmdm. etw.)
قَدَّمَ ه إِلَى		vorstellen (jmdn. jmdm.)
قَدَّمَ نَفْسَهُ		sich vorstellen
(وَ) كَأَنَّ		als ob
لُطْف		Freundlichkeit
لِقَاء / لِقَاءَات		Begegnung, Treffen
مَرَّةً ثَانِيَةً		ein zweites Mal, noch einmal, wieder
أَمْكَنَ (يُمْكِنُ) ه (أَنْ)	IV	können, möglich sein (jmdm. etw.) (unpersönliche Konstruktion mit Personalsuffix: يُمْكِنُهُ er kann, es ist ihm möglich; يُمْكِنُكَ du kannst, es ist dir möglich; يُمْكِنُنِي ich kann, es ist mir möglich usw.)

V

Herder-Institut	مَعْهَد هيردر	durchführen, erledigen, verrichten	أَنْجَزَ IV (يُنْجِزُ) ه
Aufgabe, Pflicht	وَاجِب / وَاجِبَات	Herder	هيردر
Ministerium	وِزَارَة / وِزَارَات		

T

T 1

الهديّة

قابل أحمد صديقه عليّ قبل سفره أمام مبنى وزارة الثقافة في بغداد. قال له: إنّني سأسافر بعد أيّام إلى ألمانيا الديمقراطيّة. هل ترغب في أن أحضر لك من هناك شيئا؟ قال له عليّ: كلاّ، لكنّ أخي يدرس هناك في مدينة لايبزغ. هل يمكنني أن أرسل إليه معك هديّة؟ قال له أحمد: بكلّ سرور.

في اليوم الثاني أحضر له عليّ الهديّة الّتي حدّثه عنها وقال له: أرجو أن تذهب إلى أخي الّذي يسكن هناك في بيت الطلبة، وتسلّمه الهديّة شخصيّا.

بعد مدّة من الزمن زار أحمد مدينة لايبزغ، وهناك قال لمرافقه كلاوس: معي هديّة لأحد الطلّاب الّذين يسكنون في بيت الطلبة. هل يمكنك أن ترافقني إلى هناك؟ قال المرافق: طبعا.

أمام بيت الطلبة الأجانب الّذين يدرسون في معهد هيردر شاهد أحمد طالبا كان يبدو وكأنّه عربيّ. سأله أحمد: هل أنت عربيّ؟ قال الطالب: نعم، أنا عربيّ من العراق. قدّم أحمد نفسه إلى الطالب، ثمّ سأله: هل تعرف السيّد عدنان شريف من بغداد؟ قال الطالب: نعم، هو صديقي الّذي يسكن معي في الغرفة. قال أحمد: معي هديّة أرسلها له أخوه. قال الطالب: عدنان الآن في المعهد الّذي ندرس فيه، وسيحضر بعد قليل.

رافق الطالب العربيّ السيّد أحمد والمرافق إلى الغرفة. وبعد قليل جاء عدنان ورحّب بالضيفين، ثمّ قدّم نفسه إليهما، وأخذ الهديّة الّتي أرسلها إليه أخوه، وقال: شكرا جزيلا.

T

T 2

في بيت الطلبة

محمّد : منذ كم سنة تدرس هنا ؟

عدنان : وصلت إلى لايبزغ قبل ٥ أشهر وأدرس منذ ذلك الوقت اللغة الألمانيّة في هذا المعهد الّذي يحمل اسم الفيلسوف الألمانيّ هيردر.

محمّد : هل تحبّ اللغة الألمانيّة ؟

عدنان : نعم ، أحبّها كثيرا .

محمّد : كم طالبا يدرس هنا في معهد هيردر؟

عدنان : يدرس في معهدنا حوالي ٤٠٠ طالب من كلّ بلدان العالم .

محمّد : يدهشني المبنى الحديث الّذي تسكنون فيه .

عدنان : المبنى جديد والأثاث كلّه حديث. ويفرحني أن أنجز واجباتي في ظلّ هذه الظروف الحسنة .

محمّد : هل يمكنك أن تقدّمني إلى بعض الأصدقاء العرب الآخرين ؟

عدنان : تفضّل إلى المطعم الّذي يوجد هنا في نفس المبنى . يأكل جميع الأصدقاء فيه .

محمّد : ليس عندي وقت الآن ، لكنّني سأجيء مرّة ثانية مساء اليوم لأقابلهم . وسيرافقني أعضاء الوفد الآخرون . على كلّ حال أشكرك على لطفك . إلى اللقاء .

عدنان : مع السلامة .

Ü

Ü 1 Hören Sie mehrmals Text 1 vom Tonband oder vorgelesen vom Lektor!

Ü 2 Lesen Sie mehrmals Text 1 unter Kontrolle des Lektors!

Ü 3 (Hausaufgabe) Lesen Sie nochmals Text 1 und übersetzen Sie ihn! Bereiten Sie Ü 4, Ü 5 und Ü 6 vor!

Ü 4 Geben sie den Inhalt von Text 1 in Arabisch wieder! Der Lektor kontrolliert dabei sowohl die phonetische als auch die grammatische und lexikalische Richtigkeit. Das gilt auch für die folgenden Übungen.

Ü 5 Jeweils zwei Studenten führen mit den in Text 1 vorkommenden Fragen und Antworten einen Dialog zum Thema »Im Studentenheim«.

Ü 6 Beantworten Sie die folgenden Fragen:

من قابل أحمد قبل سفره إلى ألمانيا الديمقراطيّة ؟
أين قابل صديقه ؟
ماذا طلب عليّ من صديقه أحمد ؟
مع من ذهب أحمد إلى بيت الطلبة ؟
من شاهد أحمد أمام بيت الطلبة ؟
ماذا سأل أحمد الطالب الّذي شاهده أمام بيتِ الطلبة ؟
هل كان عدنان في غرفته ؟
متى جاء عدنان ؟
ماذا أخذ من الضيفين ؟

Ü 7 Hören Sie mehrmals Text 2 vom Tonband oder vorgelesen vom Lektor!

Ü 8 Lesen Sie Text 2 mit verteilten Rollen!

Ü 9 (Hausaufgabe) Lesen Sie nochmals Text 2 und arbeiten Sie ihn so durch, daß Sie selbständig, ohne Zuhilfenahme der Textvorlage, einen entsprechenden Dialog führen können!

Ü 10 Führen Sie diesen Dialog im Kolleg!

Ü 11 Wandeln Sie die in den folgenden Sätzen vorkommenden Perfektformen in Imperfektformen um!

Beispiel: قدّم أحمد صديقه إلينا . > يقدّم أحمد صديقه إلينا .

قدّمنا إليكم أصدقاءنا — متى قدّموه إليك ؟ — قدّم أحمد نفسه — قدّمت له هذا الكتاب — هل قدّمتم لهم بعض الشراب ؟

رحّب بنا مدير المعهد — رحّبنا بضيوفنا الأجانب — رحّب الرئيس بأعضاء الوفد الفرنسيّ .

Ü

إلى أين سافرت الوفود ؟ — سافرتْ إلى برلين بالقطار — سافرنا إلى هناك بالطائرة — هل سافر السياسيّون اليوم ؟

هل شاهدت ذلك الفلم ؟ — نعم شاهدته مساء اليوم — نعم شاهدناه اليوم — شاهدوا اليوم الأبنية الحديثة .

ترجم الطالب الكلمات الجديدة إلى اللغة الألمانيّة — ترجمتُها إلى اللغة العربيّة — ترجمت المعلّمة الرسالة من اللغة الفرنسيّة إلى اللغة الألمانيّة .

هل حدّثكم صديقكم عن رحلته؟ — حدّثناه عن نزهتنا في الضواحي — حدّثتنا هيفاء عن الحياة في بلادها .

سلّم أحمد عدنان الهديّة — سلّمناكم المبلغ اليوم — سلّمتُ الأشياء فورا .

أدهشني جمال الأبنية القديمة — هل أدهشتكم الحياة عندنا ؟ نعم ، أدهشتنا .

أفرحنا ذلك — أفرحني ذلك — هل أفرحتكم الهدايا ؟

رافقت الوفد طالبة ألمانيّة — رافقتُ صديقي إلى المحطّة — رافقني إلى المسرح صديق إنكليزيّ .

من قابلت هناك ؟ — قابلت هناك صديقا جزائريّا — قابلنا اليوم عددا من الضيوف الأجانب .

هل أمكنك أن تسافر إلى هناك ؟ — أمكنني أن أفعل ذلك — أمكننا أن ننجز واجباتنا فورا .

متى أنجزتم واجباتكم ؟ — هل أنجزت عملك بنفسك ؟ — أنجزوا العمل بعد ثلاث ساعات .

أرسل الطالب رسالة إلى عائلته — هل أرسلت هديّة إلى صديقك ؟ — متى أرسلت البطاقة المصوّرة إلى أصدقائك ؟

لماذا أحضرت جميع الطلّاب إلى هنا ؟ — لماذا أحضرتم معكم أربعة كتب فقط ؟ — أعرف أنهما أحضرا معهما نقودا كثيرة .

Ü

Ü 12 (Hausaufgabe) Setzen Sie in den folgenden Sätzen das jeweils verlangte Verb in der Perfekt- und in der Imperfektform ein!

Beispiel: (قدّم)

(أنا) . . . إليه صديقي اليوم . > قدّمتُ إليه صديقي اليوم .

> أُقدّم إليه صديقي اليوم .

آ) قدّم . . . الطالب هديّة لصديقته .
(هم) . . . إلينا أصدقاءهم .
متى . . . (أنتم) إليّ ذلك الرجل ؟

ب) حدّث متى. . . ـهم (أنتم) عن واجباتهم ؟
هل . . . ـها المعلّم ؟
لماذا . . . ـك الموظّف ؟

ج) رحّب هل . . . بهم الرئيس ؟
من . . . بالوفد المصريّ ؟
متى . . . (هم) بالضيوف ؟

د) سافر إلى أين . . . الوفد ؟
هل . . . (أنتم) بالسيّارة أم بالقطار؟
(نحن) . . . يوم الأحد .

هـ) شاهد هل . . . (أنت) تلك البطاقات المصوّرة ؟
(هنّ) . . . كلّ الأفلام .
متى . . . (أنتِ) أولائك الأشخاص ؟

و) أمكن هل . . . ـك أن تفعل ذلك ؟
متى . . . ـكم أن تذهبوا إلى هناك ؟
أين . . . ـكم أن تقابلوهم ؟

Ü

ز) أنجز (نحن) . . . عملنا بعد ساعتين .
. . . الوفد واجبه بعد أسبوع .
. . . التلاميذ هذا العمل بسرعة .

ح) أرسل إلى من . . . (أنتَ) هذه الرسالة ؟
. . . الحكومة أدوية إلى جمهوريّة مصر العربيّة .
(نحن) . . . ـها إلى المعهد .

A 10 Verwenden wir die arabischen Buchstaben zur Numerierung, wie in Ü 12 آ — ح, so gilt eine andere als die übliche alphabetische Reihenfolge. Sie ist durch folgenden mnemotechnischen Satz zu merken:

أَبْجَدْ هَوَّزْ حُطِّي كَلَمُنْ سَعْفَصْ قَرَشَتْ ثَخَذْ ضَظَغْ

Diese Reihenfolge ist im ursprünglichen Zahlenwert der einzelnen Buchstaben begründet:

ا = 1, ب = 2, ج = 3, ... ى = 10, ك = 20 usw.

Ü 13 Verneinen Sie die folgenden Fragen in der 1. P. mit لا ، لم . . . بعدُ »nein, noch nicht« !

Beispiel: هل أنجزت واجباتك ؟ > لا ، لم أنجز واجباتي بعد .

هل أحضرت النقود معك ؟
هل أرسلتم لهم رسالة ؟
هل أنجزتم عملكم ؟
هل أمكنكم أن تفعلوا ذلك ؟
هل قابلتِها ؟
هل شاهدتِ ذلك الفلم ؟
هل سافرتَ إلى القاهرة ؟
هل رحّبتم بصديقنا ؟
هل حدّثتموهم عن الدراسة ؟
هل قدّمت الصديق إليهم ؟
هل ترجمت الكلمات ؟

Ü 14 Ergänzen Sie die folgenden Sätze zu Befehlssätzen unter Verwendung der Verben

ترجم ، أحضر ، أنجز ، قدّم ، سافر ، رحّب ، حدّث ، سلّم !

Setzen Sie dabei sowohl den Imperativ der 2. P. Sg. m. und f. als auch den der 2. P. Pl. m. ein!

Beispiel: . . . لي ذلك الكتاب . > أحضر لي ذلك الكتاب .

> أحضري لي ذلك الكتاب .

> أحضروا لي ذلك الكتاب .

. . . إلى برلين يوم الأربعاء .

. . . ـــها عن واجباتها .

. . . بهم الآن .

. . . الأعمال حتّى يوم الاثنين .

. . . الكلمات إلى اللغة العربيّة .

. . . ـــنا إلى الأصدقاء .

. . . لي كرّاسة جديدة .

. . . بالضيوف في المطار.

. . . ـــهم عن السفر.

. . . لهم كأسا من البيرة .

. . . ـــه تلك الهديّة شخصيا .

. . . إلى هناك بالقطار.

. . . هذا العمل اليوم .

Ü 15 (Hausaufgabe) Setzen Sie in der folgenden Übung die richtige Form der Verben سافر ، حدّث ، أرسل ، أنجز ، قابل ein!

Beispiel: هل يمكنك أن . . . عملك حتّى يوم الأربعاء ؟ >

هل يمكنك أن تنجز عملك حتّى يوم الأربعاء ؟

Ü

هل يمكنك أن . . . غدا إلى هناك ؟
متى أمكنكم أن . . . ـه عن الرحلة ؟
أمكنني أن . . . ـهم في الفندق .
أمكنها أن . . . ـنا في الحفلة .
يمكننا أن . . . إليكم هذه الأشياء .
أمكنه أن . . . معنا إلى برلين .
لماذا لم يمكنهم أن . . . واجباتهم ؟
أين يمكنني أن . . . ـك .

Ü 16 Setzen Sie in den folgenden Teilsätzen die richtige Form des Relativpronomens ein!

الوفد . . . يسافر إلى برلين
الوفود . . . وصلت إلى المطار
الأصدقاء . . . يزوروننا غدا
المرافق . . . رافقنا
الطالبان . . . يدرسان اللغة العربيّة
مع الطالبتين . . . تدرسان في معهد هيردر
الفتاة . . . حضرت الحفلة
الفتيات . . . حضرن الحفلة
التلاميذ . . . ينجزون واجبات كثيرة
عند صديقي . . . قدّم لي كأسا من الماء
أخي . . . أرسل إليّ رسالة

Ü 17 Setzen Sie in den folgenden Teilsätzen Relativpronomen und rückweisendes Personalsuffix ein:

الرسائل . . . كتبتـ . . لها
الأخبار . . . سمعنا . . أمس
القلم . . . اشتريتـ . . من ذلك المخزن
السياسيّون . . . قابلتـ . . يوم الخميس

Ü

الوفد التجاريّ . . . رافقتـ . . لمدّة ثلاثة أسابيع
في الرسالة . . . أرسلتـ . . إلى عائلتي
الواجبات . . . أنجزو . . بسرعة
الهديّة . . . قدّمتـ . . لي صديقتي
الضيوف . . . قدّمـ . . صديقنا إلينا
الفلم . . . نشاهد . . يوم الجمعة
العائلة . . . أعرفـ . .
الضيوف . . . نرحّب بـ . .
هناك المكتبة . . . أذهب إليـ . . كلّ يوم
السيّارة الجديدة . . . أسافر بـ . . إلى برلين غدا
الجامعة . . . قابلت صديقتي أمامـ . .
هذا الشخص . . . حدّثتني صديقتي عنـ . .
في البلدان . . . سمعنا عنـ . . كثيرا
الخزانة . . . وضعت الكتب فيـ . .
أين المخزن . . . اشتريت الهدايا منـ . . ؟
المدن . . . مكثتم فيـ . . مدّة طويلة
القاعة . . . كنّا فيـ . .

Lektion 15

G

1. Stamm II, III, IV der Verben mit و oder ى

Die abgeleiteten Stämme der Verben mit و oder ى als R_1, R_2, R_3 haben die gleichen Kennzeichen wie die abgeleiteten Stämme der gesunden Verben. Scheinbare Besonderheiten ergeben sich nur dadurch, daß و oder ى in einigen Stämmen als Konsonanten, in anderen als Vokale auftreten. Letztere werden in manchen Apokopat- und Imperativformen gekürzt und erscheinen im Schriftbild nicht mehr, wie wir es in der gleichen Weise schon beim Grundstamm dieser sog. schwachen Verben kennengelernt haben.
Auch in den abgeleiteten Stämmen werden وصل , قام , باع und لقي als Musterverben verwendet. Sie dienen zur Darstellung der jeweiligen Modellstruktur, ohne tatsächlich in jedem einzelnen Stamm lexikalisiert zu sein. So kommt z. B. قام nur in den Stämmen I–IV und X, nicht aber in den Stämmen V–IX vor.

1.1. Verben R_1 = و oder ى bilden Stamm II, III, IV wie die gesunden Verben. Die Verben R_1 = ى werden nicht gesondert aufgeführt.

1.1.1. Der II. Stamm

Kennzeichen: Verdopplung von R_2

Perfektform: وَصَّلَ

Imperfektform: يُوَصِّلُ

Imperativ: وَصِّلْ

G

1.1.2. Der III. Stamm

Kennzeichen: Längung des Vokals nach R_1

Perfektform: وَاصَلَ

Imperfektform: يُوَاصِلُ

Imperativ: وَاصِلْ

1.1.3. Der IV. Stamm

Kennzeichen: Präfix *a-* أ, Vokallosigkeit von R_1

Perfektform: أَوْصَلَ

Imperfektform: يُوصِلُ

Imperativ: أَوْصِلْ

A 1 Ohne Hilfszeichen sind die Imperfektformen des II. Stammes und des IV. Stammes nicht zu unterscheiden.

(Anhang: Tafeln 5, 6, 9, 16, 17)

1.2. Verben R_2 = و oder ى bilden den II. und III. Stamm wie die gesunden Verben, da hier و und ى als vollwertige Konsonanten gelten.
Im IV. Stamm ist R_1 nicht vokallos.
Die Verben R_2 = و oder ى haben im IV. Stamm unterschiedslos die gleichen Formen. Wir geben deshalb hier auch nur ein Musterverb an.

1.2.1. Der II. Stamm

Kennzeichen: Verdopplung von R_2

Perfektform:	بَيَّعَ	(sprich: *qauwama*)	قَوَّمَ
Imperfektform:	يُبَيِّعُ	(sprich: *yuqauwimu*)	يُقَوِّمُ
Imperativ:	بَيِّعْ	(sprich: *qauwim*)	قَوِّمْ

G

1.2.2. Der III. Stamm

Kennzeichen: Längung des Vokals nach R_1

Perfektform: بَايَعَ قَاوَمَ

Imperfektform: يُبَايِعُ يُقَاوِمُ

Imperativ: بَايِعْ قَاوِمْ

1.2.3. Der IV. Stamm

Kennzeichen: Präfix *a*- أ

Perfektform: أَقَامَ

(2. P. Sg. m. أَقَمْتَ)

Imperfektform Indikativ: يُقِيمُ

Imperfektform Apokopat: يُقِمْ

Imperativ: أَقِمْ

A 2 Ohne Hilfszeichen sind die Imperfektformen des II. Stammes (R_2 = ى) und des IV. Stammes (R_2 = و oder ى) nicht zu unterscheiden. Ebenso ist es bei den Verben R_2 = و im Grundstamm und im II. Stamm.

(Anhang: Tafeln 5, 6, 9, 19, 21)

1.3. Verben R_3 = و oder ى sind in den abgeleiteten Stämmen gleich. Wir geben deshalb auch nur ein Musterverb für die einzelnen Stämme an.

1.3.1. Der II. Stamm

Kennzeichen: Verdopplung von R_2

Perfektform: لَقَّى

Imperfektform Indikativ: يُلَقِّي

Imperfektform Apokopat: يُلَقِّ

Imperativ: لَقِّ

1.3.2. Der III. Stamm

Kennzeichen: Längung des Vokals nach R_1

Perfektform: لَاقَى

Imperfektform Indikativ: يُلَاقِي

Imperfektform Apokopat: يُلَاقِ

Imperativ: لَاقِ

1.3.3. Der IV. Stamm

Kennzeichen: Präfix *a-* أ, Vokallosigkeit von R_1

Perfektform: أَلْقَى

Imperfektform Indikativ: يُلْقِي

Imperfektform Apokopat: يُلْقِ

Imperativ: أَلْقِ

Die Verben R_3 = و oder ى werden in den Stämmen II, III und IV wie das Musterverb مشى in den einzelnen Formen des Grundstammes konjugiert.

A 3 Ohne Hilfszeichen sind die Imperfektformen des II. und IV. Stammes weder voneinander noch vom Grundstamm (R_3 = ى, bei einigen Formen auch R_3 = و) zu unterscheiden.

(Anhang: Tafeln 5, 6, 9, 26)

2. Der substantivische Relativsatz

2.1. Wir haben in Lektion 14 den Typ des Relativsatzes kennengelernt, der als Attribut zu einem Substantiv steht, und ihn den attributiven Relativsatz genannt. Daneben gibt es noch einen anderen Relativsatztyp, den substantivischen Relativsatz.

G

Er ist auch im Deutschen bekannt. Eingeleitet wird er hier durch das *determinativ-relative* »der«, »die«, »das«,

Beispiel:

Ehre, dem (demjenigen, dem) Ehre gebührt

bzw., auf unbestimmte Größen bezogen, durch das *verallgemeinernd-relative* »wer« oder »was«.

Beispiele:

Wer (jeder, der) uns besucht, ist uns willkommen.

Was (das, was) er getan hat, war nicht richtig.

Dabei ist häufig ein konditionaler Sinn erkennbar.

Beispiele:

Wer (wenn jemand) sucht, findet.

Wer (wenn jemand) rastet, rostet.

2.2. Im Arabischen werden die substantivischen Relativsätze eingeleitet durch das *determinativ-relative*

اَلَّذِي Pl. اَلَّذِينَ (bezogen auf Personen, selten auf Nicht-Personen) derjenige, der; diejenigen, die; (selten) dasjenige, was;

durch das *verallgemeinernd-relative*

مَنْ (bezogen auf Personen) wer; einer, der;

und das *verallgemeinernd-relative*

مَا (bezogen auf Nicht-Personen) was; das(jenige), was; etwas, was.

2.3. Solche Sätze können die syntaktische Funktion eines a) Subjekts, b) Objekts, c) Prädikats oder d) 2. Gliedes einer Genitivverbindung ausüben, sowie e) in Abhängigkeit von einer Präposition stehen.

Beispiele:

a) Was mir gestern passiert ist, wird mir nicht noch einmal passieren.
مَا حَدَثَ لِي أَمْسِ لَنْ يَحْدُثَ لِي مَرَّةً ثَانِيَةً.

Derjenige, der das getan hat, ist mein Freund.
اَلَّذِي فَعَلَ ذَلِكَ صَدِيقِي.

b) Wir wissen, wer unser Land unterstützt.
نَعْرِفُ مَنْ يُؤَيِّدُ بَلَدَنَا.

c) Das ist (das), was mir passiert ist.
هَذَا مَا حَدَثَ لِي.

d) Er erzählte uns alles, was er wußte.
حَكَى لَنَا كُلَّ مَا عَرَفَ.

e) Er hat von den Dingen erzählt, die er dort gesehen hat (wörtl. von dem, was . . .).
حَكَى لَنَا عَمَّا شَاهَدَ هُنَاكَ.

Der Preis (davon) ist 10 Lira einschließlich Porto (wörtl.: mit dem, was in jenem ist an).
سِعْرُهَا عَشْرُ لِيرَاتٍ بِمَا فِي ذَلِكَ أُجْرَةُ ٱلْبَرِيدِ.

2.1. Für das Arabische typisch ist eine Konstruktion, in der مَنْ und مَا durch ein nachgestelltes مِنْ + Substantiv näher bestimmt werden.

G

Beispiele:

Wir kennen (das), was in ihnen (in ihren Seelen) an Zweifeln ist = wir wissen, welche Zweifel sie hegen.	نَعْرِفُ مَا فِي أَنْفُسِهِمْ مِنْ شُكُوكٍ .
Du kamst mit denjenigen, die bei dir (waren) von den Männern = du kamst mit den Männern, die bei dir waren.	جِئْتَ بِمَنْ عِنْدَكَ مِنَ ٱلرِّجَالِ .
das, was sie an Geräten haben = die Geräte, die sie haben.	مَا عِنْدَهُمْ مِنْ أَجْهِزَةٍ

Substantivische Relativsätze dieser Art werden vielfach den entsprechenden attributiven Relativsätzen vorgezogen.

Beispiele:

attributiv:	نَعْرِفُ ٱلشُّكُوكَ ٱلَّتِي تُوجَدُ فِي أَنْفُسِهِمْ .
substantivisch:	نَعْرِفُ مَا فِي أَنْفُسِهِمْ مِنْ شُكُوكٍ .
attributiv:	جِئْتَ بِٱلرِّجَالِ ٱلَّذِينَ (كَانُوا) عِنْدَكَ .
substantivisch:	جِئْتَ بِمَنْ عِنْدَكَ مِنَ ٱلرِّجَالِ .
attributiv:	اَلْأَجْهِزَةُ ٱلَّتِي (تُوجَدُ) عِنْدَهُمْ
substantivisch:	مَا عِنْدَهُمْ مِنْ أَجْهِزَةٍ

G

2.5. Zu den substantivischen Relativsatzkonstruktionen gehört weiterhin مِنْ + Personalsuffix + مَنْ / مَا:

unter ihnen sind welche, die ...	مِنْهُمْ مَنْ ...
darunter ist etwas, was ...	مِنْهَا مَا ...

2.6. Einige phraseologische Wendungen in der Form substantivischer Relativsätze:

einschließlich (wörtl.: mit dem, was darinnen ist)	بِمَا فِي ذَٰلِكَ
nach etwa einem Jahr (wörtl.: nach Ablauf dessen, was einem Jahr nahekommt)	بَعْدَ مُرُورِ مَا يُقَارِبُ عَامًا وَاحِدًا
erwähnenswert ist (wörtl.: von dem, was wert der Erwähnung ist, daß ...)	مِمَّا هُوَ جَدِيرٌ بِٱلذِّكْرِ أَنَّ
erwähnt werden muß (wörtl.: von dem, dessen Bemerkung notwendig ist)	مِمَّا يَجِبُ مُلَاحَظَتُهُ أَنَّ
was anbelangt, was anbetrifft	فِيمَا يَخُصُّ

2.7. مَا und مَنْ werden mit einigen Präpositionen kontrahiert:

(مِنْ + مَا >) مِمَّا , (فِي + مَا >) فِيمَا

(عَنْ + مَا >) عَمَّا , (مِنْ + مَنْ >) مِمَّنْ .

V

أُجْرَةُ ٱلْبَرِيد	Postgebühr, Porto
إِسْرَائِيلُ (م)	Israel
إِسْرَائِيلِيّ / إِسْرَائِيلِيُّونَ	israelisch; Israeli
أُفُق / آفَاق	Horizont
أَيَّدَ II (يُؤَيِّدُ) ه / ه	unterstützen; befürworten
أَبْدَى IV (يُبْدِي) ه	äußern, zum Ausdruck bringen (eine Meinung o. ä.)
بَرِيد	Post
بَرِيد خَارِجِيّ	Auslandspost
بَرِيد دَاخِلِيّ	Inlandspost
بَرْنَامَج / بَرَامِج	Programm
بَيْع	Verkauf
بَائِع / بَائِعُونَ / بَاعَة	Verkäufer
بَيَّنَ II (يُبَيِّنُ) ه	klar machen, deutlich machen, zeigen
أَجْرَى IV (يُجْرِي) ه	durchführen; führen (Gespräch, Verhandlungen)
مَجَلَّة / مَجَلَّات	Zeitschrift
مَجَلَّة مُصَوَّرَة	Illustrierte

مَجْمُوع	Summe
مَجْمُوع كُلِّيّ	Gesamtsumme
جَانِب / جَوَانِب	Seite
أَجَابَ IV (يُجِيبُ) ه / عَلَى سُؤَالِهِ	antworten (jmdm., auf jmds. Frage)
مُحَادَثَة / مُحَادَثَات	Gespräch, Unterredung
اَلْخَارِجُ	Ausland
خَارِجِيّ	äußer(er, -e, -es), außen befindlich
خَارِجِيَّة	Äußeres, äußere Angelegenheiten
وَزِيرُ ٱلْخَارِجِيَّة	Außenminister
وِزَارَةُ ٱلْخَارِجِيَّة	Außenministerium
دَاخِلِيّ	inner(er, -e, -es), innen befindlich
دريسدن (م)	Dresden
رَأْي / آرَاء (فِي)	Meinung (zu), Ansicht (über)
أَرَادَ IV (يُرِيدُ) ه / أَنْ	wollen
زَاوِيَة / زَوَايَا	Winkel, Ecke
زَائِد	plus

V

مَسْؤُول / مَسْؤُولُونَ	verantwortlich; Verantwortlicher
شَرَف	Ehre
عَلَى شَرَفِ	zu Ehren
شَكّ / شُكُوك	Zweifel
صَدَرَ (يَصْدُرُ)	erscheinen (Buch o. ä.)
أَضَافَ IV (يُضِيفُ) ه	hinzufügen
طَابِع (بَرِيدٍ) / طَوَابِعُ	Briefmarke
طَوَّرَ II (يُطَوِّرُ) ه	entwickeln
أَظْهَرَ IV (يُظْهِرُ) ه	zeigen, sichtbar machen; demonstrieren
عَادَى III (يُعَادِي) ه	feindlich gesinnt sein (jmdm.), feindlich behandeln (jmdn.)
عَدُوّ / أَعْدَاء	Feind
عُدْوَان	Aggression
أَعْطَى IV (يُعْطِي) ه ه	geben (jmdm. etw.)
أَعْلَنَ IV (يُعْلِنُ) ه	bekanntgeben, bekanntmachen, verkünden
غَيَّرَ II (يُغَيِّرُ) ه	(ver)ändern
فِلَسْطِينُ (م)	Palästina
فِلَسْطِينِيّ / فِلَسْطِينِيُّونَ	palästinensisch; Palästinenser
قَضِيَّة / قَضَايَا	Angelegenheit, Frage, Belang
قَلْب / قُلُوب	Herz
مِنْ كُلِّ قُلُوبِنَا	aus tiefstem Herzen
قَائِلًا	mit den Worten (kann in der Übersetzung weggelassen werden)
قَاوَمَ III (يُقَاوِمُ) ه / ه	Widerstand leisten, widerstehen, standhalten
أَقَامَ IV (يُقِيمُ) ه	veranstalten
أَقَامَ حَفْلَةَ عَشَاءٍ	ein Abendessen geben
قُوَّة / قُوًى	Kraft, Stärke
كُلِّيّ	Gesamt-
كَمَا	wie auch; weiterhin, ferner
أَلْغَى IV (يُلْغِي) ه	absagen, aufheben, annullieren

V

وَزِير / وُزَرَاءُ	Minister
وَاصَلَ III (يُوَاصِلُ) ه	fortsetzen
أَوْصَلَ IV (يُوصِلُ) ه	bringen, führen, geleiten (jmdn.)
أَوْضَحَ IV (يُوضِحُ) ه	erläutern
وَطَنِيّ	national
وَقَفَ (يَقِفُ) إِلَى جَانِبِهِ	auf jmds. Seite stehen
مَوْقِف (مِنْ)	Haltung, Stellung (zu)
أَلْقَى IV (يُلْقِي) ه	werfen; halten (Ansprache, Vortrag)
مَا	(das,) was (Relativpronomen)
بِمَا فِي ذَلِكَ	einschließlich
مَنْ	wer; einer, der (Relativpronomen)
نُسْخَة / نُسَخ	Exemplar, Kopie
مَنْظَر / مَنَاظِر	Ansicht, Anblick, Panorama
أَنْهَى IV (يُنْهِي) ه	beenden
هَذَا وَ	(leitet einen vom Inhalt des vorhergehenden Abschnitts deutlich abgesetzten neuen Text ein; bleibt unübersetzt!)

T

T 1

من مجلة « الأفق » عن زيارة الوفد العربي

أجرى الوفد العربيّ قبل ظهر الأمس محادثات مع وزير خارجيّة ألمانيا الديمقراطيّة وعدد من المسؤولين . وفي مساء اليوم نفسه أقام السيّد وزير الخارجيّة حفلة عشاء على شرف الضيوف . ألقى السيّد وزير الخارجيّة في الحفلة كلمة رحّب فيها بالضيوف وأضاف أنّ حكومة ألمانيا الديمقراطيّة أيّدت وتؤيّد قضايا العرب الوطنيّة .

بعد ذلك أجابه رئيس الوفد العربيّ بكلمة قصيرة أوضح فيها القضيّة الفلسطينيّة وأبدى رأى البلدان العربيّة فيها . وأنهى كلمته قائلا : لقد بيّن لنا العدوان

T

الإسرائيليّ من هو صديقنا ومن هو عدوّنا ، كما عرفنا في الوقت نفسه من يؤيّدنا في قضايانا ومن يعادينا . إنّ جمهوريّة ألمانيا الديمقراطيّة وقفت إلى جانبنا وأيّدتنا . ونشكر من كلّ قلوبنا كلّ من أيّدنا ونعلن أنّنا سنقاوم أعداءنا ونطوّر بلادنا بكلّ قوانا .

هذا وكان الوفد قد أراد أن يزور اليوم مدينة دريسدن ، لكنّه غيّر برنامجه وألغى الزيارة .

T 2 في مخزن بيع الجرائد والمجلّات

هيفاء : هل عندك العدد الجديد من مجلّة « المجلّة » ؟
البائع : صدر العدد الثاني قبل أسبوع ، وبقيت عندي نسخة واحدة .
هيفاء : أعطني هذه النسخة .
البائع : تفضلي ، سعرها ٣٠ قرشا .
هيفاء : هناك في الزاوية مجلّة مصوّرة إنجليزيّة . كم سعرها ؟
البائع : ٧٠ قرشا .
هيفاء : حسنا ، آخذها . هل عندك بطاقات مصوّرة ؟
البائع : عندي بطاقات كثيرة تظهر كلّ المناظر الجميلة للمدينة .
هيفاء : أعطني ١٠ بطاقات مع طوابع البريد .
البائع : أجرة بريد داخليّ أم خارجيّ ؟
هيفاء : أريد أن أرسل كلّ البطاقات إلى الخارج .
البائع : هل تريدين شيئا آخر؟
هيفاء : شكرا .
البائع : أخذت ١٠ بطاقات ، كلّ بطاقة بـ ٢٥ قرشا وكلّ طابع بـ ١٥ قرشا ، المجموع ٤ ليرات . ٤٠٠ زائد ٣٠ زائد ٧٠ ، المجموع الكلّي ٥ ليرات .
هيفاء : تفضّل .

Ü

Ü 1 Hören Sie mehrmals Text 1 vom Tonband oder vorgelesen vom Lektor!

Ü 2 Lesen Sie mehrmals Text 1 unter Kontrolle des Lektors!

Ü 3 (Hausaufgabe) Lesen Sie nochmals Text 1 und übersetzen Sie ihn! Bereiten Sie Ü 4 und Ü 5 vor!

Ü 4 Geben Sie den Inhalt von Text 1 in Arabisch wieder! Der Lektor kontrolliert dabei sowohl die phonetische als auch die lexikalische und grammatische Richtigkeit. Das gleiche gilt für die folgenden Übungen.

Ü 5 Beantworten Sie die folgenden Fragen zu Text 1!

مع من أجرى الوفد العربيّ محادثات ؟
متى أقام وزير الخارجيّة حفلة على شرف الضيوف ؟
من ألقى كلمة في الحفلة ؟
بمن رحّب وزير الخارجيّة ؟
من أجاب وزير الخارجيّة ؟
ماذا أوضح رئيس الوفد العربيّ ؟
ماذا بيّن العدوان الاسرائيليّ ؟
ماذا عرف العرب فى الوقت نفسه ؟
ما هو موقف جمهوريّة ألمانيا الديمقراطيّة من العدوان الإسرائيليّ ؟
من يشكر العرب من كلّ قلوبهم ؟
ماذا يريد العرب أن يفعلوه ؟
هل سافر الوفد إلى مدينة دريسدن ؟

Ü 6 Hören Sie mehrmals Text 2 vom Tonband oder vorgelesen vom Lektor!

Ü 7 Lesen Sie Text 2 unter Kontrolle des Lektors!

Ü 8 (Hausaufgabe) Lesen Sie nochmals Text 2 und arbeiten Sie ihn so durch, daß sie selbständig, ohne Zuhilfenahme der Textvorlage, ein Gespräch zum Thema »Zeitungskiosk« führen können!

Ü 9 Führen Sie dieses Gespräch im Kolleg!

Ü 10 Wandeln Sie die in den folgenden Sätzen vorkommenden Perfektformen in Imperfektformen um! أمس ist dabei durch اليوم zu ersetzen!

Beispiel: أجرى رئيس الوفد العربيّ محادثات في برلين . >
يجري رئيس الوفد العربيّ محادثات في برلين .

أقام وزير الخارجيّة حفلة عشاء على شرف الضيوف .
ألقى رئيس الجمهوريّة كلمة قصيرة .
رحّب مدير المعهد بضيوفه .
رحّبنا مساء الأمس بضيوفنا .
رحّب وزير الخارجيّة برئيس الوفد العربيّ .
أيّدت ألمانيا الديمقراطيّة سياسة البلدان العربيّة .
أيّدت حكومة ألمانيا الديمقراطيّة قضايا العرب الوطنيّة .
أجاب رئيس الوفد العربيّ وزير الخارجيّة بكلمة قصيرة .
أجابت الطالبة المعلّم على سؤاله .
أوضح رئيس الوفد القضيّة الفلسطينيّة .
أنهى الوفد السوريّ زيارته لبلدنا أمس .
أنهينا سفرنا أمس .
بيّن لي معلّمي سياسة حكومتنا .
بيّن لنا هذا العدوان من هو صديقنا ومن هو عدوّنا .
عرفنا من يعادينا .
وقفنا إلى جانب البلدان العربيّة .
أعلن رئيس الجمهوريّة أنّنا سنطوّر بلادنا .
قاومت البلدان العربيّة أعداءها .
طوّرنا بلادنا بكلّ قوانا .
أراد محمّد أن يسافر إلى دريسدن .
أردت أن أدرس اللغة العربيّة .
أرادت صديقتي أن تشرب كأسا من النبيذ .

Ü

غيّر الوفد العربيّ برنامجه .
ألغيت سفري .
أعطاني أحمد كتابه .
هل أعطيته كرّاستك ؟
أرسلتْ كلّ البطاقات إلى الخارج .
واصل الطالب دراساته .
واصلت الطالبة دراساتها في الجامعة .
واصل الوفد السوريّ سفره .
واصل الوفد محادثاته مع المسؤولين .
أوصلنا المرافق إلى مدير المصنع .
أوصلته إلى مدير المعهد .

Ü 11 (Hausaufgabe) Wiederholen Sie Ü 10 und schreiben Sie die umgewandelten Sätze mit der Imperfektform auf!

Ü 12 Wandeln Sie die in den folgenden Sätzen vorkommenden Imperfektformen in Perfektformen um; غدا ist gegebenenfalls durch أمس zu ersetzen!

Beispiel:

يجري المدير محادثات مع الوفد التجاريّ . >
أجرى المدير محادثات مع الوفد التجاريّ .

نرحّب بضيوف عرب غدا .
أرحّب بصديقتي أمام المسرح .
نجيب على أسئلة معلّمينا .
نؤيّد هذه السياسة .
يوضح الوزير القضايا التجاريّة .
ينهي الوفد سفره غدا .
أنهي هذا العمل غدا .
نقف إلى جانب البلدان العربيّة .
يبيّن وزير الخارجيّة للطلاّب سياسة تلك البلدان .

Ü

تطوّر حكومة الجمهوريّة العربيّة السوريّة علاقاتها السياسيّة مع ألمانيا الديمقراطيّة .

يريد أحمد أن يشاهد الفلم الجديد .

أريد أن أشرب كأسا من البيرة .

تريد صديقتي أن تشرب فنجانا من القهوة .

نريد أن نسافر إلى مدينة برلين .

يريد أخي أن يرسل رسالة إلى عائلته .

يلغي الوزير سفره .

يواصل الوفد محادثاته مع المسؤولين .

يواصل وزير الخارجيّة سفره .

Ü 13 Bilden Sie von den in den folgenden Sätzen angegebenen Verben den Imperativ in der jeweils geforderten Form!

Beispiel: أجاب – على السؤال > أجب على السؤال

< أجيبي على السؤال

< أجيبوا على السؤال

رحّب	– بالضيوف	(Sg. + Pl. m.)
أيّد	– هذه السياسة	(Pl. m.)
أجاب	– على الأسئلة	(Sg. + Pl. m.)
أوضح لي	– هذه القضيّة	(Sg. + Pl. m.)
طوّر	– بلادكم بكلّ قواكم	(Pl. m.)
غيّر	– البرنامج	(Sg. + Pl. m.)
أعطى + ني	– زجاجة من العصير	(Sg. + Pl. m.)
	كأسا من الماء	
	كأسا من البيرة	
	فنجانا من الشاي	
	بعض البطاقات	

Ü

العدد الجديد من المجلّة
نسخة واحدة
الكتاب
النقود
هذا

واصل — دراساتك (Sg. m.)

أنهى — العمل حتّى صباح اليوم (Sg. + Pl. m.)
حتّى صباح الغد
حتّى مساء اليوم
حتّى مساء الغد
بعد ساعة
بعد ساعتين

أوصل + نا — إلى هناك (Sg. + Pl. m.)

Ü 14 Ersetzen Sie in den folgenden Sätzen die Perfektform durch لم + Apokopat
oder لم + Apokopat + بعدُ »noch nicht«
oder لم + Apokopat + فقط »nicht nur«!

Beispiel: أجرى الوفد المصريّ محادثات في برلين .
لم يجر الوفد المصريّ محادثات في برلين فقط .

أجاب الطالب على السؤال .
أنهى الوفد السوريّ زيارته لبلدنا .
أنهيت عملي .
أراد محمّد أن يسافر بالسيّارة .
أرادت الفتاة أن تشرب كأسا من النبيذ .
لماذا غيّر الوفد برنامجه ؟
لماذا ألغوا الزيارة ؟

Ü

أعطاني كتابا واحدا .
لماذا أعطيتني نقودا ؟
أرسلت كلّ البطاقات إلى الخارج .
أبدى رأيه في هذه القضيّة .
أنهيت هذا العمل أمس .
أراد أحمد أن يشاهد الفلم القديم .
أردت أن أشرب كأسا واحدة .
أراد أخي أن يرسل رسالة إليهم .
واصل الطالب دراساته .
واصل الوفد الجزائريّ سفره .
واصل الوفد المحادثات مع المسؤولين .

Ü 15 (Hausaufgabe) Setzen Sie in den folgenden Sätzen الّذي (bzw. الّذين), مَنْ oder ما ein:

لا أعرف . . . حدث .
لا أعرف كلّ . . . حضروا الحفلة .
إحك لي . . . قابلت من الأشخاص .
نرحّب بـ . . . جاؤوا إلينا من الخارج .
حكى لنا . . . سمع من أخبار.
هل تعرف . . . عند هم من قضايا ؟
كتب لي عن . . . يدرس من اللغات .
أعرف كلّ . . . زار معهدنا أمس .
رحّبنا بـ . . . عندكم من الضيوف .
ألغوا كلّ . . . في برنامجهم من مواعيد .

Lektion 16

G

1. Die Ordinalzahlen

1.1. Die Ordinalzahlen von 1–10 lauten:

	f.	m.
1.	أُولَى	أَوَّلُ
2.	ثَانِيَة	ثَان
3.	ثَالِثَة	ثَالِث
4.	رَابِعَة	رَابِع
5.	خَامِسَة	خَامِس
6.	سَادِسَة	سَادِس
7.	سَابِعَة	سَابِع
8.	ثَامِنَة	ثَامِن
9.	تَاسِعَة	تَاسِع
10.	عَاشِرَة	عَاشِر

Die Ordinalzahlen 2–10 sind Adjektive der Modellstruktur فاعل *fāʿil*, gebildet aus den entsprechenden Kardinalzahlen.

A 1 ثَانٍ, determiniert الثَّانِي, wird wie ثَمَانٍ, determiniert الثَّمَانِي, dekliniert; vgl. Lektion 13, A 6, und Tafel 37.

G

1.2. Die Ordinalzahlen von 11–19 lauten:

	f.	m.
11.	حَادِيَةَ عَشْرَةَ	حَادِيَ عَشَرَ
12.	ثَانِيَةَ عَشْرَةَ	ثَانِيَ عَشَرَ
13.	ثَالِثَةَ عَشْرَةَ	ثَالِثَ عَشَرَ
14.	رَابِعَةَ عَشْرَةَ	رَابِعَ عَشَرَ
15.	خَامِسَةَ عَشْرَةَ	خَامِسَ عَشَرَ
16.	سَادِسَةَ عَشْرَةَ	سَادِسَ عَشَرَ
17.	سَابِعَةَ عَشْرَةَ	سَابِعَ عَشَرَ
18.	ثَامِنَةَ عَشْرَةَ	ثَامِنَ عَشَرَ
19.	تَاسِعَةَ عَشْرَةَ	تَاسِعَ عَشَرَ

Die Zahlen 11. – 19. sind nicht flektierbar!

1.3. Die arabischen Ordinalzahlen werden syntaktisch wie Adjektive behandelt. Sie folgen also dem Substantiv und kongruieren mit ihm in Kasus, Status, Genus und Numerus. Eine Genuspolarität wie bei den Kardinalzahlen gibt es nicht.

Beispiele:

in Verbindung mit einem fem. Substantiv		in Verbindung mit einem mask. Substantiv	
das 1. Jahr	السَّنَةُ ٱلْأُولَى	der 1. Tag	اليَوْمُ ٱلْأَوَّلُ
		der 1. Tašrīn (= Oktober)	تَشْرِينُ ٱلْأَوَّلُ
		der 2. Kānūn (= Januar)	كَانُونُ ٱلثَّانِي
das 2. Jahr	السَّنَةُ ٱلثَّانِيَةُ	der 2. Tag	اليَوْمُ ٱلثَّانِي

G

in Verbindung mit einem fem. Substantiv		in Verbindung mit einem mask. Substantiv	
das 3. Jahr	السَّنَةُ ٱلثَّالِثَةُ	der 3. Tag	اليَوْمُ ٱلثَّالِثُ
das 10. Jahr	السَّنَةُ ٱلْعَاشِرَةُ	der 10. Tag	اليَوْمُ ٱلْعَاشِرُ
das 11. Jahr	السَّنَةُ ٱلْحَادِيَةَ عَشْرَةَ	der 11. Tag	اليَوْمُ ٱلْحَادِيَ عَشَرَ
das 12. Jahr	السَّنَةُ ٱلثَّانِيَةَ عَشْرَةَ	der 12. Tag	اليَوْمُ ٱلثَّانِيَ عَشَرَ
das 19. Jahr	السَّنَةُ ٱلتَّاسِعَةَ عَشْرَةَ	der 19. Tag	اليَوْمُ ٱلتَّاسِعَ عَشَرَ

A 2 Das Ordnungszahlwort für 1., also أوّل bzw. أولى, wird häufig mit dem nachfolgenden Substantiv in Form einer Genitivverbindung verbunden und ist in diesem Falle genusindifferent:

»zum 1. Mal« لِأَوَّلِ مرّة

Auch die Ordinalzahlen von 2–10 werden wie أوّل mitunter vorangestellt.

1.4. Die Ordinalzahlen der Zehner (20., 30., . . . 90.), Hunderter, Tausender usw., werden durch die Kardinalzahlen ausgedrückt.

Beispiele:

in Verbindung mit einem fem. Substantiv		in Verbindung mit einem mask. Substantiv	
das 20. Jahr	السَّنَةُ ٱلْعِشْرُونَ	der 20. Tag	اليَوْمُ ٱلْعِشْرُونَ
das 100. Jahr	السَّنَةُ ٱلْمِائَةُ	der 100. Tag	اليَوْمُ ٱلْمِائَةُ
das 1000. Jahr	السَّنَةُ ٱلْأَلْفُ	der 1000. Tag	اليَوْمُ ٱلْأَلْفُ

aber: die 20 Tage الأَيَّامُ ٱلْعِشْرُونَ

die 1000 Jahre السَّنَوَاتُ ٱلْأَلْفُ

G

1.5. Die Ordnungszahlen über 20, in denen auch Einer vorkommen, bestehen aus Ordnungszahlen (Einer) und Kardinalzahlen (Zehner). Beachten Sie dabei die Form der Zahl 1 in Ordnungszahlen wie 21., 31. usw.!

in Verbindung mit einem mask. Substantiv	
der 21. Tag	اليَوْمُ ٱلْحَادِي وَٱلْعِشْرُونَ
der 22. Tag	اليَوْمُ ٱلثَّانِي وَٱلْعِشْرُونَ
der 31. Tag	اليَوْمُ ٱلْحَادِي وَٱلثَّلَاثُونَ
der 38. Tag	اليَوْمُ ٱلثَّامِنُ وَٱلثَّلَاثُونَ

in Verbindung mit einem fem. Substantiv	
das 21. Jahr	السَّنَةُ ٱلْحَادِيَةُ وَٱلْعِشْرُونَ
das 22. Jahr	السَّنَةُ ٱلثَّانِيَةُ وَٱلْعِشْرُونَ
das 31. Jahr	السَّنَةُ ٱلْحَادِيَةُ وَٱلثَّلَاثُونَ
das 38. Jahr	السَّنَةُ ٱلثَّامِنَةُ وَٱلثَّلَاثُونَ

A 3 Ordinalzahlen über 100 kommen naturgemäß selten vor. Sie werden entweder umschrieben oder mit Hilfe der Präposition بَعْدَ »nach« ausgedrückt:

der 101. Tag اليَوْمُ ٱلْأَوَّلُ بَعْدَ ٱلْمِائَةِ

1.6. Datumsangaben

1.6.1. Datumsangaben werden mit Hilfe der Ordinalzahlen ausgedrückt:

am 1. Mai فِي ٱلْيَوْمِ ٱلْأَوَّلِ مِنْ شَهْرِ أَيَّارَ

(wörtl.: am 1. Tage des Monats Mai)

G

Im allgemeinen nimmt man eine verkürzte Form ohne die Wörter يَوْم und شَهْر :   فِي ٱلْأَوَّلِ مِنْ أَيَّار

A 4 Im Text erscheint dafür gewöhnlich eine noch kürzere Form unter Verwendung des Zahlzeichens:

في ١ أيّار ، في ٢٠ تمّوز

Auch für die Monatsangabe kann die entsprechende Ziffer stehen, so daß sich die arabische Datumsangabe nicht von der im europäischen Schriftgebrauch üblichen Form unterscheidet:

am 1. 5. 1970   في ١ / ٥ / ١٩٧٠

1.6.2. Nach dem Datum fragt man mit:

ما هو تاريخُ اليَوْمِ (الغَدِ) ؟

Welches ist das heutige (morgige) Datum,
den wievielten haben wir heute (morgen)?

Die Antwort lautet z. B.:

اليومَ (غَداً) الأوّلُ من أيّار.

Heute (morgen) ist der 1. Mai.

1.7. Die Uhrzeit

1.7.1. Auch bei der Uhrzeit verwendet man die Ordinalzahlen. Sie dienen der Angabe der vollen Stunden:

um 2 Uhr	في الساعةِ الثانيةِ
um 5 Uhr	في الساعةِ الخامسةِ
um 10 Uhr	في الساعةِ العاشرةِ
um 11 Uhr	في الساعةِ الحاديةَ عَشْرَةَ

Nur bei 1 Uhr nimmt man die Kardinalzahl: في الساعةِ الواحدةِ

A 5 Die Zeitangaben 13 Uhr, 14 Uhr ... 24 Uhr sind im Arabischen ungebräuchlich. Zur Klarstellung fügt man die Wörter صباحا , قبل الظهر , ظهرا , بعد الظهر , مساء in folgender Weise hinzu:

G

um 1.00 Uhr	في الساعة الواحدة صباحا
– – –	
um 9.00 Uhr	في الساعة التاسعة صباحا
um 10.00 Uhr	في الساعة العاشرة قبل الظهر
um 11.00 Uhr	في الساعة الحادية عشرة قبل الظهر
um 12.00 Uhr	في الساعة الثانية عشرة ظهرا
um 13.00 Uhr	في الساعة الواحدة بعد الظهر
– – –	
um 17.00 Uhr	في الساعة الخامسة بعد الظهر
um 18.00 Uhr	في الساعة السادسة مساء
– – –	
um 24.00 Uhr	في الساعة الثانية عشرة مساء

1.7.2. Bei Uhrzeitangaben mit 15, 20 und 30 Minuten verwendet man die entsprechenden Wörter für 1/4 (رُبْع), 1/3 (ثُلْث) und 1/2 (نِصْف) (vgl. unten, G 3.1.).

Sie werden mittels der Konjunktionen و bzw. إلّا angefügt. Nach إلّا steht das Nomen im Akkusativ.

Beispiele:

um 2.30 Uhr	في الساعةِ الثانيَةِ والنِّصْفِ
um 3.15 Uhr	في الساعةِ الثالثةِ والرُّبْعِ
um 4.20 Uhr	في الساعةِ الرابعةِ والثُّلْثِ
um 4.45 Uhr (ein Viertel vor 5 Uhr)	في الساعةِ الخامسةِ إلّا ٱلرُّبْعَ
um 5.40 Uhr (ein Drittel vor 6 Uhr)	في الساعةِ السادسةِ إلّا ٱلثُّلْثَ

G

1.7.3. Die Angabe der Uhrzeit nach Minuten erfolgt gleichfalls mittels و bzw. إلّا bei Anfügung der entsprechenden Kardinalzahl und des arabischen Wortes für Minute, دقيقة .

um 1.05 Uhr في الساعةِ الواحدةِ وخمس دقائق

um 7.12 Uhr في الساعةِ السابعةِ واثنتَيْ عشرةَ دقيقة

um 8.25 Uhr في الساعةِ الثامنةِ وخمس وعشرين دقيقة

um 8.35 Uhr في الساعةِ التاسعةِ إلّا خمساً وعشرين دقيقة
(25 Minuten vor 9 Uhr)

um 9.42 Uhr في الساعةِ العاشرةِ إلا ثمانيَ عشرةَ دقيقة
(18 Minuten vor 10 Uhr)

um 10.55 Uhr في الساعةِ الحاديةَ عشرةَ إلّا خمسَ دقائق
(5 Minuten vor 11 Uhr)

A 6 Die im Deutschen bekannte Uhrzeitangabe »... Minuten vor halb ...« bzw. »... nach halb ...« ist in etwa dieser Form auch im Arabischen möglich, und zwar bis zu 9 Minuten vor oder nach der halben Stunde:

في الساعة الخامسة والنصف الا خمس دقائق
fünf Minuten vor halb sechs

في الساعة السادسة والنصف وتسع دقائق
neun Minuten nach halb sieben.

1.7.4. Nach der Uhrzeit fragt man mit كَمِ ٱلسَّاعَةُ oder السّاعةُ كَمْ (ألآن) ؟ Wie spät ist es (jetzt)?

Die Antwort lautet:

Es ist jetzt 1.15 Uhr. الساعةُ (الآن) الواحدةُ والربْعُ

Es ist jetzt 12.30 Uhr. الساعةُ (الآن) الثانيةَ عشْرةَ والنِصفُ

Es ist jetzt 3.50 Uhr. الساعةُ (الآن) الرابعةُ إلّا عَشْرَ دقائقَ
(10 Minuten vor 4 Uhr)

G

2. Die Zahladverbien

Als Zahladverbien gebraucht man bis zur 10 den (adverbiellen) indeterminierten Akkusativ der Ordinalzahlen:

sechstens	سَادِساً	erstens	أَوَّلاً
siebentens	سَابِعاً	zweitens	ثَانِياً
achtens	ثَامِناً	drittens	ثَالِثاً
neuntens	تَاسِعاً	viertens	رَابِعاً
zehntens	عَاشِراً	fünftens	خَامِساً

3. Die Bruchzahlen

3.1. Die Bruchzahlen $^1/_3$, $^1/_4$, $^1/_5$ . . . $^1/_{10}$ werden nach der Modellstruktur فُعْل Pl. أَفْعَال aus der entsprechenden Kardinalzahl gebildet:

$^2/_3$	ثُلْثَانِ	$^1/_3$	ثُلْث / أَثْلاث
$^3/_4$	ثَلاثَةُ أَرْبَاعٍ	$^1/_4$	رُبْع / أَرْباع
$^2/_5$	خُمْسَانِ	$^1/_5$	خُمْس / أَخْماس
$^4/_5$	أَرْبَعَةُ أَخْمَاسٍ		
$^5/_6$	خَمْسَةُ أَسْدَاسٍ	$^1/_6$	سُدْس / أَسْداس

usw.

Nicht von der Kardinalzahl abgeleitet ist nur die Bruchzahl $^1/_2$: نِصْف .

G

3.2. Bei Brüchen, deren Nenner größer als 10 ist, umschreibt man mittels der Präposition على oder mit جُزْءٌ مِنْ »ein Teil von«:

$^1/_{11}$	واحِدٌ على أَحَدَ عَشَرَ
	جُزْءٌ مِنْ أَحَدَ عَشَرَ
$^5/_{12}$	خَمْسَةٌ على اثْنَيْ عَشَرَ
	خَمْسَةُ أَجْزاءٍ مِنِ اثْنَيْ عَشَرَ
$^7/_{100}$	سَبْعَةٌ على مِائَةٍ
	سَبْعَةُ أَجْزاءٍ مِنْ مِائَةٍ

4. Die Wiederholungszahlen

Die Wiederholungszahlen werden durch مَرَّة + Kardinalzahl ausgedrückt:

dreimal	ثَلاثَ مَرّاتٍ	einmal	مَرَّةً واحِدَةً
viermal	أَرْبَعَ مَرّاتٍ	zweimal	مَرَّتَيْنِ

usw.

V

Alle in dieser Lektion behandelten Ordinal-, Bruch- und Wiederholungszahlen sowie die Zahladverbien sind nicht in das Vokabelverzeichnis aufgenommen worden. Eine ausführliche Übersicht finden Sie im Anhang.

تَارِيخ / تَوَارِيخُ	Datum; Geschichte
أَكَّدَ II (يُؤَكِّدُ) ه	versichern, bekräftigen
إِلَّا	außer; abzüglich (bei Uhrzeitangaben mit »vor«)
بَدَأَ (يَبْدَأُ) (ه، ب)	beginnen, anfangen (trans. und intr.)
بَدَلًا مِنْ	anstatt, anstelle
بَلَغَ (يَبْلُغُ) ه	betragen, erreichen
ج مَبِيعَات	Umsatz
بَيَان / بَيَانَات	Kommuniqué; Angabe(n)
تَاجِر / تُجَّار	Kaufmann, Händler
تِكْنِيكِيّ	technisch
تِلِفِزِيُون	Fernsehen
تَالٍ	folgend
(فِي) تَمَامِ (ٱلسَّاعَةِ . . .)	genau (um . . . Uhr)
أَثْبَتَ IV (يُثْبِتُ) ه	bestätigen, nachweisen

جَدِيرٌ بِٱلذِّكْرِ	erwähnenswert
جَرَى (يَجْرِي)	(ver)laufen, stattfinden
جُزْء / أَجْزَاء (مِنْ)	Teil (von)
جَنَاح / أَجْنِحَة	Flügel (auch Gebäude); (Ausstellungs-)Pavillon
جِهَازُ تِلِفِزِيُون / أَجْهِزَة	Fernsehgerät
جِهَازُ رَادِيُو / أَجْهِزَة	Rundfunkgerät
حَجَزَ (يَحْجُزُ) ه	sich etw. reservieren lassen, bestellen (Karte, Platz, Zimmer)
حِذَاء / أَحْذِيَة	Schuh
خَاصّ	auch: privat
دَقِيق	genau, exakt, präzis
إِدَارَة	Leitung, Führung
رَادِيُو	Radio

V

رَأْسَمَالِيّ / رَأْسَمَالِيُّونَ	kapitalistisch; Kapitalist
مُرَبَّع	Quadrat-
IV أَرْغَمَ (يُرْغِمُ) ه (عَلَى)	zwingen (zu)
إِرْتِفَاع	Erhöhung (*Hamzat waṣl*!)
إِزْدِحَام	Andrang, Gedränge (*Hamzat waṣl*!)
زَائِر / زَائِرُونَ وَزُوَّار	Besucher
زِيَادَة	Zunahme
سَبَب / أَسْبَاب	Grund, Ursache
يَرْجِعُ ٱلسَّبَبُ فِي ذَلِكَ إِلَى	das ist darauf zurückzuführen, daß
ج سُكَّان	Einwohner, Bevölkerung
سِلْعَة / سِلَع	Ware
ج سِلَعٌ رَأْسَمَالِيَّة	Investitionsgüter
ج سِلَعٌ ٱسْتِهْلَاكِيَّة	Konsumgüter
سَاحَة / سَاحَات	Fläche, freier Platz, Gelände
سُودَانِيّ / سُودَانِيُّونَ	sudanesisch; Sudanese

سَاعَة / سَاعَات	auch: Uhr
صَفْقَة / صَفَقَات	Geschäft(sabschluß)
طَاقَة / طَاقَات	Leistungsfähigkeit, Potenz
II عَبَّرَ (يُعَبِّرُ) عَنْ	äußern (Meinung o. ä.)
عَرَضَ (يَعْرِضُ) ه	ausstellen; vorführen
عَرْض	(das) Ausstellen
عَارِض / عَارِضُونَ	Aussteller
مَعْرِض / مَعَارِض	Messe, Ausstellung
مَعْرُوف	bekannt
عَلَى	:, zu (bei der Angabe von Zahlenverhältnissen)
عَامّ	allgemein
إِغْتِبَاط (ب)	Genugtuung, Befriedigung (über) (*Hamzat waṣl*!)
(طَعَام) ٱلْغَدَاء	Mittagessen
IV أَغْلَقَ (يُغْلِقُ) ه	schließen
إِغْلَاق	Schließung
غَيْر	(+ Genitiv) un-, nicht
غَيْرُ مَعْرُوف	unbekannt

V

فَتَحَ (يَفْتَحُ) ه	öffnen; anschalten
فِكْرَة / أَفْكَار	Gedanke, Idee
فِي	um (bei der Angabe der Uhrzeit), am (bei der Angabe des Datums)
قَدْر	Maß
قَدْرُهُ	von, um (bei Maßangaben)
قَرْن / قُرُون	Jahrhundert
مُقَارَنَة	Vergleich
بِٱلْمُقَارَنَةِ مَعَ	im Vergleich zu
إِقْتِصَاد	Wirtschaft (*Hamzat waṣl*!)
قُمَاش / أَقْمِشَة	(Kleider-) Stoff
كَ	als; wie (Präposition)
لَاحَظَ III	bemerken
(يُلَاحِظُ) ه / ه	
مُلْتَقًى / مُلْتَقَيَات	Treffpunkt
فِي ٱلْمِائَةِ ، بِٱلْمِائَةِ	%

مِتْر مُرَبَّع / أَمْتَار مُرَبَّعَة	Quadratmeter (Abkürzung ٢م)
مِسَاحَة / مِسَاحَات	Fläche
مَاضٍ	vergangen
مُودِيل / مُودِيلَات	Modell
نَبَأ / أَنْبَاء	Nachricht, Meldung
نَتِيجَة / نَتَائِج	Ergebnis
نَشَرَ (يَنْشُرُ) ه	veröffentlichen
إِسْتِهْلَاكِيّ	Verbrauchs-, Konsum- (*Hamzat waṣl*!)
أَهَمِّيَّة	Bedeutung, Wichtigkeit
سَعَة	Kapazität, Fassungsvermögen
مُؤَقَّتًا	zeitweilig, vorübergehend (Adverb)
وِكَالَة / وِكَالَات	Agentur
وِكَالَةُ أَنْبَاء	Nachrichtenagentur
وِكَالَةُ ٱلْأَنْبَاءِ ٱلْأَلْمَانِيَّةُ ٱلْعَامَّةُ	Allgemeiner Deutscher Nachrichtendienst (ADN)

T

T 1

معرض لايبزغ الربيعيّ

لايبزغ في ١١ / ٣ / ١٩٧٠ – وكالة الأنباء الألمانيّة العامّة –

لقد أغلق معرض لايبزغ الربيعيّ الّذي جرى من ١ / ٣ إلى ١٠ / ٣ أبوابه أمس في تمام الساعة السادسة مساء. ونشرت إدارة المعرض صباح اليوم البيانات التالية :

بلغ عدد العارضين ٩٨١٤ عارضا بزيادة قدرها ٢ ٪ بالمقارنة مع عام ١٩٦٩ ، ويرجع السبب في ذلك إلى أنّ مساحة العرض بلغت ٣٥٢ ٠٠٠ م² بدلا من ٣٤٩ ٠٠٠ م² في السنة الماضية . وقد جاء كلّ رابع من العارضين من البلدان الرأسماليّة الغربيّة . أمّا عدد الزوّار فبلغ ٥٩٧ ٠٠٠ زائر، والجدير بالذكر أنّ الازدحام في اليومين التاسع والعاشر أرغم المسؤولين على إغلاق الأجنحة والقاعات موقّتا .

كما تبيّن الأرقام ارتفاع المبيعات بالمقارنة مع المعرض الربيعيّ عام ١٩٦٩ (الأرقام الدقيقة غير معروفة حتّى الآن) . وعبّر جميع التجّار عن اغتباطهم بنتائج صفقاتهم التجاريّة وأكّدوا أنّهم سيجيئون مرّة ثانيــــة إلى لايبزغ في معرض الخريف الّذي يفتح أبوابه من ٣٠ / ٨ إلى ٦ / ٩ .

إنّ معرض لايبزغ أظهر طاقات الاقتصاد الاشتراكيّ وأثبت مرّة أخرى أهمّيّته كملتقى تجاريّ بين الشرق والغرب .

T 2

في مدينة المعرض

أحمد : لايبزغ مدينة جميلة لكنّ الازدحام كبير في الشوارع والمخازن .

كلاوس : إنّني أزور المعرض للمرّة السابعة، وقد لاحظت نفس الازدحام كلّ سنة .

محمّد : يأتي إلى لايبزغ مئات الآلاف من الزوّار. أين يسكن هؤلاء ؟

كلاوس : توجد في لايبزغ فنادق كثيرة لكنّ سعتها محدودة . لذلك يحجز كثير من التجّار غرفا خاصّة عند سكّان المدينة .

محمّد : ونحن ؟

T

كلاوس : حجزت للوفد غرفا في فندق صغير منذ عدّة أسابيع .
أحمد : هل توجد كلّ الأجنحة في وسط المدينة ؟
كلاوس : كلّا ، توجد في وسط المدينة المباني الخاصّة بعرض السلع الاستهلاكيّة ، مثلا أجهزة الراديو والتلفزيون والساعات والأقمشة والملابس والأحذية . أمّا الأجنحة الخاصّة بعرض السلع الرأسماليّة فتوجد في ساحة المعرض التكنيكيّ الّتي تقع في جنوب المدينة .
محمّد : نريد أن نشاهد أوّلا الجناح الخاصّ بالكتب ثمّ نذهب إلى ساحة المعرض التكنيكيّ لنشاهد الموديلات الحديثة للسيّارات .
كلاوس : عندنا وقت حتّى الساعة الخامسة .
أحمد : هل عندنا موعد بعد ذلك ؟
كلاوس : نعم ، نقابل في الساعة الخامسة والنصف عدّة تجّار سودانيّين .
محمّد : هذه فكرة جيّدة .

Ü

Ü 1 Hören Sie mehrmals Text 1 vom Tonband oder vorgelesen vom Lektor!

Ü 2 Lesen Sie mehrmals Text 1 unter Kontrolle des Lektors!

Ü 3 (Hausaufgabe) Lesen Sie nochmals Text 1! Bereiten Sie Ü 4 und Ü 5 vor!

Ü 4 Geben Sie den Inhalt von Text 1 in Arabisch wieder! Der Lektor kontrolliert dabei sowohl die phonetische als auch die lexikalische und grammatische Richtigkeit. Das gleiche gilt für die folgenden Übungen.

Ü 5 Beantworten Sie die folgenden Fragen!

أيّة وكالة نشرت الخبر عن معرض لايبزغ الربيعيّ ؟
متى جرى معرض لايبزغ الربيعيّ ؟
في أيّة ساعة أغلق المعرض أبوابه ؟

Ü

كم كان عدد العارضين وكم كان عدد الزوّار؟

كم م٢ بلغت مساحة العرض عام ١٩٦٩ وكم م٢ عام ١٩٧٠ ؟

متى ولماذا أغلق المسؤولون الأجنحة والقاعات موقّتا ؟

ماذا بيّنت الأرقام ؟

متى سيجيء التجّار مرّة ثانية إلى لايبزغ ؟

ماذا أظهر معرض لايبزغ وماذا أثبت مرّة أخرى ؟

Ü 6 Hören Sie mehrmals Text 2 vom Tonband oder vorgelesen vom Lektor!

Ü 7 Lesen Sie mehrmals Text 2 unter Kontrolle des Lektors!

Ü 8 (Hausaufgabe) Lesen Sie nochmals Text 2 und bereiten Sie ein ähnliches Frage-Antwort-Gespräch vor!

Ü 9 Führen Sie dieses Gespräch im Kolleg!

Ü 10 Wandeln Sie die folgenden aus Zahlwort und Substantiv bestehenden Wortgruppen in Präpositionalgruppen mit Ordnungszahl um!

Beispiele:

ثلاثة أيّام > في اليوم الثالث

اسبوعان > في الأسبوع الثاني

خمسة شهور، ثلاثة أسابيع ، تسع سنوات ، عشرة قرون ، أربع ساعات ، ثمانية أسابيع ، ستّة أيّام ، سبعة قرون ، ساعتان ، أحد عشر يوما ، اثنا عشر شهرا ، خمس سنوات ، إحدى عشرة سنة ، تسعة قرون ، شهران ، سبعة أسابيع ، ثمانية قرون ، اثنتا عشرة ساعة ، يوم واحد ، ستّة أسابيع ، عشرة أيّام، خمسة عشر أسبوعا، تسع عشرة سنة، ستّة عشر شهرا، ثلاث عشرة قرية، ثماني عشرة مدينة ، أربع عشرة سنة ، سبعة عشر يوما .

Ü 11 Umgekehrt!

Beispiele:

في الشهر الثامن > ثمانية أشهر

في السنة الثالثة ، في الأسبوع الحادي عشر، في القرن العشرين ، في السنة الرابعة ، في الاجتماع العاشر، في النسخة الخامسة ، في اليوم الخامس عشر،

Ü

في الشهر الثامن ، في الساعة التاسعة ، في المخزن الثاني ، في الدقيقة الأولى ، في الساعة السابعة ، في الاجتماع التاسع عشر ، في القرن الثامن عشر ، في الشهر الثالث عشر ، في اليوم الرابع عشر ، في الدقيقة السابعة عشرة ، في القاعة الثانية عشرة ، في المخزن السادس ، في الأسبوع السادس عشر.

Ü 12 Geben Sie das Datum von vorgestern, gestern, heute, morgen und übermorgen an!

Beispiele: أمس الأوّل كان الثالث من آذار ،

اليوم (هو) الخامس من آذار ، غدا (هو) السادس من آذار

Ü 13 Antworten Sie auf die Frage متى ولدت mit der genauen Angabe des Datums:

Beispiel: ولدت في السادس عشر من تشرين الأوّل عام ألف وتسعمائة واثنين وثلاثين .

Ü 14 Der Lektor gibt Datumsangaben in Arabisch, die von den Studierenden ins Deutsche zu übersetzen sind.

Ü 15 Der Lektor gibt Datumsangaben in Deutsch, die von den Studierenden ins Arabische zu übersetzen sind.

Ü 16 Beantworten Sie die folgenden Fragen unter Angabe einer Uhrzeit!

متى تقوم من النوم ؟
متى تأكل طعام الفطور؟
متى تخرج من البيت ؟
متى تصل إلى المعهد ؟
متى تبدأ الدروس ؟
متى تأكل طعام الغداء ؟
متى تخرج من المعهد ؟
متى تذهب إلى المكتبة ؟
متى تعود إلى البيت ؟

Ü

متى تأكل طعام العشاء ؟
متى تفتح جهاز التلفزيون ؟
متى تذهب لتنام ؟
متى وصل الوفد إلى المطار؟
متى يصل القطار من برلين ؟
متى تقابل صديقتك ؟
متى تبدأ الحفلة ؟
الساعة كم ؟

Ü 17 Der Lektor gibt in Arabisch verschiedene Uhrzeiten, die von den Studierenden ins Deutsche zu übersetzen sind.

Ü 18 Der Lektor gibt in Deutsch verschiedene Uhrzeiten, die von den Studierenden ins Arabische zu übersetzen sind.

Ü 19 Beantworten Sie die folgenden Fragen!

كم مرّة في هذه السنة كنت في المسرح ؟
كم مرّة في السنة تسافر إلى الجبال ؟
كم مرّة قرأت الدرس السادس عشر من هذا الكتاب ؟
كم مرّة في الشهر تذهب إلى المكتبة ؟
كم مرّة في حياتك سافرت بالطائرة ؟
كم مرّة في الشهر تكتب رسالة لصديقك (لصديقتك) ؟
كم مرّة كنت في برلين ؟
كم مرّة كنت في الخارج ؟
كم مرّة في الشهر تذهب إلى المصرف ؟
كم مرّة في الأسبوع تفتح جهاز التلفزيون ؟

Lektion 17

G

1. Das erweiterte Verb: Stamm V und VI

Stamm V und VI haben die gleiche Grundstruktur wie Stamm II und III. Als unterscheidendes Kennzeichen tritt das Präfix *ta-* تَـ hinzu. Die Vokalfolge in Perfekt- und Imperfektform ist durchgehend *-a-*.

1.1.

	VI	V
Perfektform:	تَفَاعَلَ	تَفَعَّلَ
Imperfektform:	يَتَفَاعَل	يَتَفَعَّل

Der Imperativ Stamm V und VI kommt nur bei wenigen Verben vor und bleibt daher hier unberücksichtigt. Vgl. die ausführliche Übersicht über alle Formen im Anhang, Tafel 14.

1.2. Verben R_1 = و oder ي

	VI	V
Perfektform:	تَوَاصَلَ	تَوَصَّلَ
Imperfektform:	يَتَوَاصَل	يَتَوَصَّل

Wie bei Stamm II und III gibt es keine Besonderheiten gegenüber dem gesunden Verb. Die Verben R_1 — ي werden hier nicht gesondert aufgeführt.
(Anhang: Tafeln 16 u. 17)

G

1.3. Verben $R_2 =$ و oder ى

	VI		V	
Perfektform:	تَبَايَعَ	تَقَاوَمَ	تَبَيَّعَ	تَقَوَّمَ
Imperfektform:	يَتَبَايَعُ	يَتَقَاوَمُ	يَتَبَيَّعُ	يَتَقَوَّمُ

و und ى sind wie bei Stamm II und III vollwertige Konsonanten. (Anhang: Tafeln 19 u. 21)

1.4. Verben $R_3 =$ و oder ى

	VI	V
Perfektform:	تَلَاقَى	تَلَقَّى
Imperfektform Indikativ:	يَتَلَاقَى	يَتَلَقَّى
Imperfektform Konjunktiv:	يَتَلَاقَى	يَتَلَقَّى
Imperfektform Apokopat:	يَتَلَاقَ	يَتَلَقَّ

Konjugiert werden die Verben $R_3 =$ و oder ى in Stamm V und VI in der Perfektform wie das Musterverb مشى, in der Imperfektform wie das Musterverb لقي im Grundstamm. (Anhang: Tafeln 24, 25, 26)

2. Wortstellung

2.1. Voranstellung des Objekts

Die normale Wortstellung im Arabischen ist Verb — Subjekt — Objekt. Die Voranstellung des Subjekts, d. h. die Wortfolge Subjekt-Verb-Objekt ist möglich. Entsprechende Konstruktionen sind mit أنّ im Nebensatz und إنّ im Hauptsatz schon genannt worden.

G

Eine andere, sowohl im schriftlichen wie vor allem im mündlichen Arabisch oft gebrauchte Konstruktion ermöglicht die Voranstellung eines beliebigen Objekts.

Das Objekt wird im Nominativ an den Anfang gestellt. An die im Satz dadurch frei gewordene Stelle tritt das entsprechende suffigierte Personalpronomen. Diese Voranstellung hebt eine Person oder Sache aus dem allgemeinen Zusammenhang heraus und macht gleichzeitig das Satzgefüge leichter überschaubar und schneller erfaßbar. Die Aufeinanderfolge zweier Substantive (Subjekt und Objekt) wird vermieden.

Sprechpause nach dem vorangestellten Satzteil!

Beispiele:

يُرَحِّبُ رَئِيسُ ٱلْوُزَرَاءِ بِٱلضُّيُوفِ ٱلْعَرَبِ غَدًا. >
أَلضُّيُوفُ ٱلْعَرَبُ يُرَحِّبُ بِهِمْ رَئِيسُ ٱلْوُزَرَاءِ غَدًا.

Der Ministerpräsident begrüßt morgen die arabischen Gäste (oder passivische Wiedergabe: die arabischen Gäste werden ... begrüßt).

يُشَجِّعُ ٱلْحِزْبُ ٱلِاشْتِرَاكِيُّ ٱلْأَلْمَانِيُّ ٱلْمُوَحَّدُ
ٱلرِّيَاضَةَ فِي جُمْهُورِيَّةِ أَلْمَانِيَا ٱلدِّيمُقْرَاطِيَّةِ. >
أَلرِّيَاضَةُ فِي جُمْهُورِيَّةِ أَلْمَانِيَا ٱلدِّيمُقْرَاطِيَّةِ
يُشَجِّعُهَا ٱلْحِزْبُ ٱلْإِشْتِرَاكِيُّ الأَلْمَانِيّ ٱلْمُوَحَّد.

Die Sozialistische Einheitspartei Deutschlands fördert den Sport in der Deutschen Demokratischen Republik (oder passivisch: der Sport in der DDR wird ... gefördert).

أَنْجَزْتُ وَاجِبَاتِي فَوْرًا > وَاجِبَاتِي أَنْجَزْتُهَا فَوْرًا.

Meine Aufgaben habe ich sofort erledigt.

G

كَمْ أُحِبُّ أُمِّي > أُمِّي كَمْ أُحِبُّهَا .

Wie liebe ich meine Mutter!

هَلْ شَاهَدْتَ هٰذَا ٱلْفِلْمَ ؟ > هٰذَا ٱلْفِلْمُ هَلْ شَاهَدْتَهُ ؟

Hast du diesen Film gesehen?

A 1 Die Anfangsstellung des Objekts ist auch in den indoeuropäischen Sprachen bekannt. Konstruktionen dieser Art sind unter dem Namen Nominativus absolutus und Nominativus oder Casus pendens bekannt. – Im Arabischen heißt diese Konstruktion:

أَلْجُمْلَةُ ذَاتُ ٱلْوَجْهَيْنِ » der doppelseitige Satz « .

2.2. Voranstellung des 2. Gliedes einer Genitivverbindung

Auch das 2. Glied einer Genitivverbindung kann an den Anfang des Satzes gestellt werden. An seine Stelle tritt wieder das entsprechende Personalsuffix.

Beispiele:

تَبْدَأُ زِيَارَةُ ٱلْوَفْدِ ٱلْمِصْرِيِّ يَوْمَ ٱلْأَرْبِعَاءِ . >

أَلْوَفْدُ ٱلْمِصْرِيُّ تَبْدَأُ زِيَارَتُهُ يَوْمَ ٱلْأَرْبِعَاءِ .

Der Besuch der ägyptischen Delegation beginnt am Mittwoch.

أَسْعَارُ ٱلْمُودِيلَاتِ ٱلْجَدِيدَةِ مُحَدَّدَةٌ . >

أَلْمُودِيلَاتُ ٱلْجَدِيدَةُ أَسْعَارُهَا مُحَدَّدَةٌ .

Die neuen Modelle haben fest(liegend)e Preise
(wörtl.: die Preise sind festliegend).

أَلْوَانُ ٱلصُّورَةِ جَمِيلَةٌ . > أَلصُّورَةُ أَلْوَانُهَا جَمِيلَةٌ .

Das Bild hat schöne Farben
(wörtl.: die Farben des Bildes sind schön)

G

A 2 Diese Möglichkeit der Herauslösung eines Substantivs aus dem Satzgefüge ist auch bei anderen Wortgruppen (vor allem Präpositionalgruppen) gegeben:

أشتريت من هذه المكتبة كتبا كثيرة . <

هذه المكتبة اشتريت منها كتبا كثيرة .

In dieser Buchhandlung habe ich viele Bücher gekauft.

قابلت ثلاثة من هؤلاء الطلّاب فقط . <

هؤلاء الطلّاب قابلت ثلاثة منهم فقط .

Von diesen Studenten habe ich nur drei getroffen.

2.3. Bei der Voranstellung bestimmter Satzglieder im Fragesatz kommt es zu der Wortstellung Substantiv — Fragepartikel bzw. Frageadverb — Prädikat:

مِنْ أَيْنَ ٱشْتَرَيْتَ هٰذَا ٱلْكِتَابَ ؟ <

هٰذَا ٱلْكِتَابُ مِنْ أَيْنَ ٱشْتَرَيْتَهُ ؟

Wo hast du dieses Buch gekauft?

Wird das Subjekt des Fragesatzes durch Voranstellung hervorgehoben, so tritt das rückweisende Pronomen im Nominalsatz in der Form des selbständigen Personalpronomens auf:

هَلِ ٱلْأَسْعَارُ مُحَدَّدَةٌ ؟ أَلْأَسْعَارُ هَلْ هِيَ مُحَدَّدَةٌ ؟

Liegen die Preise fest?

Im Verbalsatz fehlt es ganz:

مَتَى وَصَلَ ٱلْوَفْدُ ٱلسُّودَانِيّ إِلَى ٱلْمَطَارِ <

أَلْوَفْدُ ٱلسُّودَانِيُّ مَتَى وَصَلَ إِلَى ٱلْمَطَارِ ؟

Wann ist die sudanesische Delegation auf dem Flugplatz angekommen?

V

تَأَجَّلَ (يَتَأَجَّلُ)	V	sich verzögern
تَأَخَّرَ (يَتَأَخَّرُ)	V	sich verspäten
أَخِيراً		endlich, schließlich
إِنْكِلْتِرَّا		England
بِدَايَة		Anfang, Beginn
تَبَادَلَ (يَتَبَادَلُ) ه	VI	(aus)tauschen
تَبَدَّى (يَتَبَدَّى)	V	sich zeigen, sich erweisen
بُرْهَان / بَرَاهِين (عَلَى)		Beweis (für)
مُبَارَاة / مُبَارَيَات		Wettkampf, (Wett-) Spiel
بُطُولَة		Meisterschaft
بُطُولَةُ ٱلْعَالَم		Weltmeisterschaft
جُمْهُور / جَمَاهِير		(Menschen-)Menge
ج أَلْجَمَاهِير		die Massen
تَجَاوَزَ (يَتَجَاوَزُ) ه	VI	überschreiten, übersteigen
جَيْش / جُيُوش		Heer, Armee
تَحَدَّثَ (يَتَحَدَّثُ) (مَعَهُ عَنْ ، حَوْلَ)	V	sprechen (mit jmdm. über)
حَدِيث / أَحَادِيث		Gespräch
حَضْرَتُكَ		höfliche Anrede, etwa: Sie
حَقِيقَة / حَقَائِق		Wahrheit, Wirklichkeit, Tatsache
فِي ٱلْحَقِيقَة		wirklich, tatsächlich, in der Tat
حَكَم / حُكَّام		Schiedsrichter
مَحَلِّي		einheimisch
حَوْلَ		um — herum, über
خَصْم / خُصُوم		Gegner
دِفَاع		Verteidigung
بِدُون		ohne (Präposition)
تَذَكَّرَ (يَتَذَكَّرُ) ه	V	sich erinnern
رَئِيسُ ٱلْوُزَرَاء / رُؤَسَاء		Ministerpräsident
رِيَاضَة		Sport
سَجَّلَ (يُسَجِّلُ) ه	II	aufzeichnen, registrieren; erzielen (Treffer)
أَلسُّودَان		der Sudan

V

فَازَ (يَفُوزُ) بِ، عَلَى	gewinnen (etw., gegen jmdn.)
قَدَّاحَة / قَدَّاحَات	Feuerzeug
مَقْعَد / مَقَاعِدُ	Platz, Sitz
قَوِيّ / أَقْوِيَاءُ	stark
كِبْرِيت	Schwefel; Streichhölzer
كُرَة / كُرًى	Kugel, Ball
كُرَةُ ٱلْقَدَمِ	Fußball
لَعِبَ (يَلْعَبُ) ه	spielen
لَاعِب / لَاعِبُونَ	Spieler
مَلْعَب / مَلَاعِبُ	Sportplatz
اَلْمَجَرُ	die Ungarn; Ungarn
تَمَكَّنَ (يَتَمَكَّنُ) مِنْ (أَنْ) V	können, vermögen, imstande sein
إِنْتَاج	Produktion
مُنْتَخَب / مُنْتَخَبَات	Auswahl(mannschaft)
نَادٍ / أَنْدِيَة	Klub
نَقَلَ (يَنْقُلُ) ه	auch: übertragen
مُسْتَوًى / مُسْتَوَيَات	Niveau
سَيْطَرَ (يُسَيْطِرُ) على	beherrschen
شِعَار / شِعَارَات وأَشْعِرَة	Emblem
شَكْل / أَشْكَال	Form (Häufig zur Bildung adverbieller Ausdrücke verwendet)
بِشَكْلٍ مُمْتَاز	ausgezeichnet (Adverb)
أَصْبَحَ IV (يُصْبِحُ) ه	werden
تَطَوَّرَ V (يَتَطَوَّرُ)	sich entwickeln
تَعَادَلَ VI (يَتَعَادَلُ)	gleichstehen; sich unentschieden trennen
تَعَطَّلَ V (يَتَعَطَّلُ)	einen Schaden haben, schadhaft werden, aussetzen
عَفْوًا	auch: Verzeihung!, entschuldigen Sie!
تَغَيَّرَ V (يَتَغَيَّرُ)	sich (ver)ändern
تَفَرَّجَ V (يَتَفَرَّجُ) عَلَى	zuschauen, ansehen
مُتَفَرِّج / مُتَفَرِّجُونَ	Zuschauer
فَرِيق / فِرَق	Mannschaft

V

نَوْع / أَنْوَاع	Art		وِدّيّ	freundschaftlich, Freundschafts-
هُجُوم	Angriff		وَضْع / أَوْضَاع	Lage
هَدَف / أَهْدَاف	Ziel; Tor (erzielter Treffer)		تَوَقَّعَ V	erwarten (etw.)
هَزِيمَة / هَزَائِمُ	Niederlage		(يَتَوَقَّعُ) هـ	

T

T 1

مباراة كرة القدم

كان المجر قبل عشر سنوات معلّم ألمانيا الديمقراطيّة في كرة القدم ، ولكنّ الوضع تغيّر كثيرا منذ ذلك الوقت . فأصبح فريق ألمانيا الديمقراطية أحد الفرق الأوربيّة القويّة في هذا النوع من الرياضة . لذلك توقّع الجمهور مباراة ممتازة بين المنتخبين في يوم الأحد ٢٢ من شباط .

لقد تحدّث محمّد مع كلاوس وطلب منه أن يحجز له ولصديقه أحمد مقعدين في الملعب ليتفرج هو وأحمد على المباراة بين « المعلّم » و « التلميذ » .

كان موعد بداية المباراة الساعة ٣ بعد الظهر لكنّها تأجّلت عشرين دقيقة لأنّ سيّارة الحكم كانت قد تعطّلت في الطريق إلى الملعب فتأخّر قليلا . وأخيرا دخل الفريقان الملعب وتبادل رئيساهما الشعارين ثمّ بدأت المباراة .

كان عدد المتفرّجين يتجاوز ٧٠ ألف متفرّج وكلّهم أملوا أن يفوز المنتخب الألمانيّ على خصمه . وفي الحقيقة تبدّى بعد قليل أنّ دفاع كلّ من الفريقين سيطر على هجوم الآخر . لذلك لم يتمكّن أحد من أن يسجّل هدفا فتعادل الفريقان بدون أهداف .

T 2

في الملعب : حديث بين محمّد وأحد المتفرّجين

المتفرّج : عفوا ، يا سيّدي ، هل معك قدّاحة أم علبة كبريت ؟

محمّد : معي قدّاحة . تفضّل .

T

المتفرّج : القدّاحة ممتازة . هل هي إنتاج محليّ ؟
محمّد : لا ، إنتاج إنكليزيّ .
المتفرّج : هل اشتريتها من إنكلترا ؟
محمّد : نعم ، كنت هناك قبل عدّة سنوات .
المتفرّج : يلعب الإنكليز كرة القدم بشكل ممتاز.
محمّد : نعم ، فازوا ببطولة العالم في كرة القدم عام ١٩٦٦ .
المتفرّج : مباريات هذه البطولة كنت أشاهدها في التلفزيون .
محمّد : في بلادي لم ينقلوا مباريات بطولة العالم .
المتفرّج : من أيّ بلد حضرتك ؟
محمّد : من العراق .
المتفرّج : كان ناد من أندية برلين في بغداد في السنة الماضية ولعب هناك ٣ مباريات ودّيّة .
محمّد : أتذكّر مباراة واحدة فاز فيها منتخب الجيش العراقيّ على النادي من برلين .
المتفرّج : لم يسجّل لاعبونا في تلك المباراة هدفا واحدا .
محمّد : تطوّر مستوى كرة القدم عندنا في السنوات الأخيرة .
المتفرّج : هزيمة نادينا برهان على ذلك .

Ü

Ü 1 Hören Sie mehrmals Text 1 vom Tonband oder vorgelesen vom Lektor!

Ü 2 Lesen Sie Text 1 unter Kontrolle des Lektors!

Ü 3 (Hausaufgabe) Lesen Sie nochmals Text 1 und übersetzen Sie ihn! Bereiten Sie Ü 4 und Ü 5 vor!

Ü 4 Geben Sie den Inhalt von Text 1 in Arabisch wieder! Der Lektor kontrolliert dabei sowohl die phonetische als auch die lexikalische und grammatische Richtigkeit. Das gleiche gilt für die folgenden Übungen.

Ü

Ü 5 Beantworten Sie die folgenden Fragen zu Text 1!

من كان معلّم ألمانيا الديمقراطيّة في كرة القدم قبل عشر سنوات ؟
هل تغيّر الوضع منذ ذلك الوقت ؟
متى جرت مباراة كرة القدم بين منتخبي المجر وألمانيا الديمقراطيّة ؟
لماذا توقّع الجمهور مباراة ممتازة ؟
ماذا طلب محمّد من كلاوس ؟
متى كان موعد بداية المباراة ؟
لماذا تأجّلت البداية عشرين دقيقة ؟
ماذا فعل رئيسا المنتخبين قبل بداية المباراة ؟
ماذا أمل كلّ المتفرّجين ؟
كم هدفا سجّل الفريقان في هذه المباراة ؟
لماذا لم يسجّل أحد الفريقين هدفا ؟

Ü 6 Hören Sie mehrmals Text 2 vom Tonband oder vorgelesen vom Lektor!

Ü 7 Lesen Sie Text 2 unter Kontrolle des Lektors!

Ü 8 (Hausaufgabe) Lesen Sie nochmals Text 2 und arbeiten Sie ihn so durch, daß Sie selbständig, ohne Zuhilfenahme der Textvorlage, mit den Fragen und Antworten ein Gespräch führen können!

Ü 9 Führen Sie dieses Gespräch im Kolleg!

Ü 10 Wandeln Sie die Perfektformen der folgenden Sätze in die entsprechenden Imperfektformen um!

Beispiel: تغيّر الوضع > يتغيّر الوضع

Der Lektor kann die Sätze durch das in Klammern stehende Wortmaterial beliebig erweitern und variieren!

تغيّر الوضع .
تغيّر الوضع السياسيّ .
تغيّر الوضع السياسي في الجمهوريّة العربيّة السوريّة (في جمهوريّة مصر العربيّة ، في السودان ، في العراق ، في الجزائر ، في ألمانيا الغربيّة ، في هذه السنة) .

Ü

توقّع الطلّاب نتائج ممتازة .
توقّعت الطالبات نتائج ممتازة .

توقّع الطلّاب نتائج ممتازة في دراستهم .
توقّعت الطالبات نتائج ممتازة في دراستهن .
تحدّثنا مع أصدقائنا .
تحدّثت الفتاة مع صديقها .
تحدّثت الأمّ مع ولدها .
تحدّث المعلّم مع تلاميذه .
تحدّث محمّد مع كلاوس .
تحدّثتُ اليوم مع الموظّف المسؤول .
هل تحدّثتم مع العارضين الأجانب ؟
طلبنا منك أن تحجز لنا مقعدين .
طلبنا منك أن تحجز لنا مقعدين فى الملعب .
طلبت منه أن يحجز لي مقعدا في المسرح .
طلبت منه أن يحجز لي مقعدا في القطار إلى برلين .
طلبت منه أن يحجز لي مقعدا في الطائرة إلى دمشق .
متى طلبت منهم أن يحجزوا لنا مقاعد ؟
متى طلبتم منه أن يحجز لنا غرفة ؟
شاهدت هذا الفلم (اليوم ، فى برلين ، مع أصدقائي) .
هل شاهدت الطالب أمام بيت الطلبة ؟
تأجّلت بداية المباراة (الحفلة ، المحادثات) .
تأجّلت بداية المباراة (الحفلة ، المحادثات) عشرين دقيقة (عشر دقائق ، ربع ساعة ، نصف ساعة ، ساعة واحدة ، ساعتين)

تأخّر الحكم (الضيوف ، الطلّاب ، التلاميذ) قليلا (كثيرا) .
تأخّر هو خمس دقائق .
تأخّرت هي خمس عشرة دقيقة .

Ü

تأخّر القطار ثلاثين دقيقة .
تبادل رئيساهما الشعارين .
تبادلنا الهدايا .
تبادلنا الآراء .
تبادل الجانبان الآراء .
تبادلا الآراء .
تجاوز عدد المتفرّجين ٥٠ ألف متفرّج .
تجاوز عدد الطلّاب في جامعتنا ١٤ ألف طالب .
تجاوز عدد العمّال في ذلك المصنع ٤ آلاف عامل .
أملنا أن يفوز منتخبنا على خصمه .
أملنا ألّا (أن لا) يتأخّر القطار.
أملنا أن تأتي اليوم .
أملنا ألّا تتأجّل بداية المباراة .
أملنا ألّا تتأجّل بداية الحفلة .
تطوّرت العلاقات .
تطوّرت العلاقات بين بلدينا .
تطوّرت العلاقات التجاريّة بين ألمانيا الديمقراطيّة والعراق (البلدان العربيّة ، البلدان الافريقيّة ، الدول الاشتراكيّة ، الدول الغربيّة) .
تذكّرت الأيّام الجميلة معها .
تذكّرنا تلك الحفلة الرائعة .
تمكّن هذا النادي من أن يفوز على جميع خصومه .
تمكّن التجّار من أن يعقدوا صفقات ممتازة .

Ü 11 (Hausaufgabe) Wiederholen Sie Ü 10 schriftlich, indem Sie von jedem Verb jeweils einen Satz in der umgewandelten Form aufschreiben!

Ü 12 Der Lektor verwendet die Sätze von Ü 10 mit der Imperfektform und läßt diese durch die Studenten in die Perfektform umwandeln.

Beispiel: يتغيّر الوضع > تغيّر الوضع

Ü 13 Beantworten Sie die folgenden Fragen verneinend und ersetzen Sie dabei die Perfektform durch لم + Apokopat!

Beispiel: هل تغيّر الوضع ؟ > لا ، لم يتغيّرِ ٱلوضع .

Achten Sie auf den Hilfsvokal, der beim Apokopat vor folgendem Artikel an die Stelle des *Sukūn* tritt!

هل تغيّر الوضع السياسيّ ؟
هل تحدّثتم مع أصدقائكم ؟
هل تحدّثت الفتاة مع صديقها ؟
هل تحدّث محمّد مع كلاوس ؟
هل تحدّث المعلّم مع تلاميذه ؟
هل طلبت منه أن يحجز لك مقعدا ؟
هل طلبت منها أن تحجز لنا مقعدين ؟
هل تفرّجتم على المباراة ؟
هل شاهدت هذا الفلم أمس ؟
هل تأجّلت بداية المباراة ؟
هل تأجّلت بداية الحفلة ؟
هل تأجّلت بداية المحادثات ؟
هل تأخّر الحكم ؟
هل تأخّر صديقك ؟
هل تبادلتم الهدايا ؟
هل تجاوز عدد المتفرّجين ٦٠ ألف متفرّج ؟
هل أملتم أن يفوز منتخبكم على خصمه ؟
هل أملت أن يأتي الأصدقاء يوم السبت ؟

Ü 14 Stellen Sie die fettgedruckten Wörter an den Satzanfang und setzen Sie das entsprechende Personalsuffix ein!

Beispiel: أنجزت **واجباتي** فورا > واجباتي أنجزتها فورا

دعونا **الطبيب** فورا
نقلت سيّارة الإسعاف **المريض** إلى المستشفى
أزور **عمر** صباح الغد
قابلت **أصدقاءنا** أمس
حضرت **الحفلة** وفود كثيرة
سعر **هذه السيّارة** مرتفع
عاصمة **ألمانيا الديمقراطيّة** جميلة
كنت أدرس في **جامعة هومبولدت** ٤ سنوات
كنّا نسكن في **ذلك البيت** أسبوعين
كنت مع **الطالبات** في المسرح
هل **الهديّة** معك ؟
هل وصلت **الوفود الأجنبيّة** أمس ؟
هل رأيت **أصدقاءنا** ؟
متى رأيت **أصدقاءنا** ؟
أين رأيت **أصدقاءنا** ؟
إلى أين تمشي **هيفاء** ؟
لماذا بعت **تلك الكتب** ؟

Lektion 18

G

1. Das erweiterte Verb: Stamm VII, VIII und X

Kennzeichen des VII. Stammes: Präfix *n-* نـ

Kennzeichen des VIII. Stammes: Infix *t(a)-* تَـ zwischen R_1 und R_2; Vokallosigkeit von R_1

Kennzeichen des X. Stammes: Präfix *st(a)-* ستَـ ; Vokallosigkeit von R_1

Die durch die Präfixe und das Infix entstehende Konsonantenhäufung am Verbanfang wird durch den Vorschlagvokal *i-* aufgelöst: (*i*)*n-* إنْـ (VII), (*i*) R_1 *ta-* إفْتَـ (VIII) und (*i*)*sta-* إسْتَـ (X). Das *Hamza* als Vokalträger des *i* ist ein *Hamzat waṣl.*

A 1 Es gibt verschiedene Regeln über die Assimilation des *t*-Infixes an R_1 = ت ، ث ، د ، ذ ، ز ، ص ، ض ، ط oder ظ .

Hier nur die wichtigsten:

R_1 = ت + Infix ت > تّـ

Beispiel: إتَّبَعَ

R_1 = ط + Infix ت > طّـ

Beispiel: إطَّلَعَ

R_1 = ص und ض + Infix ت > صطـ ، ضطـ

Beispiele: إصْطَدَمَ

إضْطَهَدَ

R_1 = ز + Infix ت > زد

Beispiel: إزْدَهَرَ

G

Die Vokalfolge ist bei der Perfektform – den Vorschlagvokal ausgenommen – durchgehend *a*.
Bei der Imperfektform fällt der Vorschlagvokal weg; die Vokalfolge ist: *a-a-i*.

A 2 Ohne *i* bei Verben $R_2 =$ و oder ى im VII. und VIII. Stamm; siehe unten, 1.3.!

1.1. Gesunde Verben

	X	VIII	VII
Perfektform:	إِسْتَفْعَلَ	إِفْتَعَلَ	إِنْفَعَلَ
Imperfektform:	يَسْتَفْعِلُ	يَفْتَعِلُ	يَنْفَعِلُ
Imperativ:	إِسْتَفْعِلْ	إِفْتَعِلْ	إِنْفَعِلْ

(Anhang: Tafel 14)

1.2. Verben $R_1 =$ و oder ى

	X	VIII	VII
Perfektform:	إِسْتَوْصَلَ	إِتَّصَلَ	
Imperfektform:	يَسْتَوْصِلُ	يَتَّصِلُ	keine Verben
Imperativ:	إِسْتَوْصِلْ	إِتَّصِلْ	

Im VIII. Stamm wird R_1 an das *t*-Infix assimiliert.
(Anhang: Tafel 16; die Übersicht über die Formen der Verben $R_1 =$ ى zeigt Tafel 17.)

1.3. Verben $R_2 =$ و oder ى

	X	VIII	VII
Perfektform:	إِسْتَقَامَ	إِقْتَامَ	إِنْقَامَ
Imperfektform Indikativ:	يَسْتَقِيمُ	يَقْتَامُ	يَنْقَامُ
Imperfektform Apokopat:	يَسْتَقِمْ	يَقْتَمْ	يَنْقَمْ
Imperativ:	إِسْتَقِمْ	إِقْتَمْ	إِنْقَمْ

G

Wie im IV. Stamm, so haben die Verben R_2 = و oder ى auch in den Stämmen VII, VIII und X die gleichen Formen. Es steht deshalb auch hier nur قام als Musterverb.
(Anhang: Tafeln 19 u. 21)

1.4. Verben R_3 = و oder ى

	X	VIII	VII
Perfektform:	إِسْتَلْقَى	إِلْتَقَى	إِنْلَقَى
Imperfektform Indikativ:	يَسْتَلْقِي	يَلْتَقِي	يَنْلَقِي
Imperfektform Apokopat:	يَسْتَلْقِ	يَلْتَقِ	يَنْلَقِ
Imperativ:	إِسْتَلْقِ	إِلْتَقِ	إِنْلَقِ

Die Stämme VII, VIII und X dieser Verben werden wie das Musterverb مشى im Grundstamm konjugiert.
(Anhang: Tafeln 24 u. 26)

1.5. Der bei den abgeleiteten Stämmen bisher nicht genannte IX. Stamm ist selten, da er fast nur in Verbindung mit Farben gebraucht wird.
Die Modellstruktur des IX. Stammes ist: إِفْعَلَّ.

schwarz sein oder werden	إِسْوَدَّ < أَسْوَدُ	schwarz
rot sein oder werden	إِحْمَرَّ < أَحْمَرُ	rot
gelb sein oder werden	إِصْفَرَّ < أَصْفَرُ	gelb
weiß sein oder werden	إِبْيَضَّ < أَبْيَضُ	weiß

Wie bei Stamm VII, VIII und X *Hamzat waṣl*!

Die Verben des IX. Stammes werden praktisch nur in der 3. P. Sg. m. oder f. verwendet.

V

تَأَلَّفَ V (يَتَأَلَّفُ) مِنْ	bestehen (aus)
إِسْتِمَارَة / إِسْتِمَارَات	Formular
مُؤْتَمَر / مُؤْتَمَرَات	Konferenz
بارت	(Personenname)
بَحَثَ (يَبْحَثُ) هـ	erörtern; untersuchen
إِبْتَدَأَ (يَبْتَدِئُ)	beginnen, anfangen (intr.)
ج أَلْبُلْدَانُ آلنَّامِيَةُ	die Entwicklungsländer
مُتَرْجِم / مُتَرْجِمُونَ	Übersetzer, Dolmetscher
تَلْفَنَ (يُتَلْفِنُ)	telephonieren
تَلِيفُونِيّ	telephonisch, Telephon-
تيفنباخ	(Personenname)
إِجْتَمَعَ VIII (يَجْتَمِعُ)	zusammenkommen, sich treffen
جَامِعَةُ كَارل ماركس	Karl-Marx-Universität
جَوَازُ سَفَرٍ / جَوَازَات	Reisepaß
إِحْتَاجَ VIII (يَحْتَاجُ) إِلَى	brauchen, benötigen, bedürfen

خَابَرَ III (يُخَابِرُ) هـ (بِٱلتَّلِيفُونِ)	anrufen
خَبِير / خُبَرَاءُ	Sachverständiger, Experte
مُخَابَرَة / مُخَابَرَات	Mitteilung, Benachrichtigung
مُخَابَرَة تَلِيفُونِيَّة / مُخَابَرَات	Telephongespräch
دَبَّرَ II (يُدَبِّرُ) هـ	besorgen
دَعْوَة / دَعَوَات	Einladung
دُكْتُور / دَكَاتِرَة	Dr.
رَسْمِيّ	offiziell
مَشْرُوع / مَشْرُوعَات وَمَشَارِيعُ	Vorhaben, Projekt
إِشْتَرَكَ VIII (يَشْتَرِكُ) (فِي)	teilnehmen (an)
إِشْتَرَى VIII (يَشْتَرِي) هـ	kaufen
إِشْتَغَلَ VIII (يَشْتَغِلُ)	beschäftigt sein, arbeiten
مَشْغُول	besetzt
مُشْكِلَة / مَشَاكِلُ	Problem

V

شَامِل		umfassend
إِسْتَطَاعَ	X	können
(يَسْتَطِيعُ) ه / أَنْ		
إِنْعَقَدَ	VII	stattfinden, tagen
(يَنْعَقِدُ)		
إِعْتَقَدَ	VIII	glauben, annehmen, (daß)
(يَعْتَقِدُ) (أَنَّ)		
مَعْهَدُ ٱلاِقْتِصَادِ ٱلْأَلْمَانِيِّ		Deutsches Wirtschaftsinstitut
إِسْتَغْرَقَ	X	dauern
(يَسْتَغْرِقُ) ه		
فِيزَا		Visum
إِقْتَرَحَ	VIII	vorschlagen
(يَقْتَرِحُ) ه		
إِقْتِرَاح / إِقْتِرَاحَات		Vorschlag (*Hamzat waṣl!*)
إِقْتِصَادِيّ / إِقْتِصَادِيُّونَ		ökonomisch, Wirtschafts-; Ökonom
كَارل مَاركس		Karl Marx
كَاوفمان		(Personenname)

لَازِم		notwendig, erforderlich
تَلَقَّى	V	erhalten
(يَتَلَقَّى) ه		
سولر		(Personenname)
مُنَاقَشَة / مُنَاقَشَات		Diskussion
نِمْرَة / نِمَر		Nummer
نَامٍ		s. البلدان النامية
إِنْتَهَى	VIII	enden, zu Ende gehen
(يَنْتَهِي)		
إِنْتَهَى مِنْ		beenden, fertig werden, zu Ende kommen (mit etw.)
هَامّ		bedeutend, bedeutsam, wichtig
وِزَارَةُ ٱلاِقْتِصَادِ ٱلْخَارِجِيِّ		Ministerium für Außenwirtschaft
إِتَّصَلَ	VIII	sich in Verbindung setzen (mit)
(يَتَّصِلُ) بِ		
مَوْضُوع / مَوَاضِيع		Thema
إِرْفَاد		Delegierung, Entsendung

V

وَافَقَ III zustimmen
(يُوَافِقُ) عَلَى

إِتَّفَقَ VIII übereinstimmen, sich einigen (über)
(يَتَّفِقُ) عَلَى

وَكِيل / وُكَلَاءُ Bevollmächtigter, Vertreter, Agent

وَكِيلُ ٱلْوِزَارَةِ Staatssekretär

T

T 1

دعوة رسميّة

تلقّت وزارة الاقتصاد الخارجيّ في جمهوريّة ألمانيا الديمقراطيّة رسالة من وزارة الاقتصاد اللبنانيّة جاء فيها : سوف ينعقد في بيروت مؤتمر اقتصاديّ يشترك فيه خبراء اقتصاديّون من القارّات الخمس . إنّنا نعتقد أنّ موضوع المؤتمر « قضايا اقتصاد البلدان النامية » هو موضوع هامّ جدّا يحتاج إلى مناقشة شاملة . وندعوكم لإيفاد خبيرين إلى هذا المؤتمر الّذي يبتدئ في ٨ نيسان وينتهي في ١٢ منه .

هذا واجتمع المسؤولون في الوزارة وبحثوا الدعوة واتّفقوا على أن يشترك خبيران من ألمانيا الديمقراطيّة في هذا المؤتمر فاقترح وكيل الوزراة إيفاد الدكتور مولر من معهد الاقتصاد الالمانيّ في برلين والدكتور بارت من جامعة كارل ماركس في لايبزغ وكذلك السيّد كلاوس كاوفمان كمرافق ومترجم . فوافق الجميع على هذا الاقتراح .

T 2

مخابرة تليفونيّة

اتّصل موظّف مسؤول في وزارة الاقتصاد بالسيّد كلاوس كاوفمان وتحدّث معه حول السفر إلى بيروت .

الموظّف : صباح الخير ، يا سيّد كاوفمان . إسمي تيفنباخ وأشتغل في وزارة الاقتصاد الخارجيّ . أعرف أنّك كنت مرافق الوفد العراقيّ الذي زار بلدنا منذ عدّة أسابيع . هل تستطيع أن ترافق وفدا إلى لبنان ؟

T

كلاوس : بكلّ سرور. أنا ما كنت في بلد عربيّ حتّى الآن . من كم شخص يتألّف الوفد ؟
الموظّف : يتألّف الوفد من خبيرين اثنين وأنت كمرافق ومترجم يعني ثلاثة أشخاص .
كلاوس : كم أسبوعا تدوم الرحلة ؟
الموظّف : ستسافرون أوّلا إلى بيروت حيث تبقون ١٠ أيّام تقريبا وربّما تسافرون بعد ذلك إلى دمشق وبغداد لمدّة ٣ أسابيع .
كلاوس : ليس عندي جواز سفر. هل تدبّرون لي الجواز والفيزا ؟
الموظّف : طبعا . نبعث إليك بالاستمارات اللازمة غدا . هل توجد مشاكل أخرى ؟
كلاوس : لا ، شكرا جزيلا .
الموظّف : عفوا ، مع السلامة .

Ü

Ü 1 Hören Sie mehrmals Text 1 vom Tonband oder vorgelesen vom Lektor!

Ü 2 Lesen Sie Text 1 unter Kontrolle des Lektors!

Ü 3 (Hausaufgabe) Lesen Sie nochmals Text 1 und übersetzen Sie ihn! Bereiten Sie Ü 4 und Ü 5 vor!

Ü 4 Geben Sie den Inhalt von Text 1 in Arabisch wieder! Der Lektor kontrolliert dabei sowohl die phonetische als auch die lexikalische und grammatische Richtigkeit. Das gleiche gilt für die folgenden Übungen.

Ü 5 Beantworten Sie die folgenden Fragen zu Text 1!

ماذا تلقّت وزارة الاقتصاد الخارجيّ في جمهوريّة المانيا الديمقراطيّة من وزارة الاقتصاد اللبنانيّة ؟
ماذا جاء في هذه الرسالة ؟
من يشترك في المؤتمر الاقتصاديّ في بيروت ؟
ما هو موضوع المؤتمر ؟

Ü

هل هو موضوع هامّ ؟
هل يحتاج الموضوع إلى مناقشة شاملة ؟
متى يبتدئ هذا المؤتمر ومتى ينتهي ؟
كم من الوقت يدوم هذا المؤتمر؟
كم خبيرا من ألمانيا الديمقراطيّة سيشترك في المؤتمر؟
ما اسم الخبيرين ؟
من سيسافر إلى بيروت كمرافق ومترجم للوفد ؟

Ü 6 Hören Sie mehrmals Text 2 vom Tonband oder vorgelesen vom Lektor!

Ü 7 Lesen Sie Text 2 unter Kontrolle des Lektors!

Ü 8 (Hausaufgabe) Lesen Sie nochmals Text 2 und arbeiten Sie ihn so durch, daß Sie selbständig, ohne Zuhilfenahme der Textvorlage, mit den vorkommenden Fragen und Antworten ein Gespräch führen können! Bereiten Sie Ü 10 vor!

Ü 9 Führen Sie dieses Gespräch im Kolleg!

Ü 10 Simulieren Sie ein einfaches Gespräch zuerst mit der Telefonzentrale oder dem Fernamt und dann mit einem Freund und verwenden Sie dabei die Sätze:

Geben Sie mir die Nummer . . .
أعطيني النمرة . . . bzw. fem. أعطني النمرة . . .

Der Anschluß ist besetzt, — النمرة مشغولة .

Rufen Sie noch einmal an! — تلفن مرّة ثانية !

Rufen Sie mich morgen an! — تلفن لي غدا !

Rufen Sie mich an! — خابرني بالتليفون .

Ü 11 Verneinen Sie die Perfektform der folgenden Fragesätze durch لم + Apokopat!

Beispiel: هل اشتركت في هذا المؤتمر؟ >
لا لم أشترك في هذا المؤتمر.

Ü

هل اشترك جميع الخبراء في هذا المؤتمر؟
هل اشترك وفدنا في هذا الاجتماع ؟
هل اشتركت في هذه المحادثات ؟
هل اشترك مدير معهدك في هذه المحادثات ؟
هل اشتركت في هذا الاجتماع ؟
هل اشتركوا كلّهم في هذا المعرض ؟
هل اشترك وزير الخارجيّة في هذا الاجتماع ؟
هل اشتركت في المباريات في لايبزغ ؟
هل اشترك أصدقاؤك في المباريات في لايبزغ ؟
هل تلقّيت رسالة اليوم ؟
هل تلقّيت رسالة من أمّك ؟
هل تلقّى صديقك رسالة من أخيه ؟
هل تلقّت الوزارة دعوة ؟
هل تلقّيتم الدعوة ؟

Ü 12 Positive Beantwortung und außerdem Erweiterung des vorgegebenen Fragesatzes.

Beispiel: هل اجتمع الخبراء أمس ؟ >

نعم اجتمع الخبراء أمس ولكنّهم لم ينتهوا من المناقشة .

Setzen Sie für الخبراء nacheinander die Wörter

الرؤساء ، المسؤولون ، مترجمو الوفود ، مرافقو الوفود ، وكلاء الوزارة ، المعلّمون ، الوزراء

ein und tauschen Sie أمس gegen andere passende Zeitangaben (Wochentage, Uhrzeit) aus!

Ü

Ü 13 Wie Ü 12 mit dem Fragesatz:

هل اجتمعتم أمس (صباح اليوم ، في الساعة الثامنة . . . ؟)

Ü 14 Geben Sie auf die vom Lektor entsprechend zu variierenden Sätze

هل اتّفق	الخبراء المدراء الوزراء الرؤساء الوكلاء الأصدقاء	على	المشروع المشاريع الموعد المواعيد
هل اتّفقت	الوفود الحكومات الوزارات		
هل اتّفقتم معهم			

eine bejahende Antwort und erweitern Sie sie durch eines der folgenden Wörter oder Wortgruppen:

أمس – أمس الأوّل – اليوم – فورا – بسرعة – بعد مناقشة طويلة –

بعد أن ناقشوا الموضوع مدّة طويلة – في الاجتماع أمس – منذ عدّة أيّام –

Beispiele:

هل اتّفق الوزراء على الموعد ؟ <

نعم اتّفقوا على الموعد بعد مناقشة طويلة .

هل اتّفقتم معهم على المشروع ؟ <

نعم اتّفقنا معهم على المشروع فورا .

Ü

Ü 15 (schriftliche Hausaufgabe) Beantworten Sie die Fragen

متى يبتدئ / تبتدئ und متى ينتهي / تنتهي

المؤتمر؟
المحادثات ؟
الاجتماع ؟
معرض لايبزغ ؟
الحفلة ؟
الرحلة ؟
المباراة ؟
الدرس ؟

unter Verwendung von Datums- und Uhrzeitangaben.

Ü 16 Mehrere Studenten tragen die von ihnen schriftlich fixierten Antwortsätze im Kolleg vor.

Ü 17 Beantworten Sie die Frage

كم من الوقت
يستغرق المؤتمر (الاجتماع ، معرض لايبزغ ، الدرس)
تستغرق الحفلة (الرحلة ، المحادثات ، مباراة كرة القدم)

unter Verwendung beliebiger Zahlen und der Wörter

دقيقة ، ساعة ، يوم ، اسبوع ، شهر .

Ü 18 Der Lektor wiederholt Ü 15 und Ü 17, wobei er die jeweils als Antwort gewünschte Datums- oder Zeitgabe in Ziffern an die Tafel schreibt.

Ü 19 Die Studierenden stellen untereinander die Frage

Brauchst Du ...? هل تحتاج إلى . . . ؟

und verwenden dabei die folgenden Wörter:

نقود ، بطاقة ، بطاقات ، كتابي ، كتبي ، نسخة ثانية ، أحذية جديدة ، معطف جديد ، قبّعة جديدة ، سيّارة ، قدّاحة ، جهاز راديو ، جهاز تليفزيون ، هذا الجهاز ، جواز سفر ، فيزا .

Die Antwort kann bejahend oder verneinend gegeben werden.

Ü

Ü 20 Geben Sie eine sinnvolle Antwort auf die Frage

أين كنت تشتغل في العام الماضي (في الشهر الماضي ، في الأسبوع الماضي ، أمس الأوّل ، أمس) ؟

Ü 21 Wandeln Sie in den folgenden Sätzen die Perfektform in die Imperfektform nach dem in dem Beispiel angegebenen Muster um!

Beispiel:

Lektor:	هل استطعت أن تدبّر لي الاستمارات ؟
1. Student:	هل تستطيع أن تدبّر لي الاستمارات ؟
2. Student:	نعم أستطيع أن أدبّر لك الاستمارات .

هل استطعت أن تدبّر لي الاستمارات ؟
هل استطعت أن تدبّر لنا الاستمارات اللازمة ؟
هل استطاع الموظّف أن يدبّر لك جواز السفر؟
هل استطاع صديقك أن يسافر إلى بيروت ؟
هل استطاع رئيس الوفد أن يجيب على الأسئلة ؟

هل استطاع الطلّاب أن يجتمعوا في معهدهم ؟
هل استطعت أن ترافق الوفد السوريّ ؟
هل استطاعت الطالبة أن تزور أمّها في المستشفى ؟
هل استطعت أن تأتي إليهم حالا ؟
هل استطاع كلاوس أن يكتب رسالة عربيّة ؟
هل استطعت أن تتلقّى جواز السفر؟
هل استطاع الوفد أن ينهي محادثاته ؟

Ü 22 (schriftliche Hausaufgabe) Bilden Sie 10 Sätze, in denen das Verb اتّصل im Imperativ verwendet wird.

Beispiele: اتّصل بمترجم الوفد
اتّصلوا بإدارة المعرض

Lektion 19

G

1. Das Passiv

1.1. Das Passiv unterscheidet sich funktionell vom Aktiv in der Möglichkeit, das Agens unerwähnt zu lassen. Das Deutsche kann dieses in Form einer präpositionalen Ergänzung hinzufügen. Im Arabischen ist die Weglassung des Agens bei der Passivkonstruktion zur Regel erhoben.

A 1 Diese Regel wird in der modernen arabischen Sprache nicht selten durchbrochen und das Agens durch مِنْ قِبَلِ angefügt. Insgesamt wird jedoch der aktivischen Ausdrucksweise der Vorzug gegeben.

Im Passiv wird das Objekt eines transitiven Verbs zum Subjekt der Aussage.

1.2. Das Passiv unterscheidet sich formal vom Aktiv nur in der Vokalfolge.

1.2.1. Die charakteristische Vokalfolge im Passiv der Perfektform ist *u* — *i* — *a*.

Bei den abgeleiteten Stämmen nehmen auch die Präfixe und das Infix den Vokal *u* an.

Im folgenden werden Aktiv- und Passivform des Grundstammes und der abgeleiteten Stämme in der 3. P. Sg. m. einander gegenübergestellt.

Im übrigen sei auf die Tafeln 7, 13, 14 im Anhang verwiesen.

G

Stamm	Passiv	Aktiv
I.	فُعِلَ	فَعَلَ
II.	فُعِّلَ	فَعَّلَ
III.	فُوعِلَ	فَاعَلَ
IV.	أُفْعِلَ	أَفْعَلَ
V.	تُفُعِّلَ	تَفَعَّلَ
VI.	تُفُوعِلَ	تَفَاعَلَ
VII.	أُنْفُعِلَ	إِنْفَعَلَ
VIII.	أُفْتُعِلَ	إِفْتَعَلَ
X.	أُسْتُفْعِلَ	إِسْتَفْعَلَ

1.2.2. Die charakteristische Vokalfolge im Passiv der Imperfektform ist *u* — *a* — *a*

Stamm	Passiv	Aktiv
I.	يُفْعَل	يَفْعَل
II.	يُفَعَّل	يُفَعِّل
III.	يُفَاعَل	يُفَاعِل
IV.	يُفْعَل	يُفْعِل
V.	يُتَفَعَّل	يَتَفَعَّل
VI.	يُتَفَاعَل	يَتَفَاعَل
VII.	يُنْفَعَل	يَنْفَعِل
VIII.	يُفْتَعَل	يَفْتَعِل
X.	يُسْتَفْعَل	يَسْتَفْعِل

(Anhang: Tafeln 8, 13, 14).

1.3. Die Passivformen der schwachen Verben sind in den Tafeln 15—26 im Anhang verzeichnet. Sie haben grundsätzlich die gleiche Vokalfolge wie die gesunden Verben.

Wir nennen nur einige Besonderheiten:

Bei den Verben $R_1 =$ و fällt das و in der Imperfektform des Grundstammes nicht wie im Aktiv weg:

Passiv	Aktiv
يُوصَل	يَصِل

Bei den Verben $R_2 =$ و oder ى lautet R_2 in den Stämmen, in denen dieser Radikal vokalischen Wert hat (I., IV., VII., VIII., X.), durchgängig ى (langer Vokal *ī*) in der Perfektform, ا (langer Vokal *ā*) in der Imperfektform.

Beispiele:

Grundstamm:

Passiv	Aktiv
قِيمَ يُقَام	قَامَ يَقُوم
بِيعَ يُبَاع	بَاعَ يَبِيع
خِيفَ يُخَاف	خَافَ يَخَاف

Bei den Verben $R_3 =$ و oder ى wird R_3 in allen Stämmen zu ى (mit konsonantischem Wert) in der Perfektform, zu ى (*Alif maqṣūra*, als langer Vokal *ā* gesprochen) in der Imperfektform.

Beispiele:

Grundstamm:

Passiv	Aktiv
دُعِيَ يُدْعَى	دَعَا يَدْعُو
مُشِيَ يُمْشَى	مَشَى يَمْشِي
لُقِيَ يُلْقَى	لَقِيَ يَلْقَى

G

1.4. Einige Beispiele zur Anwendung des Passivs:

1.4.1.

تُوجَدُ في وَسَطِ المدينةِ المبانِي
الّتي تُعْرَضُ فيها السلعُ الاستهلاكيّة .

Im Stadtzentrum befinden sich die Gebäude, in denen die Konsumgüter ausgestellt werden.

Passivform تُوجَدُ zum Verb وَجَدَ , I. Stamm

Passivform تُعْرَضُ zum Verb عَرَضَ , I. Stamm

يُوفَدُ خبيران من ألمانيا الديمقراطيّة
إلى المؤتمرِ الّذي يُعْقَدُ في بيروت .

Zwei Experten aus der DDR werden zur Konferenz entsandt, die in Beirut abgehalten wird.

Passivform يُوفَدُ zum Verb أَوْفَدَ , IV. Stamm

Passivform يُعْقَدُ zum Verb عَقَدَ , I. Stamm

أُقْتُرِحَ إيفادُ خبيرَيْن

Die Entsendung von 2 Experten wurde vorgeschlagen.

Passivform أُقْتُرِحَ zum Verb إقْتَرَحَ , VIII. Stamm

1.4.2. Die Verbalrektion mittels Präposition bleibt erhalten:

Die Gäste werden begrüßt. يُرَحَّبُ بِا لضُّيوفِ .

Passivform يُرَحَّبُ zum Verb (ب) رَحَّبَ , II. Stamm

Das Subjekt dieses passivischen Satzes steht also hier nicht im Nominativ, sondern, abhängig von der zu رحّب gehörenden Präposition ب , im Genitiv. Vgl. auch das Beispiel in T 1:

يُسمحُ لنا بالتدخين .

In solchen Konstruktionen steht übrigens immer die maskuline Form des Verbs, auch wenn das Subjekt feminin ist:

عُبِّرَ عن آراءٍ كثيرة .

Es wurden viele Meinungen geäußert.

Passivform عُبِّرَ zum Verb عَبَّرَ , II. Stamm

Maskuline Form, obwohl آراء als fem. gilt!

1.4.3. Zur Konstruktion von doppelt transitiven Verben:

Werden Sätze mit 2 direkten Objekten passivisch gewendet, so wird das 1. Objekt zum Subjekt, das 2. Objekt bleibt als solches im Akkusativ:

Beispiel: mit ه ٥ أَعْطَى IV »jmdm. etw. geben«

Aktiv

أَعْطَيْتُ محمّداً جِهازاً .

Ich habe Muḥammad ein Gerät gegeben.

Passiv

أُعْطِيَ محمّدٌ جِهازاً .

Muḥammad ist ein Gerät gegeben worden.

Beispiel mit ه ٥ سمّى II »jmdn. (mit einem Namen) nennen«

Aktiv

سَمَّتِ ٱلأُمُّ الولدَ محمّداً .

Die Mutter hat das Kind Muhammad genannt.

Passiv

سُمِّيَ الولد محمّداً .

Das Kind wurde Muḥammad genannt.

Auch wenn das Subjekt nicht genannt wird, bleibt das Akkusativobjekt erhalten:

Er wurde Muhammad genannt. سُمِّيَ محمّداً .

Vgl. auch das Beispiel in T 1: تُسَمَّى ٱلنّجُزُرَ ٱلأَلْفَ .

G

1.4.4. Die passivische Imperfektform wird in Verbindung mit der Negation لا gern in der Form eines attributiven Relativsatzes gebraucht, dem im Deutschen ein attributives Adjektiv entspricht:

حَفْلَةٌ لا تُنْسَى

eine Veranstaltung, die nicht vergessen wird =
eine unvergeßliche Veranstaltung

2. Einige Charakteristika der abgeleiteten Stämme

Die abgeleiteten Stämme sind ursprünglich Grundstammvarianten zum Ausdruck von Aktionsarten und Verbalcharakter. Eine funktionell-semantische Bestimmung der einzelnen Stämme ist möglich, verspricht jedoch wenig Nutzen für die Sprachpraxis. Fast der gesamte Verbalbestand ist lexikalisch erfaßt; der Studierende braucht nicht selbst von den einzelnen Verben bestimmte Stämme neu zu bilden. Freilich kann ihm die Kenntnis des »Stammwerts« das Verständnis einer ihm noch nicht geläufigen Verbform ohne Zuhilfenahme eines Wörterbuchs ermöglichen.
Grundsätzlich sei hier jedoch festgestellt, daß viele Verben nicht in ein generelles Bedeutungsschema der einzelnen Stämme passen. Es genügt deshalb nicht, sich von einem Verb etwa nur die Wurzel oder den Grundstamm zu merken. Jedes Verb muß in der Form des entsprechenden Stammes eigens gelernt werden!

A 2 Das bedeutet auch, daß man sich die Verben nicht etwa einzuprägen sucht, indem man sagt
جمع = sammeln
جمع IV. Stamm = übereinstimmen
جمع VIII. Stamm = zusammenkommen, sich treffen,
sondern man muß im Gedächtnis sofort die Formen أجمع und اجتمع speichern.
Freilich sollte man wissen, daß der IV. und VIII. Stamm vorliegt, da diese Kenntnis für die richtige formale Handhabung notwendig ist.

Wir führen im folgendem einige Charakteristika der abgeleiteten Stämme an, die dem Studierenden eine Hilfe vor allem für die schriftliche Übersetzung sein sollen:

G

2.1. II. Stamm فَعَّلَ – يُفَعِّلُ

intensivierend	كَسَرَ I	zerbrechen (trans.)
	كَسَّرَ II	zerbrechen, zertrümmern
kausativ	رَجَعَ I	zurückkehren
	رَجَّعَ II	zurückkehren lassen, zurücksenden
denominativ	زَيْتٌ	Öl
(in dieser Funktion im modernen Arabisch produktiv!)	زَيَّتَ II	ölen
	صِنَاعَةٌ	Industrie
	صَنَّعَ II	industrialisieren

Fast alle Verben transitiv.
Zahlenmäßig stark vertreten; nach dem Grundstamm der am häufigsten vorkommende Stamm.

In unvokalisierten Texten Verwechslungsmöglichkeit mit
Stamm I bei der Perfektform
Stamm I, IV bei der Imperfektform
Stamm V bei der Form تفعّل

2.2. III. Stamm فَاعَلَ – يُفَاعِلُ

Zielstamm	كَتَبَ I	schreiben
(versuchte) Einwirkung auf eine Person oder Sache	كَاتَبَ III	sich mit jmdm. schreiben, korrespondieren
	بَدَلَ I	ersetzen, austauschen
	بَادَلَ ه ه III	mit jmdm. etw. austauschen

G

قَامَ	I	aufstehen
قَاوَمَ	III	aufstehen u. sich gegen jmdn. od. etw. wenden = Widerstand leisten

Viele Verben lassen diesen Stammwert nicht erkennen.
Fast alle Verben sind transitiv.
Verwechslungsmöglichkeit mit dem Aktivpartizip des Grundstammes, bei der Imperfektform mit Präfix تـ auch mit dem VI. Stamm تفاعل .

2.3. IV. Stamm أَفْعَلَ – يُفْعِلُ

Kausativ, denominativ und in verschiedenen anderen Bedeutungen, die sich schwer zusammenfassen lassen.
Die meisten Verben dieses Stammes sind transitiv.
Verwechslungsmöglichkeit mit
Stamm I bei der Imperfektform und dem Imperativ
Stamm II bei der Imperfektform
Stamm V bei der Form تفعل
dem Elativ (vgl. Lektion 25).

2.4. V. Stamm تَفَعَّلَ – يَتَفَعَّلُ

Bildet Intransitiva und Reflexiva zum II. Stamm

كَسَّرَ	II	zerbrechen, zertrümmern
تَكَسَّرَ	V	zerbrechen (intr.)
حَجَّرَ	II	zu Stein werden lassen, in Stein verwandeln
تَحَجَّرَ	V	zu Stein werden, versteinern
غَيَّرَ	II	verändern
تَغَيَّرَ	V	sich verändern

sowie manche Denominative:

تَبَنَّى	V	als Sohn (ابن) annehmen, adoptieren

Meist intransitiv.
Verwechslungsmöglichkeit durch das präfigierte تَـ mit den Imperfektformen 3. P. f. und 2. P. m. Sg. Stamm I, II und IV.

2.5. VI. Stamm تَفَاعَلَ – يَتَفَاعَلُ

Reflexivbildung zum III. Stamm, meist in reziproker Bedeutung:

بَادَلَ ه هـ	III	mit jmdm. etw. austauschen
تَبَادَلَ هـ	VI	gegenseitig oder miteinander etw. austauschen

Transitive und intransitive Verben.
Zahlenmäßig schwach vertreten.
Durch das präfigierte تَـ Verwechslungsmöglichkeit mit einigen Imperfektformen des III. Stammes.

2.6. VII. Stamm إِنْفَعَلَ – يَنْفَعِلُ

Bildet Intransitiva (oft als Resultativ)

	كَسَرَ	I	zerbrechen (trans.)
	إِنْكَسَرَ	VII	zerbrechen (intr.), in Stücke gehen
und Reflexiva	سَحَبَ	I	ziehen, schleppen
	إِنْسَحَبَ	VII	sich fortschleppen, sich zurückziehen

In der Umgangssprache dient dieser Stamm der Bildung des Passivs.
Durchgängig intransitiv.
Verwechslungsmöglichkeit allenfalls mit Verben $R_1 =$ ن.

G

2.7. VIII. Stamm إِفْتَعَلَ – يَفْتَعِلُ

Verschiedene, z. T. sehr unterschiedliche Bedeutungen. Manche Verben im VIII. Stamm sind reflexive und reziproke Varianten des Grundstammes.

Teils transitiv, teils intransitiv.

2.8. IX. Stamm إِفْعَلَّ – يَفْعَلُّ

Wird fast nur in Verbindung mit Farben gebraucht und bezeichnet sowohl das Eintreten des entsprechenden Zustandes:

إِحْمَرَّ ٱلْأُفُقُ .

Der Horizont nahm eine rötliche Färbung an, rötete sich.

als auch dessen oft durch Intensität gekennzeichnetes Bestehen:

إِسْوَدَّ ٱللَّيْلُ . Die Nacht war (tief)schwarz.

Immer intransitiv.
Kommt selten vor.

2.9. X. Stamm إِسْتَفْعَلَ – يَسْتَفْعِلُ

Oft in der Bedeutung »um etw. nachsuchen, bitten«

إِسْتَرَاحَ	X	nach Ruhe verlangen, sich ausruhen
إِسْتَفْسَرَ	X	nach einer Erklärung fragen oder suchen
إِسْتَثْمَرَ	X	Früchte, Gewinn zu erlangen suchen = ausbeuten, (neuerdings auch) investieren

aber auch genau wie der Grundstamm in nicht näher einzugrenzenden Bedeutungsvarianten.

Transitiva überwiegen.

V

أَب / آبَاء	Vater (im Status constructus أَبو; vgl. أَخ / أَخو im Vokabelverzeichnis von Lektion 14)
أُخْت / أَخَوَات	Schwester
بَحْر / بِحَار	Meer
بَحْرُ ٱلْأَدْرِيَاتِيك	Adriatisches Meer, Adria
أَلْبَحْرُ ٱلْأَبْيَضُ ٱلْمُتَوَسِّطُ	Mittelmeer
بَاخِرَة / بَوَاخِرُ	Dampfer, (Dampf-) Schiff
بِضَاعَة / بَضَائِعُ	Ware
تشيكوسلوفاكيا	Tschechoslowakei
أَثْنَاءَ	während
جَرَّبَ II (يُجَرِّبُ) ه	probieren, erproben
جَزِيرَة / جَزَائِرُ وجُزُر	Insel
جُمْرُك / جَمَارِك	Zoll
جُمْرُكِيّ	Zoll-
جَوّ / أَجْوَاء	Luft, Luftraum
إِجْتَازَ VIII (يَجْتَازُ) ه	durchdringen, überschreiten, passieren
حَقِيبَة / حَقَائِبُ	Koffer
حَلَّقَ II (يُحَلِّقُ) فِي	überfliegen
خَضَعَ (يَخْضَعُ) لِ	unterliegen, unterworfen sein
دُخُول	Eintritt, Betreten, Einreise
إِدْخَال	Hereinbringen, Einfuhr
دَخَّنَ II (يُدَخِّنُ) ه	rauchen
تَدْخِين	(das) Rauchen
دَلِيل / أَدِلَّة	Führer (Buch)
دَوْلِيّ ، دُوَلِيّ	international
ذَاقَ (يَذُوقُ) ه	kosten, probieren
رَسْم / رُسُوم	Gebühr
رَاكِب / رُكَّاب	Passagier
زَوْرَق / زَوَارِقُ	Boot
سَطْح / سُطُوح	Oberfläche
سَمَّى II (يُسَمِّي) ه ه / ه	nennen, benennen (jmdn. oder etw. mit einem Namen); Passiv: heißen
سِيَاحِيّ	Touristen-

V

شيلر	Schiller
صُعُود	Aufstieg, Start
صَافٍ	klar, rein
مُضِيفَة / مُضِيفَات	Stewardess
طَبَقَة / طَبَقَات	Schicht, Lage; Klasse (Politök.)
طَائِرَةٌ نَفَّاثَةٌ / طَائِرَات	Düsenflugzeug
عَرَق	Anisschnaps
غوته	Goethe
غَيْم / غُيُوم	Wolke(n) (coll)
تَفْتِيش	Inspektion, Kontrolle
فَحْص / فُحُوص	Prüfung, Untersuchung, Kontrolle
مِنْ فَضْلِكَ (ـكِ ، ـكُمْ ، ـكُنَّ)	bitte
فَوْقَ	über (Präposition)
فِيزَا دُخُول	Einreisevisum
قَامُوس / قَوَامِيس	Wörterbuch
أَقْلَعَ (يُقْلِعُ) IV	starten, abfliegen
تَكَلَّمَ (يَتَكَلَّمُ) V (لُغَةً)	(eine Sprache) sprechen
كونياك	Kognak
مُمْطِر	regnerisch
مَنَعَ (يَمْنَعُ) ه هـ / من	verbieten (jmdm. etw.)
مَمْنُوع	verboten
نَفَّاث	s. طائرة نفّاثة
أَلنَّمْسَا	Österreich
هُبُوط	Abstieg, Landung
هُنَاكَ	auch: es gibt
مَوْجُود	vorhanden
إِسْتِيرَاد	Einfuhr, Import (*Hamzat waṣl*!)
مُتَوَسِّط	s. البحر الأبيض المتوسّط
وَطَن / أَوْطَان	Heimat
أَوْفَدَ IV (يُوفِدُ) ه	entsenden, delegieren
تُوُفِّيَ V	(arab. Passivform) sterben
يوغوسلافيا	Jugoslawien
أَلْيُونَان	Griechenland; die Griechen

T

T 1 في الطريق إلى بيروت

في الخامس من نيسان وفي تمام الساعة الثامنة أقلعت الطائرة النفّاثة الّتى تنقل الوفد الألمانيّ من مطار برلين إلى بيروت. كان الطقس ممطرا ولكنّ السماء أصبحت صافية بعد أن اجتازت الطائرة طبقة الغيوم.

أحضرت المضيفة الفطور وبعد ذلك قدّمت لأصدقائنا كؤوسا من العصير. سألها كلاوس: هل يسمح لنا بالتدخين؟ فأجابت: يمنع التدخين أثناء صعود الطائرة وهبوطها فقط.

حلّقت الطائرة في أجواء تشيكوسلوفاكيا والنمسا ويوغوسلافيا ثمّ فوق بحر الأدرياتيك والبحر الابيض المتوسّط. فرؤيت فوق سطح البحر البواخر والزوارق كما شوهدت جزر اليونان الّتي تسمّى «الجزر الألف».

وقد وصلت الطائرة بعد رحلة استغرقت ٤ ساعات تقريبا إلى مطار بيروت عاصمة الجمهوريّة اللبنانيّة.

T 2 فحص جوازات السفر والتفتيش الجمركيّ

موظّف المراقبة: أعطوني من فضلكم جوازات السفر. هل فيزا الدخول موجودة؟
كلاوس: نعم، توجد فيزا دخول في كلّ جواز.
موظّف المراقبة: أنت تتكلّم اللغة العربيّة؟
كلاوس: درست اللغة العربيّة في جامعة كارل ماركس بلايبزغ.
موظّف المراقبة: أهلا وسهلا. تفضّلوا إلى الجمرك.
موظّف الجمرك: كم معكم من الحقائب والشنطات؟
كلاوس: معنا ٣ حقائب و٣ شنطات صغيرة.
موظّف الجمرك: هل معكم بضائع تخضع للرسوم الجمركيّة؟
كلاوس: ليست معنا أشياء يمنع استيرادها.
موظّف الجمرك: هناك بضائع لا يمنع استيرادها ولكنّها تخضع للرسوم الجمركيّة.
كلاوس: جئنا إلى بلدكم لنشترك في مؤتمر دوليّ.

T

موظّف الجمرك : على كلّ حال افتح تلك الشنطة الصغيرة .
كلاوس : توجد فيها بعض الكتب وقاموس ودليل سياحيّ فقط .
موظّف الجمرك : وزجاجة كونياك .
كلاوس : نعم ، زجاجة صغيرة . هل إدخالها ممنوع ؟
موظّف الجمرك : كلّا . هل تحبّ الكونياك ؟
كلاوس : أحبّه ، لكنّني لم أذق العرق اللبنانيّ المشهور بعد .
موظّف الجمرك : ربّما تأخذ معك ١٠ زجاجات منه إلى الوطن بعد أن تكون قد جرّبته .

Ü

Ü 1 Hören Sie mehrmals Text 1 vom Tonband oder vorgelesen vom Lektor!

Ü 2 Lesen Sie nochmals Text 1 unter Kontrolle des Lektors!

Ü 3 (Hausaufgabe) Lesen Sie nochmals Text 1 und übersetzen Sie ihn! Bereiten Sie Ü 4 und Ü 5 vor!

Ü 4 Geben Sie den Inhalt von Text 1 in Arabisch wieder! Der Lektor kontrolliert dabei sowohl die phonetische als auch die lexikalische und grammatische Richtigkeit. Das gleiche gilt auch für die folgenden Übungen.

Ü 5 Beantworten Sie die folgenden Fragen zu Text 1!

في أيّ يوم من شهر نيسان وفي أيّة ساعة أقلعت الطائرة من مطار برلين ؟
أيّ نوع من الطائرات نقلت الوفد الالمانيّ إلى بيروت ؟
كيف كان الطقس في ذلك اليوم ؟
متى أصبحت السماء صافية ؟
ماذا أحضرت المضيفة وماذا قدّمت لأعضاء الوفد ؟
هل أراد كلاوس أن يدخّن سيجارة ؟
متى يكون التدخين في الطائرة ممنوعا ؟
ما هي البلدان الّتي حلّقت الطائرة في أجوائها ؟

Ü

ماذا شاهد الركّاب ؟

كم ساعة استغرقت الرحلة ؟

Ü 6 Hören Sie mehrmals Text 2 vom Tonband oder vorgelesen vom Lektor!

Ü 7 Lesen Sie mehrmals Text 2 unter Kontrolle des Lektors!

Ü 8 (Hausaufgabe) Lesen Sie nochmals Text 2 und arbeiten Sie ihn so durch, daß Sie selbständig, ohne Zuhilfenahme der Textvorlage, ein Gespräch zum Thema »Paß- und Zollkontrolle« führen können!

Ü 9 Führen Sie dieses Gespräch im Kolleg!

Ü 10 Jeder Studierende beantwortet die Fragen أين ولدتَ und متى ولدتَ , letztere unter Angabe des genauen Datums.

Ü 11 Beantworten Sie die beiden Fragen متى توفّي غوته und متى توفّي شيلر !

Ü 12 Beantworten Sie die Fragen

ماذا يسمّى أبوك ؟

ماذا يسمّى أخوك (إخوتك) ؟

ماذا يسمّى أصدقاؤك (العرب والألمان)

ماذا تسمّى أختك (أخواتك) ؟

ماذا تسمّى صديقاتك (العربيّات والألمانيّات) ؟

ماذا تسمّى أمّك ؟

Ü 13 (Hausaufgabe) Stellen Sie alle Personennamen zusammen, die bisher in den Texten vorgekommen sind. Bilden Sie mit ihnen und der Passivform يسمّى Sätze nach dem Muster

يسمّى أعضاء الوفد العراقيّ . . .

يسمّى المرافق الألمانيّ للوفد العراقيّ . . .

يسمّى الصديق الّذي أرسل هديّة إلى أخيه في لايبزغ . . .

Ü

Ü 14 Beantworten Sie die Fragen

ما هي الفواكه الّتي تزرع في البلدان العربيّة ؟
ما هي البضائع الّتي تعرض في معرض لايبزغ ؟
أين تعرض هذه البضائع ؟

Ü 15 Wenden Sie die folgenden Sätze passivisch! Das Akkusativobjekt wird dabei zum Subjekt des Satzes.

Beispiel: أقام الوزير حفلة عشاء > أُقيمت حفلةُ عشاء

أقام وزير الخارجيّة حفلة عشاء .
غيّر الوفد البرنامج .
عقد الخبراء المؤتمر في الشهر الماضي .
أوضحوا القضيّة الفلسطينيّة .
قال له « لا تذهب إلى هناك » .
تلغي الوفود الزيارة .
سلّم له عليّ هديّة جميلة .
يسمّي الأب ابنه محمّدا .
عقدت الوفود اجتماعا .
شاهدنا الطلّاب أمام المعهد .
تقيم الحكومة الحفلة غدا .
أحضر له أحمد هديّة .
توفد الوزارة الطلّاب إلى الخارج .
ألغى الأصدقاء الموعد .
أضاف الرئيس بعض الكلمات .
أجرى الوفد السوريّ محادثات هامّة .
يسلّم أحمد الهديّة غدا .
رجونا هيفاء أن تذهب معنا .
يجري الوفد المحادثات في وزارة الخارجيّة .

Ü

دعوت الصديق لزيارة برلين .

يغيّر بعض الأشخاص البرامج كلّ يوم .

أرسل صديقي إليّ بطاقة مصوّرة من القاهرة .

Ü 16 Vervollständigen Sie die folgenden Sätze durch Einsetzen eines der Verben زرع ، أجرى ، أقام ، دعا ، عقد in der Perfekt- und Imperfektform Passiv.

Beispiel: ... الاجتماع اليوم > عُقِدَ الاجتماع اليوم

> يُعْقَدُ الاجتماع اليوم

... الحفلة مساء

... المحادثات في وزارة الخارجيّة

... الفواكه في شمال العراق

أعرف أنّ المؤتمر ... في برلين

هل ... صديقتك لحضور الحفلة ؟

Ü 17 (Hausaufgabe) Bestimmen Sie bei den folgenden Verbformen (zitiert in der 3. P. Sg. m.) a) den Stamm, b) ob es sich um eine Aktiv- oder Passivform handelt.

Da die Formen – wie in den Texten üblich – unvokalisiert sind, kann b) oft nicht entschieden werden. Da auch bei a) manchmal eine Entscheidung nicht ohne weiteres möglich ist, muß auf jeden Fall das Wörterbuch konsultiert werden.

يقدّم ، يلقى ، انتهى ، يدعى ، يقال ، دعي ، يلغى ، يعقد ، يكتب ، ينام ، شوهد ، ألغي ، يزرع ، أوضح ، أعطى ، طوّر، اشترى ، يستطيع ، تغيّر ، يلاحظ ، انعقد .

Lektion 20

G

1. Das Kollektivum

Im Arabischen gibt es viele Substantive, die in der Form des maskulinen Singulars kollektive Bedeutung haben.

A 1 Auch die deutsche Sprache kennt Kollektiva. Man denke an die kollektiven Bildungen mit dem Präfix Ge- (Gebirge, Geflügel), an die zusammengesetzten Wörter mit -werk (Buschwerk), aber auch an Einzelwörter mit kollektivem Inhalt (Vieh, Haar, Reiterei).

Wir unterscheiden:

1.1. Gattungskollektiva

Die Gattungskollektiva benennen eine bestimmte Gattung, meist Tiere oder Pflanzen. Sie sind dadurch gekennzeichnet, daß sie das entsprechende Einzelexemplar mittels *Tā' marbūṭa* ة bilden. Diese Form wird Nomen unitatis genannt. Der davon gebildete gesunde feminine Plural wird zur Bezeichnung einer konkreten Menge von Einzelexemplaren gebraucht.

Beispiele:

تُفَّاح	Äpfel
تُفَّاحَة	ein Apfel
ثَلَاثُ تُفَّاحَات	drei Äpfel
بَطّ	Enten
بَطَّة	eine Ente
خَمْسُ بَطَّات	fünf Enten

A 2 Einige solcher Gattungskollektiva haben darüber hinaus einen gebrochenen Plural.

G

Viele Tier- und Pflanzennamen sind jedoch keine Gattungskollektiva und bilden also auch kein Nomen unitatis.

1.2. Eigentliche Kollektiva

Unter den „eigentlichen Kollektiva“ verstehen wir Gruppenbezeichnungen ohne Nomen unitatis. Sie haben einen gebrochenen Plural.

Beispiele:

جُمْهُور / جَمَاهِير	(Menschen-)Menge, Publikum; Pl.: Massen
قَوْم / أَقْوَام	Leute, Volk; Pl.: Völkerschaften

1.3. Völkernamen

Hierunter fallen solche Wörter wie

العَرَب	die Araber
الأَلْمَان	die Deutschen
الإِنْكلِيز	die Engländer
الرُّوس	die Russen
اليُونَان	die Griechen.

Diese Wörter sind streng genommen keine Plurale, werden aber als solche behandelt:

التُّجَّار الإنكليز » die englischen Kaufleute «.

A 3 Die meisten Völkernamen werden jedoch mittels der Nisbe gebildet: الفرنسيّون » die Franzosen «, الجزائريّون » die Algerier « u. v. a. m. Da es keine Regel dafür gibt, welche Völkernamen die eine, welche die andere Form haben, kann nur das vokabelmäßige Erlernen zur sicheren Beherrschung der entsprechenden Wörter führen.

G

Der einzelne Vertreter dieser Völker wird in jedem Falle durch die Nisbe bezeichnet: عربيّ » Araber «, ألمانيّ » Deutscher «, فرنسيّ » Franzose «. Sie bildet gleichzeitig das entsprechende Adjektiv: عربيّ » arabisch «, روسيّ » russisch«, يونانيّ » griechisch «.

2. Die Femininform der Nisbe

2.1. Die Femininform der Nisbe (ـِيَّة) bildet Abstrakta. Sie entsprechen deutschen Substantiven mit den Endungen -heit, -keit u. a. Auch die häufigen »-ismen« werden im Arabischen mittels dieser Form wiedergegeben.

Beispiele:

دِيمُقْرَاطِيَّة	Demokratie
رَأْسَمَالِيَّة	Kapitalismus
إِشْتِرَاكِيَّة	Sozialismus
إِمْكَانِيَّة	Möglichkeit
إِنْتَاجِيَّة	Produktivität
أَهَمِّيَّة	Bedeutung, Wichtigkeit

2.2. Diese Femininform der Nisbe dient darüber hinaus der Bildung von Kollektiva wie

بَحْرِيَّة	Marine
جُمْهُورِيَّة	Republik
خَارِجِيَّة	Äußeres, äußere Angelegenheiten

G

دَاخِلِيَّة Inneres, innere Angelegenheiten

مُدِيرِيَّة Direktion

مَالِيَّة Finanzwesen, Finanzen

und von einigen anderen Substantiven (auch Konkreta).

2.3. Einige Bildungen sind Ellipsen:
تعاوُنيّة »Genossenschaft« < جمْعيّة تعاوُنيّة,
العربيّة »das Arabische« < اللّغة العربيّة.

2.4. Die Mehrzahlbildung erfolgt durch ـات. Die meisten Wörter dieser Struktur sind jedoch Singularia tantum.

A 4 Darüber hinaus gibt es Nisbe-Pluralia tantum mit der Endung ـيّات. Formal Plurale, haben sie meist kollektive Bedeutung: خزفيّات »Keramik(waren)«, زُجاجيّات »Glaszeug«, اِجْتماعيّات »Soziales«, اِقْتِصاديّات »(Volks-)Wirtschaft« (engl. economics) u. a. m.

3. أَنْ und أَنَّ

Die beiden Konjunktionen أَنْ und أَنَّ »daß« sind sowohl aus der Grammatik als auch durch die Texte bekannt. Sie leiten einen Satz ein, der in Abhängigkeit von einem transitiven Verb die syntaktische Funktion eines Objekts, in Abhängigkeit von einem intransitiven, passivisch oder unpersönlich konstruierten Verb die eines Subjekts hat.
Die Satzstruktur ist

a) أَنْ + Verb im Konjunktiv
أَنْ + Verb im Konjunktiv + Substantiv (Subjekt) } Verbalsatz

G

b 1)	أَنَّ + Substantiv (Subjekt) + Substantiv (Prädikat)	Nominalsatz
	أَنَّ + Substantiv (Subjekt) + Adjektiv (Prädikat)	
	أَنَّ + Substantiv (Subjekt) + Adverb / Präpositionalgruppe (Prädikat)	
	أَنَّ + Pronomen (Subjekt) + Substantiv (Prädikat)	
	أَنَّ + Pronomen (Subjekt) + Adjektiv (Prädikat)	
	أَنَّ + Pronomen (Subjekt) + Adverb / Präpositionalgruppe (Prädikat)	

b 2)	أَنَّ + Substantiv (Subjekt) + Verb (Prädikat)	Verbalsatz mit vorangestelltem Subjekt
	أَنَّ + Pronomen (Subjekt) + Verb (Prädikat)	

Beispiele für den Objektsatz:

a) Aḥmad bat darum, nach Berlin zu fahren.

طَلَبَ أَحْمَدَ ان يُسَافِرَ
إلَى برلين .

Aḥmad bat darum, daß Muḥammad nach Berlin fährt.

طَلَبَ أَحْمَدَ انْ يُسَافِرَ
مُحَمَّدَ إلَى برلين .

b 1) Ich weiß, daß Muḥammad Minister ist.

أَعْرِفُ أَنَّ مُحَمَّداً
وَزِير .

G

	Ich weiß, daß Muḥammad krank ist.	أَعْرِفُ أَنَّ مُحَمَّداً مَرِيض .
	Ich weiß, daß Muḥammad im Zimmer ist.	أَعْرِفُ أَنَّ مُحَمَّداً فِي ٱلْغُرْفَةِ .
	Ich weiß, daß er Minister ist.	أَعْرِفُ أَنَّهُ وَزِير .
	Ich weiß, daß er krank ist.	أَعْرِفُ أَنَّهُ مَرِيض .
	Ich weiß, daß er im Zimmer ist.	أَعْرِفُ أَنَّهُ فِي ٱلْغُرْفَةِ .
b 2)	Ich weiß, daß Muhammad nach Berlin fährt/gefahren ist.	أَعْرِفُ أَنَّ مُحَمَّداً يُسَافِرُ/سَافَرَ إِلَى برلين .
	Ich weiß, daß er nach Berlin fährt/gefahren ist.	أَعْرِفُ أَنَّهُ يُسَافِرُ / سَافَرَ إِلَى برلين .

Beispiele für den Subjektsatz (an die Stelle der transitiven Verben in den o. a. Beispielsätzen tritt einfach ein intransitives bzw. unpersönlich oder passivisch konstruiertes Verb):

a)	Er kann nach Berlin fahren.	يُمْكِنُهُ أَنْ يُسَافِرَ إِلَى برلين .
b 1)	Es stellte sich heraus, daß Muhammad krank ist.	إِتَّضَحَ أَنَّ مُحَمَّداً مَرِيض .
b 2)	Es stellte sich heraus, daß Muhammad nach Berlin gefahren ist.	إِتَّضَحَ أَنَّ مُحَمَّداً سَافَرَ إِلَى برلين .

G

Die beiden Grundstrukturen sind also

أَنْ + Konjunktiv = Verbalsatz und

أَنَّ + Substantiv bzw. Pronomen = Nominalsatz bzw. Verbalsatz mit vorangestelltem Subjekt

Welcher dieser beiden Strukturen man sich bedient, hängt von der Semantik des أن vorangehenden Verbs ab.

3.1. أَنَّ steht nach Verben

der Mitteilung, Äußerung o. ä.:

أَكَّدَ II	versichern
ذَكَرَ	erwähnen
أَذَاعَ IV	melden
صَرَّحَ (بِ) II	erklären
أَعْلَنَ IV	bekanntgeben
	u. v. a. m.

des Wissens oder Glaubens:

عَرَفَ	wissen
إِعْتَقَدَ VIII	glauben, annehmen
عَلِمَ	erfahren
إِتَّضَحَ VIII	sich herausstellen, klar werden
	u. v. a. m.

der (sinnlichen) Wahrnehmung:

أَدْرَكَ IV	begreifen, erkennen
رَأَى	sehen
سَمِعَ	hören
لَاحَظَ III	bemerken
	u. v. a. m.

3.2. أَنْ steht nach den Modalverben

إِنْبَغَى VII	sollen (gebräuchlich ist nur die Imperfektform: يَنْبَغِي)
أَرَادَ IV	wollen
سَمَحَ (لَهُ)	dürfen
إِسْتَطَاعَ X	können
أَمْكَنَ IV	können, möglich sein
وَجَبَ (عَلَى)	müssen (fast ausschließlich in Gebrauch ist die Imperfektform: يَجِبُ)

sowie nach den Verben des Forderns, Befehlens, Vorschlagens, Wünschens, Hoffens, des Zweifels, der Befürchtung, der Vermutung, der Gemütsbewegung u. a.:

أَمَلَ	hoffen
يُحْتَمَلُ VIII	möglich oder wahrscheinlich sein
خَافَ	fürchten

G

رَجَا	wünschen
سَرَّ	freuen
طَلَبَ	bitten, auffordern
إقْتَرَحَ VIII	vorschlagen

A 5 Nach manchen Verben kann wahlweise أنْ oder أنّ stehen, je nachdem, ob die Aussage eine Feststellung oder aber eine Handlung beinhaltet, deren Vollzug in der Zukunft liegt und die gewünscht oder erwartet wird, jedoch nicht ganz sicher ist:

كتب لي أنّ الوفد وصل أمس .

Er schrieb mir, daß die Delegation gestern angekommen ist.

كتب لي أنّ الوفد سيصل غدا .

Er schrieb mir, daß die Delegation morgen ankommt.

كتب لي أنْ سيصل الوفد غدا .

Er schrieb mir, die Delegation werde (oder solle) morgen ankommen.

A 6 Wenn wir die schon behandelte Konstruktion بَعْدَ أنْ (und مُنْذُ أنْ) + Perfektform ausnehmen, so steht nach أنْ nur selten ein Verb in der Perfektform. U. a. ist dies bei Sätzen der Fall, die eine Aussage zu Beginn oder Ende einer Rede o. ä. ankündigen. Arabisch بِأنْ + Perfektform = deutsch »... damit, daß ...«:

بدأ حملته الانتخابيّة بأنْ وصف . . .

Er begann seinen Wahlfeldzug damit zu beschreiben, ...

اختتم كلمته بأنْ أعلن . . .

Er beendete seine Rede damit, daß er bekanntgab, ...

أنهى كلمته بأنْ طلب من الدكتور . . .

Er beendete seine Rede damit, daß er Dr. ... aufforderte, ...

So auch nach dem Verb سبق » voraufgehen «:

Er hatte schon vorher gesagt, ... لقد سبق له أنْ قال

G

3.3. Folgt أَنْ ein mit لا verneinter Satz, so können أَنْ und لا zu أَلَّا kontrahiert werden:

أَخَافُ أَلَّا يَصِلَ إِلَى هَدَفِهِ

Ich fürchte, daß er nicht an sein Ziel gelangen wird.

3.4. أَنَّ wird häufig mit Präpositionen kombiniert, so mit لِ = لِأَنَّ »weil«, كَ = كَأَنَّ (وَ) »als ob«, مَعَ = مَعَ أَنَّ »obwohl« u. a.

V

إِجَّاص (الواحدة إِجَّاصَة)	Birne(n) (coll)
آسِيَوِيّ / آسِيَوِيُّونَ	asiatisch; Asiat
تَبْغ / تُبُوغ	Tabak
تِجَارَة تَرانسيت	Transithandel
تِين (الواحدة تِينَة)	Feige(n) (coll)
جَاذِبِيَّة	Anziehungskraft
الجُمْهُورِيَّة ٱلْعَرَبِيَّة ٱلسُّورِيَّة	Syrische Arabische Republik
الجُمْهُورِيَّة ٱللُّبْنَانِيَّة	Republik Libanon
جَاوَرَ III (يُجَاوِرُ) ه	benachbart sein, angrenzen
ج حُبُوب	Getreide
لَا . . . فَحَسْبُ وَإِنَّمَا . . . (أَيْضًا)	nicht nur . . . sondern auch
حِصَّة / حِصَص	Anteil
حَمَّام / حَمَّامَات	Bad
حَالَة / حَالَات	auch: Fall
فِي كُلٍّ مِنَ ٱلْحَالَتَيْنِ	in jedem der beiden Fälle, in beiden Fällen
خَادِم / خَدَم	Diener, Dienstbote, Angestellter
دَخْل	Einkommen

V

دَخْل قَوْمِيّ	Nationaleinkommen
دَاخِلِيَّة	Inneres, innere Angelegenheiten
دَرَجَة / دَرَجَات	Stufe, Klasse
دُرَّاق (الواحدة دُرَّاقَة)	Pfirsich(e) (coll) (syr)
دَائِرَة / دَوَائِر	Kreis
رَفْع	Erhöhung
زِرَاعِيّ	landwirtschaftlich
زَيْتُون (الواحدة زَيْتُونَة)	Olive(n) (coll)
زَادَ (يَزِيدُ)	zunehmen
زَادَ عَنْ	übersteigen, hinausgehen (über)
سَرِير / أَسِرَّة	Bett
سَعَى (يَسْعَى) لِ / وَرَاءَ	sich bemühen (um), streben (nach)
سُمِحَ (يُسْمَحُ) (لَهُ أَنْ)	(arab. Passivform) dürfen
سُوِيسْرَا	Schweiz
سَائِح / سُيَّاح	Tourist
تَشْجِيع	Förderung
شَرْقًا	östlich, im Osten (Adverb)
شِقَّة / شِقَق	Appartement
شَمَالًا	nördlich, im Norden (Adverb)
صِنَاعَة / صِنَاعَات	Industrie
صِنَاعِيّ	industriell
طَبِيعَة	Natur
طَابِق / طَوَابِق	Stockwerk, Etage
V تَعَلَّقَ (يَتَعَلَّقُ) بِ	zusammenhängen mit
فِيمَا يَتَعَلَّقُ بِ	was anbelangt
عِلَاوَةً عَلَى	neben, sowie
VIII إِعْتَمَدَ (يَعْتَمِدُ) عَلَى	sich stützen (auf), zur Grundlage haben, sich gründen (auf), basieren (auf)
عَمَّانُ (م)	Ammān
غَرْبًا	westlich, im Westen (Adverb)
مَفْتُوح	geöffnet
فَاضٍ	leer; frei
فَوْقُ	oben

V

إِمْكَانِيَّة / إِمْكَانِيَّات	Möglichkeit
مَوْز (الواحدة مَوْزَة)	Banane(n) (coll)
مَالِيّ	finanziell
مَالِيَّة	Finanzwesen
إِنْتَاجِيَّة	Produktivität
نَسَمَة	Mensch, Person, Seele (als Zählwort bei statistischen Angaben)
مُنْتَصَف ٱللَّيْل	Mitternacht
تَوْسِيع	Erweiterung
إِلَى فَوْق	nach oben
مَقْبُول	annehmbar
قُطْن / أَقْطَان	Baumwolle
قَوْمِيّ	National-
تَكْيِيف هَوَاء	Klimaanlage
لَيْل	Nacht, Nachtzeit
V تَمَتَّعَ (يَتَمَتَّعُ) بِ	genießen, sich erfreuen (einer Sache)
ج أَمْتِعَة	Gepäck
مَزِيَّة / مَزَايَا	Vorzug

T

T 1

الجمهوريّة اللبنانيّة

الجمهوريّة اللبنانيّة بلد عربيّ في القارّة الآسيويّة ، تجاوره شرقا وشمالا الجمهوريّة العربيّة السوريّة وغربا البحر الأبيض المتوسّط . وتبلغ مساحته ١٠,٤٠٠ كم٢ ويزيد عدد سكّانه عن ٢,٥٠٠,٠٠٠ نسمة .

لبنان بلد زراعيّ تزرع فيه أنواع الفواكه كالبرتقال والليمون والتفّاح والاجّاص والموز والعنب والدرّاق والتين والزيتون علاوة على الحبوب والتبغ والقطن .

لايعتمد الاقتصاد اللبنانيّ على الزراعة فحسب وإنّما على الصناعة أيضا الّتي تبلغ حصّتها في الدخل القوميّ حوالي ١٦ ٪ . وتسعى الحكومة والدوائر الماليّة والاقتصادية الرأسماليّة لتوسيع إمكانيّات البلد الصناعيّة ورفع إنتاجيّة العمل وكذلك لتشجيع التجارة الداخليّة والخارجيّة وتجارة الترانسيت .

T

يتمتّع لبنان بجاذبيّة كبيرة بالنسبة للسيّاح الّذين يجيئون من كلّ بلدان العالم. ويسمّى لبنان «سويسرا العربيّة» لأنّه يتمتّع بنفس مزايا سويسرا الأوربّيّة فيما يتعلّق بجمال الطبيعة وأهمّيّة التجارة والمصارف.

T 2

في الفندق

كلاوس : هل توجد غرف فاضية ؟

موظّف الاستقبال : نعم ، عندنا غرف بسرير واحد ، وبسريرين ، وشقق فاضية .

كلاوس : ما هو رأيك يا دكتور مولر. هل نأخذ ٣ غرف ، كلّ غرفة بسرير واحد ، أم شقّة ؟

الدكتور مولر : إنّ الفندق يبدو وكأنّه من الدرجة الأولى ، لذلك أخاف أن تكون الأجرة في كلّ من الحالتين مرتفعة جدّا .

كلاوس : كم هي أجرة غرفة بسرير واحد وكم هي أجرة الشقّة ؟

موظّف الاستقبال : أجرة غرفة بسيطة بسرير واحد ١٢ ليرة وغرفة بحمّام وتكييف هواء ١٨ ليرة ، أما الشقّة فأجرتها ٤٠ ليرة .

الدكتور مولر : هذه أسعار مقبولة . أقترح أن يأخذ كلّ واحد منّا غرفة بسرير واحد وحمّام .

موظّف الاستقبال : سيحمل الخادم أمتعتكم إلى فوق . أعطوني ، من فضلكم ، جوازات السفر .

كلاوس : أين توجد الغرف وأين المطعم ؟

موظّف الاستقبال : الغرف في الطابق الثامن والمطعم في الطابق الخامس ، وهو مفتوح من الساعة ٦ صباحا حتّى منتصف الليل .

كلاوس : نشكركم .

Ü

Ü 1 Hören Sie mehrmals Text 1 vom Tonband oder vorgelesen vom Lektor!

Ü 2 Lesen Sie mehrmals Text 1 unter Kontrolle des Lektors!

Ü 3 (Hausaufgabe) Lesen Sie nochmals Text 1 und übersetzen Sie ihn! Bereiten Sie Ü 4 vor!

Ü 4 Geben Sie den Inhalt von Text 1 in Arabisch wieder! Der Lektor kontrolliert dabei sowohl die phonetische als auch die lexikalische und grammatische Richtigkeit. Dies gilt auch für die folgenden Übungen.

Ü 5 (Hausaufgabe) Informieren Sie sich in einem Lexikon über den Libanon und erarbeiten Sie, unter Zuhilfenahme der Angaben in Text 1, eine zusammenfassende Darstellung von etwa einer Seite!

Ü 6 Tragen Sie diese Darstellung im Kolleg arabisch vor!

Ü 7 Hören Sie mehrmals Text 2 vom Tonband oder vorgelesen vom Lektor!

Ü 8 Lesen Sie Text 2 unter Kontrolle des Lektors!

Ü 9 (Hausaufgabe) Lesen Sie nochmals Text 2 und arbeiten Sie ihn so durch, daß Sie selbständig, ohne Zuhilfenahme der Textvorlage, ein Frage-Antwort-Gespräch zum Thema »Hotelempfang« führen können!

Ü 10 Führen Sie dieses Gespräch im Kolleg!

Ü 11 (Hausaufgabe) Beantworten Sie die folgenden Fragen:

ما هي مساحة الجمهوريّة اللبنانيّة ؟

كم هو عدد سكّانها ؟

ما هي المدن الكبيرة في لبنان ؟

ما هي المسافة بين بيروت ودمشق ؟

ما هي المسافة بين بيروت وعمّان ؟

Verwenden Sie dabei die Verben بلغ (يبلُغ) ه »betragen« und قدّر (يقدّر) ب II »veranschlagen« (Passiv يُقَدَّر ب)!

Ü

Ü 12 Bilden Sie mit den Ihnen bekannten Wörtern für Obstarten Sätze des Typs أعطني ٣ تفّاحات ، أعطني تفّاحة (zur Übung des Nomen unitatis) und أعطني كيلوغراما من التفّاح (zur Übung des Kollektivums)! Verwenden Sie neben dem Imperativ أعطني auch andere Verbformen und Teilsätze, z. B.

إشتريتُ أعطاني أريد أن اشتري

أخذتُ هل تعطيني آكلُ كلَّ يوم

طلبتُ أعطيتُه تُزْرَعُ هناك

Ü 13 (Hausaufgabe) Bilden Sie mit den Ihnen bekannten Völkernamen Sätze unter Verwendung der Verbformen

إشترك ، يسعَى ، أُحِبُّ ، يتكلّم ، قاوم .

Beispiel: يتكلّم الفرنسيّون اللغة الفرنسيّة .

Ü 14 Beantworten Sie die Frage ما هي الوزارات الّتي تتألف منها الحكومة ؟ unter Verwendung der Wörter für »Äußeres«, »Inneres«, »Finanzen«, »Verteidigung«, »Kultur«, »(Außen-) Wirtschaft«, »Industrie«, »Landwirtschaft« und »(Außen-) Handel«.

Ü 15 Kombinieren Sie die folgenden Sätze dergestalt, daß der 2. Satz ein mit أنّ oder أنْ eingeleiteter Objekt- oder Subjektsatz zum Verb im Satz 1 wird!

Beispiele: أعلنت الحكومة توافق على هذا المشروع

> أعلنت الحكومة أنّها توافق على هذا المشروع

طلب صديقي أسافر معه >

طلب صديقي أن أسافر معه

Ü

سمعت أمس	أُلغيت الرحلة
أريد	أزوره يوم الأحد
لا أستطيع	أجيب على هذا السؤال
أعلنت وزارة الخارجيّة	سيزور وزير الخارجيّة الجزائر
أمل الرجل	يصل إلى هدفه
أعتقدُ	يأتي صديقي اليوم
يجب عليك	تنجز واجباتك
اكّد رئيس الوفد	تؤيد حكومته هذه الاقتراحات
طلب محمّد	يزور مكتبة الدولة
طلبوا منّي	أرحّب بضيوفنا الأجانب
أَقترحُ عليكم	نتحدّث حول ذلك غدا
علمتُ أمس	صديقي مريض
أعرف	أنت مجتهد
لاحظت	هي تتكلّم اللغة العربيّة
لايمكنني	أفعل ذلك
مَن اقترح	تبقون هنا
رأيتُ	ذهب إلى هناك
هل يُسمح لنا	ندخّن سيجارة
أرجو منكم	تنجزون واجباتكم
أُعلن في القاهرة	انتهى المؤتمر في الساعة السابعة
يريد أصدقائي	يسافرون بالطائرة

Ü

يجب علينا	نذهب معه
سأطلب منه	يحضر إلينا
اكـّدت الحكومة	ستبحث هذه الاقتراحات
أعلنت الحكومة	ستبحث المشروع
هل يُسمح لهم	يفعلون ذلك
يمكننا	نسافر معكم
يأمل كلّ واحد منّا	يعودون إلى هنا
يعرف كلـّهم	توجد مشاكل
لم نستطع	نغيـّر البرنامج
طلب أعضاء الوفد	يسافرون إلى المشتى
أخاف	لا يفوز على خصمه
اقترحَ مرافقنا	يسافر الجميع إلى تلك القرية
هل سمعتم	لم تصل الطائرة بعد
هل يُسمح لي	أفعل ذلك
طلبنا من المدير	يرحـّب بضيوفنا الأجانب
كان يعتقد	لا نعرف ذلك
يجب عليكم	تفعلون ذلك
نأمل	نسافر إلى هناك
علمت الجريدة	سيعقد الاجتماع بعد غد
أكـّدت المضيفة	ستصل الطائرة في الساعة التاسعة
تريد الحكومة	تعلن برنامجها بعد شهرين

Ü

أمكنه	ينجز واجباته وحده
هل تطلب منّي	أفعل ذلك
أعلن الرئيس	تلقّى الدعوة
لماذا تقترح	يفعلون ذلك
يجب عليّ	أنقله إلى هناك
رجا رئيس الوفد	يزور معرض لايبزغ
يعرف جميعنا	سيُلغى البرنامج
هل تعتقد	لا نعرف ذلك
هل لاحظت	هو كسلان
إسمحْ لي	أقدم إليك صديقي
هل يمكنك	تأتي اليّ مساء اليوم
أكّد الطبيب	المرض انفلوينزا بسيطة
هل تخاف	لا يصل الأصدقاء
يجب عليك	تفعل ذلك
علمت صديقتي	سافر أخوها إلى الخارج
نعرف	أنتم كسالى
متى سمعتَ	السفر إلى هناك ممنوع
هل تستطيع	تعطيني هذا الكتاب
كنّا نعتقد	ذلك معروف
اتّضح بعد ذلك	لم يكن الخبر صحيحا
يريد الأصدقاء	يجتمعون يوم السبت

Lektion 21

G

1. Das Partizip

Der Infinitiv (Lektion 22) und das Partizip sind die beiden Nominalformen des arabischen Verbs.

Es gibt zwei Partizipien: Aktivpartizip und Passivpartizip.

1.1. Die Form

1.1.1. Gesunde Verben

Grundstamm:

Die Modellstruktur des Aktivpartizips ist:

فَاعِلٌ »tuend, getan habend«

Die Modellstruktur des Passivpartizips ist:

مَفْعُولٌ »getan werdend, getan worden seiend«

Abgeleitete Stämme:

Das Aktivpartizip aller abgeleiteten Stämme hat das Präfix *mu-* und die Vokalfolge *a-i*.

Das Passivpartizip aller abgeleiteten Stämme hat das Präfix *mu-* und die Vokalfolge *a-a*.

Die Grundstruktur der einzelnen Stämme, wie sie in der Perfektform vorliegt, bleibt erhalten. Die Vokalfolge nach dem Präfix ist die gleiche wie bei der Imperfektform Aktiv bzw. Passiv, ausgenommen das Aktivpartizip Stamm V und VI.

Danach ergibt sich:

	IV	III	II	I
Aktivpartizip	مُفْعِل	مُفَاعِل	مُفَعِّل	فَاعِل
Passivpartizip	مُفْعَل	مُفَاعَل	مُفَعَّل	مَفْعُول

	X	VIII	VII	VI	V
Aktivpartizip	مُسْتَفْعِل	مُفْتَعِل	مُنْفَعِل	مُتَفَاعِل	مُتَفَعِّل
Passivpartizip	مُسْتَفْعَل	مُفْتَعَل	مُنْفَعَل	مُتَفَاعَل	مُتَفَعَّل

Die Femininform hat die Endung ـَة .

A 1 Ohne Hilfszeichen ist es bei Stamm II bis X äußerlich nicht erkennbar, ob es sich um ein Aktiv- oder ein Passivpartizip handelt. Zusätzliche Verwechslungsmöglichkeiten ergeben sich durch das gleiche Schriftbild der Partizipien von Stamm II und IV.

1.1.2. Bei den Partizipien der schwachen Verben gibt es, wie bei der Perfekt- und Imperfektform, einige Besonderheiten. Wir nennen im folgenden nur einige Partizipialformen des Grundstamms, bei denen die zugrundeliegende Modellstruktur nicht ohne weiteres erkennbar ist.

Eine Übersicht über alle Partizipien geben die Tafeln 10, 11 (s. Anhang).

I. Stamm	Passiv	Aktiv
Verben R_2 =	مَقُوم	قَائِم
و oder ى	مَبِيع	بَائِع
	مَخُوف	خَائِف
Verben R_3 =	مَدْعُوّ	دَاعٍ م دَاعِيَة
و oder ى		det. الدَّاعِي م الدَّاعِيَة
	مَمْشِيّ	مَاشٍ
	مَلْقِيّ	لَاقٍ

G

Stamm II bis X	Passiv	Aktiv
	Endungen:	
Verben R_3 =	*-āt* م ـاة *-an* ـًى	*-iya* م ـيَة *-in* ـٍ
و oder ى	determiniert:	
	-āt الـ . . اة م *-ā* الـ . . ـى	الـ . . . . . ـِيَة م الـ . . ـِي

Zur Deklination der Wörter auf *-in* und *-an* vgl. Tafel 37 im Anhang.

1.1.3. Plural- und Intensitätsform der Partizipien

1.1.3.1. Bei der Pluralbildung der Partizipien lassen sich bestimmte Regelmäßigkeiten erkennen.

I. Stamm:

Aktivpartizip:

m.	فَاعِل / فَاعِلُون	Personen (oft Berufsbezeichnungen)
f.	فَاعِلة / فَاعِلات	
m.	فَاعِل / فُعَّال	
m.	فَاعِل / فَعَلَة	

Beispiele:

بَائِع / بَائِعُون	Verkäufer
سَائِق / سَائِقُون	Fahrer, Chauffeur
عَارِض / عَارِضُون	Aussteller
طَالِبَة / طَالِبَات	Studentin
عَامِلَة / عَامِلَات	Arbeiterin
تَاجِر / تُجَّار	Kaufmann
رَاكِب / رُكَّاب	Passagier

G

سَائِح / سُيَّاح	Tourist
طَالِب / طُلَّاب	Student
عَامِل / عُمَّال	Arbeiter
بَائِع / بَاعَة (< بَيَعَة)	Verkäufer
طَالِب / طَلَبَة	Student

m.	فَاعِل / فَاعِلَات	Nichtpersonen
f.	فَاعِلَة / فَاعِلَات	
m.	فَاعِل / فَوَاعِلُ	
f.	فَاعِلَة / فَوَاعِلُ	

Beispiele:

وَاجِب / وَاجِبَات	Pflicht, Aufgabe
جَامِعَة / جَامِعَات	Universität
عَائِلَة / عَائِلَات	Familie
جَانِب / جَوَانِبُ	Seite
طَابِع / طَوَابِعُ	Briefmarke
دَائِرَة / دَوَائِرُ	Kreis
عَاصِمَة / عَوَاصِمُ	Hauptstadt
فَاكِهَة / فَوَاكِهُ	Obst
قَائِمَة / قَوَائِمُ	Liste

Passivpartizip:

m.	مَفْعُول / مَفْعُولُونَ	Personen
f.	مَفْعُولَة / مَفْعُولَات	

G

Beispiele:

مَسْؤُول / مَسْؤُولُونَ	Verantwortlicher
مَسْؤُولَة / مَسْؤُولَات	Verantwortliche

مَفْعُول / مَفْعُولَات
مَفْعُول / مَفَاعِيلُ
} Nichtpersonen

Beispiele:

مَشْرُوب / مَشْرُوبَات	Getränke
مَشْرُوع / مَشْرُوعَات ومَشَارِيعُ	Projekt, Vorhaben

Abgeleitete Stämme:

Die Aktiv- oder Passivpartizipien, die Personen bezeichnen, bilden den gesunden mask. oder fem. Plural.

Beispiele:

مُعَلِّم / مُعَلِّمُونَ	Lehrer
مُوَظَّف / مُوَظَّفُونَ	Beamter
مُرَافِق / مُرَافِقُونَ	Begleiter, Betreuer
مُتَفَرِّج / مُتَفَرِّجُونَ	Zuschauer
مُعَلِّمَة / مُعَلِّمَات	Lehrerin
مُمَرِّضَة / مُمَرِّضَات	Krankenschwester
مُضِيفَة / مُضِيفَات	Stewardeß

A 2 Einige Partizipien des IV. Stammes haben auch einen gebrochenen Plural, z. B. مُدَرَاءُ neben مُدِيرُونَ < مُدِير »Direktor«.

G

Die Aktiv- oder Passivpartizipien, die Nicht-Personen bezeichnen, bilden den gesunden femininen Plural, gleich, ob sie im Singular in maskuliner oder femininer Form gebraucht werden.

Beispiele:

مُنَبِّهَات /	مُنَبِّه	Wecker
مُنْتَخَبَات /	مُنْتَخَب	Auswahl(mannschaft)

A 3 Einige Partizipien des IV. Stammes haben auch einen gebrochenen Plural, z. B. مُشْكِل u. مُشْكِلَة » Problem « mit dem Plural مَشَاكِل neben مُشْكِلَات.

1.1.3.2. Die Intensitätsform des Aktivpartizips فَاعِل lautet فَعَّال. Sie drückt ursprünglich intensive und gewohnheitsmäßige Handlungen aus und ist heute kaum noch produktiv. Die meisten Adjektive dieser Struktur haben nur noch lexikalischen Wert.

فَعَّال	wirkungsvoll, effektiv
بَنَّاء	konstruktiv
طَائِرَةٌ نَفَّاثَة	Düsenflugzeug

Substantive dieser Struktur, abgeleitet sowohl von Verben als auch von Substantiven, bilden Berufsbezeichnungen.

(بَحْر >)	بَحَّار	Seemann
(بَاب >)	بَوَّاب	Pförtner
(حَمَلَ >)	حَمَّال	(Last-)Träger
(صَرَفَ >)	صَرَّاف	(Geld-)Wechsler

Alle diese Wörter bilden den gesunden maskulinen Plural.

G

Die Femininform فَعَّالَة bezeichnet Geräte und Fahrzeuge:

Beispiele:	بَرَّادَة	Kühlschrank
	دَرَّاجَة	Fahrrad
	سَمَّاعَة (< سَمِعَ)	(Kopf-)Hörer
	سَيَّارَة (< سَارَ)	Auto
	فَتَّاحَة (< فَتَحَ)	Öffner
	قَدَّاحَة	Feuerzeug
	نَظَّارَة (< نَظَرَ)	Brille

Alle diese Wörter bilden den gesunden femininen Plural.

1.2. Der Gebrauch

Das Partizip verbindet die Verbalbedeutung mit den formalen Merkmalen des Nomens.
Seine nominale Struktur bestimmt auch den syntaktischen Gebrauch: Substantiv = Subjekt, Objekt und Prädikatsnomen und Adjektiv = Attribut und Prädikatsnomen.

1.2.1. Die meisten Partizipien sind als Adjektiv oder Substantiv lexikalisiert, d. h. sie sind reine Nomina ohne verbale Eigenschaften. Manche Partizipien sind sowohl Adjektiv als auch Substantiv.

Beispiele:

Adjektiv:	بَارِد	kalt (Aktivptzp., I. St., Wurzel: ب — ر — د)
	مَقْبُول	annehmbar (Passivptzp., I. St., Wurzel: ق — ب — ل)
	مُعْتَدِل	gemäßigt (Aktivptzp., VIII. St., Wurzel: ع — د — ل)

G

Substantiv:	طَابِع	Briefmarke (Aktivptzp., I. St., Wurzel: ط – ب – ع)
	مُوَظَّف	Beamter (Passivptzp., II. St., Wurzel: و – ظ – ف)
	مُنْتَخَب	Auswahl(mannschaft) (Passivptzp., VIII. St., Wurzel: ن – خ – ب)
Adjektiv und Substantiv:	عَامِل	tätig, aktiv; Arbeiter; Faktor (Aktivptzp., I. St., Wurzel: ع – م – ل)
	سَائِر	übrig; Rest (Aktivptzp., I. St., Wurzel: س – ء – ر)
	مَشْرُوع	legitim; Projekt (Passivptzp., I. St., Wurzel: ش – ر – ع)

A 3 Partizipien, die als Nomina lexikalisch fixiert sind, haben nicht die Fähigkeit verloren, als Partizipien im eigentlichen Sinne in der aus dem Verb abgeleiteten Bedeutung gebraucht zu werden. طالب »Student« kann auch heißen »Verlangender; einer, der (etwas) verlangt«. So steht auf manchen arabischen Registerauszügen هذا المستخرَج يُعطى لكلّ طالب »dieser Auszug wird jedem gegeben, der (ihn) verlangt (< jedem Verlangenden)«.

1.2.2. Aktiv- und Passivpartizipien werden im Arabischen häufig zum Ausdruck sog. verkürzter Relativsätze verwendet, indem sie – als Attribut zu einem Substantiv stehend – ein Subjekt oder Objekt zu sich nehmen. Auch Adjektive findet man gelegentlich in solchen Konstruktionen.

Regel:

Ist das Bezugswort determiniert, so hat auch das Partizip (oder Adjektiv) den Artikel, ist es indeterminiert, so steht auch Partizip (oder Adjektiv) ohne Artikel. Ist das Subjekt des verkürzten Relativsatzes nicht mit dem Bezugswort identisch, gilt folgende Kongruenzregel: Das Partizip (oder Adjektiv) stimmt mit dem Bezugswort in Kasus und Status, mit dem Subjekt des Relativsatzes in Genus und Numerus überein, wobei natürlich wieder zu beachten ist, daß Plurale von Nicht-Personen als feminine Singulare gelten.
Das direkte Objekt steht nach dem relativisch gebrauchten Aktivpartizip entweder im Akkusativ (d. h. die verbale Rektion bleibt erhalten) oder es wird mit der Präposition لِ eingeführt. Regiert das Verb ein Objekt mittels einer Präposition, so bleibt diese präpositionale Rektion auch beim Partizip erhalten.

A 4 Bei Passivpartizipien von Verben mit präpositionaler Rektion wird das Genus nicht am Partizip, sondern an der Präposition ausgedrückt.

Beispiel:

البضائع المرغوب فيها »die gewünschten Waren«.

Diese Konstruktion ist der in Lektion 19 behandelten Passivkonstruktion von Verben mit präpositionaler Rektion analog.

Beispiele:

Aktivpartizip (gleiches Subjekt):

ٱلحَفْلَةُ ٱلْمُنْتَهِيَةُ فِي ٱلسَّاعَةِ ٱلْعَاشِرَةَ

die Veranstaltung, zu Ende gehend oder zu Ende gegangen seiend um 10 Uhr =

die um 10 Uhr zu Ende gehende oder zu Ende gegangene Veranstaltung =

die Veranstaltung, die um 10 Uhr zu Ende geht oder zu Ende gegangen ist.

G

Der verkürzten Form الحفلة المنتهية في الساعة العاشرة liegt ein Relativsatz zugrunde, der entweder الحفلةُ الّتي تَنْتَهِي في الساعة العاشرة oder الحفلةُ التي انْتَهَتْ في الساعة العاشرة lautet.

Da die Partizipien im Arabischen an sich kein Tempus ausdrücken, muß der Kontext darüber entscheiden, welcher Zeitbezug im Einzelfall gegeben ist.

Aktivpartizip (ungleiches Subjekt):

الوَفْدُ ٱلْمُنْتَهِيَةُ زِيَارَتُهُ

die Delegation, deren Besuch zu Ende geht oder zu Ende gegangen ist.

Der zugrundeliegende Relativsatz lautet entweder

الوفدُ الّذي ٱنْتَهَتْ زيارتُه oder الوفدُ الّذي تَنْتَهِي زيارتُه .

Passivpartizip (gleiches Subjekt):

الكُتُبُ ٱلْمَوْجُودَةُ عِنْدِي

dio boi mir vorhandonen Büchor =
die Bücher, die bei mir vorhanden sind oder waren

Zugrundeliegender Relativsatz:

الكتبُ الّتي كَانَتْ تُوجَدُ عندي oder الكتبُ الّتي تُوجَدُ عندي .

die gewünschten Waren = البَضَائِعُ ٱلْمَرْغُوبُ فِيهَا
die Waren, die gewünscht werden

Zugrundeliegender Relativsatz:

البضائعُ الّتي يُرْغَبُ فيها .

Passivpartizip (ungleiches Subjekt):

الرَّجُلُ ٱلْمَبِيعَةُ كُتُبُهُ

der Mann, dessen Bücher verkauft werden oder verkauft worden sind

Zugrundeliegender Relativsatz:

الرجلُ الّذي بِيعَتْ كتبُه oder الرجلُ الّذي تُبَاعُ كتبُه .

G

1.2.3. Aktiv- und Passivpartizip können nominales Prädikat im Hauptsatz sein. Eine solche Partizipialform läßt sich vielfach nur schwer von der entsprechenden Verbform abgrenzen. Oft sind beide gegeneinander austauschbar.

a) Er geht auf der Straße — هُوَ مَاشٍ فِي ٱلشَّارِعِ .
(wörtlich: er ist gehend auf der Straße).
Sinngleich der Verbalsatz: (هو) يَمْشِي في الشارع .

b) Sie fährt für einen Monat nach Berlin. — هِيَ مُسَافِرَةٌ إلى برلين لِمُدَّةِ شَهْرٍ .
= (هي) تُسَافِرُ إلى برلين لمدّة شهر .

c) Dieser Brief wurde vor einer Woche geschrieben. — هذه ٱلرِّسَالَةُ مَكْتُوبَةٌ مُنْذُ أُسْبُوعٍ .
= هذه الرسالةُ كُتِبَتْ منذ أسبوع .

d) Er schläft (gerade). — هُوَ نَائِمٌ .

A 5 Zum Gebrauch des Partizips als nominales Prädikat:

1. Bei den Verben, die einen Vorgang bezeichnen (vgl. Beispiele a–c) sind Partizip und finite Verbform vertauschbar und somit als stilistische Varianten aufzufassen. Häufiger und somit vom Studierenden aktiv zu beherrschen ist die finite Verbform.

2. Bei den Verben, die einen Zustand bezeichnen, wird dem Partizip bzw. einem vom gleichen Verb abgeleiteten Adjektiv der Vorzug gegeben, also: البضاعة (كانت) جيّدة statt جادت البضاعة die Ware ist (war) gut.

3. Bei den Verben, die sowohl einen Vorgang als auch einen Zustand bezeichnen, z. B. قام »aufstehen« und »stehen«, جلس »sich (hin-)setzen« und »sitzen«, رقد »sich (nieder-)legen« und »liegen«, bezeichnet die finite Verbalform den Vorgang, das Partizip den Zustand.

also: Er steht. — هو قَائِمٌ .

Er steht auf. — (هو) يَقُومُ .

Er stand. — كان قائماً .

Er stand auf. — (هو) قَامَ .

G

1.2.4. Adjektive und adjektivisch gebrauchte Partizipien stehen oft als 1. Glied einer Genitivverbindung, in der das 2. Glied ein determiniertes Substantiv ist.
Eine solcherart gebildete Genitivverbindung ist als (zusammengesetztes) Adjektiv aufzufassen, das fast immer als Attribut steht. Entsprechend der Statuskongruenz zwischen dem Substantiv und dem dazugehörigen Attribut nimmt auch das 1. Glied dieser Genitivverbindung, also das Adjektiv oder das Partizip, den Artikel zu sich, wenn das Substantiv determiniert ist. Auf Grund dieser Besonderheit gegenüber der eigentlichen Genitivverbindung (Substantiv als 1. und 2. Glied) nennt man die hier besprochene Konstruktion uneigentliche Genitivverbindung.

Beispiel: مُخْتَلِف verschieden
(Aktivptzp., VIII. St.,
Wurzel: خ — ل — ف)

نَوْع / أَنْوَاع Art

مُخْتَلِفُ ٱلْأَنْوَاعِ verschiedenartig
(uneigentliche Genitivverbindung)

مَشَاكِلُ مُخْتَلِفَةُ ٱلْأَنْوَاعِ verschiedenartige Probleme

أَلْمَشَاكِلُ ٱلْمُخْتَلِفَةُ ٱلْأَنْوَاعِ die verschiedenartigen Probleme

Bei der Übersetzung ins Deutsche ist dabei die adjektivische Wiedergabe des substantivischen Teils (2. Glied) der Genitivverbindung oft nicht möglich, da von dem betreffenden Substantiv im Deutschen kein Adjektiv gebildet wird. In solchen Fällen übersetzt man mit einer Präpositionalgruppe oder mit einem einzelnen Wort.

Beispiele: مُنْخَفِض niedrig

سِعْر Preis

بِضَائِعُ مُنْخَفِضَةُ ٱلسِّعْرِ Waren mit niedrigem Preis

G

طَوِيل	lang, groß
قَصِير	kurz, klein
مُتَوَسِّط	mittlerer
قَامَة	Statur, Wuchs
رَجُلٌ طَوِيلُ ٱلْقَامَةِ	ein Mann von hohem Wuchs, ein großgewachsener Mann
رَجُلٌ قَصِيرُ ٱلْقَامَةِ	ein Mann von kleiner Statur
رَجُلٌ مُتَوَسِّطُ ٱلْقَامَةِ	ein Mann von mittlerer Statur

1.2.5. Nicht alle Genitivverbindungen mit Adjektiv oder adjektivisch gebrauchtem Partizip als 1. Glied und einem Substantiv als 2. Glied sind jedoch uneigentliche Genitivverbindungen. Man erkennt das daran, daß sie nicht wie die uneigentlichen Genitivverbindungen die Funktion eines Attributs ausüben, sondern die Beziehung Substantiv – attributives Adjektiv zum Ausdruck bringen, wobei das Attribut hier vor dem Substantiv steht. Der Charakter dieser Konstruktion erklärt sich aus der Möglichkeit des Arabischen, ein Adjektiv bzw. adjektivisch gebrauchtes oder gebräuchliches Partizip zu substantivieren.

Die Anzahl dieser Konstruktionen, die keinen besonderen Namen haben, ist relativ gering, da nur einige wenige Adjektive oder adjektivisch gebrauchte Partizipien als 1. Glied Verwendung finden (vgl. jedoch die Konstruktion des Elativs, Lektion 25, G. 1.2.!).

A 6 Konstruktionen mit einem ohnehin substantivisch gebrauchten Partizip oder Adjektiv (جميع »alle, Gesamtheit«, سائر »übrig, Rest«, مُعْظَم »meisten, Mehrzahl«) werden hier nicht besonders aufgeführt.

Beispiele:

مُخْتَلِفُ ٱلْبُلْدَانِ	die verschieden(st)en Länder
في مُخْتَلِفِ ٱلْبُلْدَانِ	in den verschieden(st)en Ländern

G

فَائِق	vorzüglich, überragend (Aktivptzp., I. St., Wurzel: ق — و — ف)
مع فَائِقِ ٱلاِحْتِرَامِ	mit vorzüglicher Hochachtung
خَالِص	lauter, rein, aufrichtig (Aktivptzp., I. St., Wurzel: ص — ل — خ)
مع خَالِصِ ٱلتَّقْدِيرِ	mit aufrichtiger Wertschätzung
مُنْذُ قَدِيمِ ٱلزَّمَانِ	seit alter Zeit, von alters her

1.2.6. Schließlich gibt es Genitivverbindungen, in denen einem Substantiv als 1. Glied ein Adjektiv als 2. Glied folgt. Es sind keine uneigentlichen Genitivverbindungen, obwohl sie wie diese (1.2.4.) die Funktion eines Attributs haben und vom Wortinhalt her als zusammengesetzte Adjektive aufzufassen sind. Die Statuskongruenz mit dem Substantiv wird am 2. Glied der Genitivverbindung ausgedrückt.

Es kommen nur Genitivverbindungen mit den Substantiven

غَيْر	un- (sehr häufig!)
شِبْه	Ähnlichkeit, halb-
نِصْف	halb-

als 1. Glied vor.

A 7 Diese drei Nomina sind praktisch zu Halbpräfixen geworden; die mit ihrer Hilfe gebildeten Genitivverbindungen entsprechen den deutschen Präfixkomposita. Im nachlässigen Stil kann man sogar beobachten, daß der Artikel ال nicht, wie grammatisch korrekt, dem 2. Glied, sondern dem 1. Glied dieser Wortverbindung vorgesetzt wird.

Beispiele:

شِبْه	halb
إِقْطَاعِيّ	feudal

G

شِبْهُ إِقْطَاعِيٍّ	halbfeudal
عَلَاقَاتٌ شِبْهُ إِقْطَاعِيَّةٍ	halbfeudale Verhältnisse
العَلَاقَاتُ شِبْهُ ٱلْإِقْطَاعِيَّةِ	die halbfeudalen Verhältnisse
شِبْهُ رَسْمِيٍّ	halbamtlich
مُنْتَجَاتٌ نِصْفُ مَصْنُوعَةٍ	Halbfertigprodukte
غَيْرُ ٱعْتِيَادِيٍّ	ungewöhnlich

1.2.7. Adjektiv und Partizip (fast ausschließlich Passivpartizip) dienen auch zur Wiedergabe unpersönlicher Ausdrücke in der Konstruktion من الـ in der Bedeutung »es ist . . .« zu Satzbeginn.

Beispiele:

Partizip:	مِنَ ٱلْمَعْرُوفِ	es ist bekannt
	مِنَ ٱلْمَأْلُوفِ	es ist üblich
	مِنَ ٱلْمُحْتَمَلِ	es ist wahrscheinlich, es ist möglich, man nimmt an
	مِنَ ٱلْمُنْتَظَرِ	es ist zu erwarten
Adjektiv:	مِنَ ٱلطَّبِيعِيِّ	es ist natürlich
	مِنَ ٱلضَّرُورِيِّ	es ist notwendig
	مِنَ ٱلْغَرِيبِ	es ist seltsam, merkwürdig
	مِنَ ٱلْجَدِيرِ بِٱلذِّكْرِ	es ist erwähnenswert, daß . . .

A 8 Die Verneinung erfolgt durch لَيْسَ.

V

آثار ج	Altertümer, (Bau-) Denkmäler
عَلَى إِثْرِ	nach, infolge, im Gefolge
مَأْذَنَة / مَآذِنُ	Minarett
إِنْسَان	Mensch
نَاس	Menschen, Leute (coll)
أَيْ	d. h.
إِبْتِدَاءً مِنْ	von . . . an
بِنْت / بَنَات	Tochter, Mädchen
تَبِعَ (يَتْبَعُ) ه/ه	gehören (zu), unterstehen
جَامِع / جَوَامِعُ	Moschee
إِلَى جَانِبِ	neben
مَجَال / مَجَالَات	Bereich, Gebiet (übertr.)
IV أَحْرَزَ (يُحْرِزُ) ه	erringen, erzielen
حَسَن رَشِيد	(Personenname)
حَصَلَ (يَحْصُلُ) عَلَى	erlangen
II حَقَّقَ (يُحَقِّقُ) ه	verwirklichen, realisieren (zur arabischen Verbform s. Lektion 24!)

اَلْحَمْدُ لِلّٰهِ عَلَى اَلسَّلَامَةِ	wörtl.: Preis sei Gott für die Unversehrtheit (Ausruf nach glücklich überstandener Reise)
مِنْ خِلَالِ	durch
خَلَقَ (يَخْلُقُ) ه	(er)schaffen
رَاتِب / رَوَاتِبُ	Gehalt
رِيف / أَرْيَاف	Land, ländliche Gegend
فِي ٱلرِّيفِ	auf dem Lande
زَمَان / أَزْمِنَة	Zeit
مُنْذُ قَدِيمِ ٱلزَّمَانِ	seit alter Zeit, von alters her
مُتَزَوِّج (مِنْ)	verheiratet (mit)
سَدّ / سُدُود	(Stau-) Damm
سِيرَةُ ٱلْحَيَاةِ	Lebenslauf
شِبْه	Ähnlichkeit, halb-
شِبْهُ إِقْطَاعِيٍّ	halbfeudal
شَاطِئ / شَوَاطِئُ	Ufer, Küste
إِشْتَغَلَ سَائِقًا	als Chauffeur beschäftigt sein
شَهْرِيّ	monatlich, Monats-

V

صَبِيّ / صِبْيَان	Junge, Knabe
تَصْفِيَة	Liquidierung
ضِدَّ	gegen
طِفْل / أَطْفَال	Kind
عَصْرِيّ	modern
عَاطِلٌ ، عَاطِلٌ عَنِ ٱلْعَمَلِ	arbeitslos
ج عَلَاقَات	auch: Verhältnisse
V تَعَلَّمَ (يَتَعَلَّمُ) ه	lernen
عَالَمِيّ	international, Welt-
مَعْمَل / مَعَامِل	Fabrik
عَادَ (يَعُودُ) (لِ)	auch: gehören, jmds. Eigentum sein
تَعَاوُن	Zusammenarbeit, Kooperation
الفُرَات	Euphrat
إِقْطَاعِيّ	feudal
إِسْتِقْلَال	Unabhängigkeit
قِيَادَة	(das) Fahren, Führen, Steuern (eines Fahrzeuges)
قَامَ (يَقُومُ)	auch: bestehen, existieren
كَسَبَ (يَكْسِبُ) ه	verdienen
كِفَاح	Kampf
مَكَان / أَمْكِنَة	Ort, Stelle
فِي كُلِّ مَكَانٍ	überall
مَاهِر	geschickt
مَهَارَة	Geschicklichkeit
مِهْنَة / مِهَن	Beruf; Gewerbe
مِيكَانِيكِيّ / مِيكَانِيكِيُّون	Mechaniker
نَجَاح / نَجَاحَات	Erfolg
إِنْتِدَاب	Mandat, Mandatsherrschaft
إِنْتِفَاضَة / إِنْتِفَاضَات	Aufstand, Erhebung
VIII إِنْتَشَرَ (يَنْتَشِرُ)	verbreitet sein; sich ausbreiten
VIII إِنْتَقَلَ (يَنْتَقِلُ)	überwechseln

V

Werkstatt وَرْشَة / وَرْشَات وُرَش	Ende نِهَايَة
Verkehrswesen ج المُوَاصَلَات	fest, eng وَثِيق
	finden وَجَدَ (يَجِدُ) ه

T

T 1 الجمهوريّة العربيّة السوريّة

حصلت سوريا على استقلالها الوطنيّ عام ١٩٤٦ ، أي بعد الحرب العالميّة الثانية ، على إثر عدد من الانتفاضات الثوريّة وكفاح جماهير الشعب ضدّ نظام الانتداب الفرنسيّ .

ومن خلال التعاون الوثيق القائم منذ سنوات طويلة بين الجمهوريّة العربيّة السوريّة والدول الاشتراكيّة تمكّنت الحكومة من أن تحقّق مختلف المشاريع الصناعيّة ومنها سدّ الفرات كما أحرزت نجاحات كبيرة في مجال الإنتاج الزراعيّ المتطوّر بسرعة منذ تصفية العلاقات شبه الإقطاعيّة في الريف .

واليوم يستطيع زائر هذا البلد الواقع على شاطئ البحر الأبيض المتوسّط والزائد عدد سكّانه عن ستّة ملايين نسمة أن يشاهد المدن العصريّة والمعامل الحديثة إلى جانب الجوامع والآثار القديمة المنتشرة في كلّ مكان ، كما يستطيع الزائر أن يرى الإنسان الخالق لحياته الجديدة .

T 2 سيرة حياتي

سافر الوفد بعد انتهاء المؤتمر من بيروت إلى دمشق وفي الطريق إلى هناك حكى السائق سيرة حياته .

كلاوس : أنت سائق ماهر .
السائق : اللبنانيّون مشهورون في العالم بمهارتهم في قيادة السيّارات .
كلاوس : هذه السيّارة عائدة لك ؟

T

السائق : لا ، هي سيّارة تابعة لوزارة المواصلات وأنا أشتغل في الوزارة سائقا .
كلاوس : إحك لنا شيئا عن حياتك وعن عملك .
السائق : إسمي حسن رشيد . ولدت عام ١٩٢٥ في قرية صغيرة قريبة من بيروت حيث كان أبي يشتغل فلّاحا . وابتداء من السنة السابعة من عمري ذهبت إلى المدرسة لمدّة سبع سنوات أي حتّى عام ١٩٣٩ ثّم تعلّمت مهنة ميكانيكيّ في ورشة صغيرة حيث كنت أشتغل حتّى عام ١٩٤٦ وبعد ذلك كنت عاطلا عن العمل لمدّة سنتين ثمّ وجدت عملا جديدا كسائق تاكسي . وفي عام ١٩٦٠ انتقلت إلى الوزارة .
كلاوس : هل أنت متزوّج ؟
السائق : نعم ، أنا متزوّج منذ عام ١٩٥٢ من فتاة من قريتي . وعندنا ٥ أطفال ، ٣ صبيان وبنتان .
كلاوس : كم هو راتبك الشهريّ ؟
السائق : أكسب في الشهر ٣٥٠ ليرة .
كلاوس : متى نصل إلى دمشق ؟
السائق : هل ترى مآذن الجوامع ؟ وصلنا إلى هدفنا .
كلاوس : الحمد للّه على السلامة .

Ü

Ü 1 Hören Sie mehrmals Text 1 vom Tonband oder vorgelesen vom Lektor!

Ü 2 Lesen Sie mehrmals Text 1 unter Kontrolle des Lektors!

Ü 3 (Hausaufgabe) Lesen Sie nochmals Text 1 und übersetzen Sie ihn! Bereiten Sie Ü 4 und Ü 5 vor!

Ü 4 Geben Sie den Inhalt von Text 1 in Arabisch wieder! Der Lektor kontrolliert dabei sowohl die phonetische als auch die lexikalische und grammatische Richtigkeit. Dies gilt auch für die folgenden Übungen.

Ü

Ü 5 Beantworten Sie die folgenden Fragen zu Text 1:

متى حصلت سوريا على استقلالها الوطنيّ ؟

كيف استطاع البلد أن يحصل على استقلاله ؟

ماذا تعرف عن المشاريع الصناعيّة في الجمهوريّة العربيّة السوريّة وماذا تعرف عن الزراعة ؟

أين تقع الجمهوريّة العربيّة السوريّة ؟

كم هو عدد سكّانها ؟

ماذا يشاهد زائر هذا البلد ؟

Ü 6 Hören Sie mehrmals Text 2 vom Tonband oder vorgelesen vom Lektor!

Ü 7 Lesen Sie Text 2 unter Kontrolle des Lektors!

Ü 8 (Hausaufgabe) Lesen Sie nochmals Text 2 und arbeiten Sie ihn so durch, daß sie selbständig, ohne Zuhilfenahme der Textvorlage, mit den vorkommenden Fragen und Antworten ein Gespräch führen können!

Ü 9 Führen Sie dieses Gespräch im Kolleg!

Ü 10 (Hausaufgabe) Schreiben Sie Ihren Lebenslauf in Arabisch!

Ü 11 Bilden Sie von den angegebenen Verben die Partizipien. Bestimmen Sie vorher den Verbstamm und bezeichnen Sie ihn, wie üblich, mit römischen Ziffern!

Beispiel: I دام = دائم

a) Aktivpartizip:

سار ، قام ، دعا ، طلب ، سكن ، علّم ، تفرّج ، اعتدل ، اشتغل ، اختلف ، توسّط ، جلس ، عطل ، جمع ، ساق ، قال ، ركب ، سافر ، انتهى ، خدم ، احتاج ، مشى ، وقع ، تبع ، رافق ، ساح ، خلق ، زاد ، جاور ، خرج ، دخل ، حدث .

Ü

b) Passivpartizip:

عرف ، احتمل ، شهر ، قال ، أقام ، شرب ، أكل ، انتشر ، قدّم ، شرع ، وجد ، قبل ، دفع ، رغب ، سأل .

Ü 12 Wandeln Sie in den folgenden Beispielen die partizipiale Relativkonstruktion in einen attributiven Relativsatz um!

Beispiel: الأشياء الموجودة في غرفتي >
الأشياء الّتي توجد في غرفتي

الجزر الواقعة في البحر الأبيض المتوسّط
الطالبة النائمة في الدرس
الناس الخائفون من السفر بالطائرة
القطارات الواقفة في المحطّة
في المطار وفود عائدة إلى بلادها
الأشياء الموضوعة في الخزانة
البضائع المعروضة في الأجنحة
المؤتمر المنعقد في بيروت
الهدايا المسلّمة لعليّ
الجزر المسمّاة « الجزر الألف »
اجتمعت بالطلّاب الموفدين إلى الخارج
السياسيّون المدعوّون لزيارة بلدنا
البطاقة المرسلة اليّ
الرسائل المكتوبة أمس
الحفلة المنتهية في الساعة الرابعة
الحفلة المبتدئة في الساعة الثانية
الاستمارات المطلوبة منّا
الطائرة المتأخّرة ساعة واحدة
الوفود المجتمعة في القاعة البيضاء

Ü

الكلمات المسجّلة على الأشرطة
مع العارضين المشتركين في المعرض
اقتصاد البلد المتطوّر بسرعة
التجّار المعبّرون عن آرائهم
المعرض المغلقة أبوابه
الوضع المتغيّر من ساعة إلى ساعة
البضائع المبيعة إلى الخارج

Ü 13 Wandeln Sie in den folgenden Beispielen den Relativsatz in eine partizipiale Relativkonstruktion um!

Beispiel: الطالبة الّتي تسافر إلى بيروت < الطالبة المسافرة إلى بيروت

الوزير الّذي يقيم حفلة العشاء
هي طائرة نفّاثة تقلع في الساعة الواحدة
الفتاة الّتي تمشي في الشارع
الرجال الّذين يتفرّجون على مباراة كرة القدم
الآثار الّتي توجد في سوريا في كلّ مكان
الانسان الّذي يخلق حياته الجديدة
الجمهوريّة العربيّة السوريّة الّتي تقع في القارّة الآسيويّة
سوريا الّتي يزيد عدد سكّانها عن ٦ ملايين نسمة
سوريا الّتي حصلت على استقلالها بعد الحرب العالميّة الثانية
هي سيّارة تعود لوزارة المواصلات
الفريق الّذي فاز على خصمه
معلّمي الّذي يحتاج إلى سيّارة جديدة
الكلمات الّتي أُلقيت في المؤتمر
البضائع الّتي تُباع في ذلك المخزن

Ü

الحفلة الّتي أُقيمت أمس
الكتب الّتي توجد في المكتبة

Ü 14 Setzen Sie in den folgenden Sätzen die richtige Form der Partizipien ein!

a) ممنوع
b) مسموح
c) مفتوح
d) معروف
e) مشهور
f) موجود

Wiederholen Sie den Satz und verwenden Sie anstelle des Subjekts das selbständige Personalpronomen bzw. anstelle des 2. Gliedes der Genitivverbindung das suffigierte Personalpronomen!

Beispiele (zu d):

هذا الخبر . . .
هذا الخبر معروف – هو معروف

تفاصيل الاجتماع . . .
تفاصيل الاجتماع معروفة – تفاصيله معروفة

a)

الدخول . . .
البرنامج . . .
المساومة . . .
المباراة . . .
زيارة المريض . . .
هذه الجرائد . . .

Ü

b)

تسجيل الكلمة . . .
اجتماع الطلاّب . . .
إقامة الحفلة . . .
زيارة تلك الآثار . . .

c)

المخازن . . . حتّى الساعة السابعة
المصرف . . . حتّى الساعة الخامسة
المكتبة . . . كلّ يوم
مطاعم المدينة . . . الآن
أبواب المباني . . . ابتداء من الساعة الثامنة

d)

هذه المشاكل . . . عند الجميع
التفاصيل . . . منذ وقت طويل
واجباتهم . . .
قضايا العرب الوطنيّة . . . في العالم
هذه المواعيد . . .
مشاريع الحكومة . . .

e)

جامعتنا . . . منذ ٥٠٠ عام
مباني المدينة . . . بجمالها
مسرح العاصمة . . . بجماله
مكتبة الدولة . . . في العالم كلّه

f)

الفواكه . . . في المخازن
المأكولات . . . عندنا
المشروبات . . . عندكم
النقود اللازمة . . .
الموظّفون المسؤولون . . .
الاستمارات اللازمة . . .

Ü 15 Setzen Sie das Subjekt der folgenden Sätze (jeweils ein Partizip) in den Plural!

Beispiele:

انتهى الواجب > انتهت الواجبات

واجبنا معروف > واجباتنا معروفة

المشروع معروف.
أقلعت الباخرة المصريّة في الساعة الثالثة
حضر المترجم العربيّ الحفلة
الموظّف المسؤول مريض
إنّ المدير يجتمع بنا غدا
أعرف أنّ التاجر الإنكليزيّ سيجيء إلى لايبزغ
المرافق السوريّ موجود
الراكب اليونانيّ ترك الطائرة
الزائر مسرور
السائق اللبنانيّ ماهر
هل الطالب كسلان ؟
لا ، الطالب مجتهد
تحلّق الطائرة في أجواء تشيكوسلوفاكيا
هذا العامل ماهر
كان كلّ متفرّج يتوقّع مباراة ممتازة
إنّ الممرّضة تشتغل في المستشفى
المنتخب المجريّ قويّ
المنبّه جيّد
هذا الموضوع هامّ جدّا

Lektion 22

G

1. Der Infinitiv

Der Infinitiv ist eine der beiden Nominalformen des arabischen Verbs.

1.1. Die Form

1.1.1. Im Grundstamm gibt es mehr als 40 verschiedene Infinitivformen, von denen jeweils eine oder mehrere zu einem Verb gehören.

Die beiden am häufigsten vorkommenden Infinitive sind:

فَعْلٌ (< فَعَلَ , meist transitive Verben):

عَرْض (< عَرَضَ) , شَرْح (< شَرَحَ) , نَوْم (< نَامَ) ,
بَيْع (< بَاعَ) und

فُعُول (< فَعَلَ oder فَعِلَ , meist intransitive Verben):

دُخُول (< دَخَلَ) , صُعُود (< صَعِدَ) , حُصُول (< حَصَلَ) ,
وُصُول (< وَصَلَ) .

A 1 Im Glossar ist bei allen Verben im Grundstamm neben der Imperfektform auch der Infinitiv angegeben, entsprechend der arabischen Zitierweise im indet. Akkusativ. Er wird auch weiterhin – sofern er nicht lexikalisiert ist und in den Texten vorkommt – nur dort aufgeführt, nicht in den Vokabelverzeichnissen der einzelnen Lektionen.

1.1.2. In den abgeleiteten Stämmen gibt es, bei geringen Ausnahmen, nur jeweils e i n e n Infinitiv.

G

V	IV	III	II
تَفَعُّل	إفْعَال	مُفَاعَلَة / فِعَال	تَفْعِيل

X	VIII	VII	VI
إسْتِفْعَال	إفْتِعَال	إنْفِعَال	تَفَاعُل

Beim III. Stamm ist مُفَاعَلَة häufiger als فِعَال .

Das anlautende *Hamza* der Infinitive Stamm VII, VIII und X ist ein *Hamzat waṣl*, im Stamm IV ein *Hamzat qaṭʿ*.

> **A 2** In den Vokabelverzeichnissen wurde bisher jedesmal, wenn ein Infinitiv der Stämme VII–X vorkam, angegeben, daß es sich bei dem anlautenden *Hamza* um ein *Hamzat waṣl* handelt. Das war notwendig, weil diese Infinitivstrukturen noch nicht bekannt waren. Von nun an wird dieser Hinweis nicht mehr gegeben.

1.1.3. Bei den Infinitiven der schwachen Verben gibt es einige Besonderheiten.

Verben $R_1 =$ و oder ى :

Langes *ī* bei Stamm IV und X ($R_1 =$ و > ى) :

إيصَال (> أَوْصَلَ) , إسْتِيصَال (> إسْتَوْصَلَ) .

Verben $R_2 =$ و oder ى :

Auslautendes *Tāʾ marbūṭa* bei Stamm IV und X:

إقَامَة (> أَقَامَ) , إسْتِقَامَة (> إسْتَقَامَ) .

Verben $R_3 =$ و oder ى :

Auslautendes *Hamza* bei Stamm IV, VII, VIII und X:

إلْقَاء (> أَلْقَى) , إنْلِقَاء (> إنْلَقَى) ,

إلْتِقَاء (> إلْتَقَى) , إسْتِلْقَاء (> إسْتَلْقَى) .

Struktur تَفْعِلَة bei Stamm II: تَلْقِيَة (> لَقَّى) .

Stamm III: مُلَاقَاة (< لَاقَى) .

Stamm V und VI: تَلَقٍّ (< تَلَقَّى) , تَلَاقٍ (< تَلَاقَى) .

Eine Übersicht über alle Infinitive gibt Tafel 12 im Anhang.

1.1.4. Pluralformen der Infinitive

Die Infinitive des Grundstammes haben unterschiedliche Pluralformen. Die Infinitive des II. Stammes haben entweder den gesunden femininen Plural (ـات) oder den gebrochenen Plural تَفَاعِيلُ . Die Infinitive der Stämme III–X bilden den gesunden femininen Plural (ـات), Stamm IV gelegentlich den gebrochenen Plural أَفَاعِيلُ .

1.2. Der Gebrauch

Der Infinitiv verbindet die Verbalbedeutung mit den formalen Merkmalen des Substantivs.

Seine substantivische Struktur bestimmt auch den syntaktischen Gebrauch als Subjekt, Objekt und Prädikatsnomen. Er kann in allen Kasus stehen, Suffixe und Attribute zu sich nehmen.

1.2.1. Die meisten Infinitive sind als Substantive lexikalisiert, d. h. sie drücken nicht bloß die substantivierte Verbalhandlung als Vorgang aus, sondern haben auch eine konkret faßbare Einzelbedeutung im Sinne des Resultats dieses Vorgangs:

كِذْب » (das) Leugnen « und » Lüge « (mit dem Plural أَكْذَاب),

سُؤَال » (das) Fragen « und » Frage « (mit dem Plural أَسْئِلَة).

A 3 Der Infinitiv ist in diesen Fällen ebenso lexikalisiert wie das sog. Nomen vicis (Infinitiv + *Tā' marbūṭa*), das den einmaligen Vollzug der durch den Infinitiv ausgedrückten Verbalhandlung bedeutet: ضَرْبَة (einmaliges Schlagen) = »Schlag« (< ضَرْب » schlagen«).

G

1.2.2. Wie das Partizip den Relativsatz, so kann auch der Infinitiv einen Nebensatz vertreten.

An die Stelle des durch أَنْ und أَنَّ eingeleiteten Objekt- oder Subjektsatzes und an die Stelle von Adverbialsätzen tritt eine Infinitivkonstruktion.

Beispiele:

1.2.2.1. Objektsatz

Infinitiv anstelle von أَنْ + Verb

يَسْتَطِيعُ أَنْ يُنْجِزَ هذا العَمَلَ فَوْراً =

يَسْتَطِيعُ إِنْجَازَ هذا العَمَلِ فَوْراً

Er kann diese Arbeit sofort erledigen.

1.2.2.2. Subjektsatz

Infinitiv anstelle von أَنْ + Verb

يُمْكِنُهُ أَنْ يُنْجِزَ هذا العَمَلَ فَوْراً =

يُمْكِنُهُ إِنْجَازُ هذا العَمَلِ فَوْراً .

Es ist ihm möglich, diese Arbeit sofort zu erledigen.

1.2.2.3. Adverbialsätze

Präposition + Infinitiv anstelle von Konjunktion + Verb

a) قَبْلَ

سَأَزُورُهُ قَبْلَ أَنْ يَعُودَ إِلى دمشق =

Ich werde ihn besuchen,
bevor er nach Damaskus zurückkehrt.

سَأَزُورُهُ قَبْلَ عَوْدَتِهِ إِلى دمشق .

Ich werde ihn vor seiner Rückkehr nach Damaskus besuchen.

G

b) بَعْدَ

زَارَنِي بَعْدَ أَنْ عَادَ إلى هنا =

زَارَنِي بَعْدَ عَوْدَتِهِ إلى هنا .

Er hat mich besucht, nachdem er hierher zurückgekehrt ist / er hat mich nach seiner Rückkehr hierher besucht.

c) مُنْذُ

زَارَنِي مَرَّةً وَاحِدَةً فَقَطْ مُنْذُ أَنْ عَادَ إلى هنا =

زَارَنِي مَرَّةً وَاحِدَةً فَقَطْ مُنْذُ عَوْدَتِهِ إلى هنا

Er hat mich, seitdem er hierher zurückgekehrt ist, nur ein einziges Mal besucht / er hat mich seit seiner Rückkehr hierher . . .

d) حَتَّى

بَقِيَ هناك حَتَّى ٱنْتَهَتِ ٱلْحَفْلَةُ =

بَقِيَ هناك حَتَّى ٱنْتِهَاءِ ٱلْحَفْلَةِ .

Er blieb dort, bis die Veranstaltung beendet war / bis zur Beendigung der Veranstaltung

e) لِ

جَاءَ إلى لايبزغ لِيَدْرُسَ ٱللُّغَةَ ٱلْعَرَبِيَّةَ =

جَاءَ إلى لايبزغ لِدِرَاسَةِ ٱللُّغَةِ ٱلْعَرَبِيَّةِ .

Er kam nach Leipzig, um Arabisch zu studieren.

1.2.3.

Der Infinitiv hat verbale Rektionskraft. Er kann analog der Rektion des jeweiligen Verbs ein von einer Präposition abhängiges Objekt zu sich nehmen.

die Begrüßung der Gäste	التَّرْحِيبُ بِٱلضُّيُوفِ
die Beantwortung der Fragen	الإِجَابَةُ على ٱلأَسْئِلَةِ

G

der Bedarf an Getränken — اَلاِحْتِيَاجُ إِلَى ٱلْمَشْرُوبَاتِ

die Meinungsäußerung(en) — اَلتَّعْبِيرُ عَنِ ٱلْآرَاءِ

Das Akkusativobjekt eines transitiven Verbs wird im allgemeinen nicht als direktes Objekt zu einem Infinitiv stehen, sondern mit diesem in Form einer Genitivverbindung verbunden:

die arabische Sprache studieren — دَرَسَ ٱللُّغَةَ ٱلْعَرَبِيَّةَ

das Studium der arab. Sprache — دِرَاسَةُ ٱللُّغَةِ ٱلْعَرَبِيَّةِ

die Arbeiten erledigen — أَنْجَزَ ٱلْأَعْمَالَ

die Erledigung der Arbeiten — إِنْجَازُ ٱلْأَعْمَالِ

Das 2. Glied der Genitivverbindung steht formal im Genitiv, ist aber logisches Objekt des Infinitivs als 1. Glied in dieser Genitivverbindung. Wir sprechen hier von einem Genitivus objectivus.

Es gibt jedoch auch Fälle, in denen der Infinitiv eines transitiven Verbs ein Akkusativobjekt zu sich nimmt, nämlich dann, wenn der Infinitiv bereits im Status constructus steht und es daher unmöglich ist, das Objekt dem Infinitiv als 2. Glied einer Genitivverbindung anzufügen:

دِرَاسَتُهُمُ ٱللُّغَةَ ٱلْعَرَبِيَّةَ

ihr Studieren des Arabischen
= ihr Studium des Arabischen, (der Umstand, die Tatsache,) daß sie Arabisch studieren

1.2.4. Eine andere Art der Nominalisierung einer Aussage ist die Verknüpfung des Infinitivs mit einigen bestimmten Verben zu sog. verbalen Schwellformen. Bei ihnen ist die eigentliche Aussage in das Substantiv verlagert. Auch das Arabische kennt also die im Deutschen oft gerügte » Substantivitis «!

G

Meistgebrauchtes Verb ist dabei قَامَ + Präposition بِ :

زَارَ أَحْمَدُ ٱلْعَاصِمَةَ .

Aḥmad besuchte die Hauptstadt.

قَامَ أَحْمَدُ بِزِيَارَةِ ٱلْعَاصِمَةِ .

dass. (wörtl.: Aḥmad führte einen Besuch der Hauptstadt durch, stattete ... einen Besuch ab)

رَافَقَ ٱلْوَفْدَ طَالِبٌ لُبْنَانِيٌّ .

Ein libanesischer Student hat die Delegation begleitet.

قَامَ بِمُرَافَقَةِ ٱلْوَفْدِ طَالِبٌ لُبْنَانِيٌّ .

dass. (wörtl.: Ein libanesischer Student hat die Begleitung der Delegation durchgeführt.)

A 4 Daneben gibt es eine Vielzahl von Funktionsverben, die – in Verbindung mit ganz bestimmten Substantiven – in festen lexikalischen Verbindungen vorkommen (im Deutschen Wendungen wie »einen Beschluß fassen«, »eine Erklärung abgeben«, »ein Referat halten«, »eine Entscheidung fällen« u. a. m.). Sie müssen vokabelmäßig erlernt werden

Eine Sonderform dieser substantivischen Gebrauchsweise ist die Umschreibung des Passivs.

Statt der Passivform فُعِلَ / يُفْعَلُ steht die Perfekt- oder Imperfektform تَمَّ / يَتِمُّ »sich vollziehen, vollzogen werden, vollbracht werden, stattfinden, geschehen« oder جَرَى / يَجْرِي »stattfinden, sich ereignen, vonstatten gehen, geschehen« + Infinitiv:

سُلِّمَتِ ٱلْأَوْرَاقُ أَمْسِ .

Die Papiere sind gestern übergeben worden.

جَرَى تَسْلِيمُ ٱلْأَوْرَاقِ أمس .

dass.: (wörtl.: Die Übergabe der Papiere geschah gestern, fand gestern statt).

G

يُدْرَسُ ٱلْمَشْرُوعُ بِسُرْعَةٍ .

Das Projekt wird schnell geprüft.

تَتِمُّ دِرَاسَةُ ٱلْمَشْرُوعِ بسرعة .

dass.: (wörtl.: Die Prüfung des Projekts geschieht schnell).

2. Adverb und Adverbialkonstruktionen

Adverbien dienen

a) der näheren Bestimmung eines Verbs, eines Adjektivs, eines Partizips oder eines Adverbs

b) der Verdeutlichung der Umstände, unter denen sich die Satzaussage vollzieht.

2.1. Die Einteilung der Adverbien

Zu a) gehören

die qualitativen Adverbien als nähere Bestimmung eines Verbs: جَيِّداً und حَسَناً » gut «, شَدِيداً » stark, heftig « u. a.;

die quantitativen Adverbien als nähere Bestimmung eines Verbs, Adjektivs, Partizips oder Adverbs:

جِدّاً » sehr «, كَثِيراً » viel «, قَلِيلاً » wenig «, تَقْرِيباً » etwa «, وَحْدَهُ » (er) allein « u. a.

Zu b) gehören die Umstandsverbien

der Zeit: الآنَ » jetzt «, فَوْراً » sofort «, اليَوْمَ » heute «, أمْسِ » gestern «, غَداً » morgen «, مَسَاءً (في المَسَاءِ) » abends «, صَبَاحاً (في الصَبَاحِ) » morgens «, سابِقاً « früher » u. a.;

des Ortes: هُنا » hier «, هُنَاكَ » dort «, فَوْقُ » oben «;

der Art und Weise: سِرّاً » heimlich «, مَعَ ذَلِكَ » trotzdem «.

G

2.2. Die Form

Adverbialkasus ist im Arabischen der determinierte oder indeterminierte Akkusativ. Daneben gibt es Adverbialgruppen (aus formalen Gründen auch Präpositionalgruppen genannt), die aus Präposition + Substantiv im Genitiv bestehen.

A 5 Viele Substantive werden in der Form des (abverbiellen) Akkusativs als Präposition verwendet:

فَوْقَ	über
تَحْتَ	unter
بَعْدَ	nach
قَبْلَ	vor
وَفْقَ	in Übereinstimmung mit, entsprechend
وَفْقاً لِ	
طِبْقَ	
طِبْقاً لِ	
بِنَاءً عَلَى	auf Grund von, entsprechend

u. v. a.

Manche von ihnen werden auch noch als Adverbien gebraucht und haben als solche die Endung *u*:

فَوْقُ	oben
إِلَى فَوْقُ	nach oben
بَعْدُ	alsdann, weiterhin
فِيمَا بَعْدُ	nachher, später

u. a.

G

2.3. Der Gebrauch

2.3.1. Stellung im Satz

Die qualitativen und quantitativen Adverbien stehen stets **hinter** den Wörtern, die sie näher bestimmen:

Er hat das gut gemacht. — فَعَلَ ذٰلِكَ جَيِّداً .

Er hat viel gegessen. — أَكَلَ كَثِيراً .

sehr gut — جَيِّدٌ جِدّاً

Die Umstandsadverbien stehen oft am Satzende, sind an diese Stellung aber nicht gebunden:

وَصَلَ ٱلْوَفْدُ ٱلسُّورِيُّ يَوْمَ ٱلسَّبْتِ

وَفِي يَوْمِ ٱلْأَحَدِ وَصَلَ ٱلْوَفْدُ ٱلْمِصْرِيُّ .

Die syrische Delegation traf am Sonnabend,
die ägyptische Delegation am Sonntag ein.

2.3.2. Adverbien als Prädikat

Die Umstandsadverbien und -adverbialgruppen können nicht nur nähere Bestimmung anderer Wörter sein oder eine Satzaussage verdeutlichen, sondern auch als Prädikat untrennbarer Bestandteil eines Nominalsatzes sein. Vgl. die Satzstruktur 2 aus Lektion 2:

Hier ist ein Lehrer. — هُنَا مُعَلِّمٌ .

Der Lehrer ist im Zimmer. — اَلْمُعَلِّمُ فِي ٱلْغُرْفَةِ .

2.3.3. Verschiedene Adverbialkonstruktionen

Anstelle des qualitativen Adverbs verwendet man gern Konstruktionen, in denen dieses durch ein Verbalnomen ersetzt oder als Attribut zu einem Substantiv gestellt wird.

2.3.3.1. Präposition بِ + (Verbal-) Nomen:

Ich ging schnell. — مَشَيْتُ بِسُرْعَةٍ .

(statt مَشَيْتُ سَرِيعاً)

Ich ging langsam. — مَشَيْتُ بِبُطْءٍ .

(statt مَشَيْتُ بَطِيئاً)

Ich habe das gern getan. — فَعَلْتُ ذٰلِكَ بِسُرُورٍ .

(statt فَعَلْتُ ذٰلِكَ مَسْرُوراً)

Er prüfte es genau. — فَحَصَ ذٰلِكَ بِدِقَّةٍ .

(statt فَحَصَ ذٰلِكَ دَقِيقاً)

2.3.3.2. Präposition بِ + شَكْل oder صُورَة »Form, Art und Weise« + Adjektiv:

فَعَلَ ذٰلِكَ بِشَكْلٍ مُمْتَازٍ

Er hat das ausgezeichnet gemacht
(wörtl.: in ausgezeichneter Weise).

(statt فَعَلَ ذٰلِكَ مُمْتَازاً .)

Er hat das gut gemacht — فَعَلَ ذٰلِكَ بِصُورَةٍ جَيِّدَةٍ .
(wörtl.: in guter Weise).

im allgemeinen, allgemein — بِصُورَةٍ عَامَّةٍ

im besonderen, besonders — بِصُورَةٍ خَاصَّةٍ

2.3.3.3. Innerer Akkusativ: Ein Verb wird dadurch näher bestimmt, daß ihm ein indeterminiertes Nomen (meist ein Infinitiv) im Akkusativ mit attributivem Adjektiv nachgestellt wird.

Er las den Brief langsam — قَرَأَ ٱلرِّسَالَةَ قِرَاءَةً بَطِيئَةً .
(wörtl.: er las den Brief ein langsames Lesen).

G

A 6 Dieser innere oder absolute Akkusativ, möglicherweise Ausgangspunkt des ein Verb näher bestimmenden Adverbs schlechthin, ist im modernen Arabisch seltener geworden.

Die Verwendung der einen oder anderen der eben behandelten Adverbialkonstruktionen ist weitgehend von der Struktur und Semantik der zu verwendenden Nomina bestimmt. Nur genaue Beobachtung des Sprachgebrauchs und ständige Übung erlauben es, sie sicher zu handhaben.

V

إِذْ	da, weil, indem (kann häufig unübersetzt bleiben)
مَأْلُوف	üblich
إِنَاء / أَوَانٍ	Gefäß
بَرَدَى	Barada (Fluß, an dem Damaskus liegt)
بِرُوكَار	Brokat
بُسْتَان / بَسَاتِينُ	(Obst-) Garten
بَطِيء	langsam
بُطْء	Langsamkeit
بِبُطْءٍ	langsam (Adverb)
تَابَعَ (يُتَابِعُ) ه III	fortsetzen
مُتَابَعَة	(Infinitiv von تابع)
تُحْفَة / تُحَف	Kostbarkeit

مَتْحَف / مَتَاحِفُ	Museum
أَثَارَ (يُثِيرُ) ه IV	hervorrufen, erregen
جِلْدِيّ	ledern, Leder-
الْجَامِعُ الْأُمَوِيّ	Omayadenmoschee
جَوْلَة / جَوْلَات	Rundfahrt, -reise
إِنْحَدَرَ (يَنْحَدِرُ) VII	sich senken, abschüssig sein (Gelände)
إِنْحِدَار	(Infinitiv von انحدر)
حَاوَلَ III (يُحَاوِلُ) هـ / أَنْ	versuchen
تَذْكَارِيّ	Erinnerungs-
رُؤْيَة	(Infinitiv von رَأَى)
زَوْجَة / زَوْجَات	Ehefrau
سَجَّادَة / سَجَاجِيدُ	Teppich

V

سَرِيع	schnell
سُوق (م) / أَسْوَاق	Markt, Basar
سُوقُ ٱلْحَمِيدِيَّة	(Name des großen Basars von Damaskus)
سَيْر	(Infinitiv von سار)
II شَجَّعَ (يُشَجِّعُ) ه / على	fördern
شَرْح / شُرُوح	Erklärung, Erläuterung, Kommentar
مُشَاهَدَة	(Infinitiv von شاهد III)
شَاهِق	hochragend, schlank (nicht Personen)
صِنَاعَة	auch: Herstellung, Anfertigung
صُورَة / صُوَر	Bild; Form, Art und Weise
(و) بِصُورَةٍ خَاصَّة	besonders (Adverb)
(و) بِصُورَةٍ عَامَّة	allgemein (Adverb)
إِضَافَةً إِلَى	neben, sowie
مُطَعَّم	eingelegt (Holz, Metall)
VII إِنْطَلَقَ (يَنْطَلِقُ)	starten, losfahren, -gehen

إِعْجَاب	Bewunderung
IV أَعْرَبَ (يُعْرِبُ) عن	äußern, zum Ausdruck bringen
عَظَمَة	Pracht, Erhabenheit
ج مَعَالِمُ	Sehenswürdigkeiten
مُعَامَلَة / مُعَامَلَات	Behandlung, Benehmen
عَوْدَة	Rückkehr
عَادَة / عَادَات	Gewohnheit, Brauch
عَادِيّ	normal, gewöhnlich
الغُوطَة	die Ghūṭa (fruchtbare Ebene, in der Damaskus liegt)
فِضَّة	Silber
تَفَضَّلْ بِقَطْعِ . . .	Schneiden Sie bitte . . . ab!
فَنِّيّ	künstlerisch
قَاسِيُون	Qāsiyūn (Berg bei Damaskus)
قَبِلَ (يَقْبَلُ) ه	annehmen, akzeptieren
X إِسْتَقْبَلَ (يَسْتَقْبِلُ) ه / ه	empfangen
تَقْدِيم	(Infinitiv von قدّم II)

V

مُقَصَّب	mit Gold- oder Silberfäden durchwebt
قَطَعَ (يَقْطَعُ) ه	(ab)schneiden
قَطْع	(Infinitiv von قطع)
قِطْعَة / قِطَع	Stück
قِمَّة / قِمَم	Gipfel
قِيَام	(Infinitiv von قام)
مَلْحُوظ	merklich, fühlbar, bemerkenswert
بِلُطْفٍ	freundlich (Adverb)
تَمَتُّع	(Infinitiv von تمتّع V)
نُحَاسِيّ	kupfern, Kupfer-
نَادِر	selten, kostbar
نَسِيج / أَنْسِجَة	Gewebe
نَفِيس	wertvoll, kostbar
هَدِيَّة تَذْكَارِيَّة	Erinnerungsgeschenk, Souvenir
مُوجَز	kurzgefaßt
V تَوَجَّهَ (يَتَوَجَّهُ) (إِلى)	sich wenden, sich begeben (nach)
وُصُول	(Infinitiv von وصل)
IV أَوْصَى (يُوصِي) ه ب	empfehlen (jmdm. etw.)
وَفْرَة	Fülle
يَارْدَة / يَارْدَات	Yard

T

T 1

في العاصمة السوريّة

من المألوف أنّ كلّ سائح يقوم بزيارة بلد أجنبيّ يريد مشاهدة معالم هذا البلد. لذلك اقترح كلاوس القيام بجولة في المدينة لرؤية الجوامع والمتاحف والأسواق . وقبل هذا الاقتراح .

انطلقت السيّارة من الفندق وتوجّهت إلى جبل قاسيون الّذي توجد فوقه محطّة التلفزيون . وسارت السيّارة سيرا بطيئا لأنّ انحدار الطريق لا يسمح بالسير بسرعة . وبعد الوصول إلى قمّة الجبل تمكّن الزائرون من التمتّع بمنظر رائع إذ رأوا المدينة كلّها بمآذن جوامعها الشاهقة وبيوتها الحديثة والقديمة إضافة إلى نهر بردى والغوطة ببساتينها وغاباتها . وقد حاول مرافقهم السوريّ تقديم شرح موجز عن تاريخ المدينة .

T

وبعد ذلك أوصى المرافق بمتابعة الجولة فعاد الجميع إلى المدينة وذهبوا أوّلا إلى الجامع الأمويّ حيث أعربوا عن إعجابهم بعظمة بنائه وجماله . وبعد أن زار أعضاء الوفد الجامع الأمويّ زيارة طويلة توجّهوا إلى المتحف الوطنيّ حيث أثارت وفرة التحف الفنّيّة إعجابهم ، ثمّ ذهبوا إلى سوق الحميديّة المشهورة منذ قديم الزمان .

في سوق الحميديّة T 2

كلاوس : هل توجد عندكم هدايا تذكاريّة جميلة ؟

البائع : لدينا أوان نحاسيّة مطعّمة بالفضّة ، وهي نادرة في بلادكم ، وبروكار مقصّب ، وسجاجيد ، ومقاعد جلديّة .

كلاوس : سمعت أنّ دمشق مشهورة بصناعة نسيج البروكار.

البائع : هذا صحيح ، في دمشق عدد كبير من المعامل الخاصّة بإنتاج البروكار.

كلاوس : حدّثتني زوجتي عن هذا النوع من الأنسجة وهي تحبّها . ولكن كم هو سعر المتر الواحد ؟

البائع : هناك أنواع مختلفة منه . سعر الياردة الواحدة من النوع العاديّ ١٦ ليرة ومن النوع النفيس ٣٥ ليرة .

كلاوس : هذا ليس غاليا .

البائع : هل تسمحون لي أن أقدّم لكم القهوة أو كأسا من العصير؟

كلاوس : أنت لطيف .

الدكتور بارت : هذه معاملة وديّة جدّا .

الدكتور مولر : أعتقد أنّها معاملة تشجّع على البيع بشكل ملحوظ .

البائع : تقديم المشروبات عادة مألوفة عندنا .

كلاوس : تفضّل بقطع ٣ ياردات وربع من ذلك البروكار الأخضر .

البائع : سعرها ١١٣ ليرة وثلاثة أرباع الليرة . أعطيك القطعة بـ ١١٠ ليرة .

كلاوس : شكرا جزيلا . سنشتري الهدايا من مخزنك مرّة أخرى .

Ü

Ü 1 Hören Sie mehrmals Text 1 vom Tonband oder vorgelesen vom Lektor!

Ü 2 Lesen Sie Text 1 unter Kontrolle des Lektors!

Ü 3 (Hausaufgabe) Lesen Sie nochmals Text 1 und übersetzen Sie ihn! Bereiten Sie Ü 4 und Ü 5 vor!

Ü 4 Geben Sie den Inhalt von Text 1 in Arabisch wieder! Der Lektor kontrolliert dabei sowohl die phonetische als auch die lexikalische und grammatische Richtigkeit. Das gleiche gilt für die folgenden Übungen.

Ü 5 Beantworten Sie die folgenden Fragen zu Text 1!

ماذا يريد كلّ سائح يقوم بزيارة بلد أجنبيّ ؟
ماذا اقترح كلاوس ؟
إلى أين توجّهت السيّارة بعد أن انطلقت من الفندق ؟
ماذا يسمّى الجبل الواقع قريبا من دمشق ؟
ماذا يوجد فوق هذا الجبل ؟
لماذا سارت السيّارة ببطء ؟
ماذا رأى الزائرون بعد وصولهم إلى قمّة الجبل ؟
ماذا شرح المرافق السوريّ ؟
بماذا أوصى المرافق بعد تقديم الشرح ؟
أيّة مبان زار أعضاء الوفد ؟
ماذا أثار إعجابهم ؟
ما هو اسم تلك السوق المشهورة الموجودة في دمشق ؟

Ü 6 Hören Sie mehrmals Text 2 vom Tonband oder vorgelesen vom Lektor!

Ü 7 Lesen Sie Text 2 unter Kontrolle des Lektors!

Ü 8 (Hausaufgabe) Lesen Sie nochmals Text 2 und arbeiten Sie ihn so durch, daß sie selbständig, ohne Zuhilfenahme der Textvorlage, ein Gespräch zum Thema » Basarbesuch « führen können.

Ü 9 Führen Sie dieses Gespräch im Kolleg!

Ü

Ü 10 Bilden Sie den Infinitiv der folgenden Verben des Grundstammes! Die Modellstruktur ist jeweils angegeben.

a) فعْل :

وضع ، وعد ، قام ، خاف ، باع ، فحص ، عرض ، قال ، سار ، شرح ، كسب ، أكل ، مشى ، صرف ، أخذ ، خلق .

b) فُعول :

وقف ، وصل ، رجع ، صعد ، خرج ، دخل ، وجد ، حصل ، حضر .

c) فِعالة :

درس ، زار ، زاد ، زرع ، صنع .

Ü 11 Bestimmen Sie von den folgenden Verben zunächst den Stamm und bilden Sie dann den entsprechenden Infinitiv, der Ihnen vokabelmäßig bereits bekannt ist!

أوفد ، استقبل ، شاهد ، قدّم ، سجّل ، اقترح ، أغلق ، دخّن ، اجتمع ، لاحظ ، انحدر ، تابع ، اقام ، شجّع ، أعجب ، وسّع ، استورد ، أدخل ، خابر .

Ü 12 Ermitteln Sie im Glossar die Bedeutung der folgenden Infinitive und vergleichen Sie sie mit der des jeweiligen Verbs!

مقابلة ، تسليم ، اشتراك ، مرافقة ، تطوّر ، مقاومة ، إعلان ، تأييد ، احتياج ، اجابة ، إجراء ، إثبات ، تطوير ، تقديم ، محاولة .

Ü 13 Ersetzen Sie in den folgenden Sätzen den mit أنْ eingeleiteten Objekt- oder Subjektsatz durch eine Infinitivkonstruktion!

Beispiel: أحاول أن أنجز واجباتي حتّى يوم السبت .

> أحاول إنجاز واجباتي حتّى يوم السبت .

يريد أحمد أن ينجز واجباته فورا .

يريد الوفد أن يزور الجامع الأمويّ .

تريد الحكومة أن تطوّر اقتصاد البلد .

Ü

أرادوا أن يفحصوا هذه القضيّة .
يريد الخبراء أن يدرسوا المشروع .
يجب علينا أن نؤيّد هذه السياسة .
يجب عليك أن ترحّب بالضيوف .
يجب عليكم أن تلغوا سفركم .
يجب علينا أن نقابله .
يجب عليها أن تغيّر البرنامج .
لم يستطع التلميذ أن يجيب على هذا السؤال .
استطاع المعلّم أن يبيّن المشكلة .
هل استطعتم أن تنجزوا هذا العمل ؟
هل تستطيع أن تسلّم الهديّة شخصيّا ؟
استطاع المرافق أن يشرح تاريخ المدينة .
أحاول أن أقابلهم غدا .
نحاول أن ننهي عملنا حتّى نهاية الأسبوع .
سأحاول أن أوضح القضيّة .
هل تحاول أن تغيّر الموعد ؟
حاولت أن أعود بالباخرة .
هل تمكّنت الطالبة من أن تترجم الكلمات الجديدة ؟
تمكّن الطالب من أن يقوم بواجباته .
تمكّنوا من أن يقاوموا أعداءهم .
هل يمكنك أن تخابره مساء اليوم ؟
هل يمكنكم أن تتحدّثوا معه حول ذلك ؟

Ü 14 In den folgenden Sätzen wird der Nebensatz durch eine Konjunktion eingeleitet. Ersetzen Sie diese Konstruktion durch die entsprechende Präposition + Infinitiv!

Beispiel: سأزورك قبل أن تعود إلى القاهرة .

< سأزورك قبل عودتك إلى القاهرة

Ü

نترك المدينة قبل أن ينتهي المؤتمر.
ستزورني صديقتي قبل أن تعود إلى برلين .
تُفحص السيّارة قبل أن تُباع .
يتبادل المسؤولون الآراء قبل أن يجتمعوا .
يجتمع أحمد بصديقه قبل أن يوفَد إلى الخارج للدراسة في ألمانيا الديمقراطيّة .
ذهبتُ إلى القاعة بعد أن فحصوا جوازات السفر.
ابتدأت المباراة بعد أن تبودل الشعاران .
رجع إلى البيت بعد أن أنهى عمله .
مشى إلى المقهى بعد أن شاهد الفلم .
بقيت في الملعب حتّى انتهت المباراة .
بقيت في المطار حتّى أقلعت الطائرة .
لم يتركوا المحطّة حتّى وصل القطار.
فحص الموظّف الأوراق حتّى أثبت الحقيقة .
قرأت الكتب حتّى أُغلقت المكتبة .
أتى الأصدقاء ليحضروا الحفلة .
جاء آلاف التجّار ليشتركوا فى المعرض .
سافرت إلى برلين لأجتمع بأصدقائي .
ذهبت إلى المصرف لأصرف العملة .
خرجت من الغرفة لأدخّن سيجارة .
سافر الطلاّب إلى القاهرة ليدرسوا اللغة العربيّة .
جاء التلاميذ إلينا ليتعلّموا اللغة الألمانيّة .
قام الوفد بجولة ليشاهد الجامع الأموي والمتحف الوطنيّ .

Ü 15 (Hausaufgabe) Bilden Sie selbständig Nominalsätze, in denen ein Infinitiv Subjekt, die Partizipien ممنوع und مسموح Prädikat sind!

Ü 16 (Hausaufgabe) Schildern Sie, wie Sie das vergangene Wochenende verbracht haben! Verwenden Sie dabei die Ihnen bekannten Zeitadverbien!

Ü

Ü 17 Vervollständigen Sie die folgenden Sätze durch eine der hier genannten Adverbialgruppen:

بدقّة ، ببطء ، بسرعة ، بصورة رائعة ، بصورة جيّدة ، بشكل ممتاز ، بسرور ، بلطف .

قاد السائق سيّارته . . .

استقبلتني العائلة . . .

درس الخبراء المشروع . . .

أنجز الطلاّب عملهم . . .

هل تتعلّمون اللغة العربيّة . . . ؟

كان المترجم يتكلّم اللغة العربيّة . . .

رحّب الوزير بضيوفه الأجانب . . .

شرح المرافقون هذا الموضوع . . .

قبلنا الدعوة . . .

تريد الدوائر المسؤولة أن تطوّر اقتصاد البلد . . .

Ü 18 (Hausaufgabe) Beantworten Sie die folgenden Fragen:

ما هي المشروبات الّتي تعرفها ؟

ما هي المأكولات الّتي تعرفها ؟

ما هي المهن الّتي تعرفها ؟

ما هي البضائع الّتي تباع في سوق الحميديّة ؟

Ü 19 Tragen Sie die Antworten zu Ü 18 im Kolleg vor!

23. Lektion

1. Nebensätze: Überblick

Nebensätze erfüllen im Satzgefüge eine Funktion ähnlich der eines Satzgliedes in einem einfachen Satz. Man kann sie dementsprechend wie folgt einteilen:

Subjektsätze
Objektsätze
Prädikativsätze
Attributsätze
Adverbialsätze

Alle diese Nebensatztypen sind im Zusammenhang mit verschiedenen Konjunktionen bereits vorgekommen, ohne daß in jedem Falle der ihnen entsprechend ihrer syntaktischen Funktion zukommende Name genannt wurde:

Subjekt- und Objektsätze nach أَنْ und أَنَّ sowie nach مَنْ , مَا , اَلَّذِينَ , اَلَّذِي als substantivische Relativsätze;

Prädikativsätze als substantivische Relativsätze;

Attributsätze = attributive Relativsätze;

Adverbialsätze nach den Konjunktionen

بَعْدَ أَنْ	nachdem	= Temporalsätze
قَبْلَ أَنْ	bevor	
مُنْذُ (أَنْ)	seit(dem)	
حَتَّى	bis	

G

حَيْثُ	wo	= Lokalsätze
لِ	damit, um ... zu	= Finalsätze
لِأَنَّ	weil	= Kausalsätze
إِذْ	indem; da	= Modalsätze (u. U. auch Kausalsätze)
رَغْمَ أَنَّ	obwohl	= Konzessivsätze
وَكَأَنَّ	als ob	= Komparativsätze (angenommener Vergleich)
لَكِنَّ	aber, jedoch	= Restriktivsätze bzw. adversative Beiordnung
غَيْرَ أَنَّ	nur daß, freilich, allerdings	

Wir unterscheiden dabei nicht — wie in den ide. Sprachen — zwischen subordinierten und koordinierten Sätzen, da sich im Arabischen die Wortstellung in diesen konjunktional eingeleiteten Sätzen nicht von der Wortstellung im Hauptsatz unterscheidet.

In dieser Lektion und in den Lektionen 26—28 werden die für das Arabische wichtigen Satztypen Temporalsatz, Konditional- und Konzessivsatz, Ausnahmesatz und Zustandssatz behandelt, die nur z. T. eine Entsprechung im Deutschen haben.

2. Die Temporalsätze

2.1. Sie werden durch Konjunktionen eingeleitet, die darauf hinweisen, daß die Handlung des Nebensatzes

zur gleichen Zeit wie die des Hauptsatzes (als, sobald = Zeitpunkt, während, solange = Dauer, sooft = Wiederholung)

vor der Handlung des Hauptsatzes (nachdem, seit[dem], als)

oder nach der Handlung des Hauptsatzes (bis, bevor) stattfindet.

G

2.1.1. Temporalsätze der Gleichzeitigkeit:

Die Gleichzeitigkeit von Haupt- und Nebensatzhandlung wird durch folgende Konjunktionen ausgedrückt:

عِنْدَمَا + Verb in der Perfektform = als

(bzw. كَانَ + Imperfektform oder Partizip)

عِنْدَمَا كُنْتُ أَلْعَبُ جَاءَ مُحَمَّدٌ.

Als ich (gerade) spielte, kam Muhammad.

Der mit عِنْدَمَا eingeleitete Satz kann dem Hauptsatz vorangehen oder ihm folgen:

جَاءَ مُحَمَّدٌ عِنْدَمَا كُنْتُ أَلْعَبُ.

Die Möglichkeit der Voranstellung oder Nachstellung des Temporalsatzes gilt auch für alle folgenden mit einer temporalen Konjunktion eingeleiteten Sätze.

A 1 Eine weitere syntaktische Möglichkeit, die Gleichzeitigkeit von Haupt- und Nebensatz auszudrücken, besteht im sog. Zustandssatz; vgl. dazu Lektion 28.

عِنْدَمَا + Verb in der Imperfektform = sobald

سَأُطْلِعُهُمْ على هذه القَضِيَّةِ عِنْدَمَا أَجْتَمِعُ بِهِم.

Ich werde sie über diese Angelegenheit informieren, sobald ich mit ihnen zusammentreffe.

A 2 عندما + Imperfektform oft in konditionaler Bedeutung = deutsch »wenn«.

حِينَمَا od. حِينَ + Verb in der Perfekt- oder Imperfektform haben die gleiche Bedeutung wie عِنْدَمَا.

A 3 Im Zeitungsarabisch ist عندما weitaus häufiger anzutreffen. حينما und حين gehören mehr dem Individualstil an.

بَيْنَمَا + Verb in der Perfektform (bzw. كان + Imperfektform oder Partizip) oder Imperfektform = während

G

أَنْجَزْتُ العَمَلَ بَيْنَمَا كان مُحَمَّدٌ غَائِباً .

Ich habe die Arbeit erledigt,
während Muhammad abwesend war.

أُنْجِزُ العَمَلَ بَيْنَمَا يَكُونُ مُحَمَّدٌ غَائِباً .
(او : بينما محمّد غائبٌ) .

Ich erledige die Arbeit,
während Muḥammad abwesend ist.

A 4 بينما leitet auch, wie das deutsche »während«, einen Kontrastsatz ein:

اِرْتَفَعَ التَّصْدِيرُ بَيْنَمَا انْخَفَضَ الاسْتِيرَادُ

Der Export hat sich erhöht,
während sich der Import verringert hat.

Temporalsätze der Gleichzeitigkeit werden weiterhin eingeleitet durch: طَالَمَا oder مَا دَامَ » solange «, مَا لَمْ » solange nicht « und كُلَّمَا » sooft «.

2.1.2. Temporalsätze der Vorzeitigkeit:

بَعْدَ أَنْ + Verb in der Perfektform = nachdem

ذَهَبْتُ إلى البَيْتِ بَعْدَ أَنْ أَنْجَزْتُ العَمَلَ .

Ich ging nach Hause,
nachdem ich die Arbeit erledigt hatte.

A 5 Im Arabischen steht also Perfektform–Perfektform im Gegensatz zum Deutschen, wo »nachdem« die strikte Einhaltung der consecutio temporum verlangt (Plusquamperfekt–Präteritum).

A 6 Auch عندما und حينما können in der Bedeutung » als, nachdem « zum Ausdruck der Vorzeitigkeit verwendet werden. Eine klare Abgrenzung ist vielfach weder von بعد أن »nachdem« noch von dem im Schriftarabisch heute seltener gebrauchten لَمَّا »als, nachdem« möglich. In der gesprochenen Sprache kommt letzteres dagegen sehr häufig vor.

G

1.3. Die verbalen Dualformen

Perfektform: An die 3. P. Sg. m. und f. und an die 2. P. Pl. m. wird das Dualsuffix *-ā* angefügt.
Imperfektform: An die 3. P. Sg. m. und f. und an die 2. P. Sg. m. wird das Dualsuffix *-āni* angefügt:

	Imperfektform	Perfektform	
3. P. m.	يَفْعَلَانِ	فَعَلَا	(هما)
3. P. f.	تَفْعَلَانِ	فَعَلَتَا	(هما)
2. P.	تَفْعَلَانِ	فَعَلْتُمَا	(أنتما)

A 4 **Beim Konjunktiv und Apokopat fällt die Endung ن weg.**

Imperativ: An den maskulinen Imperativ des Singulars wird das Dualsuffix *ā* angefügt: إِفْعَلَا ، أُكْتُبَا (Anhang: Tafel 9).

2. Die Zahlen 1 und 2

2.1. Die arabischen Wörter für die Kardinalzahlen 1 und 2 sind Adjektive und kongruieren als solche mit dem übergeordneten Substantiv in Kasus, Status, Genus und Numerus:

2.2. Sie lauten:

	2 f.	2 m.	1 f.	1 m.
N.	إِثْنَتَانِ	إِثْنَانِ	وَاحِدَةٌ	وَاحِدٌ
G.	إِثْنَتَيْنِ	إِثْنَيْنِ	وَاحِدَةٍ	وَاحِدٍ
A.	إِثْنَتَيْنِ	إِثْنَيْنِ	وَاحِدَةً	وَاحِدًا

A 5 **Das anlautende *Hamza* von إثنان ist ein *Hamzat waṣl*.**

G

3.5. *Hamza* mit folgendem langen *ā* wird als *Madda* (~) geschrieben:

آب August

ج مَآذِنُ Minarette

Diese Regel gilt nicht, wenn auch ein langes *ā* vorangeht:

ج بِنَاءَات Bauten

Die Regeln über die Schreibung des *Hamza* brauchen Sie nicht auswendig zu lernen. Schlagen Sie im Bedarfsfall hier nach oder informieren Sie sich an Hand der Tafeln 29–34 im Anhang (Verben mit *Hamza* = R_1, R_2 oder R_3).

V

أَشُورِيّ	assyrisch
أُمَّة / أُمَم	Nation
إِيرَانُ (م)	Iran
بَابِلِيّ	babylonisch
بَدَأَ (يَبْدَأُ)	(+ Imperfektform) beginnen, etw. zu tun
بَدْلَة / بَدَلَات	Anzug
بَارِز	hervorragend
بروفة / بروفات	Probe (ital. prova)
مُنْبَسِط	flach
ثَرْوَة / ثَرَوَات	Reichtum
ج ثَرَوَات طَبِيعِيَّة	Bodenschätze, Naturreichtümer
أَثَارَ (يُثِيرُ) ه IV	auch: anregen, reizen, veranlassen
اَلْجَزِيرَةُ ٱلْعَرَبِيَّةُ	Arabien
اَلْجُمْهُورِيَّةُ ٱلْعِرَاقِيَّةُ	Republik Irak
جَاهِز	fertig
أَحَبَّ IV (يُحِبُّ) ه / ه	lieben, mögen
حَدَّ (يَحُدُّ) ه	begrenzen
تَحْرِير	Befreiung
مَحَلّ / مَحَلَّات	Laden, Geschäft
خُصُوبَة	Fruchtbarkeit

V

خَلِيج / خُلْجَان	Golf
الخَلِيجُ ٱلْعَرَبِيّ	Arabischer od. Persischer Golf
خَلَعَ (يَخْلَعُ) ه	ausziehen, ablegen (Kleidungsstück)
خَاطَ (يَخِيطُ) ه	nähen
خِيَاطَة	(Infinitiv von خاط) auch: Machart
خَيَّاط / خَيَّاطُونَ	Schneider
دِجْلَةُ	Tigris
دَلَّ (يَدُلُّ) ه على	führen, leiten (jmdn. zu), zeigen (jmdm. etw.)
دَوْر / أَدْوَار	Rolle
IV أَرَى (يُرِي) ه ه	zeigen (jmdm. etw.) (IV. Stamm von رأى)
VIII إِرْتَبَطَ (يَرْتَبِطُ) ب	verbunden sein (mit)
زِرّ / أَزْرَار	Knopf
سَامِيّ	semitisch
V تَسَبَّبَ (يَتَسَبَّبُ) في	verursachen, schuld sein (an etw.)
سَرَّ (يَسُرُّ) ه	(er-)freuen (jmdn.); Passiv: sich freuen (ب ، لِ über)

إِسْلَامِيّ	islamisch
سَهْل / سُهُول	Ebene
سُومَرِيّ	sumerisch
سَيْطَرَة	Herrschaft (Infinitiv von سيطر)
شَبَكَة / شِبَاك	Netz
شَدَّ (يَشُدُّ) ه (إلى)	binden (etw. an)
شَاءَ (يَشَاءُ) ه / أَنْ	wünschen, wollen
طَلَل / أَطْلَال	Ruine
مَطْلَع	Anbruch
طُورُوس	Taurus
ظَلَّ (يَظَلُّ)	(+ Imperfektform oder Partizip) fortfahren, bleiben, etwas ständig oder weiter tun
عَدَّ (يَعُدُّ) ه / ه ه	zählen; Passiv: gelten (ه als), zählen (مِن zu)
مَعْرِفَة / مَعَارِف	(Infinitiv von عرف) auch: Bekanntschaft
مُعَاصِر	modern, zeitgenössisch
VI تَعَاقَبَ (يَتَعَاقَبُ)	aufeinanderfolgen

V

إِسْتِعْمَار	Kolonialismus
إِسْتِعْمَارِيّ / إِسْتِعْمَارِيُّونَ	kolonialistisch; Kolonialist
غَزَا (يَغْزُو) ه	überfallen, einfallen, erobern
غَطَّى II (يُغَطِّي) ه	bedecken
قُبَّة / قِبَاب	Kuppel
قَدَّرَ II (يُقَدِّرُ) ه (ب)	veranschlagen (etwas auf)
قَرَّرَ II (يُقَرِّرُ) ه / أَنْ	beschließen
إِسْتَقَرَّ X (يَسْتَقِرُّ)	feststehen
قُطْر / أَقْطَار	Land, Region
قِيَاس / قِيَاسَات	Anprobe
مَقَاس / مَقَاسَات	Maß
كَلَّفَ II (يُكَلِّفُ) ه	kosten
كَمَنَ (يَكْمُنُ)	sich verbergen
كَيْ	damit (Konjunktion)
إِمْتَدَّ VIII (يَمْتَدُّ)	sich erstrecken
مُوضَة	Mode
نَخِيل (الواحدة نَخْلَة)	Dattelpalme(n) (coll)
نَشَأَ (يَنْشَأُ)	entstehen
مِنْطَقَة / مَنَاطِقُ	Gebiet
مَا بَيْنَ ٱلنَّهْرَيْنِ	Zweistromland (wörtl.: das, was zwischen den beiden Flüssen — Euphrat und Tigris — ist)
هِجْرَة	Einwanderung, Auswanderung
هَائِل	gewaltig, riesig
وَجْه / وُجُوه	Gesicht, Antlitz
وَرَاءَ	hinter
مِيلَاد	Geburt
قَبْلَ ٱلْمِيلَادِ	vor unserer Zeitrechnung, v. Chr.

T

T 1 الجمهوريّة العراقيّة

يمتدّ سهل منبسط بين نهري دجلة والفرات، من جبال طوروس في الشمال إلى الخليج العربيّ في الجنوب. وتغطّي هذه المنطقة الّتي تحدّها في الشرق إيران وفي الغرب سوريا والّتي تقدّر مساحتها بـ ٤٤٤,٤٤٢ كم٢ أطلال المدن البابليّة والسومريّة والأشوريّة، والمآذن والقباب وغابات النخيل، وشبكة هائلة من أبراج البترول.

هذه الصورة المعاصرة يكمن وراءها كلّ تاريخ العراق. فقد نشأت أوّل دولة في بلاد ما بين النهرين قبل الميلاد بآلاف السنين، ثمّ تعاقبت موجات الهجرة الساميّة القادمة من الجزيرة العربيّة إلى العراق، وفي مطلع القرن السابع شُدّ العراق إلى العالم الاسلاميّ وظلّ يحمل الوجه العربيّ حتّى الآن. ويعدّ العراق من الأقطار الّتي لعبت دورا بارزا في حياة الأمّة العربيّة.

ولكنّ خصوبة هذه البلاد وثرواتها الطبيعيّة تسبّبت في إثارة الاستعماريّين لغزوها في بداية القرن العشرين.

لقد استطاع الشعب العراقيّ الّذي لا يتجاوز عدد سكّانه ثمانية ملايين نسمة تحرير بلاده من السيطرة الاستعماريّة وبناء دولته الوطنيّة. ويرتبط العراق بالبلدان الاشتراكيّة بعلاقات ودّيّة. ويجري تطوّره الاقتصاديّ بخطوات سريعة بمساعدة البلدان الاشتراكيّة الصديقة.

T 2 في محلّ الخيّاط

الخيّاط : من دلّك على محلّي ؟

الزبون : دلّني عليك مرافقنا. قال لي إنّك تعدّ من الخيّاطين الممتازين في المدينة.

الخيّاط : لكنّ أسعاري غالية.

الزبون : كم تكلّف البدلة ؟

الخيّاط : حسب القماش والخياطة.

الزبون : أرني ذلك القماش الأسود من فضلك.

T

الخيّاط : تفضّل. سعر المتر ثلاثة دنانير. أنت تحتاج إلى ثلاثة أمتار ونصف.
أجرة الخياطة عشرة دنانير، المجموع عشرون دينارا ونصف.
هل استقرّ رأيك ؟

الزبون : قرّرت أن آخذ هذا القماش.

الخيّاط : هل تحبّ البدلة بصفّ أزرار واحد أم بصفّين ؟

الزبون : الصفّان موضة قديمة. أريدها بصفّ أزرار واحد.

الخيّاط : كما تشاء. إخلع معطفك كي آخذ المقاس. أحضر بعد أسبوع لقياس البدلة.

الزبون : لكنّني سأسافر بعد ثمانية أيّام.

الخيّاط : حسنا، سنعمل البروفة يوم الثلاثاء، وستكون البدلة جاهزة يوم الخميس.

الزبون : شكرا جزيلا. لقد سررت بمعرفتك.

Ü

Ü 1 Hören Sie mehrmals Text 1 vom Tonband oder vorgelesen vom Lektor!

Ü 2 Lesen Sie mehrmals Text 1 unter Kontrolle des Lektors!

Ü 3 (Hausaufgabe) Lesen Sie nochmals Text 1 und übersetzen Sie ihn! Bereiten Sie Ü 4 und Ü 5 vor!

Ü 4 Geben Sie den Inhalt von Text 1 in Arabisch wieder! Der Lektor kontrolliert dabei sowohl die phonetische als auch die lexikalische und grammatische Richtigkeit. Dies gilt auch für die folgenden Übungen.

Ü 5 Beantworten Sie die folgenden Fragen zu Text 1:

كيف هو شكل المنطقة الممتدّة بين نهري دجلة والفرات ؟
ماذا تسمّى هذه المنطقة ؟
ما هي المناطق والبلدان الّتي تحدّ العراق ؟
كم هي مساحة هذا البلد؟

Ü

أيّة أطلال تغطّي القطر العراقيّ ؟
هل العراق غنيّ بالبترول ؟
متى نشأت اوّل دولة في هذه المنطقة ؟
من أين قدمت موجات الهجرة الساميّة ؟
متى بدأ العراق يحمل الوجه العربيّ ؟
ماذا تسبّب في إثارة الاستعماريّين لغزو البلد ؟
متى جرى ذلك ؟
ما عدد سكّان العراق ؟
ما هي البلدان الّتي يرتبط العراق بها ؟
كيف يتطوّر اقتصاد العراق ؟

Ü 6 Hören Sie mehrmals Text 2 vom Tonband oder vorgelesen vom Lektor!

Ü 7 Lesen Sie Text 2 unter Kontrolle des Lektors!

Ü 8 (Hausaufgabe) Lesen Sie nochmals Text 2 und arbeiten Sie ihn so durch, daß Sie selbständig, ohne Zuhilfenahme der Textvorlage, mit den vorkommenden Fragen und Antworten ein Gespräch führen können.

Ü 9 Führen Sie dieses Gespräch! Bereiten Sie Ü 10 vor!

Ü 10 Beantworten Sie die beiden Fragen:

ما هي الموضة المعاصرة للبدلات ؟
ما هي الملابس الّتي تعرفها ؟

Ü 11 (Hausaufgabe) Erweitern Sie Ü 10 dergestalt, daß Sie sich an Hand eines modernen deutsch-arabischen Wörterbuches über gebräuchliche Kleidungsstücke informieren und die Fragen nach den Kleidungsstücken, die Sie tragen, mit

تتألف ملابسي من . . .

beantworten.

Ü 12 Geben Sie Perfekt- und Imperfektform der Verben $R_2 = R_3$ an, die in Text 1 und Text 2 dieser Lektion vorkommen.

Ü

Ü 13 Wandeln Sie die Perfektform der folgenden Sätze und Teilsätze in die Imperfektform um!

امتدّت هذه المنطقة من الجبال إلى البحر .
هل شُدّ العراق إلى العالم الاسلاميّ ؟
من دلّك على هذا المحلّ ؟
هل استقرّ رأيك ؟

ماذا قرّر الطلّاب في اجتماعهم يوم الخميس ؟
إنّها أحبّتْني كثيرا .
سَرَّنا ذلك .
سَرَّتْني معرفتُك .

Ü 14 Ersetzen Sie die folgenden Relativsätze durch eine relativische Partizipkonstruktion!

Beispiel:

المنطقة الّتى تمتدّ إلى الخليج العربيّ
< المنطقة الممتدّة إلى الخليج العربيّ

فى القطر الّذي يمتدّ إلى البحر الأبيض المتوسّط .
الدوائر الاقتصاديّة الّتي سُرّت لهذا التطور.
البلدان الّتي تحبّ السلام .
السياسيّون الّذين يستقرّ رأيهم .
المرفأ الّذي قُرّر بناؤه .
المشاكل الّتي تدلّ على الوضع السياسيّ فى ذلك البلد .

Bereiten Sie Ü 15 vor!

Ü 15 Übersetzen Sie die folgenden Sätze und Teilsätze!

Meine Meinung steht fest.
Stehen ihre Meinungen fest?
Was hat man beschlossen?
Liebst du sie?
Wir lieben Euch!
Warum liebst du mich nicht?

Ü

Warum lieben sie mich nicht?
Ich liebe jenes Land.
Freut Dich das?
Das freut uns sehr.
Wie weit (= bis wohin) erstreckt sich dieses Gebiet?
Hast Du ihm dieses Geschäft gezeigt?
Die Studenten gelten als fleißig (als fleißige Studenten).
Dieses Land gilt als reich an Erdöl.
Welche Länder grenzen an den Irak?

Ü 16 (Hausaufgabe) Geben Sie unter Verwendung der Verbform تحدّ / يحدّ an, welche Länder, Gebiete, Meere usw. die Grenzen des Libanon, Syriens und des Irak bilden!

Ü 17 Geben Sie unter Verwendung der Verbform تُعَدّ / يُعَدّ an, ob die Ihnen unter ihrer arabischen Bezeichnung bekannten Länder als Industriestaat oder Agrarland bekannt sind!
Bereiten Sie Ü 18 vor!

Ü 18 Bilden Sie selbständige Sätze, in denen Sie unter Verwendung der Verbform كُنْتُ أُحِبُّ / أُحِبُّ Personen oder Dinge angeben, die Sie lieben bzw. geliebt haben.

Ü 19 (schriftliche Hausaufgabe zur Hamza-Schreibung) Übersetzen Sie: Meine Freunde, deine Freunde, mit unseren Freunden, vom 1. August an, die Fragen der verantwortlichen Minister, diese Dinge sind unbekannt, er schlug etwas anderes (= eine andere Sache) vor, es ist üblich, daß man die Altertümer des Landes besichtigt.

Lektion 25

G

1. Die Wortstruktur أَفْعَلُ

1.1. Adjektive der diptotischen Form أَفْعَلُ bezeichnen Farben und bestimmte körperliche oder andere einer Person eigentümliche Merkmale. Wir haben diese Wortgruppe bereits in Lektion 7 behandelt und geben hier noch einmal eine Übersicht:

Pl. m.	Sg. f.	Sg. m.	
بِيض	بَيْضَاءُ	أَبْيَضُ	weiß
حُمْر	حَمْرَاءُ	أَحْمَرُ	rot
خُضْر	خَضْرَاءُ	أَخْضَرُ	grün
زُرْق	زَرْقَاءُ	أَزْرَقُ	blau
سُمْر	سَمْرَاءُ	أَسْمَرُ	braun
سُود	سَوْدَاءُ	أَسْوَدُ	schwarz
صُفْر	صَفْرَاءُ	أَصْفَرُ	gelb
شُقْر	شَقْرَاءُ	أَشْقَرُ	blond
خُرْس	خَرْسَاءُ	أَخْرَسُ	stumm
طُرْش	طَرْشَاءُ	أَطْرَشُ	taub
عُمْي	عَمْيَاءُ	أَعْمَى	blind
حُمْق	حَمْقَاءُ	أَحْمَقُ	dumm

G

A 1 Der feminine Plural lautet auf *-āt* aus: حمراوات ، بيضاوات usw. – Verwendung des Plurals selbstverständlich nur bei Personen. Einige Beispiele: البيض »die Weißen«, السود »die Schwarzen«, الهنود الحمر »die Indianer«; فتيات شقراوات »blonde Mädchen«.

Für die Konstruktion gelten die bekannten Kongruenzregeln für die attributive Fügung bzw. den Nominalsatz mit adjektivischem Prädikat:

البَحْرُ الأبْيَضُ المُتَوَسِّطُ	das Mittelmeer
الدّارُ البَيْضَاءُ	Casablanca (دار und سوق sind f.!)
السُوقُ السَوْداءُ	der schwarze Markt
السَيَّارَةُ زَرْقاءُ	das Auto ist blau
لَوْنُها أَزْرَقُ	seine Farbe ist blau; es ist blau

1.2. Die Form أَفْعَلُ läßt sich von vielen arabischen Adjektiven und einzelnen Partizipien bilden. Mit ihr wird eine Steigerungsstufe ausgedrückt, die Elativ genannt wird.

A 2 Unter »Elativ« versteht man eine Steigerungsstufe, die einen besonders hohen Grad der entsprechenden Eigenschaft ausdrückt. Im Deutschen kann man dazu solche Wörter wie »grundehrlich« und »bestens« zählen.

Der arabische Elativ wird gebraucht zum Ausdruck

eines (intensivierten) Positivs,
des Komparativs,
des Superlativs.

1.2.1. Der Elativ als (intensivierter) Positiv

Pl.		Sg.	
f.	m.	f.	m.
فُعَلٌ ، فُعْلَيَات	أَفَاعِلُ ، أَفْعَلُونَ	فُعْلَى	أَفْعَلُ

A 3 Die Pluralformen kommen selten vor.

G

In attributiver Verwendung findet sich der Elativ als Positiv fast ausschließlich in feststehenden Termini. Es besteht wie bei jedem Adjektiv Kongruenz mit dem übergeordneten Substantiv.

Beispiele:

بريطانيا العُظْمَى	Großbritannien
آسِيَا ٱلصُّغْرَى	Kleinasien
الدُّوَلُ الكُبْرَى	die Großmächte
ذو أَهَمِّيَّةٍ كُبْرَى	von großer Bedeutung
الشَّرْقُ الأَدْنَى	der Nahe Osten
الشَّرْقُ الأَوْسَطُ	der Mittlere Osten
الشَّرْقُ الأَقْصَى	der Ferne Osten
الحَدُّ الأَدْنَى	Minimum (= unterste Grenze)
الحَدُّ الأَقْصَى	Maximum (= oberste Grenze)
العُصُور الوُسْطَى	das Mittelalter

Die zuletzt aufgeführten Elative

م دُنْيَا	أَدْنَى	nah
م قُصْوَى	أَقْصَى	fern
م وُسْطَى	أَوْسَطُ	mittel

sowie

م يُسْرَى	أَيْسَرُ	link
م يُمْنَى	أَيْمَنُ	recht

G

أَسْفَلُ م سُفْلَى untere

أَعْلَى م عُلْيَا obere

(alles richtungsbezogene Adjektive) und

آخَرُ م أُخْرَى andere

haben keine bzw. eine selten oder in anderer Bedeutung gebrauchte Positivform.
Hier liegt zwar formal der Elativ vor, doch drückt er keine Steigerungsstufe aus.

In prädikativer Verwendung selten:

Allah ist (sehr) groß. اللهُ أَكْبَرُ.

Allah ist allwissend, weiß es am besten. اللهُ أَعْلَمُ.

1.2.2. Der Elativ als Komparativ

Ausschließlich vorkommende Form: أَفْعَلُ (auch in Verbindung mit femininen oder im Plural stehenden Wörtern).

In attributiver Verwendung: det. oder indet. Substantiv + folgendes أَفْعَلُ:

eine geringere Anzahl عَدَدٌ أَقَلُّ

die billigere Ware البِضَاعَةُ الأَرْخَصُ

Die Präposition مِنْ »als« kann folgen:

بِضَاعَةٌ أَرْخَصُ مِنَ ٱلْبِضَاعَةِ ٱلَّتِي ٱشْتَرَيْتُهَا

eine billigere Ware als die, die ich gekauft habe.

G

In prädikativer Verwendung meist mit folgendem مِن »als«:

Er ist größer als ich.	هو أَطْوَلُ مِنّي .
Sie ist aktiver als du.	هي أَنْشَطُ مِنْكَ .
Sie sind stärker als wir.	هُمْ أَقْوَى مِنّا .

Das مِنْ kann fehlen, wenn der Vergleich auf andere Weise ausgedrückt wird:

Ich bin groß, er ist größer.	أنا طَوِيلٌ وهو أَطْوَلُ

A 4 Die genitivische Konstruktion أفعل + determinierter Dual (oder Plural) oder أفعل + Personalsuffix in komparativischer Bedeutung ist selten.

Beispiele:	das ältere der beiden Kinder	أكبر الولدين
	das ältere von beiden	أكبرهما

1.2.3. Der Elativ als Superlativ

Ausschließlich vorkommende Form: أَفْعَلُ (auch in Verbindung mit femininen oder im Plural stehenden Wörtern).

In genitivischer Verwendung zum Ausdruck einer attributiven Fügung:

a) أفعل + indeterminiertes Substantiv im Singular

b) أفعل + determiniertes Substantiv im Plural

c) أفعل + Personalsuffix

Beispiele:

a)	der beste Student	أَحْسَنُ طَالِبٍ
b)	der beste Student (= der beste der Studenten) oder: die besten Studenten	أَحْسَنُ الطُّلّابِ

G

c) der beste von ihnen — أَحْسَنُهُمْ

oder: die besten von ihnen

Aus dem Kontext wird im allgemeinen deutlich werden, ob es sich um einen Singular oder um den Plural handelt, z. B.

Er ist der beste Student.	هو أَحْسَنُ الطُّلَّابِ.
Sie sind die besten Studenten.	هم أَحْسَنُ الطُّلَّابِ.
die aufrichtigsten Grüße	أَخْلَصُ التَّحِيَّاتِ

حَمْلَةٌ مِنْ أَقْوَى ٱلْحَمَلَاتِ

einer der stärksten Angriffe

A 5 **Der unter a) angeführten Konstruktion ähnelt die der Ordinalzahlen als Regens einer Genitivverbindung (vgl. Lektion 16, A 2):**

zum ersten Mal	لِأَوَّلِ مَرَّةٍ
der zweit(größt)e Industriestaat.	ثَانِي دَوْلَةٍ صِنَاعِيَّةٍ

So auch bei آخِر **»letzt«:**

zum letzten Mal	لِآخِرِ مَرَّةٍ .

In prädikativer Stellung zum Ausdruck eines absoluten Superlativs kommt der arabische Elativ nicht vor. Ein Satz wie »diese Studenten sind am besten« wird durch

هم الطُّلَّابُ الأَحْسَنُ oder هم أَحْسَنُ الطُّلَّابِ

(möglich auch هؤلاء الطُّلَّابُ أَحْسَنُ مِنْ غَيْرِهِمْ) ,

das Beispiel »sie spielen am besten« durch

يَلْعَبُونَ أَحْسَنَ مِنْ غَيْرِهِمْ oder يَلْعَبُونَ أَحْسَنَ مَا يَكُونُ

wiedergegeben.

G

1.3. Am häufigsten von diesen Elativkonstruktionen kommen vor:

أَفْعَلُ مِنْ = Komparativ.

Beispiel: Er ist größer als ich. هو أَطْوَلُ مِنِّي

أَفْعَلُ + indeterminierter Singular = Superlativ

Beispiel: der beste Student أَحْسَنُ طَالِبٍ

أَفْعَلُ + determinierter Plural = Superlativ

Beispiel:
der beste Student / die besten Studenten أَحْسَنُ الطُّلَّابِ

1.4. Zusammenstellung häufig vorkommender Elative

Pl. f.	Pl. m.	Elativ Sg. f.	Elativ Sg. m.	Positiv	
أُخْرَيَات	آخَرُونَ	أُخْرَى	آخَرُ		andere
	أَوَائِلُ	أُولَى	أَوَّلُ		erste
			أَبْطَأُ	بَطِيء	langsam
			أَبْعَدُ	بَعِيد	entfernt
			أَجَدُّ	جَدِيد	neu
			أَجْمَلُ	جَمِيل	schön
			أَجْوَدُ	جَيِّد	gut/beste
			أَحْدَث	حَدِيث	modern
			أَحْسَنُ	حَسَن	gut/beste

G

Elativ Pl. f.	Elativ Pl. m.	Elativ Sg. f.	Elativ Sg. m.	Positiv	
			أَخَفُّ	خَفِيف	leicht
			أَخْلَصُ	خَالِص	aufrichtig
دُنًى	أَدَانٍ	دُنْيَا	أَدْنَى		nah, nähere
			أَرْخَصُ	رَخِيص	billig
			أَسْرَعُ	سَرِيع	schnell
	أَسَافِلُ	سُفْلَى	أَسْفَلُ		untere
			أَسْهَلُ	سَهْل	leicht, einfach
			أَسْوَأُ	سَيِّء	schlecht
			أَشَدُّ	شَدِيد	heftig
			أَصَحُّ	صَحِيح	richtig; gesund
			أَصْعَبُ	صَعْب	schwer, schwierig
			أَصْغَرُ	صَغِير	klein; jung
			أَطْوَلُ	طَوِيل	lang, groß (Wuchs)
			أَطْيَبُ	طَيِّب	gut/beste
	اعَاظِمُ	عُظْمَى	أَعْظَمُ	عَظِيم	groß(artig), prächtig, mächtig

G

Pl. f.	Pl. m.	Sg. f.	Sg. m.	Positiv	
	Elativ				
	أَعَالٍ	عُلْيَا	أَعْلَى	عَالٍ	hoch; obere
			أَغْلَى	غَالٍ	teuer
			أَغْنَى	غَنِيّ	reich
			أَفْضَلُ	فَضِيل	vortrefflich, beste
	أَقَاصٍ	قُصْوَى	أَقْصَى		fernere, äußerste
			أَقْدَمُ	قَدِيم	alt
			أَقْرَبُ	قَرِيب	nahe
			أَقْصَرُ	قَصِير	kurz, klein (Wuchs)
			أَقَلُّ	قَلِيل	klein, gering (Menge)
			أَقْوَى	قَوِيّ	stark
			أَكْبَرُ	كَبِير	groß, alt
			أَكْثَرُ	كَثِير	viele, mehr
			أَلْطَفُ	لَطِيف	freundlich
			أَنْشَطُ	نَشِيط	aktiv, tüchtig
			أَنْظَفُ	نَظِيف	sauber

G

Pl. f.	Pl. m.	Elativ Sg. f.	Elativ Sg. m.	Positiv	
			أَهَمُّ	هَامٌّ، مُهِمٌّ	wichtig
وُسَط	أَوَاسِطُ	وُسْطَى	أَوْسَطُ		mittlere
			أَوْسَعُ	وَاسِع	ausgedehnt

1.5. Einige phraseologische Wendungen:

على الأَقَلِّ	mindestens
على الأَكْثَرِ ، على أَكْثَرِ تَقْدِيرٍ	höchstens
إلى أَقْصَى حَدٍّ	im höchsten Grade, höchst
إلى أَبْعَدِ حَدٍّ	weitestgehend
في أَغْلَبِ ٱلأَحْيَانِ	meistens
(مَذْكُور) أَعْلاَهُ	o. a., weiter oben erwähnt
في الأَسْفَلِ	unten
في ٱلأَعْلَى	oben

A 6 Das Wort خَيْر »gut, besser, best« hat, obwohl formal kein Elativ, Komparativ- bzw. Superlativbedeutung:

الهُجُومُ خَيْرٌ مِنَ ٱلدِّفَاعِ .

Der Angriff ist besser als die Verteidigung.

Der Angriff ist die beste Verteidigung الهُجُومُ خَيْرُ وَسِيلَةٍ لِلدِّفَاعِ .

(wörtl.: ist das beste Mittel zur Verteidigung).

G

2. *Tamyīz*-Akkusativ und Komparation

2.1. Als *Tamyīz*-Akkusativ bezeichnen wir den Akkusativ eines indeterminierten Nomens, der eine nähere Bestimmung, eine Spezifikation (=تَمْيِيز), ausdrückt.

Nach den Regeln der klassischen arabischen Sprache steht der *Tamyīz*-Akkusativ vor allem

bei Maßangaben,

A 7 Beispiel: ذِرَاعٌ جُوخًا »eine Elle Tuch«. In dieser Funktion ist er – und so auch in der modernen arabischen Sprache üblich – durch die Präpositionalgruppe مِنْ + determiniertes Substantiv ersetzbar:

ذِرَاعٌ مِنَ الجُوخِ .

nach den Zahlen 11–99 und zur Bezeichnung des Stoffes.

A 8 Beispiel: خَاتَمٌ فِضَّةً »ein Ring aus Silber«. Dafür heute besser

خَاتَمٌ مِنَ الفِضَّةِ oder خَاتَمُ فِضَّةٍ , خَاتَمٌ فِضِّيٌّ .

2.2. In der modernen Sprache zählen als *Tamyīz*-Akkusativ solche Konstruktionen, wie sie im Deutschen einer Präpositionalgruppe mit »an« entsprechen.

Beispiel: لا يَفُوقُهُ أَحَدٌ مَعْرِفَةً وَاجْتِهَادًا .

Keiner übertrifft ihn an Wissen und Fleiß.

2.3. Hauptanwendungsgebiet des *Tamyīz*-Akkusativs ist die Komparation von Adjektiven, die keinen Elativ bilden. Es sind dies:

a) die Adjektive, die von Haus aus die Form أَفْعَلُ haben

b) die Partizipien (außer Ptzp. akt. I) und die Intensitätsform فعّال

c) die Nisbe-Adjektive

G

d) die Adjektive der Form فَعْلَانُ und فَعُول sowie einige andere Adjektive.

In all diesen Fällen werden Komparativ und Superlativ durch den Elativ أَكْثَرُ »mehr« + Substantiv im indeterminierten Akkusativ gebildet. Für أكثر kann manchmal der Elativ أَشَدُّ eintreten.

Die Schwierigkeit für den Nichtaraber besteht darin, zu wissen, welches das zu verwendende Substantiv ist. Bei den Partizipien tritt fast immer der entsprechende Infinitiv ein, bei den Nisbe-Adjektiven und den Adjektiven der Struktur فعّال die feminine Nisbe. Gegebenenfalls muß man im Wörterbuch nachschlagen.
Die Determination erfolgt durch Vorsetzen des Artikels beim Elativ.

Beispiele:

a) أَبْيَضُ weiß

أَكْثَرُ بَيَاضًا ، أَشَدُّ بَيَاضًا weißer

الوَرَقُ الأَكْثَرُ بَيَاضًا ، das weißeste Papier
الوَرَقُ الأَشَدُّ بَيَاضًا

A 9 Bei أبيض und أسود hat das zur Steigerung verwendete Substantiv die Form فَعَال (سَوَاد , بَيَاض), bei den übrigen Farbadjektiven die Form فُعْلَة (حُمْرَة ، زُرْقَة usw.) .

b) مُجْتَهِد fleißig

أَكْثَرُ اجْتِهَادًا fleißiger

الطُّلَّابُ الأَكْثَرُ اجْتِهَادًا die fleißigsten Studenten

G

	مُنْتِج	produktiv
	أَكْثَرُ إِنْتَاجِيَّةً	produktiver
	الأَجْهِزَةُ الأَكْثَرُ إِنْتَاجِيَّةً	die produktivsten Geräte
c)	شَعْبِيّ	populär
	أَكْثَرُ شَعْبِيَّةً	populärer
	الرِّجَالُ الأَكْثَرُ شَعْبِيَّةً	die populärsten Männer
d)	تَعْبَانُ	müde, ermüdet
	أَكْثَرُ تَعَباً ، أَشَدُّ تَعَباً	müder
	أَكْثَرُنَا تَعَباً ، أَشَدُّنَا تَعَباً	der müdeste von uns oder: die müdesten von uns

2.4. Bei der uneigentlichen Genitivverbindung benutzen wir zur Komparation den Elativ des Adjektivs und, wie bei den Beispielen a–d, den *Tamyīz*-Akkusativ des Substantivs:

وَاسِعُ الاِنْتِشَارِ	(weit)verbreitet
أَوْسَعُ اِنْتِشَاراً	(weit)verbreiteter
البَضَائِعُ الأَوْسَعُ اِنْتِشَاراً	die (weit)verbreitetsten Waren
أَوْسَعُهَا اِنْتِشَاراً	die (weit)verbreitetsten von ihnen.

A 10 Komplizierter ist es, wenn das 1. Glied der uneigentlichen Genitivverbindung keinen Elativ bildet, wie etwa bei صُلْبُ الرَّأْيِ »halsstarrig, hartnäckig«. Sofern Komparativ und Superlativ überhaupt gebildet werden, müssen wir mit أَكْثَر + Substantiv + Präposition فِي konstruieren:

أَكْثَرُ صَلابَةً فِي الرَّأْيِ .

G

2.5. Eine Form der Begriffsminderung drückt أقلّ »weniger« aus. Die Konstruktion ist wie bei أكثر :

أَقَلُّ ٱجْتِهَاداً weniger fleißig

V

إِطَار / إِطَارَات		Reifen
بَرْمِيل / بَرَامِيلُ		Faß, Tonne, Barrel
تُونُس (م)		Tunis, Tunesien
جِيُولُوجِيّ		geologisch
حَدّ / حُدُود		Grenze (in der Bedeutung »Landesgrenze« nur im Plural, also حدود)
حَتَّى أَقْصَى حَدٍّ		bis zur äußersten Grenze
إِلى أَقْصَى حَدٍّ		äußerst, im höchsten Grade
أَحْسَنُ		(Elativ zu حسن)
مَحَطَّة بَنْزِين / مَحَطَّات		Tankstelle
إِحْتَلَّ (يَحْتَلُّ) ه	VIII	einnehmen (Haltung, Stellung)
إِحْتِيَاطِيّ / إِحْتِيَاطِيَّات		Reserve
حِين / أَحْيَان		Zeit(punkt)
فِي حِين		während (kontrastsatzeinleitend)
إِسْتَخْرَجَ (يَسْتَخْرِجُ) ه	X	herausholen, fördern
إِسْتِخْرَاج		Förderung
خَزَّان / خَزَّانَات		(Benzin-) Tank
مَرْتَبَة / مَرَاتِبُ		Rang, Stelle
أَرْخَصُ		(Elativ zu رخيص)
رَصَاص		Blei
رَاقَبَ (يُرَاقِبُ) ه	III	kontrollieren
زِنْك		Zink
زَيْت / زُيُوت		Öl
سَائِر		übrig; Rest
أَسْرَعُ		(Elativ zu سريع)
سَكَبَ (يَسْكُبُ) ه		(aus-, ein-)gießen

V

. . . بِكَثِيرٍ	viel, um ein vieles
أَكْثَرُ (مِنْ)	mehr (als), (Elativ zu كثير)
كَمِّيَّة / كَمِّيَّات	Menge, Quantität
الكُوَيْت	Kuwait
لَاءَمَ III (يُلَائِمُ) ه	günstig sein (für)
مُلَاءَمَة	(Infinitiv von لاءم)
لِيبِيَا	Libyen
بِٱسْتِمْرَارٍ	ständig (Adverb)
مُمْكِن	möglich
مَمْلَكَة / مَمَالِك	(König-) Reich
المَمْلَكَةُ ٱلْعَرَبِيَّةُ ٱلسَّعُودِيَّةُ	(Königreich) Saudi-Arabien
المَمْلَكَةُ ٱلْمَغْرِبِيَّةُ	(Königreich) Marokko
مِنْ	als (beim Komparativ)
مِمَّا هُوَ جَدِيرٌ بِٱلذِّكْرِ	erwähnenswert ist, daß . . . (vgl. Lektion 15, G 2.6.)
نُحَاس	Kupfer
سنت / سنتات	Cent
سوبر	Super
على ٱلصَّعِيدِ ٱلْعَالَمِيِّ	auf internationaler Ebene, im Weltmaßstab
تَصْلِيح / تَصْلِيحَات	Reparatur
ضَرُورِيّ	notwendig
ضَغْط / ضُغُوط	Druck
عَبَّأَ II (يُعَبِّئُ) ه	(auf-, ein)füllen
مَعْدِن / مَعَادِنُ	Metall; Mineral
(مَا)عَدَا	außer, ausgenommen (Präposition)
مُعَسْكَر / مُعَسْكَرَات	Lager
مَغْرِبِيّ	marokkanisch
فَرْق / فُرُوق	Unterschied
فوسفات	Phosphat
مُقَدِّمَة	Spitze
أَقَلُّ (مِنْ)	geringer, weniger (als) (Elativ zu قليل)
أَكْبَرُ م كُبْرَى	(sehr) groß; größer; größt (Elativ zu كبير)

V

وَصْل ، Quittung	نَفَقَة / نَفَقَات Kosten
إيصَال / إيصَالَات	أَهَمُّ (Elativ zu هامّ bzw. مُهِمّ)
ج الوِلَايَاتُ USA	
ٱلْمُتَّحِدَةُ	الاتِّحَادُ Sowjetunion
ٱلْأَمْرِيكِيَّةُ	ٱلسُّوفِيِيتِيُّ

T

T 1

الثروات الطبيعيّة في البلدان العربيّة

يحتلّ عدد كبير من البلدان العربيّة مكانا بارزا في الاقتصاد العالميّ وذلك لوفرة الثروات الطبيعيّة الموجودة فيها ، وفي مقدّمتها النفط الّذي تبلغ حصّتها منه أكثر من ٦٠ ٪ من مجموع احتياطيّات النفط المعروفة حتّى الآن في البلدان الرأسماليّة والنامية وحوالي ٣٤ ٪ من مجموع الكمّيّة المستخرجة في العالم ١٩٦٧ (ما عدا المعسكر الاشتراكيّ). وممّا هو جدير بالذكر أنّ نفقات استخراج النفط في البلدان العربيّة أقلّ بكثير منها في سائر بلدان العالم إذ تقدّر نفقات إنتاج برميل واحد من النفط بأربعة سنتات في العراق و١٠ سنتات في الكويت والمملكة العربيّة السعوديّة و١٥ سنتا في ليبيا في حين تقدّر بـ ١٥١ سنتا او أكثر في الولايات المتّحدة الأمريكيّة . ويرجع السبب في فروق النفقات هذه إلى أنّ الظروف الجيولوجيّة في البلدان العربيّة تعتبر أكثر ملاءمة منها في البلدان الأخرى علاوة على الأجور المنخفضة إلى أقصى حدّ في المنطقة العربيّة .

هذا وتتمتّع البلدان العربيّة بأهمّيّة كبرى في مجال استخراج الفوسفات أيضا ، حيث تحتلّ المملكة المغربيّة المرتبة الثالثة وتونس المرتبة الرابعة على الصعيد العالميّ بعد الولايات المتّحدة والاتّحاد السوفييتيّ .

ومن أهمّ الثروات الطبيعيّة الأخرى الموجودة هناك الكبريت والنحاس والرصاص والزنك وغيرها من المعادن .

T

T 2

في محطّـة بنزين

السائق : عبّئ الخزّان حتّى أقصى حدّ .
البائع : بنزين سوبر أم عاديّ ؟
السائق : سوبر ، من فضلك .
البائع : تفضّل .
السائق : كم هو السعر؟
البائع : دينار واحد وسبعمائة فلس .
السائق : هذا كثير . كم لترا سكبت في الخزّان ؟
البائع : سكبت أكبر كمّيّة ممكنة ، ومن أحسن نوع .
السائق : شكرا . أعطني ، من فضلك ، وصلا .
البائع : سأفحص ضغط الإطارات وكمّيّة الزيت والماء .
السائق : أريد أن أصل إلى الهدف بأسرع وقت . هل الفحص ضروريّ الآن ؟
البائع : نعم ، هو ضروريّ .
السائق : هل أنهيت عمليّة الفحص ؟
البائع : نعم . يجب أن تراقب باستمرار كمّيّة الزيت والماء ، لأنّ المراقبة أرخص من التصليح . فالمثل العربيّ يقول : الوقاية خير من العلاج . تفضّل ، هذا هو الوصل .
السائق : شكرا ، مع السلامة .

Ü

Ü 1 Hören Sie mehrmals Text 1 vom Tonband oder vorgelesen vom Lektor!

Ü 2 Lesen Sie Text 1 unter Kontrolle des Lektors!

Ü 3 (Hausaufgabe) Lesen Sie nochmals Text 1 und übersetzen Sie ihn! Bereiten Sie Ü 4 und Ü 5 vor!

Ü 4 Geben Sie den Inhalt von Text 1 in Arabisch wieder! Der Lektor kontrolliert dabei sowohl die phonetische als auch die lexi-

Ü

kalische und grammatische Richtigkeit. Das gleiche gilt auch für die folgenden Übungen.

Ü 5 Beantworten Sie die folgenden Fragen zu Text 1:

لماذا يحتلّ الكثير من البلدان العربيّة مكانا بارزا فى الاقتصاد العالميّ ؟
أيّة من الثروات الطبيعية الموجودة في البلدان العربيّة تحتلّ المرتبة الأولى ؟
ما هي حصّة النفط العربيّ من مجموع احتياطيّات النفط المعروفة حتى الآن في البلدان الرأسماليّة والنامية ؟
ما هي حصّة البلدان العربيّة من كمّيّة النفط المستخرجة في العالم عام ١٩٦٧ ؟
هل تعتبر نفقات الاستخراج في البلدان العربيّة مرتفعة بالمقارنة مع نفقات الاستخراج في البلدان الأخرى ؟
كم يكلّف إنتاج برميل واحد من النفط في تلك البلدان ؟
ما هي الأسباب الّتي ترجع إليها فروق نفقات الإنتاج هذه ؟
أيّة ثروات أخرى تستخرج في البلدان العربيّة ؟

Ü 6 (Hausaufgabe) Informieren Sie sich an Hand eines Lexikons über die Welterdölproduktion und fertigen Sie eine Aufstellung an, in der die erdölproduzierenden Länder nach ihrer Jahresfördermenge aufgeführt sind!

Ü 7 Tragen Sie die wichtigsten Angaben im Kolleg vor!

Ü 8 (Hausaufgabe) Wie Ü 6, bezogen auf die wichtigsten mineralischen Bodenschätze in den arabischen Ländern (Phosphat, Kupfer usw.).

Ü 9 Wie Ü 7.

Ü 10 Hören Sie mehrmals Text 2 vom Tonband oder vorgelesen vom Lektor!

Ü 11 Lesen Sie Text 2 unter Kontrolle des Lektors!

Ü 12 (Hausaufgabe) Lesen Sie nochmals Text 2 und arbeiten Sie ihn so durch, daß Sie selbständig, ohne Zuhilfenahme der Textvorlage, ein Frage-Antwort-Gespräch zum Thema »Tankstelle« führen können.

Ü 13 Führen Sie dieses Gespräch im Kolleg!

Ü

Ü 14 Beantworten Sie die folgenden Fragen:

ما هي أنواع البنزين الـّتي تعرفها ؟

كم سعر اللتر الواحد من البنزين ؟

كم سعر اللتر الواحد من الزيت ؟

Ü 15 Bilden Sie selbständig Nominal- und Verbalsätze unter Verwendung der Farbadjektive!

Beispiele: اشتريت سيـّارة بيضاء . لونها أبيض .

أحبّ الفتيات الشقراوات .

Ü 16 (Hausaufgabe) Es gibt zahlreiche geographische Eigennamen, in denen ein Farbadjektiv vorkommt. Suchen Sie sie im Wörterbuch von Baranov (Verzeichnis geographischer Eigennamen, Anhang) heraus und notieren Sie sie!

Ü 17 Wie Ü 16. Zu suchen sind geographische Eigennamen mit den elativischen Adjektiven

أعلى ، أسفل ، أصغر ، أكبر ، أقصى ، أوسط ، أدنى

bzw. deren Femininform.

Ü 18 Wandeln Sie die folgenden Sätze dergestalt um, daß Sie mittels des Elativs ein komparativisches Prädikat erhalten!

Beispiel: هذا المعمل كبير > ذلك المعمل أكبر.

هذه البضاعة رخيصة

هذه الدولة قويـّة

هذا الواجب صعب

هذا سهل

هذه الشنطة خفيفة

هذا النوع جيـّد

هذه البلدان بعيدة

هذه الأجهزة حديثة

Ü

هؤلاء الرجال لطفاء
هذه الغرفة نظيفة
هؤلاء الطلّاب نشيطون
هذه الجامعة قديمة
هذه العائلة غنيّة
هذا الموديل غال
هذا الرجل قويّ
هذه المدينة كبيرة
هذه الكمّيّة قليلة
هذه القرية قريبة
هذه النتيجة حسنة
هذا القطار سريع
هذه السياسة سيّئة
هذا الولد صغير
هذا الشخص طويل
هذه المشروبات طيّبة
هذه الفتاة جميلة

Ü 19 Bilden Sie Sätze mit einem Komparativ unter Verwendung des Elativs des angegebenen Adjektivs, der Präposition من »als« und einer der folgenden Ergänzungen:

الموجود في ذلك البلد – الموجود عندك – الأصدقاء الآخرون – آخر / أخرى – تحدّثنا عنه أمس – زرته في العام الماضي – رأيته أمس – اشتريته أنت .

Beispiel: هذا الجهاز حسن > هذا الجهاز أحسن من الجهاز الآخر

او : هذا الجهاز أحسن من الجهاز الموجود عندك
او : هذا الجهاز أحسن من الجهاز الّذي اشتريته أنت
او : هذا الجهاز أحسن من الجهاز الّذي رأيته أمس .

Ü

صديقنا السوريّ نشيط
هذا الطالب لطيف
عندي كتب كثيرة
هذا الجامع قديم
هذا البلد غنيّ بالنفط
هذه المناقشة هامّة
هذه الأحذية غالية
هذه الفتاة جميلة
الجهاز الموجود عندي حديث
هذه المشكلة صعبة
صديقك طويل
اشتريت كمّيّة قليلة
هناك ثروات طبيعيّة كثيرة
هذه البضاعة سيّئة
هذه البيوت صغيرة
هذا الجهاز رخيص

Ü 20 Beantworten Sie die folgenden Fragen unter Verwendung von أكثر من oder أقلّ من und einer sich anschließenden Zahlenangabe!

Beispiel: هل عندك كتب كثيرة ؟ > عندي أكثر من ١٠٠ كتاب
او : عندي أقلّ من ١٠٠ كتاب

كم درسا لديك كلّ أسبوع ؟
هل زرت ذلك البلد مرّات كثيرة ؟
كم بلدا زرت حتّى الآن ؟
كم لك من الأصدقاء العرب ؟
كم كتابا عربيّا قرأت حتّى الآن ؟
منذ كم سنة تدرس اللغة العربيّة ؟

Ü

كم أسبوعا قضيت على شاطئ البحر؟
منذ كم شهر تسكن في هذا البيت ؟
كم ساعة كنت تشتغل في المكتبة ؟
هل قرأت هذا الخبر في جريدتين فقط ؟
كم نسخة اشتريت ؟
كم رسالة كتبت ؟
هل تحبّ أن تشرب كأسا واحدة فقط ؟
كم شخصا حضر الحفلة ؟

Ü 21 Ersetzen Sie in den folgenden Sätzen das Adjektiv durch den Elativ in superlativischer Bedeutung!

Beispiele: اشتريت جهازا رخيصا > اشتريت أرخص جهاز.

هذا الجهاز رخيص > هذا (هو) أرخص جهاز.

هذا الطريق قصير.
هذا النوع جيّد .
وصل إلى الهدف في وقت سريع .
هي فتاة طويلة .
هذا الجواب صحيح .
هو شخص طيّب .
هم أشخاص لطفاء .
لعب المنتخب مباراة عظيمة .
هذه المنطقة جميلة .
بعثت له بتحيّاتي الخالصة .
عنده آلات حديثة .
هذه القرية قريبة .
هم رجال أقوياء .
جاء عدد كبير منهم من الخارج .

Ü

اشتريت معطفا غاليا .

هو سياسيّ نشيط .

هذه (هي) مشكلة هامّة .

زرنا مكانا عاليا في الجبال .

هذا (هو) نوع سريع من الطائرات .

سكب كمّيّة كبيرة من البنزين في الخزّان .

Ü 22 Ersetzen Sie in den folgenden Sätzen das Adjektiv durch die komparativische Konstruktion أكثر + Substantiv und fügen Sie die in Klammern stehende Ergänzung hinzu!

Beispiel: أنت مجتهد (منّي) <

انت أكثر اجتهادا منّي .

هذا السياسيّ شعبيّ	(من السياسيّين الآخرين)
مآذن الجوامع مرتفعة	(من بيوت المدينة)
أنتم مجتهدون	(منّا)
أسعار الموديلات الجديدة مرتفعة	(من أسعار الموديلات القديمة)
هذا الفرع الاقتصاديّ منتج	(من الفروع الأخرى)
المنطقة الغربيّة خصبة	(من المنطقة الشرقيّة)
هذا الوكيل مسؤول	(من أولائك الموظّفين)
أنا تعبان	(منكم)
ذلك المشتى مشهور.	(من المشاتي الأخرى)
الطقس هناك معتدل	(من الطقس عندنا)
هذه المشكلة معقّدة	(من جميع المشاكل الأخرى)
السائقون اللبنانيّون ماهرون في قيادة السيّارات	(من السائقين في البلدان الأوربيّة)

Lektion 26

G

1. Die Bedingungssätze

Als Bedingungssätze werden solche Sätze bezeichnet, in denen eine Bedingung genannt wird, d. h. ein Sachverhalt, dessen Existenz oder Vollzug Voraussetzung für die Existenz oder den Vollzug eines anderen Sachverhaltes ist. Die Bedingungssatzkonstruktion besteht aus dem eigentlichen Bedingungssatz = Vordersatz (Protasis) und dem Nachsatz (Apodosis) als logischer Folge der Bedingung.

Im Deutschen werden Bedingungssätze meist mit den Konjunktionen »wenn« und »falls« eingeleitet.

A 1 In manchen Sätzen liegt zwar formal die Struktur eines Bedingungssatzes vor, doch ist die logisch-kausale Beziehung zwischen Bedingung und Folge nicht gegeben. In dem Satz »wenn diese Nachricht stimmt, (dann) hat die Delegation Kairo gestern verlassen« ist die Richtigkeit der Nachricht keine Bedingung für die Abreise der Delegation und letztere also auch keine Folge der im Bedingungssatz formulierten Richtigkeit der Nachricht. Die logische Auflösung würde etwa lauten »wenn diese Nachricht stimmt, so wird damit bestätigt, daß die Delegation . . .«. Der Folgesatz gehört also in manchen Sätzen nur formal in das Bedingungssatzgefüge.

Die folgenden Ausführungen zur Grammatik berücksichtigen die Sätze »mit logischem Bruch« nicht besonders.

1.1. Der reale Bedingungssatz

Beim realen Bedingungssatz wird die Bedingung als tatsächlich gegeben oder in ihrer Realisierbarkeit für möglich betrachtet.

1.1.1. Die gebräuchlichste arabische Konjunktion zur Einleitung eines solchen Bedingungssatzes ist إِذَا »wenn«.

G

1.1.1.1. Die Konstruktion ist wie folgt:
(فَعَلَ steht für die Perfektform, يَفْعَلُ für die Imperfektform)

	deutsch			arabisch	
	Vordersatz	Nachsatz		Nachsatz	Vordersatz
a)	Präsens	– Präsens	=	فَعَلَ	– فَعَلَ
b)	Präsens	– Präsens	=	يَفْعَلُ	– فَعَلَ
c)	Präsens	– Perfekt	=	يَكُونُ قَدْ فَعَلَ	– فَعَلَ
d)	Präsens	– Futur	=	فَسَوْفَ يَفْعَلُ	– فَعَلَ
				فَسَيَفْعَلُ	– فَعَلَ
e)	Präsens	– Imperativ	=	فَافْعَلْ	– فَعَلَ

Die arabische Perfektform hat also bei diesen Bedingungssätzen immer präsentische Funktion.

Beispiele:

a) Wenn du mir das arabische Buch gibst, gebe ich dir das französische Buch.
إذا أَعْطَيْتَنِي الكِتَابَ العَرَبِيَّ أَعْطَيْتُكَ الكِتَابَ الفِرَنْسِيَّ .

b) dass.
إذا أَعْطَيْتَنِي الكِتَابَ العَرَبِيَّ أُعْطِيكَ الكِتَابَ الفِرَنْسِيَّ .

c) Wenn diese Nachricht stimmt, (dann) hat die Delegation gestern Kairo verlassen.
إذا صَحَّ هذا الخَبَرُ يَكُونُ الوَفْدُ قَدْ غَادَرَ القاهِرَةَ أمس .

d) Wenn diese Nachricht stimmt, (dann) wird die Delegation morgen Kairo verlassen.
إذا صَحَّ هذا الخَبَرُ فَسَيُغَادِرُ الوَفْدُ القاهِرَةَ غداً .

G

e) Wenn du sie triffst, (dann) informiere sie sofort! إذا قابَلْتَهُمْ فَأَطْلِعْهُمْ فَوْراً .

1.1.1.2. An die Stelle der Perfektform (فَعَلَ) nach إذا kann auch كان + Imperfektform (كان يَفْعَلُ) treten. Dabei bleibt der präsentische Zeitwert erhalten. Diese Konstruktion kommt besonders bei den Modalverben vor.

Beispiel:

إذا كُنْتَ تُرِيدُ أنْ تُسَافِرَ غداً فَتَحَدَّثْ مع المُدِيرِ .

Wenn du morgen fahren willst,
so sprich mit dem Direktor!

1.1.1.3. كان nach إذا mit präsentischem Zeitwert steht auch beim nominalen Vordersatz.

Beispiel:

إذا كان مُحَمَّدٌ مَوْجُوداً أَسْأَلُهُ .

Wenn Muḥammad da ist, frage ich ihn.

1.1.1.4. فَ zur Nachsatzeinleitung steht außer vor سَ und سَوْفَ und dem Imperativ auch noch vor قَدْ , لَنْ ، und لَيْسَ sowie vor einem Nominalsatz.

Beispiele:

إذا كانَتِ السَّيَّارَةُ مَوْجُودَةً

فَمِنَ الطَّبِيعِيِّ أَنَّنَا نُسَافِرُ فَوْراً .

Wenn das Auto da ist, fahren wir natürlich sofort
(wörtl.: so ist es natürlich, daß wir . . .).

إذا أَنْهَيْتُ عَمَلِي حَتَّى يَوْمِ الأَحَدِ

فَقَدْ أَنْجَزْتُ وَاجِبِي .

Wenn ich meine Arbeit bis Sonntag beende,
habe ich meine Aufgabe erfüllt.

G

إذا زُرْتَها مرَّةً فلَنْ تَنْساها أبداً .

Wenn du sie (die Stadt Bagdad) je (einmal) besuchst, wirst du sie nie vergessen (aus Text 1 dieser Lektion).

1.1.1.5. Der Nachsatz kann auch ein Verbalsatz mit vorangestelltem إنّ + Subjekt sein, vor dem dann ebenfalls فَ steht.

Beispiel:

إذا أَعْطَيْتَنِي الكِتابَ العَرَبِيَّ

فَإِنَّنِي أُعْطِيكَ الكِتابَ الفِرَنْسِيَّ .

Wenn du mir das arabische Buch gibst,
so gebe ich dir das französische Buch.

1.1.1.6. Die Verneinung: An die Stelle der Perfektform nach إذا tritt لَمْ + Apokopat. Der Nachsatz wird entweder durch لم + Apokopat oder durch eine andere Negation (لا , لن , ليس) verneint.

Beispiele:

إذا لَمْ تُعْطِنِي الكِتابَ العَرَبِيَّ

لَمْ أُعْطِكَ الكِتابَ الفِرَنْسِيَّ .

oder

إذا لَمْ تُعْطِنِي الكِتابَ العَرَبِيَّ

لا أُعْطِيكَ الكِتابَ الفِرَنْسِيَّ .

Wenn du mir nicht das arabische Buch gibst,
gebe ich dir nicht das französische Buch.

إذا لَمْ تُعْطِنِي الكِتابَ العَرَبِيَّ فلَنْ أُعْطِيَكَ /

فَسَوْفَ لا أُعْطِيكَ الكِتابَ الفِرَنْسِيَّ

Wenn du mir nicht das arabische Buch gibst, werde ich dir (bestimmt) nicht das französische Buch geben.

G

1.1.1.7. Bei der Konstruktion كان يَفْعَلُ im Vordersatz wird die Verneinung nicht bei كان, sondern durch لا bei der Imperfektform ausgedrückt (لا يَفْعَلُ) .

Beispiel:

إذا كُنْتَ لا تُرِيدُ أَنْ تُسافِرَ غداً فَاْحْكِ مع المُدِيرِ .

Wenn du morgen nicht fahren willst,
dann sprich mit dem Direktor!

1.1.1.8. Eine sich auf die Zeitstufe der Vergangenheit beziehende Bedingung kommt naturgemäß seltener vor. Die arabische Konstruktion verlangt dann das Plusquamperfekt (كان قَدْ فَعَلَ) nach إذا . Die Verneinung wird nicht bei كان, sondern durch لَمْ bei der Verbform فَعَلَ ausgedrückt (لَمْ يَفْعَلْ) .

Beispiele:

إذا كُنْتَ قَدِ آشْتَرَيْتَ هذه السَيّارَةَ فَقَدِ آخْتَرْتَ /
تَكُونُ قَدِ آخْتَرْتَ موديلاً جَيِّداً .

Wenn du dieses Auto gekauft hast,
so hast du ein gutes Modell ausgewählt.

إذا كُنْتَ لَمْ تَقْرَأْ هذا الكِتابَ فَإِنَّكَ لا تَعْرِفُ القَضايا.

Wenn du dieses Buch nicht gelesen hast,
dann kennst du die Probleme nicht.

1.1.1.9. Der mit إذا eingeleitete Satz muß durchaus nicht dem Folgesatz vorangehen. Vielmehr sind beide Sätze vertauschbar. Der Bedingungssatz (Protasis) steht dann hinter dem formal zu einem unabhängigen Hauptsatz werdenden Folgesatz (Apodosis). Die angeführte Grundregel über den präsentischen Zeitwert der Perfektform nach إذا bleibt unberührt. Für die Konstruktion des Hauptsatzes gibt es hinsichtlich Struktur oder Zeitform keine besonderen Regeln.

G

Beispiele:

(إِنَّنِي ، سَوْفَ) أُعْطِيكَ الكِتَابَ الفِرَنْسِيَّ إِذَا أَعْطَيْتَنِي الكِتَابَ العَرَبِيَّ .

Ich gebe dir / werde dir (bestimmt) geben /
das französische Buch, wenn du mir das arabische Buch gibst.

أَطْلِعْهُمْ فَوْراً إِذَا قَابَلْتَهُمْ .

Informiere sie sofort, wenn (= falls) du sie siehst!

سَتَسْتَطِيعُ أَنْ تَقْرَأَ بَعْدَ مُرُورِ سَنَةٍ وَاحِدَةٍ الجَرَائِدَ العَرَبِيَّةَ إِذَا كُنْتَ تَتَعَلَّمُ كُلَّ يَوْمٍ عَشْرَ كَلِمَاتٍ .

Du wirst in einem Jahr die arabischen Zeitungen lesen können, wenn du jeden Tag 10 Wörter lernst.

1.1.2. Eine weitere, im modernen Arabisch jedoch weitaus weniger als إذا gebrauchte Konjunktion zur Einleitung eines realen Bedingungssatzes ist إنْ »wenn, falls«. Im Vordersatz, also nach إنْ, steht die Perfektform oder der Apokopat, ebenso im Nachsatz. Die Verneinung erfolgt immer durch لَمْ. Für die Nachsatzeinleitung durch فَـ wie für die Vertauschbarkeit gilt das oben zu إذا Gesagte.

Beispiele:

إنْ أَعْطَيْتَنِي / تُعْطِنِي الكتاب العربيّ أَعْطَيْتُكَ / أُعْطِكَ الكتاب الفرنسيّ .

Falls du mir das arabische Buch gibst,
gebe ich dir das französische Buch.

إنْ لَمْ تُعْطِنِي الكتاب العربيّ لَمْ أُعْطِكَ الكتاب الفرنسيّ .

Solltest du mir das arabische Buch nicht geben,
so gebe ich dir (auch) nicht das französische Buch.

G

إِنْ قَابَلْتَهُمْ فَأَطْلِعْهُمْ.

Falls du sie triffst, informiere sie!

سَأُعْطِيكَ الكتابَ إِنْ لَمْ يَطْلُبْهُ محمدٌ.

Ich gebe dir das Buch, wenn es nicht Muḥammad verlangt.

A 2 Nach Auffassung moderner arabischer Grammatiker besteht der Unterschied zwischen إذا und إِنْ darin, daß ersteres auf die sichere Realisierung der Bedingung hinweist, letzteres nur einen bestimmten Wahrscheinlichkeitsgrad zum Ausdruck bringt. Man könnte also an »wenn« als Äquivalent von إذا und an »falls« (im Sinne eines Potentialis) als Äquivalent von إِنْ denken, doch tut uns der tatsächliche Sprachgebrauch (im Deutschen wie im Arabischen) nicht den Gefallen einer reinlichen Trennung beider.

1.1.3. Neben إذا und إِنْ gibt es eine Reihe anderer Wörter, meist Fragepronomen oder von Frageadverbien abgeleitete Wörter, die einen Bedingungssatz einleiten können, z. B.

مَنْ in der Bedeutung »wenn jemand«

مَا in der Bedeutung »wenn etwas«

مَهْمَا in der Bedeutung »was (auch) immer«

كَيْفَمَا in der Bedeutung »wie (auch) immer«

مَنْ und ما haben ihre deutsche Entsprechung in den Fragepronomen »wer« und »was«, in denen ebenfalls ein konditionaler Sinn enthalten ist (wer [= wenn jemand] sucht, findet; vgl. Lektion 15, G 2.1.). Die anderen kommen zu selten vor, um hier behandelt zu werden.

1.2. Der irreale Bedingungssatz

Sätze, in denen die Bedingung nicht realisiert worden ist oder nicht realisiert werden kann, werden irreale Bedingungssätze genannt. Das Deutsche kennt keine besonderen Konjunktionen zur Einleitung

G

solcher Sätze, sondern verwendet den Konjunktiv (z. B. hätte, würde), gegebenenfalls unter Hinzufügung von » wenn «.

1.2.1. Im Arabischen wird der irreale Bedingungssatz durch die Konjunktion لَوْ eingeleitet.

1.2.2. Sowohl im Vorder- als auch im Nachsatz steht meistens die Perfektform zum Ausdruck der Irrealität in den Zeitstufen Gegenwart/ Zukunft. Der Nachsatz kann durch die Verstärkungspartikel لَ eingeleitet werden:

Beispiele:

لَوْ أَعْطَيْتَنِي هذا الكِتَابَ قَرَأْتُهُ فَوْراً .

Würdest du mir dieses Buch geben,
würde ich es sofort lesen.

لَوْ سِرْتَ الآنَ في قلْبِ هذه المدينةِ عَرَفْتَ كيف يَعيشُ
الشعْبُ فيها وَيَعْمَلُ . . . .

Würdest du jetzt durch das Zentrum dieser Stadt laufen,
dann würdest du erfahren, wie die Bevölkerung dort lebt
und . . . arbeitet (aus Text 1 dieser Lektion).

1.2.3. Anders als beim realen Bedingungssatz kann beim irrealen Bedingungssatz durch die der Konjunktion لَوْ folgende Perfektform auch die Zeitstufe der Vergangenheit ausgedrückt werden.

Beispiel:

لَوِ ٱسْتَخْدَمُوا قَوَالِبَ الطِّينِ لَٱخْتَفَتِ
ٱلأَبْنِيَةُ بِسُرْعَة .

Hätte man Lehmziegel verwendet, dann wären die
Bauten rasch verschwunden (aus Text 1 dieser Lektion).

G

Der Kontext muß darüber entscheiden, welcher Zeitwert im Einzelfall gegeben ist. Dies gilt gleichermaßen bei Konstruktionen mit كان + Imperfektform. Um den Zeitbezug eindeutig zu machen, kann jedoch im Vordersatz oder Nachsatz das Plusquamperfekt (كان قَدْ فَعَلَ) stehen.

1.2.4. Vorder- und Nachsatz sind wie beim realen Bedingungssatz vertauschbar. Der Folgesatz wird wieder zu einem selbständigen Hauptsatz, dessen Verb dann nicht notwendigerweise in der Perfektform steht.

Beispiel:

إنَّنِي سَأُعْطِيهِ الكِتابَ الفرنسيَّ

لَوْ أعْطَانِي الكتابَ العربيَّ .

Ich würde ihm das französische Buch geben, wenn er mir das arabische Buch gäbe (oder gegeben hätte).

1.2.5. Der irreale Bedingungssatz kann nominal gewendet werden, indem لَوْ die Konjunktion أنَّ nachgestellt wird. Ihr folgt das Subjekt, dann das Verb.

Beispiele:

لَوْ أنَّ محمّداً زارَنِي أمس لأَعْطَيْتُهُ الكتابَ /

لَكُنْتُ قَدْ أعْطَيْتُهُ الكتابَ .

Hätte mich Muḥammad gestern besucht,
hätte ich ihm das Buch gegeben.

لَوْ أنَّ محمّداً سَيَزُورُنِي غداً لأَعْطَيْتُهُ الكتابَ .

Würde mich Muhammad morgen besuchen,
würde ich ihm das Buch geben.

G

1.2.6. Die Verneinung erfolgt durch لَمْ beim Vordersatz, durch لَمْ oder durch die Partikel لَ verstärktes ما (= لَمَا) beim Nachsatz.

Beispiele: لَوْ لَمْ تَتَأَخَّرِ الطَّائِرَةُ لَوَصَلَتْ
إلى القَاهِرَةِ في السَّاعَةِ السَّادِسَةِ .

Hätte sich das Flugzeug nicht verspätet,
wäre es um 6 Uhr in Kairo angekommen.

لَوْ لَمْ يَأْتِ محمّدٌ إليَّ أمس /
لَوْ أَنَّ محمّداً لَمْ يَأْتِ إليَّ أمس لَمَا ٱسْتَطَعْتُ /
لَمَا كُنْتُ أَسْتَطِيعُ أنْ أُعْطِيَهُ الكِتَابَ .

Wäre Muḥammad gestern nicht zu mir gekommen,
hätte ich ihm das Buch nicht geben können.

1.2.7. لَوْ + folgendes لا (= لَوْلا) ohne Verb bedeutet »wenn es ... nicht gäbe oder gegeben hätte, wenn nicht ... wäre oder gewesen wäre«.

Beispiel: لولا محمّدٌ / لولاه لَمَا أَنْهَيْتُ العَمَلَ .

Wäre Muḥammad nicht gewesen / wäre er nicht gewesen, hätte ich die Arbeit nicht beendet; wäre nicht Muḥammad / wäre er nicht, würde ich die Arbeit nicht beenden.

1.3. Der Konzessivsatz

Die beiden Konjunktionen إنْ und لَوْ werden — unter Voranstellung von وَ (= وَإِنْ , وَلَوْ) – auch zur Bildung von Konzessivsätzen benutzt und entsprechen der deutschen Konjunktion »auch wenn«. Vor وَلَوْ kann حَتَّى »sogar« treten (— حَتَّى وَلَوْ »selbst wenn«).
Die o. a. Regeln für die Konstruktion des mit إنْ bzw. لَوْ eingeleiteten Satzes gelten auch hier. Der Hauptsatz steht voran.

G

Beispiele: سَوْفَ لا أُنْجِزُ العَمَلَ وَإنْ عَمِلْتُ ١٦ سَاعَةً كُلَّ يَوْمٍ .

oder

سَوْفَ لا أُنْجِزُ العَمَلَ (حَتَّى) وَلَوْ عَمِلْتُ ١٦ سَاعَةً كُلَّ يَوْمٍ .

Ich werde die Arbeit nicht schaffen,
auch wenn ich jeden Tag 16 Stunden arbeite.

سَأُنْهِي العَمَلَ وَإنْ لَمْ يُسَاعِدْنِي أَحَدٌ .

oder

سَأُنْهِي العَمَلَ (حَتَّى) وَلَوْ لَمْ يُسَاعِدْنِي أَحَدٌ .

Ich werde die Arbeit beenden,
auch wenn mir keiner hilft.

Mit وَلَوْ kann auch eine verneinte Aussage verstärkt werden. Deutsche Entsprechung: » (auch) nicht ein einziger «.

Beispiele: لَمْ يُعْطِنِي (نُقُوداً) وَلَوْ دِيناراً وَاحِداً .

Er hat mir kein Geld gegeben,
und wäre es nur ein Dinar gewesen =
er hat mir nicht einen einzigen Dinar gegeben.

لَنْ أَطْلُبَ مِنْهُ وَلَوْ كِتَاباً وَاحِداً .

Ich werde von ihm nicht ein einziges Buch verlangen.

V

لَا ... أَبَداً (لَمْ ، لَنْ)	nie
أَثَرِيّ	historisch, antik
آجُرّ	gebrannter Ziegel, Backstein
إِذَا	wenn (Konjunktion zur Einleitung von Bedingungssätzen)
أَسَاس / أَسَاسَات وأُسُس	Grundlage, Fundament
بِٱلتَّأْكِيد	(ganz) bestimmt
إِنْ	wenn, falls (Konjunktion zur Einleitung von Bedingungssätzen)
وَإِنْ	auch wenn (Konjunktion zur Einleitung von Konzessivsätzen)
آهْ	(Interjektion)
أُور (م)	Ur
أَوَّلِيّ	grundlegend, Grund-
بَابِلُ (م)	Babylon
أَبْرَقَ IV (يُبْرِقُ) ه	telegrafieren, telegrafisch weitergeben
بَرْقِيَّة / بَرْقِيَّات	Telegramm
تَبَقَّى V (يَتَبَقَّى)	übrigbleiben
بَقِيَّة / بَقَايَا	Rest, Überrest
ثَانِيَةً	noch einmal, ein zweites Mal, wieder
حَتَّى وَلَوْ	selbst wenn
حَجَر / أَحْجَار	Stein
حَجَرُ ٱلْأَسَاسِ	Grundstein
حَضَارِيّ	Kultur-
حُكُومِيّ	Regierungs-, staatlich
حَاجَة / حَاجَات	Erfordernis, Bedürfnis
لَا حَاجَةَ لِ	es ist nicht erforderlich
أَحَاطَ IV (يُحِيطُ) بِ	umgeben
كَمَا هُوَ ٱلْحَالُ	wie es der Fall ist
حَيّ / أَحْيَاء	Stadtteil, -viertel
ج أَحْيَاء سَكَنِيَّة	Wohnviertel
إِسْتَخْدَمَ X (يَسْتَخْدِمُ) ه	verwenden, gebrauchen, benutzen
خَارِطَة / خَوَارِط	Karte, Plan

V

إِخْتَفَى VIII (يَخْتَفِي)	verschwinden
إِخْتَارَ VIII (يَخْتَارُ) ه	wählen, auswählen
دَائِرَة / دَوَائِرُ	auch: Amt, Behörde
دَائِرَةُ بَرِيد	Postamt
دَائِرِيّ	kreis-, ringförmig
رُخَام	Marmor
إِزْدَهَرَ VIII (يَزْدَهِرُ)	in Blüte stehen
لَا يَزَالُ	noch (immer)
سَهَّلَ II (يُسَهِّلُ) ه (لَهُ ، عَلَيْهِ)	erleichtern (jmdm. etw.)
سُور / أَسْوَار	Mauer
صَنَعَ (يَصْنَعُ) ه	anfertigen, schaffen
طَرَف / أَطْرَاف	Seite, Rand, äußerste Begrenzung
أَطْلَعَ IV (يُطْلِعُ) ه عَلَى	informieren (jmdn. über)
طِين / أَطْيَان	Lehm
ج العَبَّاسِيُّونَ	die Abbasiden
تَعَرَّفَ V (يَتَعَرَّفُ) إلى	kennenlernen
عَصْر / عُصُور	Zeitalter
العَصْرُ ٱلْعَبَّاسِيُّ	die Abbasidenzeit
عِلْم / عُلُوم	Wissenschaft
عَمَلِيَّة / عَمَلِيَّات	Prozeß, Verfahren, Arbeitsgang
عَاشَ (يَعِيشُ)	leben
غَازٍ / غُزَاة	Eroberer
قَسَّمَ II (يُقَسِّمُ) ه	(auf)teilen
قَلْب / قُلُوب	auch: Zentrum
قَالِب / قَوَالِبُ	Form, Gußform, geformtes Stück
قَالِبُ طِينٍ	Lehmziegel
كِلْس	Kalk
كَامِل	vollständig, ganz
لَاتِينِيّ	lateinisch
لَوْ ، لَوْ أَنَّ	wenn (Konjunktion zur Einleitung von irrealen Bedingungssätzen)

V

نَهَار		Tag, Tageszeit (Gegensatz: ليل)
نِينَوَى (م)		Ninive
هَدَّمَ (يُهَدِّمُ) ه	II	zerstören
تَوَسَّطَ (يَتَوَسَّطُ) ه	V	in der Mitte sein (von)
وَاضِح		klar, deutlich
مُوَاطِن / مُوَاطِنُون		Bürger, Landsmann
وَلَوْ		auch wenn (Konjunktion zur Einleitung von Konzessivsätzen)
مَتَانَة		Festigkeit
مَادَّة / مَوَادُّ		Stoff, Material
مَادَّة أَوَّلِيَّة		Grundstoff, Rohstoff
إِمْتَازَ (يَمْتَازُ) بِ	VIII	sich auszeichnen (durch)

T

T 1 — مدينة بغداد

تلك هي مدينة بغداد. إذا زرتها مرّة فلن تنساها أبدا. وضع حجر الأساس للمدينة في عام ٧٦٣ لتكون عاصمة لدولة العبّاسيّين. وإذا نظرت إلى خارطة المدينة وجدت أنّها قسّمت إلى أحياء سكنيّة تتوسّطها دوائر الدولة، ويحيط بالمدينة سور دائريّ بنيت حوله معسكرات الجيش. وإن تبحث اليوم عن هذا السور تجد بقاياه في الطرف الغربيّ.

وتمتاز الأبنية والآثار المتبقّية في بغداد القديمة بالجمال والمتانة. وقد استخدم العرب كموادّ أوّليّة في البناء الآجرّ والكلس والرخام، ولو استخدموا قوالب الطين لاختفت الأبنية بسرعة كما هو الحال بالنسبة للأحياء السكنيّة.

كانت بغداد في العصر العبّاسيّ مركزا هامّا للعلوم وتخرّج من جامعاتها طلّاب كثيرون من مختلف بلدان العالم. ولكنّ هذه المدينة الحضاريّة الّتي ازدهرت فيها التجارة والصناعة لم تستطع أن تقاوم الغزاة الّذين هدّموا أهمّ معالمها.

T

ولو سرت الآن في قلب هذه المدينة عرفت كيف يعيش الشعب فيها ويعمل من أجل حياة أفضل .

T 2 في دائرة البريد

كلاوس : أريد أن أرسل برقيّة .

الموظّف : تفضّل ، هذه هي استمارة البرقيّة . إذا كتبتَ الكلمات بحروف لاتينيّة واضحة فستسهّل لنا العمليّة . هل فهمت ؟

كلاوس : نعم ، فهمت ذلك .

الموظّف : آه ، إلى برلين عاصمة ألمانيا الديمقراطيّة . أنت ألمانيّ ؟ هل تعرّفت إلى مواطنين من بلدنا ؟

كلاوس : لو مكثت أسبوعا آخر لبلغ عدد أصدقائي العشرين .

الموظّف : هل زرت المتاحف الوطنيّة في بغداد ؟

كلاوس : زرت المدن الأثريّة نفسها ورأيت بابل ، وأور ، ومكثت في نينوى نهارا كاملا .

الموظّف : إنّ الآثار الثمينة لحضارة العراق القديم توجد الآن في المتاحف الأجنبيّة .

كلاوس : ولكنّ الإنسان الّذي صنع الحضارة لا يزال موجودا في العراق .

الموظّف : رجاء ، اكتب هذه الكلمة ثانية .

كلاوس : عفوا ، تفضّل .

الموظّف : أجرة البرقيّة دينار واحد وثلاثمائة فلس .

كلاوس : هل تصل البرقيّة إلى برلين هذا اليوم ؟

الموظّف : لا أعتقد ذلك . ولكنّك لو طلبت إرسالها فورا لزادت أجرتها ولوصلت بالتأكيد هذا اليوم .

كلاوس : لا حاجة لذلك .

الموظّف : سنبرقها فورا .

Ü

Ü 1 Hören Sie mehrmals Text 1 vom Tonband oder vorgelesen vom Lektor!

Ü 2 Lesen Sie mehrmals Text 1 unter Kontrolle des Lektors!

Ü 3 (Hausaufgabe) Lesen Sie nochmals Text 1 und übersetzen Sie ihn! Bereiten Sie Ü 4, Ü 5 und Ü 6 vor!

Ü 4 Geben Sie den Inhalt von Text 1 in Arabisch wieder! Der Lektor kontrolliert dabei sowohl die phonetische als auch die grammatische Richtigkeit. Das gleiche gilt für die folgenden Übungen.

Ü 5 Beantworten Sie die folgenden Fragen zu Text 1:

متى وضع حجر الأساس لمدينة بغداد ؟
عاصمة أيّة دولة كانت بغداد ؟
بأيّ شكل قسّمت المدينة ؟
ماذا كان يحيط بالمدينة ؟
أين بنيت معسكرات الجيش ؟
هل لا تزال بقايا السور موجودة ؟
ماذا استخدم العرب كمواد أوّليّة في بناء بعض المباني الحكوميّة وماذا استخدموا في بناء الأحياء السكنيّة ؟
ماذا كانت طبيعة المدينة في العصر العبّاسيّ ؟

Ü 6 Beantworten Sie die beiden Fragen

من الذين هدّموا مدينة بغداد ؟
متى هدّموها ؟

Ü 7 Hören Sie mehrmals Text 2 vom Tonband oder vorgelesen vom Lektor!

Ü 8 Lesen Sie Text 2 unter Kontrolle des Lektors!

Ü 9 (Hausaufgabe) Lesen Sie nochmals Text 2 und arbeiten Sie ihn so durch, daß Sie selbständig, ohne Zuhilfenahme der Textvorlage, ein Frage-Antwort-Gespräch zum Thema » Postamt « führen können!

Ü 10 Führen Sie dieses Gespräch im Kolleg!

Ü

Ü 11 Antworten Sie auf die Frage . . . هل تأتي معي إلى »kommst du mit zu . . .« mit . . . نعم آتي معك إلى . . . إذا »ja, ich komme mit zu . . ., wenn . . .« unter Verwendung verschiedener Zielangaben (إلى صديقنا – إلى البيت – إلى الملعب – إلى المعهد u. a.) und verschiedener Bedingungssätze, z. B.

wenn ich Zeit habe	أذا كان عندي وقت
wenn ich mit der Arbeit fertig bin	إذا أنهيت العمل
wenn ich mich wohl fühle	إذا كنت بخير
wenn das Wetter schön ist	إذا كان الطقس جميلا

Ü 12 Bilden Sie reale Bedingungssätze nach dem Muster

إذا فعلت أنت ذلك فعلت أنا ذلك أيضا .

Wenn du das tust, tue ich das auch.

اذا اشتريتم أنتم ذلك اشترينا نحن ذلك أيضا .

Wenn ihr das kauft, kaufen wir das auch.

Verwenden Sie außer فعل und اشترى die Verben سافر ، ذهب ، عاد ، أخذ ، اشترك ، طلب ، حاول ، دخّن ، أكل ، شرب ، مشى ، gegebenenfalls unter Hinzufügung eines Objekts oder einer Präpositionalgruppe!

Ü 13 Wie Ü 12 bei Einleitung des Folgesatzes mit فإنّ + Personalpronomen + Imperfektform.

Beispiele: إذا فعلتَ ذلك فإنني أفعل ذلك أيضا .

إذا اشتريت ذلك فإنني أشتري ذلك أيضا .

Ü 14 Formulieren Sie mit لو eingeleitete irreale Bedingungen zu den Sätzen

جئت إليك .

اشتريت ذلك .

ذهبت إلى هناك .

Ü

كنت أستطيع أن أفعل ذلك .
طلبت منه ذلك .
سمحت له ذلك .
حاولت ذلك .
دبّرت لك ذلك .
شرحت لك ذلك .
تحدّثت معه .
زرته .
فعلتُ ذلك .

Als Bedingungssätze sollen verwendet werden:
hätte ich Zeit gehabt, wäre ich / er da gewesen, hätte ich Geld gehabt, wäre ich mit der Arbeit fertig gewesen, wäre er fleißig gewesen.

Beispiel: اشتريت ذلك لوكانت عندي نقود .
او : لوكانت عندي نقود اشتريت ذلك .

Ü 15 Verneinen Sie die angeführten Bedingungssätze und den Folgesatz!

Beispiel: إذا كان عندي وقت أجيء إليك <
إذا لم يكن عندي وقت لا أجيء إليك .

إذا كانت عندي نقود أشتري الكتب .
إذا رافقني أحد أذهب إلى هناك .
إذا كان الطقس جميلاً نقوم بنزهة .
إذا كنتَ مجتهدا نوفدك للدراسة في الخارج .
إذا دبّرت لي الاستمارات سأسافر يوم الجمعة .
إذا قرأت هذا الكتاب عرفت القضيّة .
إذا تعلّمت الكلمات الجديدة تستطيع أن تترجم الأسئلة .
إذا أعطيتني الكتاب العربيّ أعطيك الكتاب الفرنسيّ .
إذا أنهيت العمل سأجيء إليك .

Ü

إذا اشتركت أنت في المؤتمر أشترك أنا في المؤتمر أيضا .
إذا قابلتُ الأصدقاء يمكنني أن أطلعهم على القضيّة .

Ü 16 Koppeln Sie die folgenden Sätze dergestalt, daß der 2. Satz ein mit ولو (حتّى) eingeleiteter Konzessivsatz wird.

Beispiele: نفعل ذلك   نفعل ذلك وحدنا <
نفعل ذلك (حتّى) ولو فعلنا ذلك وحدنا .

سأنهي العمل   لا يساعدني أحد <
سأنهي العمل (حتّى) ولو لم يساعدني أحد .

سأنهي العمل	أعمل ١٦ ساعة
أدبّر الأعمال	أسافر إلى هناك مرّة ثانية أو ثالثة
سأحضر الحفلة	لا يحضرها أصدقائي
أفعل ذلك	أفعل ذلك وحدي
سوف لا أنهي العمل	يساعدني صديقي
نقوم بنزهة	ليس الطقس جميلا
نتحدّث حول هذه المشكلة	(يكون) جميعهم موجودين
نقاوم أعداءنا	(يكونون) أقوياء
نحاول ذلك	(يكون) الوصول إلى هناك صعب

Ü 17 Übersetzen Sie:

Ich habe ihn nicht ein einziges Mal besucht.
Ich war nicht ein einziges Mal dort.
Ich war nicht eine einzige Stunde dort.
Ich war nicht einen einzigen Tag dort.
Ich habe dort nicht eine einzige Person gesehen.
Ich habe ihm nicht eine einzige Mark gegeben.
Ich habe ihm nicht ein einziges Glas angeboten.
Ich habe dort nicht einen einzigen Freund getroffen.
Ich habe nicht ein einziges Buch gelesen.
Er konnte keine einzige Frage beantworten.

Lektion 27

G

1. Der Ausnahmesatz

Unter Ausnahmesätzen versteht man solche Sätze, in denen eine meist negative Aussage in Bezug auf das Subjekt, Objekt oder Prädikat eingeschränkt wird.

1.1. إِلَّا

Die gebräuchlichste arabische Ausnahmepartikel ist إِلَّا (< إِنْ لَا). Deutsche Übersetzung »außer« oder »nur«.

1.1.1. Im negativen Ausnahmesatz steht das durch إِلّا ausgenommene Substantiv im gleichen Kasus wie das eingeschränkte Substantiv:

لَمْ يَحْضُرِ ٱلْأَصْدِقَاءُ ٱلْعَرَبُ إِلى
ٱلْحَفْلَةِ إِلّا الطُّلّابُ ٱلْمِصْرِيُّونَ .

Außer den ägyptischen Studenten kamen keine arabischen Freunde zur Veranstaltung; von den arabischen Freunden kamen nur die ägyptischen Studenten (wörtl.: nicht kamen . . . außer . . .).

Nominativ nach إِلّا, weil auch das Eingeschränkte (الأصدقاء) als Subjekt zu يحضر im Nominativ steht.

لا أَخَافُ مِنْ أَيِّ شَيْءٍ إِلّا (مِنَ) الطَّقْسِ ٱلْحَارِّ .

Außer dem heißen Wetter fürchte ich nichts; ich fürchte nur das heiße Wetter (wörtl.: nicht fürchte ich etwas außer . . .).

G

Das der Ausnahmepartikel إلّا folgende الطقس steht in Abhängigkeit von der Präposition مِن, die nicht wiederholt werden muß, im Genitiv.

A 1 Auch das arabische فَقَطْ entspricht deutschem »nur«. Der Unterschied zu إلّا besteht darin, daß فقط nichts aus einer allgemeinen Aussage ausnimmt, sondern als Bekräftigungspartikel die Angabe einer meist vergleichsweise geringen Menge, Anzahl, Zeitdauer oder Entfernung besonders hervorhebt: ١٠ أيّام فقط »nur 10 Tage«, ١٠٠ كم فقط »nur 100 km«, ١٢ شخصا فقط »nur 12 Personen« usw.

1.1.2. Oft ist der einzuschränkende Begriff gar nicht genannt. Das Ausgenommene ist das logische Komplement des ganzen Satzes und macht ihn überhaupt erst verständlich.

لَمْ يَحْضُرْ إلى ٱلْحَفْلَةِ إلّا ٱلطُّلّابُ ٱلْمِصْرِيُّونَ .

Nur die ägyptischen Studenten kamen zur Veranstaltung (wörtl.: nicht kamen zur Veranstaltung außer . . .).

Nominativ nach إلّا; die Rektion von يحضر wirkt auf das logische Komplement الطلّاب .

لا أَشْتَرِي إلّا ٱلْكِتَابَيْنِ ٱلْعَرَبِيَّيْنِ .

Ich kaufe nur die beiden arabischen Bücher.

Akkusativ nach إلّا; die Rektion von اشترى wirkt auf das logische Komplement الكتابين .

لا أَخَافُ إلّا مِنَ ٱلطَّقْسِ ٱلْحَارِّ .

Ich fürchte mich nur vor dem heißen Wetter.

Die Rektion von خاف mittels من bleibt erhalten und wirkt auf das logische Komplement الطقس .

G

إلّا kommt auch in Verbindung mit der Negation مَا und folgendem هُوَ / هِيَ in einer Nominalkonstruktion mit phraseologischem Wert vor.

هذه الكَلِمَاتُ ما هي إلّا تَعْبِيرٌ عَنْ خَوْفِهِ .

Diese Worte sind nur
(= nichts weiter als) ein Ausdruck seiner Furcht.

1.1.3. Nach إلّا kann statt eines Substantivs auch ein Pronomen, eine Präpositionalgruppe oder ein ganzer Satz stehen.

1.1.3.1. Pronomen

Nur er weiß das. لا يَعْرِفُ ذلك إلّا هو.

1.1.3.2. Präpositionalgruppe

لا نَفُوقُهُمْ إلّا بِسَبَبِ مَعْرِفَتِنَا .

Wir sind ihnen nur auf Grund unseres Wissens überlegen.

لا آتِّصَالَاتِ مَعَهُمْ إلّا في أَضْيَقِ ٱلْحُدُودِ .

Es gibt Kontakte mit ihnen nur in engsten Grenzen.

إلّا + temporale Präpositionalgruppe entspricht dem deutschen »erst«:

لَمْ يَرْجِعْ إلّا بَعْدَ يَوْمَيْنِ .

Er kehrte erst nach 2 Tagen zurück.

لَمْ يَرْجِعْ إلّا في ٱلسَّاعَةِ ٱلْعَاشِرَةِ .

Er kehrte erst um 10.00 Uhr zurück.

1.1.3.3. Sätze

a) Objektsatz

Ich möchte nur sagen, ... لا أُرِيدُ إلّا أَنْ أَقُولَ ...

G

b) Bedingungssatz

لَنْ تُنْهِيَ ٱلْعَمَلَ إلّا إذا عَمِلْتَ
كُلَّ يَوْمٍ أَكْثَرَ مِنْ ١٢ سَاعَةً .

Du wirst die Arbeit nur beenden,
wenn du jeden Tag mehr als 12 Stunden arbeitest.

c) Temporalsatz

لَمْ يُطْلِعْهُمْ على مَرَضِهِ إلّا بَعْدَ أَنْ تَغَلَّبَ عَلَيْهِ .

Er informierte sie erst (dann) über seine Krankheit,
als er sie (schon) überwunden hatte.

لَمْ نَعْلَمْ بِهٰذِهِ ٱلزِّيَارَةِ إلّا عِنْدَمَا
وَصَلَ ٱلْوَفْدُ إلى ٱلْعَاصِمَةِ .

Wir erfuhren von diesem Besuch erst,
als die Delegation in der Hauptstadt ankam.

Eine einschränkende Konstruktion mit إلّا ist auch bei anderen Nebensatztypen möglich.

A 2 Die lexikalisierte Konstruktion ما هي إلّا أنْ ... حتّى ... ist bereits aus Lektion 8, A 8, bekannt.

1.1.4. Der p o s i t i v e Ausnahmesatz ist seltener. Das ausgenommene Substantiv steht hier im Akkusativ – deutsche Übersetzung mit »außer«.

جاءَ كُلُّهُمْ إلّا مُحَمَّداً .

Außer Muhammad kamen alle.

1.2. Andere Ausnahmepartikeln

Andere Ausnahmepartikeln werden weniger oft als إلّا gebraucht. Im negativen Ausnahmesatz sind es سِوَى und غَيْرَ . Nach ihnen steht generell der Genitiv.

G

لَمْ يَبْقَ سِوَى ٱلْأَصْدِقَاءُ ٱلسُّورِيِّينَ .

Nur die syrischen Freunde blieben.

لَمْ يُسَاعِدْنِي غَيْرَ مُحَمَّدٌ .

Nur Muhammad half mir.

Für die positive Ausnahme stehen neben إلّا noch عَدَا , مَا عَدَا oder فِيمَا عَدَا zur Verfügung. Es folgt der Genitiv oder Akkusativ.

غَادَرَ كُلُّهُمُ ٱلْمَدِينَةَ مَا عَدَا ٱلْوَفْدِ ٱللُّبْنَانِيِّ .

Bis auf die libanesische Delegation verließen alle die Stadt.

1.3. غَيْرَ أَنَّ , إلّا أنَّ

إلّا oder غَيْرَ + folgendes أَنَّ dienen der adversativen Anknüpfung eines Satzes. Deutsche Entsprechung: »jedoch, allerdings, indessen, freilich, allein«.

إنَّ وزيرَ الدِّفاعِ الفرنسيَّ قدْ قابل فِعْلاً المسؤولينَ

الإسْرائيليّينَ إلّا أنَّ قرارَ الحكومةِ الفرنسيّةِ الخاصَّ

بِحَظْرِ إرْسالِ طائراتِ الميراج لا يزالُ قائماً .

Der französische Verteidigungsminister ist tatsächlich mit den israelischen Verantwortlichen zusammengetroffen; jedoch besteht der Beschluß der französischen Regierung über das Lieferembargo von Mirage-Flugzeugen weiter.

غَيْرَ أَنَّ المُتَحَدِّثَ رَفَضَ أَنْ يَذْكُرَ أَيَّةَ تَفَاصِيلَ .

Allerdings lehnte es der Sprecher ab, irgendwelche Einzelheiten zu nennen.

A 3 إلّا أنّ und غير أنّ vergleichbar sind die ebenfalls satzeinleitenden بَيْدَ أنَّ und عَلَى أنَّ . Übersetzung wie bei jenen mit »jedoch, allerdings« usw.

V

أَصْل / أُصُول	Herkunft
إِلَّا أَنَّ	(satzeinleitend) jedoch, allerdings, indessen, freilich, allein
مَجْلِس / مَجَالِسُ	Rat
مَجْلِس ٱلْأُمَّة	Nationalversammlung, Parlament
جَمْعِيَّة / جَمْعِيَّات	Gesellschaft, Verein, Körperschaft
جِنْس / أَجْنَاس	Geschlecht
جَازَ (يَجُوزُ)	erlaubt sein
حُرِّيَّة / حُرِّيَّات	Freiheit
حُرِّيَّة ٱلرَّأْيِ	Meinungsfreiheit
حُرِّيَّة ٱلْعِبَادَة	Religionsfreiheit
حُرِّيَّة ٱلتَّعْبِير	Freiheit der Meinungsäußerung
حُرِّيَّة ٱلْعَقِيدَة	Glaubensfreiheit
ج الحُرِّيَّاتُ ٱلْعَامَّة	die Grundrechte
حَقّ / حُقُوق	Recht
حَازَ (يَحُوزُ) ه	erhalten, erlangen
تَحِيَّة / تَحِيَّات	Gruß
إِخْتِصَاص / إِخْتِصَاصَات	Befugnis
تَخْطِيط	Planung
خِلَالَ	während (Präposition)
دُسْتُور / دَسَاتِيرُ	Verfassung
دُسْتُورِيّ	konstitutionell, Verfassungs-
دُونَ	unter; ohne
دِين / أَدْيَان	Religion
رَأَسَ (يَرْأَسُ) ه	an der Spitze stehen, den Vorsitz führen, vorstehen
تَرْبِيَة	Erziehung
رَقَّى II (يُرَقِّي) ه	befördern (Rang)
بِسَبَبِ	wegen, auf Grund
مُسَاعَدَة	Hilfe
مُسَلَّح	bewaffnet
تَسَاوَى VI (يَتَسَاوَى)	gleich sein
سَوَاء	gleich (ohne Unterschied)
شُكْر	Dank
تَشَكَّلَ V (يَتَشَكَّلُ) (مِنْ)	gebildet werden, sich zusammensetzen (aus)
صِحَافَة	Presse, Zeitungswesen

V

أَصْدَرَ IV (يُصْدِرُ) ه	herausgeben, erlassen
صُعُوبَة / صُعُوبَات وَصِعاب	Schwierigkeit
ضَابِط / ضُبَّاط	Offizier
إِنْطِبَاع / إِنْطِبَاعَات	Eindruck
إِطَّلَعَ VIII (يَطَّلِعُ) عَلَى	sich informieren (über)
إِطِّلَاع	(Infinitiv von إطّلع)
عِبَادَة / عِبَادَات	Gottesdienst, gottesdienstliche Handlung
تَعْبِير (عَنْ)	Ausdruck, Äußerung (Infinitiv von عبّر II)
عَدْل	Gerechtigkeit
إِعْتَرَضَ VIII (يَعْتَرِضُ) عَلَى	Einspruch erheben
تَعَرُّف	(Infinitiv von تعرّف V)
عَزَلَ (يَعْزِلُ) ه	absetzen, entlassen
عَقِيدَة / عَقَائِدُ	Glaube, Bekenntnis

اَلتَّعْلِيمُ ٱلْعَالِي	Hochschulwesen
تَعَاوُنِيَّة / تَعَاوُنِيَّات	Genossenschaft
عَيَّنَ II (يُعَيِّنُ) ه / ه ه	bestimmen, festsetzen; ernennen (ه ه jmdn. zu)
تَغَلَّبَ V (يَتَغَلَّبُ) عَلَى	überwinden
غَيْرَ أَنَّ	(satzeinleitend) jedoch, allerdings, freilich, allein
فِعْلًا	wirklich, tatsächlich (Adverb)
قَانُون / قَوَانِينُ	Gesetz
قَرَار / قَرَارَات	Beschluß
مُقْتَطَف / مُقْتَطَفَات	Auszug
قَائِد / قُوَّاد وقَادَة	Führer, Kommandant
قَائِدٌ أَعْلَى	Oberkommandierender
ج قُوَّات	Streitkräfte, Truppen
إِسْتِقَالَة	Rücktritt
كَافَحَ III (يُكَافِحُ)	kämpfen

V

كَفَلَ (يَكْفُلُ) ه	verbürgen
مَكْفُول	verbürgt
كَافٍ	genügend, ausreichend
تَكْوِين	Bildung, Schaffung (Infinitiv von كوّن II)
مَثَّلَ II (يُمَثِّلُ) ه / ه	vertreten, repräsentieren
مِثْلُ هَذَا	solch ein
إِمْرَأَة ، المَرْأَة	Frau, Weib
تَمْيِيز	Unterscheidung, Unterschied, Diskriminierung
ثِقَة	Vertrauen
عَلَى وَجْهِ ٱلْخُصُوصِ	besonders, im besonderen
وَدَّعَ II (يُوَدِّعُ) ه	verabschieden
وَدَاع	Abschied
وَزِيرُ ٱلْعَدْلِ	Justizminister
وِزَارَة	auch: Kabinett

T

T 1

مقتطفات دستوريّة

١ ـ الحرّيّات العامّة

الحرّيّات العامّة مكفولة في حدود القوانين . وتكفل لجميع المواطنين دون تمييز حرّيّة الرأي والتعبير ، حرّيّة الاجتماع وتكوين الجمعيّات ، حرّيّة تكوين النقابات والتعاونيّات ، حرّيّة العقيدة والعبادة ، وغيرها من الحرّيّات العامّة .

المواطنون سواء أمام القانون في الحقوق والواجبات ولا يجوز التمييز بينهم في ذلك بسبب الجنس أو الأصل أو اللغة أو الدين أو العقيدة . كما أنّ المرأة تتساوى بالرجل في الحقوق العامّة .

T

٢ ـ رئيس الدولة

إنّ رئيس الدولة ، على وجه الخصوص ،

- يمثّل الدولة ،
- يقترح القوانين ويصدرها ويعترض عليها ،
- يعيّن رئيس الوزراء والوزراء الذين يجب أن يحوزوا ثقة مجلس الأمّة ويقبل استقالتهم ،
- يعيّن الضبّاط ويعزلهم ويرقّي قوّاد القوات المسلّحة .

الرئيس هو القائد الأعلى للقوات المسلّحة ويرأس مجلس الدفاع القوميّ .

٣ ـ الوزارة

تتشكّل الوزارة من رئيس الوزراء ، وزير الخارجيّة ، وزير الداخليّة ، وزير الدفاع ، وزير الاقتصاد ، وزير التجارة الخارجيّة ، وزير التخطيط ، وزير الماليّة ، وزير العدل ، وزير التربية والتعليم ، وزير التعليم العالي ، وزير الثقافة ، وزير المواصلات .

الوداع
T 2

اجتمع أعضاء وفد المانيا الديمقراطيّة ببعض الأصدقاء العرب في يومهم الأخير بالعراق .

رشيد : إنّكم مكثتم في بلدنا مدّة قصيرة فقط .

الدكتور مولر : ولكنّنا حصلنا على انطباعات كثيرة خلال إقامتنا .

الدكتور بارت : إلّا أنّ الوقت لم يكن كافيا للتعرف الى هذا البلد كما يجب .

محمود : في مثل هذه الفترة القصيرة لا يمكن الاطّلاع إلّا على بعض الجوانب .

عدنان : غير أنّني أعتقد أنّكم رأيتم كيف يعيش شعبنا .

رشيد : وكيف يعمل .

T

الدكتور مولر : وكيف يكافح . لاحظنا كلّ ذلك فعلا .
الدكتور بارت : وستتغلّبون على الصعوبات الموجودة حتّى الآن .
عدنان : لن نتغلّب عليها إلّا بمساعدة البلدان الصديقة .
الدكتور مولر : إنّها تقف إلى جانبكم .
الدكتور بارت : وهي لا تساعدكم بإيفاد الخبراء فحسب وإنّما . . . .
رشيد : نعرف ذلك ، ونطلب منكم ألّا تحملوا معكم تحيّاتنا إلى الشغّيلة في بلادكم فقط وإنّما شكرنا كذلك .
الدكتور مولر : يعرف كلّنا : نحن وأنتم أصدقاء .

Ü

Ü 1 Hören Sie mehrmals Text 1 vom Tonband oder vorgelesen vom Lektor!

Ü 2 Lesen Sie mehrmals Text 1 unter Kontrolle des Lektors!

Ü 3 (Hausaufgabe) Lesen Sie nochmals Text 1 und übersetzen Sie ihn! Bereiten Sie Ü4 und Ü 5 vor!

Ü 4 Sprechen Sie frei, ohne Zuhilfenahme der Textvorlage, zu den drei Themen

a) الحرّيّات العامّة الّتي يكفلها الدستور

b) اختصاصات رئيس الدولة

c) أسماء الوزارات

Ü 5 Übersetzen Sie einige vom Lektor auszuwählende kurze Artikel aus der Verfassung eines arabischen Landes!

Ü 6 Hören Sie mehrmals Text 2 vom Tonband oder vorgelesen vom Lektor!

Ü 7 Lesen Sie Text 2 unter Kontrolle des Lektors!

Ü 8 (Hausaufgabe) Lesen Sie nochmals Text 2 und bereiten Sie, zu dritt oder zu viert arbeitend, ein Gespräch zum Thema نودّع أصدقاءنا vor!

Ü 9 Führen Sie dieses Gespräch im Kolleg!

Ü 10 (Wiederholung: إلّا zur Angabe der Uhrzeit) Fügen Sie den folgenden Sätzen eine Zeitangabe unter Verwendung der Partikel إلّا hinzu!

Beispiel: اجتمع رئيس الوزراء بالوفد . >

اجتمع رئيس الوزراء بالوفد في الساعة العاشرة إلّا الربع .

غادر الوفد مدينة برلين .
اغلق المعرض أبوابه .
نقابل عدّة تجّار سودانيّين .
ابتدأت المباراة .
انتهت الحفلة .
وصلت الطائرة .
تقلع الطائرة .
سنجتمع .
أخرج من البيت . . . صباحا .
يستمرّ الاجتماع حتّى . . .
خابرْني بالتليفون .

Ü 11 Wandeln Sie die folgenden Sätze in Ausnahmesätze um!

Beispiele: جاء محمّد > لم يجئ إلّا محمّد

يجيء محمّد > لا يجيء إلّا محمّد

قابلت الأصدقاء السوريّين > لم أقابل إلّا الأصدقاء السوريّين .

يتعلّق موقفنا بموقفكم .
أحبّ من المشروبات النبيذ الأبيض .
أشرب صباحا فنجانا واحدا من القهوة .

Ü

ناقشنا أهمّ المواضيع .
أدخّن سجائر .
أدرس اللغات والتاريخ .
يشجّع الطلّاب المجتهدون .
يوفَد الطلّاب المجتهدون .
أشترك في المؤتمر الخبراء البارزون .
رجع في الساعة الحادية عشرة .

Ü 12 Wandeln Sie die in Ü 15 von Lektion 26 gegebenen Bedingungssätze so um, daß sie den Charakter von Ausnahmesätzen haben!

Beispiel: إذا كان عندي وقت أجيء اليك >

لا أجيء إليك إلّا إذا كان عندي وقت .

Ü 13 Koppeln Sie die folgenden Satzpaare dergestalt, daß der 2. Satz ein mit der Konjunktion عندما eingeleiteter Temporalsatz wird! Durch Verneinung des Hauptsatzes und Voranstellung von إلّا vor den Temporalsatz soll letzterer den Charakter eines Ausnahmesatzes erhalten.

Beispiel: أقلعت الطائرة كان الطقس جميلا >

أقلعت الطائرة عندما كان الطقس جميلا >

لم تقلع الطائرة إلّا عندما كان الطقس جميلا .

جاء صديقنا	غادرنا البيت
بدأت المحادثات من جديد	عاد الوفد من الجولة
سافرت إلى هناك	استلمت النقود
أنجزنا واجباتنا حتّى نهاية الأسبوع	ساعدتمونا
أفعل ذلك	تفعل أنت ذلك أيضا
بحثنا المشروع	طلبتَ منّا ذلك

Ü

لاحظوا عدّة أغلاط	درسوا المشروع
سافرنا معهم	غيّروا البرنامج
قبل الدعوة	سمع أنّ جميع الأصدقاء سيشتركون في الحفلة
ملأ السرور صدورهم	رأوا الأمواج الزرقاء

Ü 14 Schränken Sie die in den folgenden Sätzen getroffene Aussage durch Anfügen einer Ausnahme ein, die aus der Singularform des genannten Substantivs und dem Zahlwort für 1, واحد bzw. واحدة , gebildet ist!

Beispiele:

يجيء كلّ الأصدقاء >

يجيء كلّ الأصدقاء إلّا صديقا واحدا .

تجيء كلّ الطالبات >

تجيء كلّ الطالبات إلّا طالبة واحدة .

غادرت المدينة كلّ الوفود .
إفتح كلّ الشبابيك .
فهمت كلّ الأسئلة .
قرأت كلّ الجرائد .
أعرف كلّ البلدان العربيّة .
كان كلّ المعلّمين هناك .
نسيت كلّ المواعيد .
اتّفقوا على كلّ المواضيع .
وافق على المشروع كلّ المسؤولين .
قابلت أمس كلّ الأصدقاء .
يسيطرون على كلّ الفروع الاقتصاديّة .
بعت كتبي كلّها .

Ü

أعطاني كلّ البطاقات .

دعونا كلّ الفتيات إلى الحفلة .

Ü 15 Übersetzen Sie:

آ – لا يجيء أصدقائي إلّا يوم السبت .

ب – أستطيع أن أجيء إليك كلّ يوم إلّا في يوم الاثنين .

ج – أنهى الطلّاب التمارين إلّا واحدا.

د – غير أنّني سأنهي العمل حتّى الغد .

ه – هزيمة النادي الألمانيّ ما هي إلّا برهان على أنّ مستوى كرة القدم في العراق تطوّر في السنوات الأخيرة تطوّرا كبيرا .

Lektion 28

G

1. Der Zustandsakkusativ

1.1. Die Form

Der Zustandsakkusativ ist ein indeterminierter Akkusativ, der meist von einem Partizip, seltener von einem Adjektiv gebildet wird:

جَالِساً sitzend

ضَاحِكاً lachend

قَادِماً kommend

نَائِماً schlafend

u. a.

A 1 Der Name Zustandsakkusativ geht auf das arab. Wort حال »Zustand« zurück. In manchen Lehrbüchern und Grammatiken spricht man deshalb auch von *Ḥāl*-Akkusativ bzw. *Ḥāl*-Satz (s. G 2).

1.2. Die Funktion

Der Zustandsakkusativ hat die Funktion eines prädikativen Attributs mit doppeltem semantischen Bezug, und zwar

a) zum Subjekt (manchmal auch zum Objekt) des Satzes:

Er charakterisiert einen bestimmten Zustand oder eine bestimmte Verhaltensweise des Subjekts während des Vollzugs der durch das finite Verb ausgedrückten Verbalhandlung.

Der formale Bezug zum Subjekt ist durch Genus- und Numeruskongruenz gekennzeichnet.

G

Beispiele: دَخَلَ صَدِيقِي ضَاحِكًا .

Mein Freund kam lachend herein.

دَخَلَ أَصْدِقَائِي ضَاحِكِينَ .

Meine Freunde kamen lachend herein.

دَخَلَتْ صَدِيقَتِي ضَاحِكَةً .

Meine Freundin kam lachend herein.

دَخَلَتْ صَدِيقَاتِي ضَاحِكَاتٍ .

Meine Freundinnen kamen lachend herein.

قَامَ مُحَمَّدٌ قَائِلًا . . .

Muḥammad stand auf sagend . . .
= Muḥammad stand auf und sagte . . .

Iß nicht das Obst roh! لا تَأْكُلِ ٱلْفَاكِهَةَ فِجَّةً !

Beim letzten Satz bezieht sich der Zustandsakkusativ auf das Objekt.

b) zum Verb des Satzes:

Er erläutert und ergänzt den Verbalinhalt.

Der formale Bezug zum Subjekt des Satzes ist auch hier durch Genus- und Numeruskongruenz gegeben.

Beispiele:

Muḥammad kam laufend جَاءَ مُحَمَّدٌ مَاشِيًا .
= . . . kam gelaufen, zu Fuß.

أَنْجَزَ ٱلْعَمَلَ جَالِسًا .

Er erledigte die Arbeit sitzend, im Sitzen.

وَصَلَ ٱلْوَفْدُ إلى برلين قَادِمًا من بغداد .

Die Delegation traf, aus Bagdad kommend, in Berlin ein.

G

غَادَرَتِ ٱلْوُفُودُ برلين مُتَوَجِّهَةً إلى بغداد .

Die Delegationen haben Berlin,
sich nach Bagdad begebend, verlassen.
= . . . haben Berlin in Richtung Bagdad verlassen.

Schon aus den wenigen Beispielen wird ersichtlich, daß der Zustandsakkusativ bei einer Übersetzung ins Deutsche unterschiedlich wiedergegeben werden kann.
Neben dem Partizip besteht die Möglichkeit der Wiedergabe durch eine Präpositionalgruppe oder durch einen mit » und « angeknüpften Satz.

A 2 Die arabischen Grammatiker haben ein weitverzweigtes Klassifikationsschema des Zustandsakkusativs, in das auch viele im indeterminierten Akkusativ gebrauchte Substantive gehören.

2. Der Zustandssatz

An die Stelle des Zustandsakkusativs kann ein ganzer Satz treten, der sog. Zustandssatz.

2.1. Beginnt er mit einem Verb in der Imperfektform, so wird er dem Hauptsatz direkt angeschlossen.

Beispiele: دَخَلَ صَدِيقِي يَضْحَكُ .

Mein Freund trat lachend ein, . . . trat ein und lachte.

جَاءَ مُحَمَّدٌ يَمْشِي .

Muḥammad kam gelaufen, zu Fuß.

2.2. Ein Nominalsatz oder ein Verbalsatz mit vorangestelltem Subjekt oder Pronomen wird an den Hauptsatz mit و angeschlossen.

Beispiele: دَخَلَ مُحَمَّدٌ وَفِي يَدِهِ كِتَابٌ .

Muḥammad kam herein mit einem Buch in der Hand.

G

دَخَلَ صَدِيقِي وَهُوَ يَضْحَكُ .

Mein Freund kam lachend herein,
. . . kam herein und lachte (dabei).

قَالَ وَهُوَ يَنْظُرُ إِلَيَّ .

Er sagte, indem/wobei er mich ansah,
. . . und sah mich (dabei) an.

قُلْتُ وَأَنَا أُحَاوِلُ أَنْ أَبْتَسِمَ . . .

Ich sagte, wobei ich zu lächeln versuchte . . .,
. . . und versuchte dabei zu lächeln.

إِسْتَقْبَلَنِي وَهُوَ يَقُولُ . . .

Er empfing mich, indem er sagte . . .,
. . . und sagte, . . . mit den Worten.

In der Konstruktion mit vorangestelltem Personalpronomen kommt der Zustandssatz am häufigsten vor.

Der verneinte Zustandssatz wird im Deutschen mit » ohne zu « ausgedrückt:

كَانَ يَسْتَمِعُ إِلَيْنَا وَلَا يَقُولُ كَلِمَةً .

Er hörte uns zu, ohne ein Wort zu sagen.

2.3. Beginnt der Zustandssatz mit einem Verb in der Perfektform, so wird er ebenfalls mit و an den Hauptsatz angeschlossen. Auf و folgt die Partikel قَدْ .

دَخَلَ مُحَمَّدٌ ٱلْغُرْفَةَ

وَقَدْ كَانَ ٱلْأَصْدِقَاءُ مُجْتَمِعِينَ .

Muḥammad kam ins Zimmer,
als die Freunde (schon) versammelt waren.

G

لَيْسَ nicht sein
أَصْبَحَ IV werden
صَارَ werden
ظَلَّ werden; bleiben, weiterhin tun
بَقِيَ bleiben; weiterhin tun
(ما ، لا) زَالَ (nicht) aufhören.

A 4 An die Stelle des nominalen Prädikats kann bei manchen dieser Verben in der Bedeutung »beginnen (etwas zu tun)« oder »dauern, ständig etwas tun« auch ein ganzer Satz mit der Imperfektform treten:
ظَلَّ يَشْرَبُ »er trank weiter, er blieb beim Trinken«.
Die gleiche Konstruktion, die dem Zustandssatz mit Imperfektform gleicht, haben noch andere Verben des Beginnens (أَخَذَ, شَرَعَ, بَدَأَ u. a.), sowie die objektbezogenen Verben der Wahrnehmung: بَدَأَ يَشْرَبُ »er begann zu trinken«, رَأَيْتُهُ يَشْرَبُ »ich sah ihn trinken«.

3.6. Subjekt im Akkusativ

إِنَّ ٱلْوَفْدَ وَصَلَ أَمس .

Die Delegation ist gestern angekommen.

أَعْرِفُ أَنَّ ٱلْوَفْدَ وصل أمس .

Ich weiß, daß die Delegation gestern angekommen ist.

Auch die Zusammensetzungen mit إِنَّ und أَنَّ (لِأَنَّ , لَكِنَّ u. a.) haben das Subjekt im Akkusativ nach sich.

3.7. Ausrufe im Akkusativ

شُكْرًا danke
عَفْوًا bitte!, Verzeihung!
صَبَاحَ ٱلْخَيْرِ guten Morgen!

G

Für den Ausruf der Bewunderung gibt es eine besondere Konstruktion: ما + Elativ im Akkusativ + Substantiv im Akkusativ.

Wie schön ist diese Stadt! مَا أَجْمَلَ هٰذِهِ ٱلْمَدِينَةَ .

Wie schwer sind die Aufgaben! مَا أَصْعَبَ ٱلْوَاجِبَاتِ .

Nach der Vokativpartikel يَا steht das Nomen ohne Artikel und ohne Nunation im Nominativ (يَا مُحَمَّدُ » o Muhammad! «, يَا أَبُو » o Vater! «), jedoch im Akkusativ, wenn ein Genitiv oder Personalpronomen folgt, d. h., wenn das Nomen im Status constructus steht: يَا أَبَانَا » o unser Vater! «.

3.8. Akkusativ bei Zahlen und bei كَمْ

Der indeterminierte Akkusativ Singular steht nach den Zahlen 11 bis 99 und nach dem Frageadverb كَمْ » wieviel «:

wie viele Personen? كَمْ شَخْصاً

٢٤ طَالِباً و ١٤ طَالِبَةً

24 Studenten und 14 Studentinnen.

3.9. Generelle Verneinung

Form: لا + Nomen ohne Artikel und ohne Nunation im Akkusativ:

(لَا شَكَّ (فِيهِ zweifellos

لَا جَدِيدَ عِنْدَنَا Nichts Neues bei uns!

G

3.10. Akkusativ im Ausnahmesatz

Im positiven Ausnahmesatz steht das Substantiv nach إلّا im Akkusativ:

جَاءَ كُلُّهُمْ إلّا مُحَمَّدًا .

Außer Muḥammad kamen (sie) alle.

3.11. Präpositionen im Akkusativ

Viele Präpositionen sind Nomina und haben die Form eines Akkusativs:

بَعْدَ	nach
وَفْقَ ، وَفْقًا لِ	in Übereinstimmung mit, entsprechend
بِنَاءً عَلَى	auf Grund von, entsprechend

V

Die Länder- und Städtenamen von Text 2, zum überwiegenden Teil bereits bekannt, wurden nicht in das Vokabelverzeichnis dieser Lektion aufgenommen. Sie sind jedoch vollständig im Glossar verzeichnet.

أَدَبِيّ	literarisch
ج أَمَانَات	Depositen
مُبَسَّط	vereinfacht
جَرْد	Inventur, Revision
جَرَتِ ٱلْعَادَةُ أَنْ	es war gewöhnlich so, daß . . ., es hatte sich eingebürgert, daß . . .
جَامِعَةُ ٱلدُّوَلِ ٱلْعَرَبِيَّةِ	Liga der Arabischen Staaten (kurz الجامعة العربيّة Arabische Liga)
حَرَّرَ II (يُحَرِّرُ) ه	ausfertigen, ausschreiben
مُحَرِّر	(Passivpartizip von حرّر)

V

تَحَرَّكَ (يَتَحَرَّكُ) V	sich bewegen
حُضُور	Anwesenheit, Erscheinen
مَحْضَر / مَحَاضِرُ	Protokoll
مَحْكَمَة / مَحَاكِمُ	Gericht
فِي أَكْثَرِ ٱلْأَحْيَانِ	meistens
خِزَانَة / خَزَائِنُ وخِزَانَات	auch: Safe, Tresor
خَزِينَة / خَزَائِنُ	Kasse
مُخْتَصَر	gekürzt
دِرْهَم / دَرَاهِمُ	Dirham (Währungsbezeichnung)
دَفْتَر / دَفَاتِر	Heft; Buch, Register
ٱلدَّفْتَرُ ٱلْخَاصُّ بِٱلْخَزِينَةِ	Kassenbuch
ج ٱلدُّوَلُ ٱلْأَعْضَاءُ	die Mitgliedstaaten
مُتَدَاوَل	in Umlauf befindlich
ذَكَّرَ II (يُذَكِّرُ) ه بِ	erinnern (jmdn. an)
رَسْمِيّ	auch: amtlich

رِيَال / رِيَالَات	Rial (Währungsbezeichnung)
أُسْلُوب / أَسَالِيبُ	auch: Stil
سَنْتِيم	Centime
شَأْن / شُؤُون	Angelegenheit, Sache
مِنْ شَأْنِهِ	jmds. Sache sein
تَشْوِيق	Erzeugen einer Spannung
شَيْءٌ ثَمِينٌ / أَشْيَاءُ ثَمِينَةٌ	Wertsache
طَرِيق / طُرُق	Weg (auch übertr.)
ظَهَرَ (يَظْهَرُ)	(er)scheinen
عَرَضَ (يَعْرِضُ) ه	auch: vorlegen
ج تَعْلِيمَات	Anweisungen, Direktiven
إِعْلَان / إِعْلَانَات	Anzeige
عَلَيْهِ أَنْ	jmdm. obliegt etw., jmd. hat etw. zu tun
عَمَل	auch: Dienst, Praxis
فَاجَأَ III (يُفَاجِئُ) ه	überraschen
فَجْأَةً	plötzlich, unvermutet (Adverb)
مُفَاجَأَة / مُفَاجَآت	Überraschung

V

فِضَّة	Silber(geld)
فُلَان	N. N.
مِنْ قَبِيلِ	ähnlich, so (etwas) wie, (als) eine Art von
تَقْدِير / تَقْدِيرَات	auch: Schätzung
قَصَدَ (يَقْصِدُ) ه	beabsichtigen
عَلَى ٱلْأَقَلِّ	mindestens
كَثْرَة	Vielzahl, Fülle
كَذَا	soundso viel
لِ	von (bei Angabe des Autors)
فِي إِلْحَاحٍ	dringend, inständig
لَمْحَة عَامَّة (عَنْ) / لَمَحَات	Überblick, Übersicht
مَال / أَمْوَال	Geld, Vermögenswert
نِيَابَة	Staatsanwaltschaft
نَائِب / نُوَّاب	Staatsanwalt
وُجُود	Vorhandensein, Existenz
لَا وُجُودَ لِ	es gibt (absolut) nicht
أَوْدَعَ IV (يُودِعُ) ه	deponieren
إِيدَاع	(Infinitiv von أودع)
وَرَقَة مَالِيَّة / أَوْرَاق مَالِيَّة	Banknote, Papiergeld
وُضِعَتْ فِي ٱلتَّعْلِيمَاتِ مِنْ قَبِيلِ ٱلتَّشْوِيقِ	steht in den Anweisungen, um so etwas wie Spannung zu erzeugen
تَوْفِيق ٱلْحَكِيم	(ägyptischer Schriftsteller)
وَقَّعَ II (يُوَقِّعُ) ه	unterschreiben
يَوْمِيَّات نَائِبٍ فِي ٱلْأَرْيَافِ	wörtl: Tagebuch eines Staatsanwalts auf dem Lande; in deutscher Übersetzung erschienen unter dem Titel »Staatsanwalt unter Fellachen«

A 5 Bei den beiden folgenden Texten steht aus satztechnischen Gründen T 2 vor T 1.

T

لمحة عامّة عن الدول الأعضاء في جامعة الدول العربيّة

T 2

اسم البلد	الاسم الرسميّ	المساحة (كم ٢)	عدد السكّان ١٩٨٠	العملة المتداولة	العاصمة
الأردن	المملكة الأردنيّة الهاشميّة	٩٧,٧٠٠	٣,١٩٠,٠٠٠	١ دينار = ١٠٠٠ فلس	عمّان
تونس	الجمهوريّة التونسيّة	١٦٤,١٥٠	٦,٣٠٠,٠٠٠	١ دينار = ١٠٠٠ ملّيم	تونس
الجزائر	جمهوريّة الجزائر الديمقراطيّة الشعبيّة	٢,٣٧٥,٥٦٢	١٩,١٣٠,٠٠٠	١ دينار = ١٠٠ سنتيم	الجزائر
مصر	جمهوريّة مصر العربيّة	١,٠٠٢,٠٠٠	٤١,٩٩٠,٠٠٠	١ جنيه = ١٠٠٠ ملّيم	القاهرة
السودان	جمهوريّة السودان الديمقراطيّة	٢,٥٠٠,٠٠٠	١٨,٦٩٠,٠٠٠	١ جنيه = ١٠٠٠ ملّيم	الخرطوم
سوريا	الجمهوريّة العربيّة السوريّة	١٨٥,١٨٠	٨,٩٨٠,٠٠٠	١ ليرة = ١٠٠ قرش	دمشق

العربيّة السعوديّة	المملكة العربيّة السعودية	١,٦٠٠,٠٠٠	٨,٣٧٠,٠٠٠	١ ريال = ٢٠ قرشا	الرياض
العراق	الجمهوريّة العراقيّة	٤٤٤,٤٤٢	١٣,٠٨٠,٠٠٠	١ دينار = ١٠٠٠ فلس	بغداد
الكويت	دولة الكويت	١٦,٠٠٠	١,٣٥٥,٠٠٠	١ دينار = ١٠٠٠ فلس	الكويت
لبنان	الجمهوريّة اللبنانيّة	١٠,٤٠٠	٣,١٦٠,٠٠٠	١ ليرة = ١٠٠ قرش	بيروت
ليبيا	الجماهيريّة العربيّة الليبيّة الشعبيّة الاشتراكيّة	١,٧٥٩,٥٠٠	٣,٢٥٠,٤٠٠	١ جنيه = ١٠٠٠ ملّيم	طرابلس
المغرب ، مرّاكش	المملكة المغربيّة	٤٤٥,١٨٠	٢٠,٢٤٠,٠٠٠	١ درهم = ١٠٠ فرنك	الرباط
اليمن	الجمهوريّة العربيّة اليمنيّة	١٩٥,٠٠٠	٤,٥٢٦,٠٠٠	١ دينار = ١٠٠٠ فلس	صنعاء
اليمن الجنوبيّة	جمهوريّة اليمن الديمقراطيّة الشعبيّة	٢٩٠,٠٠٠	١,٩٧٠,٠٠٠	١ دينار = ١٠٠٠ فلس	عدن

T

T 1

الأسلوب الأدبيّ

مقتطف من « يوميّات نائب في الأرياف » لتوفيق الحكيم (مختصر ومبسّط)

قمت في الصباح بجرد خزينة المحكمة . فالنيابة هي الّتي من شأنها مراقبة الخزينة ، وعليها أن تقوم بهذا الجرد مرّتين على الأقلّ في كلّ شهر بطريق المفاجأة . ويظهر أنّ كلمة « المفاجأة » وضعت في التعليمات من قبيل التشويق كما توضع في إعلانات المسارح ، فهي في العمل لا وجود لها . وقد جرت العادة أن ينسى وكيل النيابة لكثرة أعماله هذا الجرد فلا يذكّره به الاّ الصرّاف المقصود مفاجأته . فهو الّذي يطلب في إلحاح حضور الوكيل « ليفاجئه » بالجرد في تمام الساعة العاشرة قبل إيداع الأموال في الخزانة . وفي أكثر الأحيان يعرض على الوكيل الدفتر الخاصّ بالخزينة مع المحضر محرّرا باسمه « نحن فلان وكيل النيابة قمنا اليوم فجأة بجرد الخزينة ، فوجدنا بها كذا أوراقا ماليّة وكذا فضّة وكذا أشياء ثمينة وكذا أمانات » . فيوقّع وهولم يتحرّك من كرسيه .

Ü

Ü 1 Hören Sie mehrmals Text 1 vom Tonband oder vorgelesen vom Lektor!

Ü 2 Lesen Sie Text 1 unter Kontrolle des Lektors!

Ü 3 (Hausaufgabe) Übersetzen Sie Text 1 schriftlich! Bemühen Sie sich bei der Übersetzung um einen der literarischen Textvorlage entsprechenden Stil!

Ü 4 Der Lektor bespricht im Kolleg die von den Studierenden vorgelegten Übersetzungen hinsichtlich sprachlicher Korrektheit und stilistischer Möglichkeiten.

Ü 5 Zum Abschluß dieses Arabisch-Kurses bereitet jeder Studierende einen Vortrag von etwa 5—10 Minuten Dauer über ein arabisches Land in arabischer Sprache vor. Die vorbereiteten Vorträge werden frei, ohne Zuhilfenahme einer schriftlichen Vorlage, im Kolleg gehalten.

Glossar

Arabisch-Deutsch

Hinweise für die Benutzung des Glossars

1. Die arabischen Wörter sind alphabetisch nach ihrer Wurzel geordnet. Innerhalb der Wurzeln stehen am Anfang die Verben; ihnen folgen sämtliche nominalen Ableitungen des Grundstamms, dann die Infinitive der abgeleiteten Stämme, schließlich die Partizipien. Diese Anordnung folgt der des »Arabischen Wörterbuches für die Schriftsprache der Gegenwart« von Hans Wehr. Sie soll den Studierenden zugleich mit dessen Benutzung vertraut machen.

2. Die Vokalisation: Die arabischen Wörter sind nicht voll vokalisiert. Bei Beachtung der folgenden Hinweise sollten jedoch mißverständliche Lesungen ausgeschlossen sein.

2.1. Nicht oder nur teilweise vokalisiert sind:

a) häufig vorkommende oder regelmäßig gebildete Wörter und Wortstrukturen. Zu ihnen gehören:

— der Artikel ال

— die gebräuchlichsten Präpositionen, Konjunktionen, Pronomen und Partikeln

— die gesunden Plurale

— die Verben der Form فَعَلَ; bei فعِل und فعُل sind *Kasra* bzw. *Ḍamma* gesetzt

— die regelmäßig gebildeten Verben in den abgeleiteten Stämmen; bei ihnen sind nur *Šadda* und *Sukūn* gesetzt

— das Nomen unitatis von Gattungskollektiven

— die Zahlen; bei ihnen ist auf die Übersicht verwiesen

b) manche Fremdwörter, deren Aussprache sich der Originalaussprache nähert und deren Lautung mit Vokalzeichen nicht sicher angegeben werden kann.

2.2. Dienen *Alif* ا , *Wāw* و oder *Yā'* ي zur Vokallängung, so entfällt die Vokalisierung des vorhergehenden Buchstabens, also z. B. بِا = *bā*, بو = *bū*, بي = *bī*. Diphthonge sind jedoch immer gekennzeichnet: اَوْ = *au*, اَيْ = *ay*.

2.3. Die Nunation steht vereinzelt nur dann, wenn bei Wortverbindungen deutlich gemacht werden soll, ob es sich um Genitivverbindung, attributive Fügung oder Apposition handelt.

2.4. Diptota werden im Auslaut durch *Ḍamma* (im G./A. *Fatḥa*) gekennzeichnet.

2.5. Bei den Wörtern mit anlautendem *Hamzat waṣl*, also vor allem den Verben und Infinitiven des VII.—X. Stammes, steht nur ein *Kasra* unter dem *Alif* (also anders als in den Vokabelverzeichnissen der einzelnen Lektionen, wo *Hamza* unter *Alif* steht).

2.6. *Hamzat qaṭʿ*, *Šadda* und *Sukūn* sind fast ausnahmslos gesetzt.

2.7. Die Präfixe مَـ *ma-*, مِـ *mi-* und مُـ *mu-* sind immer vokalisiert.

2.8. In allen anderen Fällen sind zur Kennzeichnung eines kurzen Vokals nur *Kasra* und *Ḍamma* gesetzt, nicht aber *Fatḥa*.

3. Die Angabe der Substantive:

3.1. Die arabischen Substantive werden ohne Artikel aufgeführt.

3.2. Vor der Pluralform steht ج (= جمع),
wenn das betreffende Wort n u r im Plural aufgeführt wird. Sind, wie üblich, Singular- und Pluralform eines Nomens angegeben, so steht zwischen beiden ein Schrägstrich (/).

Vor der Femininform steht م (= مؤنّث),

vor der Dualform ث (= مثنّى).

Werden 2 Plurale angegeben, so steht zwischen ihnen و .

م in Rundklammern (م) h i n t e r der S i n g u l a r f o r m kennzeichnet das feminine Genus eines Substantivs maskuliner Form.

3.3. Bei Gattungskollektiva steht das Nomen unitatis ohne Pluralangabe unter dem Zusatz الواحدة in runden Klammern nach.

3.4. Auf vornehmliche Verwendung im syrischen oder ägyptischen Sprachraum wird durch *syr* und *äg* hingewiesen.

3.5. Manche europäischen und arabischen Eigennamen (wie Müller, Klaus, Oberhof, ʿAdnān u. a.) wurden nicht aufgenommen.

4. Die Angabe der Verben:

4.1. Die arabischen Verben werden in der Perfektform angegeben. Beim Grundstamm folgt in runden Klammern die Imperfektform und der Infinitiv, dieser entsprechend der arabischen Zitierweise im Akkusativ. Werden zwei Infinitive angegeben, so steht zwischen ihnen و. Bei den regelmäßig flektierten abgeleiteten Stämmen ist auf diese zusätzlichen Angaben verzichtet worden. Es erfolgt nur durch die römischen Ziffern II–X die Kennzeichnung des jeweiligen Stammes.

4.2. Dem arabischen Verb sind Rektionsangaben beigefügt, wobei mehrere gleichberechtigte oder wahlweise zu benutzende Pronomen oder Präpositionen durch Schrägstrich getrennt werden: ه für den Akkusativ der Person, ﻫ für den Akkusativ der Sache, die Präpositionen ب , في , على , عن u. a. Gehören sie nicht direkt zur Rektion des Verbs, so stehen sie in runden Klammern.

5. Rektionsangaben zum deutschen Äquivalent, erläuternde Zusätze usw. stehen in runden Klammern.

أ

(Fragepartikel) أ

August *syr* آبُ

je أبداً

nie (لا ، لم ، لن) . . . أبداً

April *äg* أبْريلُ

s. بن إبْن

Vater أب / آباء

(im Status constructus أبو)

kommen أتى (يأْتي ، إتْياناً)

Einrichtung, Ausstattung أثاث

Altertümer, (Bau-) Denkmäler ج آثار

historisch, antik أثـريّ

nach, infolge, im Gefolge على إثْر

Gebühr, Mietgeld أُجْرة / أُجور

Postgebühr, Porto أُجْرة البريد

Lohn أُجْرة ، أَجْر / أُجور

gebrannter Ziegel, Backstein (coll) آجُرّ

sich verzögern V تأجّل

für, um ... willen من أجْلِ

einer, eine; ↑ auch Zahlen أحد م إحْدَى

Sonntag يَوْم الأحد

11 ↑ Zahlen أحد عشر — ١١

nehmen; أخذ (يأْخُذ ، أخْذاً) ه

(+ Imperfektform) anfangen, beginnen (etw. zu tun)

nimm ! خُذْ

sich verspäten V تأخّر

letzt(er, -e, -es); Ende, Schluß آخِرُ / أَوَاخِرُ

آخَرُ م أُخْرَى / آخرون م أُخْرَيَات

ander(er, -e, -es) weiter(er, -e, -es)

letzt(er, -e, -es) أخير

endlich, schließlich أخيراً

Ende, Endteil مُؤخّرة

spät, verspätet (Adverb) مُتأخِّراً

Bruder أخ / إخْوَة

(im Status constructus أَخُو)

Schwester أُخْت / أَخَوات

literarisch أدبيّ

da, weil, indem إذْ

wenn إذا

März *syr* آذارُ

Ohr أُذُن (م) / آذان

Minarett مَأْذَنة / مَآذِنُ

Datum; Geschichte تاريخ / تَوَارِيخُ

الأُرْدُنّ، رسْميّاً: المَمْلكة الأُرْدُنّيّة الهاشميّة

Jordanien, amtl.: Haschimitisches Königreich Jordanien

(Fuß-) Boden, Erde أرْض (م)

Grundlage, Fundament أساس / أساسات و أُسُس

Israel إسْرائيلُ (م)

israelisch; Israeli إسْرائيليّ / إسرائيليّون

s. سم اسم

Asien آسيَا

Kleinasien آسيَا الصُغْرَى

asiatisch; Asiat آسْيَويّ / آسْيويّون

assyrisch أشوريّ

Herkunft أصْل / أُصول

Reifen إطار / إطارات

s. أعاد IV (< عاد) أعِدْ

August äg أغُسْطُس

Afrika إفْريقيَا

Horizont أُفُق / آفاق

Oktober äg أُكْتوبرُ

versichern, bekräftigen II أكّد ه

(ganz) bestimmt بالتأْكيد

essen أكل (يأْكُل ، أكْلاً) ه

Gerichte, Speisen ج مَأْكولات

s. أنْلا ألّا

außer إلّا

nur; erst (لا ، لم ، لن) . . . إلّا

(satzeinleitend) jedoch, allerdings, indessen, freilich, allein إلّا أنّ

الّذي م الّتي / الّذين م اللّاتي واللّواتي ث اللّذان م اللّتان
der(jenige), welcher (Relativpronomen)

bestehen (aus) V تألّف (من)

koalieren VIII ائْتلف

1000 ↑ Zahlen أَلْف / آلاف = ١,٠٠٠

üblich مَأْلوف

Deutschland أَلْمانيَا

Deutsche Demokratische Republik (arab. Kurzbezeichnung) أَلْمانيَا الديمُقْراطيّة

deutsch; Deutscher أَلْمانيّ / أَلْمان

Gott, Gottheit إلٰه / آلِهة

Gott, Allah أللهُ

nach, zu, bis إلَى

oder (in der Doppelfrage) أمْ

Mutter أُمّ (م) / أُمّهات

Nation أُمّة / أُمَم

vor (räumlich) أَمامَ

was . . . anbelangt, so . . . أمّا . . . فـ . . .

befehlen (jmdm. etw.) أمر (يأْمُرُ ، أمْراً) ه ب

Formular إسْتمارة / إستمارات

Konferenz مؤتَمَر / مؤتمرات

أمْريكيّ / أمْريكيّون وأمْريكان
amerikanisch; Amerikaner

gestern أمْسِ

vorgestern أمْسِ الأَوّلَ

gestern abend أمْسِ مَساءً

hoffen	أمل (يأمُل ، أملاً) ه / أنْ
Sekretär	أمين / أُمَناء
Depositen	ج أمانات
daß	أنْ
daß nicht	أنْ لا ، ألّا
wenn, falls	إنْ
auch wenn	وإنْ
daß	أنّ
als ob	(و) كأنّ
weil	لأنّ
obwohl	مع أنّ
(satzeinleitende Partikel)	إنّ
vielmehr	(و) إنّما
nicht nur . . ., sondern auch	لا . . . فَحَسْبُ وإنّما . . . (أيْضاً)
ich	أنا
du (m.)	أنْتَ
du (f.)	أنْتِ
ihr (2. P. Pl. m.)	أنْتُمْ
ihr beide (2. P. Dual)	أنْتُما
ihr (2. P. Pl. f.)	أنْتُنّ
Mensch	إنْسان
Menschen, Leute (coll)	ناس
Fräulein	آنسة / آنسات
Nase	أنْف / أُنوف
Influenza, Grippe	إنفلوينزا

England	إنْكلترّا
englisch; Engländer	إنكليزيّ / إنكليز
Gefäß	إناء / أوَانٍ
(Interjektion)	آه
Grußformel: Herzlich willkommen!	أهْلاً وسهْلاً
oder	أوْ
Ur	أور (م)
Europa	أُورُبّا ، أوْرُبّا
europäisch; Europäer	أوربيّ / أوربيّون
erst(er, -e, -es); Anfang, Beginn (↑ auch Zahlen)	أوّل م أُولَى / أوائلُ
erstens; zuerst	أوّلاً
grundlegend, Grund-	أوّليّ
jetzt	الآنَ
d. h.	أيْ
welch (Fragepronomen), irgendwelch, irgendein (Indefinitpronomen), (mit Negation) keinerlei	أيّ م أيّة
(+ Personalsuffix = Akkusativpartikel)	إيّا
unterstützen, befürworten	II أيّد ه/ه
Unterstützung, Befürwortung	تأييد
Mai	*syr* أيّار
Iran	إيرانُ (م)

أَيْضاً	auch
أَيْلولُ *syr*	September
أَيْنَ	wo
إلى أينَ	wohin
مِن أينَ	woher

ب

بِ	mit, mittels; für (bei der Preisangabe); in
بابلُ (م)	Babylon
بابليّ	babylonisch
بِئْر (م) / آبار	Brunnen
بتْرول	Erdöl
بحث (يبْحَث ، بحْثاً) ه	erörtern; untersuchen
بحْر / بحار	Meer
بحْرُ الأَدْرياتيك	Adriatisches Meer, Adria
البحْرُ الأبيضُ المُتوسِّط	Mittelmeer
بحْريّة	Marine
بحّار / بَحّارة	Seemann
بُحَيْرة / بحيرات	See (m.)
باخِرة / بَوَاخِرُ	Dampfer, (Dampf-) Schiff
بُدّ	s. لا بدّ

بدأ (يبْدَأ ، بدْأً) (ه ، ب)
beginnen, anfangen (trans. und intr.); (+ Imperfektform) beginnen (etw. zu tun)

VIII ابْتدأ	beginnen, anfangen (intr.)
بداية	Anfang, Beginn
إبْتداءً من	von ... an
بدل (يبْدُل) ه	ersetzen, austauschen
III بادل ه ه	austauschen (mit jmdm. etw.)
VI تبادل ه	(aus)tauschen
بدلاً من	anstatt, anstelle
بدْلة / بدلات	Anzug
بدا (يبْدو) (وَكَأَنَّ)	(so) aussehen, scheinen (als ob)
IV أبْدى ه	äußern, zum Ausdruck bringen (eine Meinung o. ä.)
V تبدّى	sich zeigen, sich erweisen
بُرْتُقال (الواحدة برتقالة)	Orange(n) (coll)
بُرْج / أبْراج	Turm
برْد	Kälte
برّادة / برّادات	Kühlschrank
بارِد	kalt
بريد	Post
بريد خارجيّ	Auslandspost
بريد داخِليّ	Inlandspost
بَرَدَى	Barada (Fluß, an dem Damaskus liegt)

بارِز	hervorragend
IV أبْرق هـ	telegraphieren, telegraphisch weitergeben
برْقيّة / برْقيّات	Telegramm
برلين (م)	Berlin
برْميل / براميلُ	Faß, Tonne, Barrel
برْنامج / برامِجُ	Programm
بُرْهان / براهينُ (على)	Beweis (für)
بروفة / بروفات	Probe (ital. prova)
بروكار	Brokat
مُباراة / مباريَات	Wettkampf, (Wett-) Spiel
مباراة وِدِّيّة	Freundschaftsspiel
بريطانيَا العُظْمَى	Großbritannien
بُسْتان / بَساتينُ	(Obst-) Garten
بسيط / بُسطاء	einfach
مُبسَّط	vereinfacht
مُنْبسِط	flach
VIII ابْتسم	lächeln
بِضاعة / بَضائعُ	Ware
بطّ (الواحدة بطّة)	Ente(n) (coll)
بُطْء	Langsamkeit
بِبُطْء	langsam (Adverb)
بطيء	langsam
أبْطأُ	Elativ zu بطيء
بِطاقة / بطاقات	Karte
بِطاقة مُصَوَّرة	Ansichtskarte
بُطولة	Meisterschaft
بُطولةُ العالَم	Weltmeisterschaft
بعث (يبْعَث ، بعْثاً) (له / إليه) ب / ه	schicken, senden (jmdm. etw.)
بَعْدُ	alsdann, weiterhin
فيما بعدُ	nachher, später
بَعْدَ	nach (temporale Präposition)
بعد ذلك	danach
بَعْدَ أنْ	nachdem (Konjunktion)
بعيد	entfernt
أبْعدُ	Elativ zu بعيد
إلى أبْعدِ حدّ	weitestgehend
بعْض	einige
بغْدادُ (م)	Bagdad
VII انْبغَى (على)	sollen
بقِيَ (يبْقَى ، بقاء)	bleiben; weiterhin tun
V تبقّى	übrigbleiben
بقيّة / بقايا	Rest, Überrest
مُبكِّراً	früh, zeitig (Adverb)
بلْ	sondern, vielmehr
لا . . . فقطْ بل	nicht nur . . ., sondern (auch)
بلد / بِلاد و بُلْدان	Land

ج البُلْدان النامِيَة — die Entwicklungsländer

بلغ (يبْلُغ ، بُلوغاً) ه — betragen, erreichen

مَبْلَغ / مبالِغُ — Betrag, Summe

V تبنّى ه — als Sohn (إبن) annehmen, adoptieren

إبن / أبْناء — Sohn

بِنْت / بَنات — Tochter, Mädchen

بَنْزين — Benzin

بنى (يبْني ، بِناء) ه — bauen

بِناء / أبْنِيَة — Aufbau; Bau, Gebäude

بِناءً على — auf Grund von, entsprechend

بنّاء — konstruktiv

مَبْنًى / مَبانٍ — Gebäude

باب / أبْوابٌ — Tür, Tor

بَوّاب / بوّابون — Pförtner

بَيْت / بُيوت — Haus

بيتُ طلبة — Studentenheim

بَيْدَ أنّ — (satzeinleitend) jedoch, allerdings, indessen, freilich, allein

بيرة — Bier

بَيْروتُ (م) — Beirut

IX ابْيَضَّ — weiß sein oder werden

بَيَاض — Weiß, Weiße

أبْيَضُ م بَيْضاءُ — weiß

ج البِيض — die Weißen

باع (يبيع ، بَيْعاً) ه — verkaufen

بَيْع — Verkauf

بائِع / بائعون وباعة — Verkäufer

ج مبِيعات — Umsatz

II بيّن ه — klar machen, deutlich machen, zeigen

بَيْنَ — zwischen

بَيْنَما — während (Konjunktion)

بَيَان / بيانات — Kommuniqué; Angabe(n)

ت

تاريخ — s. أرخ

تاكسي ، سيّارةُ تاكسي / سيّارات تاكسي — Taxi

تبِع (يتْبَع ، تبعاً) ه / ه — gehören (zu), unterstehen

III تابع ه — fortsetzen

مُتابَعَة — Infinitiv von تابع

تَبْغ / تُبوغ — Tabak

تجارة — Handel

تجارةُ ترانسيت — Transithandel

تجاريّ — kommerziell, Handels-

تاجِر / تُجّار — Kaufmann, Händler

تحْتُ — unten

unter	تَحْتَ
Kostbarkeit	تُحْفة / تُحَف
Museum	مَتْحَف / مَتاحِف
übersetzen (in eine Fremdsprache)	تَرْجَم هـ (إلى)
Übersetzer, Dolmetscher	مُتَرْجِم / مترجمون
lassen, verlassen	ترك (يتْرُك ، ترْكاً) ه / ه
türkisch; Türke	تُرْكيّ / أَتْراك
9 ↑ Zahlen	تسعة = ٩
19 ↑ Zahlen	تسعة عشر = ١٩
90 ↑ Zahlen	تسعون = ٩٠
9. ↑ Zahlen	تاسع
neuntens ↑ Zahlen	تاسعا
Oktober	تشْرينُ الأَوَّلُ *syr*
November	تشْرينُ الثاني *syr*
Tschechoslowakei	تشيكوسلوفاكيا
Mühe, Anstrengung; Müdigkeit	تعب / أتْعاب
müde, ermüdet	تعْبانُ
Apfel (coll)	تُفّاح (الواحدة تفّاحة)
technisch	تكنيكيّ
Fernsehen	تِلِفِزيون
telephonieren	تلْفن (يُتَلْفِن)
Schüler	تِلْميذ / تَلاميذُ
folgend	تالٍ
telephonisch, Telephon-	تليفونيّ
sich vollziehen, vollzogen werden, vollbracht werden, stattfinden, geschehen; + Infinitiv = Passivumschreibung	تمّ (يتِمّ)
genau (um . . . Uhr)	(في) تمام (الساعة . . .)
Juli	تمّوزُ *syr*
Tunis (Hauptstadt von Tunesien)	تونِسُ (م)
Tunesien, amtl.: Republik Tunesien	تونِسُ ، رسْميًّا : الجُمْهوريّة التونسيّة
Feige(n) (coll)	تين (الواحدة تينة)

ث

bestätigen, nachweisen	IV أثْبت ه
Nachweis	إثْبات
Reichtum	ثرْوة / ثرَوات
Bodenschätze, Naturreichtümer	ج ثَرَوات طبيعيّة
s. وثق	ثقة
Kultur	ثقافة
kulturell	ثقافيّ
3 ↑ Zahlen	ثلاثة = ٣
13 ↑ Zahlen	ثلاثة عشر = ١٣
30 ↑ Zahlen	ثلاثون = ٣٠
3. ↑ Zahlen	ثالث
drittens ↑ Zahlen	ثالثا
Drittel ↑ Zahlen	ثلث

Dienstag	يَوْم الثُلاثاء
Schnee	ثَلْج / ثُلوج
dann, darauf	ثُمَّ
ausbeuten; investieren	X اسْتَثْمر ه
8 ↑ Zahlen	ثمانية = ٨
18 ↑ Zahlen	ثمانية عشر = ١٨
80 ↑ Zahlen	ثمانون = ٨٠
8. ↑ Zahlen	ثامن
achtens ↑ Zahlen	ثامنا
während	أثْناءَ
2 ↑ Zahlen	اثنان م اثنتان = ٢
12 ↑ Zahlen	اثنا عشر = ١٢
2. ↑ Zahlen	ثان (الثاني) م ثانية
zweitens ↑ Zahlen	ثانيا
noch einmal, ein zweites Mal, wieder	ثانِيَةً
Montag	يَوْم الاثْنَيْن
hervorrufen, erregen	IV أثار ه
anregen, reizen, veranlassen	أثار ه

ج

Berg	جبل / جِبال
sehr	جِدًّا
neu	جديد / جُدُد
Elativ zu جديد	أجدُّ
(+ Genitiv) wert (einer Sache)	جدير (ب)
erwähnenswert	جديرٌ بِالذِّكْر
Wand	جِدار / جُدْران
Anziehungskraft	جاذِبِيّة
probieren, erproben	II جرّب ه
Inventur, Revision	جرْد
Zeitung	جريدة / جرائدُ
(ver)laufen, stattfinden, sich ereignen, vonstatten gehen, geschehen; + Infinitiv = Passivumschreibung	جرى (يجْري ، جرَياناً)
es war gewöhnlich so, daß . . ., es hatte sich eingebürgert, daß . . .	جرت العادةُ أنْ
durchführen; führen (Gespräch, Verhandlungen)	IV أجْرى ه
Durchführung	إجْراء
Teil (von)	جُزْء / أجْزاء (من)
Insel	جزيرة / جزائرُ وجُزُر
Arabien	الجزيرة العربيّة
Algier (Hauptstadt von Algerien)	الجزائر
Algerien, amtl.: Demokratische Volksrepublik Algerien	الجزائر، رسْميًّا : جُمْهوريّة الجزائر الديمُقراطيّة الشعْبيّة
algerisch; Algerier	جزائريّ / جزائريّون
reichlich	جزيل
vielen Dank!	شُكْراً جزيلاً
Zeitschrift	مَجلّة / مجلّات

Illustrierte	مجلّة مُصَوَّرة
bringen, holen	جلب (يجْلِب ، جلْباً) ه
ledern, Leder-	جِلْديّ
sich setzen, sitzen	جلس (يجْلِس ، جُلوساً)
Rat	مَجْلِس / مجالِسُ
Nationalversammlung, Parlament	مَجْلِس الأُمّة
Erholung	اِسْتِجْمام
Erholungsheim, Ferienheim	دارُ استجمام / دور
Zoll	جُمْرُك / جَمارِكُ
Zoll-	جُمْرُكيّ
sammeln	جمع (يجْمَع ، جمْعاً) ه
übereinstimmen	IV أجْمع
zusammenkommen, sich treffen	VIII اِجْتمع
Freitag	يَوْم الجُمْعة
Gesellschaft, Verein, Körperschaft	جمْعيّة / جمْعيّات
alle	جميع
allesamt, insgesamt	جميعاً
Zusammenkunft	اِجْتِماع / اجْتماعات
Soziales	ج اِجْتِماعيّات
Moschee	جامِع / جَوامِعُ

Omayadenmoschee	الجامِع الأُمَويّ
Universität	جامعة / جامعات
Liga der arabischen Staaten (kurz الجامعة العربيّة Arabische Liga)	جامِعةُ الدُوَلِ العربيّة
Karl-Marx-Universität	جامِعةُ كارل ماركس
Humboldt-Universität	جامِعةُ هومبولدت
Summe	مَجْموع
Gesamtsumme	مجموع كُلّيّ
Gesellschaft	مُجْتَمَع
Schönheit	جمال
schön	جميل / جميلون
Elativ zu جميل	أجْمَلُ
Satz (Gramm)	جُمْلة / جُمَل
vgl. L 17, G. 2.!	جملة ذات وَجْهَيْن
(Menschen-) Menge	جُمْهور / جَماهير
die Massen	ج الجماهير
Republik	جُمْهوريّة / جمهوريّات
Deutsche Demokratische Republik	جُمْهوريّة ألْمانيا الديمُقراطيّة ، الجُمْهوريّة الديمُقْراطيّة الألْمانيّة
Vereinigte Arabische Republik	الجُمْهوريّة العربيّة المُتَّحِدة
Arabische Republik Ägypten	جُمْهوريّة مِصْر العربيّة

جنوب — Süden

جانِب / جَوَانِبُ — Seite

إلى جانب — neben

أَجْنبيّ / أجانِبُ — ausländisch; Ausländer

جناح / أَجْنِحة — Flügel (auch Gebäude); (Ausstellungs-) Pavillon

جِنْس / أَجْناس — Geschlecht

جُنَيْه / جنيهات — Pfund (gesprochen *ginēh*, Währungseinheit)

اِجْتِهاد — Fleiß

مُجْتَهِد / مجتهدون — fleißig

جِهاز / أَجْهِزة — Gerät

جِهازُ تَسْجيل — Tonbandgerät

جِهاز تِلِفِزيون / أَجْهِزة — Fernsehgerät

جِهاز راديو — Rundfunkgerät

جاهِز — fertig

جَوّ / أَجْواء — Luft, Luftraum

IV أجاب ه / على سُؤَالِه — antworten (jmdm., auf jmds. Frage)

إجابة — Beantwortung

جوخ / أَجْواخ — Tuch (Wollstoff)

جاد (يجود ، جودةً) — gut sein

جَيِّد — gut

أَجْوَدُ — Elativ zu جيّد

III جاور ه — benachbart sein, angrenzen

جاز (يجوز ، جَوَازاً) — erlaubt sein

VI تجاوز ه — überschreiten, übersteigen

VIII اِجْتاز ه — durchdringen, überschreiten, passieren

جَوَازُ سفر / جوازات — Reisepaß

جَوْلة / جولات — Rundfahrt, -reise

مَجال / مجالات — Bereich, Gebiet (übertr.)

جاء (يجيء ، مَجيئاً) — kommen; heißen, stehen (in einer Meldung o. ä.)

جَيْش / جُيوش — Heer, Armee

جيولوجيّ — geologisch

ح

IV أحبّ ه / ه — lieben, mögen

ج حُبوب — Getreide

حتّى — bis; so daß; sogar

حتّى ولَوْ — selbst wenn

II حجّر ه — zu Stein werden lassen, in Stein verwandeln

V تحجّر — zu Stein werden, versteinern

حجر / أَحْجار — Stein

حجر الأساس — Grundstein

حجز (يحْجُز ، حجْزاً) ه — sich etw. reservieren lassen, bestellen (Karte, Platz, Zimmer)

حدّ (يحُدّ ، حدًّا) ه — begrenzen

حدّ / حُدود Grenze

ج حُدود Landesgrenze

الحدّ الأدْنَى Minimum

الحدّ الأقْصَى Maximum

إلى أبْعد حدّ weitestgehend

إلى أقْصَى حدّ äußerst, im höchsten Grade

حتّى أقْصَى حدّ bis zur äußersten Grenze

مَحْدود begrenzt, beschränkt

مُحدّد festgesetzt, festgelegt

حدث (يحْدُث ، حُدوثاً) geschehen, vorfallen, sich ereignen

II حدّث ه (عن) sprechen (mit jmdm. über)

V تحدّث (سعه عن / حول) sprechen (mit jmdm. über)

حُدوث Infinitiv von حدث

حديث / أحاديث Gespräch

حديث modern, neu

أحْدث Elativ zu حديث

مُحادَثة / محادثات Gespräch, Unterredung

مُتحدِّث / متحدّثون Sprecher

VII انْحدر sich senken, abschüssig sein (Gelände)

انْحدار Infinitiv von انحدر

حِذاء / أَحْذِيَة Schuh

II حرّر ه befreien; ausfertigen, ausschreiben

حُرّيّة / حرّيّات Freiheit

ج الحُرّيّات العامّة die Grundrechte

حرارة Wärme

تحْرير Befreiung

حارّ heiß

مُحَرَّر Passivpartizip von حرّر

حرْب (م) / حُروب Krieg

الحرْب العالَميّة الأُولَى der 1. Weltkrieg

الحرْب العالَميّة الثانِيَة der 2. Weltkrieg

IV أحْرز ه erringen, erzielen

حرْف / حُروف و أَحْرُف Buchstabe

ج الحروف الشمْسيّة die „Sonnen“-buchstaben

ج الحروف القمريّة die „Mond“buchstaben

V تحرّك sich bewegen

اِحْتِرام Hochachtung

حِزْب / أحْزاب Partei

الحزب الاِشْتِراكيّ الألْمانيّ المُوَحَّد Sozialistische Einheitspartei Deutschlands

حَزِيرانُ ، حُزَيْرانُ *syr* Juni

حَسَبَ gemäß, entsprechend, nach

حسب المَوْعِد verabredungsgemäß, pünktlich

لا ... فَحَسْبُ وإنَّما ... (أيْضاً)
nicht nur ..., sondern auch

X اِسْتَحْسَنَ ه — billigen

حسن — Ḥasan

حسن — gut, schön

حسناً — gut!

أحْسَن — Elativ zu حسن

حِصّة / حِصَص — Anteil

حصل (يَحْصُل ، حُصولًا) على — erlangen

حضر (يَحْضُر ، حُضوراً) ه — anwesend sein (bei), beiwohnen; sich einstellen, erscheinen (إلى)

IV أحْضر (له) ه — bringen (jmdm. etw.)

حَضْرَتُكَ — höfliche Anrede, etwa: Sie

حُضور — Anwesenheit, Erscheinen

حضاريّ — Kultur-

مَحْضَر / مَحاضِر — Protokoll

مُحاضَرة / محاضرات — Vortrag

مَحطّة / محطّات — Bahnhof, Station

مَحطّة بَنْزين — Tankstelle

حظْر — Verbot; Embargo

مُحافَظة / محافظات — Bezirk (Verwaltungseinheit)

حفْلة / حفلات — Veranstaltung, Fest, Feier

حفلة اسْتِقْبال — Empfang (festliche Einladung)

حفْلة عشاء — (festliches) Abendessen

II حقّق ه — verwirklichen, realisieren

حقّ / حُقوق — Recht

حقيقة / حقائق — Wahrheit, Wirklichkeit, Tatsache

في الحقيقة — wirklich, tatsächlich, in der Tat

حقيبة / حقائب — Koffer

حكم / حُكّام — Schiedsrichter

حُكومة / حكومات — Regierung

حُكوميّ — Regierungs-, staatlich

مَحْكَمة / مَحاكِم — Gericht

حكى (يحْكي ، حِكايةً) (له) هـ (عن)
erzählen (jmdm. etw. von, über)

VIII اِحْتلّ ه — einnehmen (Haltung, Stellung)

مَحلّ / محلّات — Laden, Geschäft

محلّي — einheimisch

حلَب (م) — Aleppo

II حلّق (في) — überfliegen

حُلْو — süß

حمّام / حمّامات — Bad

حماه (م) — Hama

الحمْدُ لِله — Antwort auf die Frage nach dem Befinden (wörtl.: Lob sei Gott, Preis sei Gott!)

الحمْدُ لِلّه على السلامة	Ausruf nach glücklich überstandener Reise (wörtl.: Preis sei Gott für die Unversehrtheit!)
أحْمدُ	Aḥmad
مُحمّد	Muḥammad
IX احْمرّ	rot sein oder werden
حُمْرة	Rot, Röte
أحْمرُ م حمْراءُ	rot
حِمْص (م)	Homs
أحْمق م حمْقاءُ / حُمْق	dumm
حمل (يحْمِل ، حمْلاً) ه	tragen, bringen
VIII يُحتمَل	(arab. Passivform) möglich oder wahrscheinlich sein
حمْلة / حملات	Angriff, Feldzug
حمْلة انْتخابيّة	Wahlfeldzug
حمّال / حمّالون	(Last-) Träger
مِن المُحْتمَل	es ist wahrscheinlich, es ist möglich, man nimmt an
VIII احْتاج إلى	brauchen, benötigen, bedürfen
حاجة / حاجات	Erfordernis, Bedürfnis
لا حاجةَ لِ	es ist nicht erforderlich
احْتِياج	Bedürfnis
حاز (يحوز ، حوْزاً وحِيازةً) ه	erhalten, erlangen
IV أحاط ب	umgeben
احْتِياطيّ / احتياطيّات	Reserve
III حاول ه / أنْ	versuchen
حال / أحْوال	Zustand, Lage; Fall
على كُلّ حال	auf jeden Fall, jedenfalls
كما هو الحال	wie es der Fall ist
حالاً	gleich, unverzüglich
حالة / حالات	Zustand; Fall
في كُلّ من الحالتيْن	in jedem der beiden Fälle
حوْلَ	um - herum; über
حوالَيْ	ungefähr, etwa, ca.
مُحاولة / محاولات	Versuch
حيّ / أحْياء	Stadtteil, -viertel
حيّ سكنيّ	Wohnviertel
حياة	Leben
تحِيّة / تحِيّات	Gruß
حيْثُ	wo (Konjunktion)
حين / أحْيان	Zeit(punkt)
حينَ	als, sobald, während (Konjunktion); während (Präposition)
في حينِ	während (kontrastsatzeinleitend)
أحْياناً	manchmal
في أغْلبِ الأحْيان	meistens
حينَما	sobald

خ

anrufen	III خابر ه (بالتليفون)
Nachricht, Meldung	خبر / أخْبار
Erfahrung	خبْرة / خبرات
Sachverständiger, Experte	خبير / خُبراء
Mitteilung, Benachrichtigung	مُخابَرة / مخابرات
Telephongespräch	مخابرة تليفونيّة
Brot	خُبْز
beenden	VIII اخْتتم ه
Ring (Schmuckstück)	خاتِم / خَوَاتِم
bedienen	خدم (يخْدُم ، خدْمةً) ه
bediene dich selbst!	أُخْدُمْ نفْسَك بنفْسِك
verwenden, gebrauchen, benutzen	X اسْتخْدِم ه
Diener, Dienstbote, Angestellter	خادِم / خَدَم
s. أخذ	خُذْ
(heraus)kommen, (hinaus)gehen (aus)	خرج (يخْرُج ، خُروجاً) (من)
absolvieren	V تخرّج (من)
herausholen, fördern	X اسْتخْرِج ه
Ausland	الخارِج
äußer(er, -e, -es), außen befindlich	خارِجيّ
Äußeres, äußere Angelegenheiten	خارِجيّة
Außenminister	وزيرُ الخارجيّة
Außenministerium	وِزارةُ الخارجيّة
Förderung	اسْتِخْراج
(Register-) Auszug	مُسْتَخْرَج / مستخرجات
stumm	أخْرسُ م خرْساءُ / خُرْس
Karte, Plan	خارِطة / خَوَارِطُ
Khartoum (Hauptstadt des Sudan)	الخرْطوم (م)
Herbst	خريف
Keramik(waren)	ج خزفيّات
Schrank; Safe, Tresor	خِزانة / خزانات و خزائنُ
Kasse	خزينة / خزائنُ
(Benzin-) Tank	خزّان / خزّانات
Laden, Geschäft	مَخْزن / مخازِنُ
angehen, betreffen	خصّ (يخُصّ) ه / ه
s. وجه	خصوص
Befugnis, Kompetenz	اخْتِصاص / اختصاصات
besonder(er, -e, -es); privat	خاصّ
zu übersetzen mit: für	خاصّ ب
besonders (Adverb)	(و) بِصورةٍ خاصّة

خصِب	fruchtbar
خُصوبة	Fruchtbarkeit
مُختَصَر	gekürzt
خصْم / خُصوم	Gegner
أخْضرُ م خضْراءُ	grün
ج خُضْرَوَات	Gemüse
خضع (يخْضَع ، خُضوعاً) ل	unterliegen, unterworfen sein
تخْطيط	Planung
خُطْوة / خُطُوَات ، خَطْوة / خَطَوات	Schritt
خفيف	leicht
أخفّ	Elativ zu خفيف
VII انْخفض	sich verringern
مُنْخَفِض	niedrig
VIII اخْتَفى	verschwinden
خلالَ	während
مِن خِلال	durch
خليج / خُلْجان	Golf
الخليج العربيّ	Arabischer od. Persischer Golf
خالِص	lauter, rein, aufrichtig
مع خالِص التقْدير	mit aufrichtiger Wertschätzung
أخْلص	Elativ zu خالص
خلع (يخْلَع ، خلْعاً) ه	ausziehen, ablegen (Kleidungsstück)
مُخْتلِف	verschieden, unterschiedlich
مُخْتلِف الأنْواع	verschiedenartig
خلق (يخْلُق ، خلْقًا) ه	(er)schaffen
خمسة = ٥	5 ↑ Zahlen
خمسة عشر = ١٥	15 ↑ Zahlen
خمسون = ٥٠	50 ↑ Zahlen
خامس	5. ↑ Zahlen
خامسا	fünftens ↑ Zahlen
خمس	Fünftel ↑ Zahlen
يَوْم الخميس	Donnerstag
خَوْخ (الواحدة خوخة)	*äg* Pfirsich(e), *syr* Pflaume(n) (coll)
خاف (يخاف ، خَوْفاً) من	fürchten (etw. od. jmdn.), sich fürchten (vor)
خَوْف	Furcht
VIII اخْتار ه	wählen, auswählen
خَيْر	gut; besser, best; Wohl
لَيْس بِخَيْر	sich nicht wohl fühlen
خاط (يخيط ، خِيَاطةً) ه	nähen
خِياطة	Infinitiv von خاط ; auch: Machart
خَيَّاط / خيّاطون	Schneider

د

II دبّر ه	besorgen
دِبْلوماسيّ / دبلوماسيّون	diplomatisch; Diplomat
دجاج	Huhn, Hühner (coll)

دجْلة Tigris

دخل (يدْخُل ، دُخولاً) ه hinein-gehen, betreten

دخْل Einkommen

دخل قَوْميّ Nationaleinkommen

دُخول Eintritt, Betreten, Einreise

إدْخال Hineinbringen, Einfuhr

داخِليّ inner(er, -e, -es), innen befindlich

داخليّة Inneres, innere Angelegenheiten

II دخّن ه rauchen

تدْخين (das) Rauchen

دُرّاق (الواحدة درّاقة) *syr* Pfirsich(e) (coll)

درجة / درجات Stufe, Klasse

درّاجة / درّاجات Fahrrad

درس (يدْرُس ، درْساً ودِراسةً) ه studieren

درْس / دُروس Lektion, Unterricht(sstunde)

دِراسة / دراسات Studium

مَدْرسة / مَدارِس Schule

مَدْرسيّ Schul-

كِتاب مدْرسيّ / كُتُب Schulbuch, Lehrbuch

IV أدْرك ه begreifen, erkennen

دِرْهَم / دَراهِم Dirham (Währungsbezeichnung)

دريسدن (م) Dresden

دُسْتور / دَساتير Verfassung

دُسْتوريّ konstitutionell, Verfassungs-

دعا (يدْعو ، دُعاءً) ه (إلى) einladen (jmdn. zu); nennen, rufen (ه ه jmdn. mit einem Namen)

دعْوة / دعَوات Einladung

دفْتر / دفاتِر Heft; Buch, Register

الدفْتر الخاصّ بالخزينة Kassenbuch

دفع (يدْفَع ، دفْعاً) (له) ه bezahlen (jmdm. etw.)

دِفاع Verteidigung

دقّة Genauigkeit, Präzision

بدقّة genau, exakt, präzis (Adverb)

دَقيق genau, exakt, präzis

دقيقة / دقائِق Minute

دُكْتور / دَكاترة Dr.

دلّ (يدُلّ ، دلالةً) ه على führen, leiten (jmdn. zu), zeigen (jmdm. etw.)

دليل / أدلّة Führer (Buch)

دِمَشْق (م) Damaskus

أدْنَى م دُنْيا / أدانٍ م دُنًى nah, nähere

الشرْق الأدْنَى der Nahe Osten

الحدّ الأدْنى Minimum

IV أدْهش ه in Erstaunen versetzen

دهن (يدْهُن ، دهْناً) ه (an)streichen

دار (م) / دُور Haus, Heim
الدار البَيْضاء Casablanca
دار اسْتِجْمام Erholungsheim, Ferienheim
دَوْر / أدْوار Rolle
إدارة Leitung, Führung
دائرة / دَوَائر Kreis; Amt, Behörde
دائرةُ بريد Postamt
دائريّ kreis-, ringförmig
مُدير / مُدراء ومديرون Direktor
مُديريّة عامّة Generaldirektion
دَوْلة / دُوَل Staat
ج الدُوَلُ الأعْضاء die Mitgliedsstaaten
ج الدُوَل الكُبْرَى die Großmächte
دَوْليّ ، دُوَليّ international
مُتداوَل in Umlauf befindlich
دولار / دولارات Dollar
دام (يدوم ، دَوَاماً) dauern
ما دامَ solange
دائماً immer, ständig
دونَ unter; ohne
بدون ohne
دَوَاء / أدْوِيَة Arzneimittel
ديسمْبِرُ *äg* Dezember

ديمُقْراطيّ demokratisch
ديمُقْراطيّة Demokratie
دين / أدْيان Religion
دينار / دنانيرُ Dinar

ذ

ذِراع (م) / أَذْرُع Arm; Elle (Maßeinheit)
ذكر (يذْكُر ، ذِكْراً) ه erwähnen, nennen
II ذكّر ه (ب) erinnern (jmdn. an)
V تذكّر ه sich erinnern
ذِكْر Erwähnung
تَذْكاريّ Erinnerungs-
مَذْكور erwähnt
مذكور أعْلاهُ o. a., (weiter) oben erwähnt
ذَلِكَ م تِلْكَ / أُولائكَ jener, jene, jenes; das (Demonstrativpronomen)
بعد ذلك danach, nachher
قبل ذلك davor, vorher
كذلك auch
لذلك deshalb
مع ذلك dennoch, trotzdem
ذهب (يذْهَب ، ذهاباً) gehen

ذُو م ذَاتُ / ذَوُو م ذَوَاتُ — von, (ausgestattet) mit
(Gen. ذِي , Akk. ذَا
ذَاتِ / ذَوَاتِ — ذَاتَ / ذَوَاتِ
ذَوِي — ذَوِي
immer im Status constructus als 1. Glied einer Genitivverbindung)

ذو أهمّيّة صُغْرَى — von geringerer Bedeutung

IV أذاع ه — melden

ذاق (يذوق ، ذَوْقاً) ه — kosten, probieren

ر

راديو — s. جهاز راديو

رأس (يرأَس ، رِئَاسةً) ه — an der Spitze stehen, den Vorsitz führen, vorstehen

رأْس / رُؤُوس — Kopf

رئيس / رُؤَساءُ — Leiter; Präsident

رئيس الوُزراء / رُؤَساءُ — Ministerpräsident

رَئيسيّ — Haupt-

رأْسماليّ / رأسماليّون — kapitalistisch; Kapitalist

ج سلَع رأْسماليّة — Investitionsgüter

الرَأْسماليّة — Kapitalismus

رأى (يَرَى ، رُؤْيَةً) ه/ه — sehen

IV أرى (يُري) ه ه — zeigen (jmdm. etw.)

رأْي / آراء (في) — Meinung (zu), Ansicht (über)

رُؤْية — Infinitiv von رأى

رُبّما — vielleicht, möglicherweise

VIII ارْتبط ب — verbunden sein (mit)

الرِباط (م) — Rabat (Hauptstadt von Marokko)

أربعة = ٤ — 4 ↑ Zahlen
اربعة عشر = ١٤ — 14 ↑ Zahlen
أربعون = ٤٠ — 40 ↑ Zahlen
رابع — 4. ↑ Zahlen
رابعا — viertens ↑ Zahlen
ربع — Viertel ↑ Zahlen

يَوْم الأرْبِعاء — Mittwoch

ربيع — Frühling

مُربّع — Quadrat-

ترْبِيَة — Erziehung

مَرْتَبة / مَراتِبُ — Rang, Stelle

راتِب / رَوَاتِبُ — Gehalt

رجع (يرجِع ، رُجوعاً) — zurückkehren

يرجع السببُ في ذلك إلى — das ist darauf zurückzuführen, daß

II رجّع ه / ه — zurückkehren lassen, zurücksenden

رجُل / رِجال — Mann

bitten (jmdn. um etw.)	رجا (يرْجو، رجاء) ه / منه أنْ
bitte	رجاءً
begrüßen	II رحّب ب
Grußformel: Willkommen!	مَرْحباً
Reise	رِحْلة / رحْلات
Etappe, Periode	مَرْحَلة / مراحِلُ
billig	رخيص
Elativ zu رخيص	أرْخَصُ
Marmor	رُخام
Reis	رُزّ
schicken, senden (jmdm. etw.)	IV أرْسل (له / إليه) ه
Gesandter, Sendbote	رسول / رُسُل
Brief	رِسالة / رسائلُ
Gebühr	رَسْم / رُسوم
offiziell, amtlich	رَسْميّ (Adjektiv); رَسْميًّا (Adverb)
ankern	رسا (يرْسو، رسْواً)
Blei	رصاص
wünschen	رغِب (يرْغَب، رغْبةً) في (أنْ)
Wunsch	رغْبة / رَغَبات
in dem Wunsche nach	رغْبةً في
gewünscht, erwünscht	مَرْغوب فيه
zwingen (jmdn. zu etw.)	IV أرغم ه (على)

obwohl	رغْمَ أنّ
Hafen	مَرْفأ / مرافِئُ
ablehnen	رفض (يرْفُض، رفْضاً) ه
sich erhöhen	VIII اِرْتفع
Erhöhung (trans.)	رفْع
Erhöhung (intrans.); Höhe	اِرْتِفاع
hoch	مُرْتفِع
begleiten	III رافق ه
Begleitung	مُرافَقة
Begleiter, Betreuer	مُرافِق / مرافقون
kontrollieren	III راقب ه
Kontrolle	مُراقَبة
Nummer; Ziffer	رقْم / أرْقام
befördern (Rang)	II رقّى ه
Passagier	راكب / رُكّاب
Zentrum	مَرْكَز / مراكِزُ
Symbol	رمْز / رُموز
Rubel	روبل / روبلات
nach Ruhe verlangen, sich ausruhen	X اِسْتراح
bequem	مُريح
wollen	IV أراد ه / أنْ
die Russen	الروس
russisch; Russe	روسيّ

Riyad (Hauptstadt von Saudi-Arabien)	الرياض (م)
Sport	رِياضة
prächtig, großartig, wunderbar	رائع
Rial (Währungsbezeichnung)	رِيَال / ريالات
Land, ländliche Gegend	ريف / أَرْياف
auf dem Lande	في الريف

ز

Kunde (m.)	زبون / زبائنُ
Flasche	زُجاجة / زجاجات
Glaszeug	ج زجاجيّات
Andrang, Gedränge	اِزْدِحام
Knopf	زِرّ / أَزْرار
anbauen (Landwirtschaft)	زرع (يزْرَع ، زرْعاً و زِراعةً) ه
Landwirtschaft	زِراعة
landwirtschaftlich	زِراعيّ
Gut (Landwirtschaft)	مَزْرعة / مَزارِعُ
Blau, Bläue	زُرْقة
blau	أَزْرقُ م زرْقاءُ
Zeit	زمن
Zeit	زمان / أَزْمِنة
seit alter Zeit, von alters her	مُنْذُ قديمِ الزمان
Zink	زِنْك
in Blüte stehen	VIII اِزْدهر
Blume(n) (coll)	زهْر / زُهور (الواحدة زهْرة)
Ehefrau	زَوْجة / زوجات
verheiratet (mit)	مُتزَوِّج (من)
besuchen	زار (يزور، زِيَارةً) ه / ه
Besuch	زِيَارة / زيارات
Besucher	زائر / زائرون و زُوّار
Boot	زَوْرق / زَوَارِقُ
aufhören (immer mit Neg.)	زال (يزال)

لم يزَلْ ، ما زال ، ما يزالُ ، لا يزالُ
noch, noch immer

Winkel, Ecke	زاوِيَة / زَوَايا
ölen	II زيّت ه
Öl	زَيْت / زُيوت
Olive(n) (coll)	زَيْتون (الواحدة زيتونة)
zunehmen	زاد (يزيد ، زِيادةً)
übersteigen, hinausgehen (über)	زاد عن
Zunahme	زِيَادة
plus	زائدٌ

س

سائر übrig; Rest

سأل (يسْأل ، سُؤَالاً) ه (عن) fragen (jmdn. nach etwas)

سُؤال / أَسْئلة Frage

مَسْؤول / مسؤولون verantwortlich; Verantwortlicher

مَسْؤولة / مسؤولات Verantwortliche (f.)

ساميّ semitisch

V تسبّب في verursachen, schuld sein (an etw.)

سبب / أسْباب Grund, Ursache

يرْجِع السببُ في ذلك إلى das ist darauf zurückzuführen, daß

بِسبب wegen, auf Grund

يَوْم السبْت Sonnabend

سِبْتَمْبَر *äg* September

سبح (يسْبَح ، سِباحةً) schwimmen

سبعة = ٧ 7 ↑ Zahlen

سبعة عشر = ١٧ 17 ↑ Zahlen

سبعون = ٧٠ 70 ↑ Zahlen

سابع 7. ↑ Zahlen

سابعا siebentens ↑ Zahlen

أُسْبوع / أَسابيعُ Woche

سبق (يسْبِق ، سبْـقاً) voraufgehen, vorangehen (zeitlich)

سابِقاً früher (Adverb)

ستّة = ٦ 6 ↑ Zahlen

ستّة عشر = ١٦ 16 ↑ Zahlen

ستّون = ٦٠ 60 ↑ Zahlen

سادس 6. ↑ Zahlen

سادسا sechstens ↑ Zahlen

سدس Sechstel ↑ Zahlen

سجّادة / سَجاجيدُ Teppich

II سجّل ه aufzeichnen, registrieren; erzielen (Treffer)

تسْجيل Registrierung, Aufzeichnung

سحب (يسْحَب ، سحْباً) ه ziehen, schleppen

VII اِنْسحب sich fortschleppen, sich zurückziehen

سدّ / سُدود (Stau-) Damm

سرّ (يسُرّ ، سُروراً) ه (er) freuen (jmdn.); (Passiv:) sich freuen (ب ، ل über)

سِرًّا heimlich (Adverb)

سُرور Freude, Vergnügen

بِكُلّ سرور mit Vergnügen

سرير / أسِرّة Bett

مَسْرور (Adjektiv); مسروراً (Adverb) froh, zufrieden

مَسْرح / مسارِحُ Theater

سُرْعة Geschwindigkeit, Schnelligkeit

بِسرعة schnell (Adverb)

سريع schnell

أَسْرَعُ — Elativ zu سريع

تَسارُع — Beschleunigung

سَطْح / سُطوح — Oberfläche

III ساعد ه — helfen (jmdm.), unterstützen (jmdn.; على bei); beitragen (على zu)

IV أَسْعَد ه — glücklich machen

مُساعَدة — Hilfe

بِمُساعَدةِ — mit Hilfe

سِعْر / أَسْعار — Preis

إِسْعاف — Hilfeleistung, Hilfe

سيّارةُ إسعاف — Krankenwagen

سعى (يَسْعَى ، سَعْياً) ل / وراءَ — sich bemühen (um), streben (nach)

III سافر — reisen, fahren

سفر — Fahrt

أَسْفَلُ م سُفْلَى / أَسافِلُ — unter(er, -e, -es)

في الأَسْفَل — unten

سفينة / سُفُن — Schiff

سقط (يَسْقُط ، سُقوطاً) — fallen

سَقْف / سُقوف — (Zimmer-) Decke

سكب (يَسْكُب ، سَكْباً) ه — (aus-, ein)gießen

سكن (يَسْكُن ، سُكْنَى) — wohnen

سَكَنِيّ — Wohn-

حيّ سكنيّ / أَحْياء — Wohnviertel

ج سُكّان — Einwohner, Bevölkerung

سِكّين (م) / سَكاكينُ — Messer

أُسْلوب / أَساليبُ — Methode; Stil

مُسَلَّح — bewaffnet

سِلْعة / سِلَع — Ware

ج سِلَع رأْسماليّة — Investitionsgüter

ج سلع اِسْتِهْلاكيّة — Konsumgüter

II سلّم ه ه — übergeben, überbringen (jmdm. etw.)

VIII استلم ه — erhalten

السلامُ عليكم — Grußformel (wörtl.: Heil über euch, Friede sei auf euch)

مع السلامة — Abschiedsgruß: Auf Wiedersehen!

تَسْليم — Übergabe

إِسْلاميّ — islamisch

اِسْم / أَسْماء — Name

سمح (يَسْمَح ، سَماحاً) (له) ه — erlauben, gestatten (jmdm. etw.)

سُمِحَ (يُسْمَح) — (arab. Passivform:) dürfen, erlaubt sein

أَسْمَرُ م سَمْراءُ — braun

سمع (يَسْمَع ، سَماعاً) ه — hören

سَمّاعة / سَمّاعات — (Kopf-) Hörer

سميك — dick

II سمّى ه/ه ه — nennen, benennen (jmdn. oder etw. mit einem Namen)

Himmel	سماء (م)
Jahr	سنة / سَنَوات و سِنون
Cent	سنت / سنتات
Centime	سنتيم
Zentimeter (cm)	سَنْتيمِتْر / سنتيمترات (سم)
erleichtern (etw. jmdm.)	II سهّل ه (له ، عليه)
Ebene	سهْل / سُهول
leicht, einfach	سهْل
Elativ zu سهْل	أسْهَل
Super	سوبر
Fläche, freier Platz, Gelände	ساحة / ساحات
schwarz sein oder werden	IX اسْوَدّ
Schwarz, Schwärze	سَواد
schwarz	أسْوَد م سَوْداء
die Schwarzen	ج السُود
Sudan, amtl.: Demokratische Republik Sudan	السودان ، رسْميّا : جمْهوريّة السودان الديمقراطيّة
sudanesisch; Sudanese	سودانيّ / سودانيّون
Herr	سيِّد / سادة
Frau (Anrede)	سيِّدة / سيّدات
Mauer	سور / أسْوار
Syrien, amtl.: Syrische Arabische Republik	سوريا ، رسْميّا : الجُمْهوريّة العربيّة السوريّة
syrisch; Syrer	سوريّ / سوريّون
Politik	سِياسة
politisch; Politiker	سِياسيّ / سياسيّون
Stunde; Uhr	ساعة / ساعات
(Futurpartikel)	سَوْفَ ، سَ
Entfernung, Strecke	مَسافة / مسافات
sowjetisch	سوفْييتيّ / سوفييت
Sowjetunion	الاتِّحاد السوفْييتيّ
fahren, führen (ein Fahrzeug)	ساق (يسوق ، سَوْقاً وسِياقةً) ه
Markt, Basar	سُوق (م) / أسْواق
Name des großen Basars von Damaskus	سوق الحميديّة
der schwarze Markt	السُوق السَوْداء
Fahrer, Chauffeur	سائق / سُوّاق و سائقون
als Chauffeur beschäftigt sein	اشْتغل سائقاً
Feilschen	مُساوَمة
sumerisch	سومريّ
gleich sein	VI تساوى

außer	سِوَى
gleich (ohne Unterschied)	سَوَاء
Niveau	مُسْتَوًى / مستويَات
Schweiz	سُوِيسْرا
schlecht	سَيِّء
Elativ zu سيّء	أَسْوَأُ
Zigarette (gesprochen *sigāra, sagā'ir*)	سيجارة / سجائرُ
Touristen-	سِيَاحِيّ
Tourist	سائح / سُيّاح
gehen, fahren	سار (يسير ، سَيْراً)
Lebenslauf	سيرةُ الحَيَاة
Auto	سَيّارة / سيّارات
Taxi	سيّارةُ تاكْسي
beherrschen	سَيْطر على
Herrschaft (Infinitiv von سيطر)	سَيْطرة

ش

Angelegenheit, Sache	شأن / شُؤون
jmds. Sache sein	من شأنِه
Tee	شاي
Februar	*syr* شُباط
Netz	شبكة / شباك
Fenster; Schalter	شُبّاك / شبابيك
Ähnlichkeit; halb-	شِبْه
halbamtlich	شِبْهُ رسْميّ
halbfeudal	شِبْهُ إقْطاعيّ
Winter	شِتاء
Winterkurort	مَشْتًى / مَشات
Bäume (coll)	شجر / أشْجار (الواحدة شجرة)
fördern	II شجّع ه / على
Förderung	تشْجيع
Person	شخْص / أشْخاص
persönlich (Adverb)	شخْصيّاً
binden (etw. an)	شدّ (يشُدّ ، شدًّا) ه (إلى)
stark, heftig	شديد
Elativ zu شديد	أشدّ
trinken	شرِب (يشْرَب ، شُرْباً) ه
Getränk(e)	شراب
Getränke	ج مَشْروبات
erklären, erläutern (jmdm. etw.)	شرح (يشْرَح ، شرْحاً) (له) ه
Erklärung, Erläuterung, Kommentar	شرْح / شُروح
Scheibe (von Fleisch, Obst o. ä.)	شريحة / شرائحُ
Bedingung	شرْط / شُروط

Band	شريط / أشْرطة
Tonband	شريطُ تسْجيل
(+ Imperfektform) anfangen, beginnen (etw. zu tun)	شرع (يشْرَع ، شُروعاً)
Straße	شارِع / شَوَارِعُ
legitim	مَشْرُوع
Vorhaben, Projekt	مَشْروع / مشروعات ومشاريعُ
Ehre	شرف
zu Ehren	على شرف
strahlen, scheinen (Sonne)	IV أشْرق
Osten, Orient	شرْق
der Nahe Osten	الشرْق الأدْنَى
der Ferne Osten	الشرْق الأقْصَى
der Mittlere Osten	الشرْق الأَوْسط
östlich, im Osten (Adverb)	شرْقاً
östlich, orientalisch	شرْقيّ
teilnehmen (an)	VIII اشْترك (في)
Teilnahme	اشْتِراك
sozialistisch; Sozialist	اشْتِراكيّ / اشتراكيّون
Sozialismus	الاشْتِراكيّة
kaufen	VIII اشْترى ه
Ufer, Küste	شاطِئ / شَوَاطِئُ
Volk	شعْب / شُعوب
Volks-; populär	شعْبيّ
Popularität	شعْبيّة
spüren, fühlen, empfinden	شعر (يشْعُر ، شُعوراً) ب
frieren	شعر بالبرْد
Emblem	شِعار / شعارات و أشْعِرة
beschäftigt sein, arbeiten	VIII اشْتغل
als Chauffeur beschäftigt sein	اشتغل سائقاً
die Werktätigen	ج الشغّيلة
besetzt	مَشْغول
Krankenhaus	مُسْتشفًى / مستشفَيات
Appartement	شِقّة / شِقَق
blond	أشْقرُ م شقْراءُ
Zweifel	شكّ / شُكوك
zweifellos	لا شكَّ في أنْ
danken (jmdm. für etwas)	شكر (يشْكُر، شُكْراً) ه (على)
danke!	شُكْراً
gebildet werden, sich zusammensetzen (aus)	V تشكّل (من)
Form; Art und Weise	شكْل / أشْكال
ausgezeichnet (Adverb)	بشكل مُمْتاز
Problem	مُشْكِل ، مُشْكِلة / مُشْكِلات ومَشاكِلُ

شكا (يشْكو ، شكْوًى) ه (إليه)	klagen (etw. jmdm.)
شَمْس (م)	Sonne
شمال	Norden
شمالاً	nördlich, im Norden (Adverb)
شامل	umfassend
شَنْطة / شنطات وشُنَط	Tasche
III شاهد ه / ه	sehen, erblicken; ansehen, anschauen
مُشاهَدة	Infinitiv von شاهد
شَهْر / شُهور وأَشْهُر	Monat
شَهْريّ	monatlich, Monats-
مَشْهور (ب)	berühmt (wegen, ob)
شاهِق	hochragend, schlank (nicht Personen)
تَشْويق	Erzeugen einer Spannung
شَوْكة / شوكات	Gabel
شاء (يشاء) ه / أنْ	wünschen, wollen
شَيْء / أشْياء	Sache, Ding; etwas
شَيْء ثمين / أشْياء ثمينة	Wertsache
شيلر	Schiller

ص

IV أصْبح ه / ه	werden
صباح	Morgen
في الصباح	am Morgen
صباحاً	morgens, früh
صباحَ الأمْس	gestern früh
صباحَ الغد	morgen früh
صباحَ اليَوْم	heute früh
صباحَ الخَيْر	guten Morgen!
مِصْباح / مصابيحُ	Lampe
صَبيّ / صِبْيان	Junge, Knabe
صحّ (يصِحّ ، صِحّةً)	richtig od. gesund sein; stimmen (Nachricht)
صِحّة	Richtigkeit; Gesundheit
صَحيح / صِحاح	richtig, in Ordnung
أصَحّ	Elativ zu صحيح
صاحِب / أصْحاب	(+ folg. Genitiv) Besitzer, Inhaber, Herr
صِحافة	Presse, Zeitungswesen
صَدر (يصْدُر ، صُدوراً)	erscheinen (Buch o. ä.)
II صدّر ه	exportieren
IV أصْدر ه	herausgeben, erlassen
صَدْر / صُدور	Brust
تصْدير	Export
صداقة	Freundschaft
صديق / أصْدِقاء	Freund; befreundet
صديقة / صديقات	Freundin
II صرّح ب	erklären

صرف (يصْرِف ، صرْفاً) ه ausgeben; wechseln

صرْف Infinitiv von صَرَفَ

صرْف العُمْلة Geldwechsel

صرّاف / صرّافون (Geld-) Wechsler

مَصْرِف / مَصارِفُ Bank (Geldinstitut)

صعْب schwer, schwierig

أصْعبُ Elativ zu صعب

صُعوبة / صعوبات وصعاب Schwierigkeit

صعِد (يصْعَد ، صُعوداً) ه hinaufgehen, besteigen

صُعود Aufstieg, Start

على الصعيدِ العالَميّ auf internationaler Ebene, im Weltmaßstab

صغير / صِغار klein; jung

أصْغرُ Elativ zu صغير

صفّ / صُفوف Reihe

IX اصْفَرَّ gelb sein oder werden

أصْفرُ م صفْراءُ gelb

صفر Null ↑ Zahlen

صفْقة / صفقات Geschäft(sabschluß)

مصْفاة / مَصافٍ Raffinerie

تصْفِيَة Liquidierung

صافٍ klar, rein

صُلْب hart, fest

صُلْبُ الرأيِ halsstarrig, hartnäckig

صلابة Härte, Festigkeit

تصْليح / تصليحات Reparatur

صنع (يصْنَع ، صُنْعاً) ه anfertigen, schaffen

II صنّع ه industrialisieren

صِناعة / صناعات Industrie; Anfertigung, Herstellung

صِناعيّ industriell

مَصْنع / مصانِعُ Fabrik

صنْعاء (م) Sanaa (Hauptstadt des Jemen)

مُصاب (ب) befallen, betroffen (von)

مُصاب بمرض an etw. erkrankt sein

صورة / صُوَر Bild; Form, Art u. Weise

(و) بصورة خاصّة besonders (Adverb)

(و) بِصورةٍ عامّة allgemein (Adverb)

مُصَوَّر illustriert

صَيْدليّ / صيادِلة Apotheker

صار (يصير ، صَيْرورةً ومَصيراً) ه werden; (mit folgender Imperfektform:) beginnen (etw. zu tun)

صَيْف Sommer

ض

ضابِط / ضُبّاط Offizier

ضحِك (يضْحَك ، ضحْكاً) (من) lachen (über)

gegen	ضِدّ
notwendig	ضروريّ
schlagen	ضرب (يضْرِب ، ضرْباً) ه
Schlag	ضرْبة / ضَرَبات
Druck	ضغْط / ضُغوط
garantieren	ضمِن (يضْمَن ، ضماناً) ه
Solidarität	تضامُن
Umgebung	ج ضَواحٍ
hinzufügen	IV أضاف ه
Gast	ضَيْف / ضُيوف
neben, sowie	إضافةً إلى
Stewardess	مُضيفة / مضيفات
eng	ضَيِّق
Elativ zu ضيّق	أضْيق

ط

Tisch	طاوِلة / طاوِلات
Medizin	طِبّ
medizinisch	طِبّيّ
Arzt	طبيب / أطِبّاء
natürlich, freilich (Adverb)	طبْعاً
Natur; Charakter	طبيعة
natürlich	طبيعيّ
Briefmarke	طابِع (بريد) / طَوابِعُ
Eindruck	اِنْطِباع / انطباعات
in Übereinstimmung mit, entsprechend	طِبْقَ ، طِبْقاً لِ
Schicht, Lage; Klasse (Politök)	طبقة / طبقات
Stockwerk, Etage	طابق / طَوابِقُ
Tripolis (Hauptstadt von Libyen)	طرابُلُس (م)
taub	أطْرَشُ م طرْشاء / طُرْش
Seite, Rand, äußere Begrenzung	طرف / أطْراف
(an die Tür) klopfen	طرق (يطْرُق ، طرْقاً) (البابَ)
Weg (auch übertr.), Straße	طريق / طُرُق
auf dem Wege, unterwegs	في الطريق
Essen, Speise, Mahl(zeit)	طعام / أطْعِمة
Abendessen	طعام العشاء
Mittagessen	طعام الغداء
Restaurant	مَطْعَم / مطاعِمُ
eingelegt (Holz, Metall)	مُطَعَّم
Kind	طِفْل / أطْفال
Wetter	طَقْس
Ruine	طلل / أطْلال
bestellen, erbitten (etw.), bitten (darum, daß); erbitten, verlangen (von jmdm. etw.)	طلب (يطْلُب ، طلباً) (منه) ه / أنْ

طالِب / طُلّاب وطَلَبة	Student
طالِبة / طالبات	Studentin
IV أطْلع ه على	informieren (jmdn. über)
VIII اِطّلع على	sich informieren (über)
اِطّلاع	Infinitiv von اِطّلع
مَطْلَع	Anbruch, Beginn
مطالعة	s. قاعة مطالعة
VII اِنْطلق	starten, losfahren, -gehen
II طوّر ه	entwickeln
V تطوّر	sich entwickeln
تطْوير	Entwicklung (trans.)
تطَوُّر	Entwicklung (intr.)
طُوروس	Taurus
X اِستطاع ه / أنْ	können
طاقة / طاقات	Leistungsfähigkeit, Potenz
طالَما	solange (Konjunktion)
طَويل / طِوال	lang; groß (Wuchs)
أطْوَل	Elativ zu طويل
طَيِّب / طيّبون	gut (auch als Ausruf: gut!)
أطْيَب	Elativ zu طيّب
مَطار / مطارات	Flugplatz
طائرة / طائرات	Flugzeug
طائرةٌ نفّاثة / طائرات	Düsenflugzeug
طين / أطْيان	Lehm

ظ

ظرْف / ظُروف	Umstand, Bedingung
ظلّ (يظَلّ)	(+ Imperfektform od. Partizip:) fortfahren, bleiben, etwas ständig oder weiter tun
ظِلّ / ظِلال	Schatten
في ظِلّ	unter *(übertr)*
ظهر (يظْهَر ، ظُهوراً)	(er)scheinen
IV أظْهر ه	zeigen, sichtbar machen; demonstrieren
ظُهْر	Mittag
ظُهْراً	mittags
ظُهْرَ الأمْس	gestern mittag
ظُهْرَ الغد	morgen mittag
ظُهْرَ اليَوْم	heute mittag
بعد الظهر	(am) Nachmittag

ع

II عبّأ ه	(auf-, ein)füllen
عِبادة / عبادات	Gottesdienst, gottesdienstliche Handlung
II عبّر عن	äußern (Meinung o. ä.)
VIII اِعْتبر ه ه / ه ه	ansehen, erachten (jmdn. od. etw. als); (arab. Passivform:) angesehen werden, gelten (als), sein

Ausdruck, Äußerung; Meinungsäußerung	تعْبير (عن)
Infinitiv von اِعْتَبَر	اِعْتِبار
die Abbasiden	ج العبّاسيّون
Schulter; s. auch وضع	عاتِق / عَوَاتِق
bewundern (arab. Passivform)	IV أُعْجِبَ (يُعْجَبُ) ب
Bewunderung	إعْجاب
zählen; (arab. Passivform:) gelten (ه als), zählen (من zu)	عدّ (يعُدّ ، عدًّا) ه / ه
Zahl, Anzahl	عدد / أَعْداد
eine Anzahl von	عدد من
mehrere	عدّة
mehrmals	عِدّةَ مرّات،
vielseitig	مُتعدِّدُ الجَوانِب
gleichstehen; sich unentschieden trennen	VI تعادل
Gerechtigkeit	عدْل
Justizminister	وزيرُ العدل
gemäßigt	مُعْتدِل
Nicht-	عدم
Aden (Hauptstadt der VDR Jemen)	عدن
Metall; Mineral	مَعْدِن / مَعادِنُ
feindlich gesinnt sein (jmdm.), feindlich behandeln (jmdn.)	III عادى ه
außer	عدَا ، ما عدَا ، فيما عدَا
Feind	عدُوّ / أعْداء
Aggression	عُدْوان
entschuldigen	عذر (يعْذِر، عُذْراً) ه / ه
äußern, zum Ausdruck bringen	IV أعْرب عن
arabisch; Araber	عربيّ / عرب
das Arabische	العربيّة
Saudi-Arabien, amtl.: Königreich Saudi-Arabien	العربيّة السعوديّة ، رسْميًّا : المَمْلَكة العربيّة السعوديّة
ausstellen; vorführen, vorlegen	عرض (يعْرِض ، عرْضاً) ه
Einspruch erheben (gegen)	VIII اِعْترض على
Infinitiv von عَرَض	عرْض
Messe, Ausstellung	مَعْرِض / معارِض
Aussteller	عارِض / عارضون
wissen, kennen, erfahren	عرف (يعْرِف ، مَعْرِفةً) ه / ه
kennenlernen	V تعرّف إلى
Wissen, Kenntnis; Bekanntschaft	مَعْرِفة / مَعارِفُ
Infinitiv von تَعَرَّف	تعرُّف
bekannt	مَعْروف
Anisschnaps	عرق
Irak, amtl.: Republik Irak	العِراق ، رسْميًّا : الجُمْهوريّة العِراقيّة

irakisch; Iraker	عِراقيّ / عراقيّون
absetzen, entlassen	عزل (يعزِل ، عزْلاً) ه
militärisch	عسْكريّ
Lager	مُعسْكَر / معسكرات
10 ↑ Zahlen	عشرة = ١٠
10. ↑ Zahlen	عاشر
zehntens ↑ Zahlen	عاشرا
20 ↑ Zahlen	عِشْرون = ٢٠
Abendessen	(طعام) العشاء
Zeitalter	عصْر / عُصور
die Abbasidenzeit	العصْر العبّاسيّ
das Mittelalter	ج العُصور الوُسْطَى
modern	عصْريّ
Saft (von Früchten)	عصير
modern, zeitgenössisch	مُعاصِر
Hauptstadt	عاصِمة / عواصِمُ
Mitglied	عُضْو / أعْضاء
Mantel	مِعْطف / مَعاطِفُ
einen Schaden haben, schadhaft werden, aussetzen	V تعطّل
arbeitslos	عاطِلٌ (عن العمل)
geben (jmdm. etw.)	IV أعْطى ه ه
Pracht, Erhabenheit	عظمة
groß(artig), prächtig, prima; mächtig	عظيم / عُظماءُ
Elativ zu عظيم	أعْظمُ
meisten, Mehrzahl	مُعْظَم
bitte (Erwiderung auf „danke“); Verzeihung!, Entschuldigen Sie!	عفْواً
(zeitlich) folgen	IV أعْقب ه
aufeinander folgen	VI تعاقب
abhalten (Konferenz, Zusammenkunft o. ä.); abschließen (Vertrag)	عقد (يعقِد ، عقْداً) ه
stattfinden, tagen	VII انْعقد
glauben, annehmen (daß)	VIII اعْتقد (أنّ)
Glaube, Bekenntnis	عقيدة / عقائدُ
kompliziert	مُعقَّد
Schachtel	عُلْبة / عُلَب
Behandlung	عِلاج
zusammenhängen (mit)	V تعلّق ب
was anbelangt	فيما يتعلّق ب
Beziehung, Verhältnis	علاقة / علاقات
erfahren; wissen	علِم (يعْلَم ، عِلْماً) ه
lernen	V تعلّم ه
Wissenschaft	علْم / عُلوم
Welt	عالَم
international, Welt-	عالَميّ
Sehenswürdigkeiten	ج مَعالِم
Unterricht, Ausbildung	تعْليم
Hochschulwesen	التعْليم العالي

Anweisungen, Direktiven	ج تَعْليمات
viel wissend (Elativ)	أَعْلَمُ
Informationen	ج مَعْلومات
Lehrer	مُعَلِّم / معلّمون
Lehrerin	مُعَلِّمة / معلّمات
bekanntgeben, bekanntmachen, verkünden	IV أَعْلَن ه
Anzeige; Verkündung	إِعْلان / إعلانات
auf; :, zu (bei der Angabe von Zahlenverhältnissen)	على
jmdm. obliegt etw., jmd. hat etw. zu tun	عليه أَنْ
(satzeinleitend) jedoch, allerdings, indessen, freilich, allein	على أَنّ
neben, sowie	عِلاوَةً على
hoch	عالٍ
ober(er, -e, -es)	أَعْلَى م عُلْيا / أعالٍ
oben	في الأَعْلَى
o. a.; (weiter) oben erwähnt	(مَذْكور) أَعْلاهُ
Oberkommandierender	قائِدٌ أَعْلَى
ʿAli	عليّ
allgemein, Grund-	عامّ
sich stützen (auf), zur Grundlage haben, sich gründen, basieren (auf)	VIII اِعْتَمد على
(ʿUmar) Omar	عُمَر

Leben, Lebensalter	عُمْر
Kolonialismus	اِسْتِعْمار
kolonialistisch; Kolonialist	اِسْتِعْماريّ / استعماريّون
tief; fest (übertr.)	عميق
arbeiten; machen	عَمِل (يعْمَل ، عملاً) (ه)
Arbeit; Dienst, Praxis	عمل / أَعْمال
Prozeß, Verfahren, Arbeitsgang, Operation	عمليّة / عمليّات
Währung	عُمْلة / عملات
Geldwechsel	صَرْف العملة
Fabrik	مَعْمَل / معامِلُ
Behandlung, Benehmen	مُعامَلة / معامَلات
Arbeiter; tätig, aktiv	عامِل / عُمّال
Faktor	عامِل / عوامِلُ
Arbeiterin	عامِلة / عامِلات
Amman (Hauptstadt von Jordanien)	عَمّان (م)
blind	أَعْمَى م عَمْياءُ / عُمْي
von; über; nach	عن
Weinbeere(n) (coll)	عِنَب (الواحدة عنبة)
bei (auch zur Umschreibung von „haben" im Sinne von „besitzen")	عِنْدَ
als, sobald	عِنْدَما

d. h.	يَعْني
Institut	مَعْهَد / معاهِد
Deutsches Wirtschaftsinstitut	معهد الاِقْتِصاد الأَلْمانيّ
zurückkehren; gehören, jmds. Eigentum sein (لِ)	عاد (يعود ، عَوْدةً)
wiederholen	IV أعاد ه
Rückkehr	عَوْدة
Gewohnheit, Brauch	عادة / عادات
normal, gewöhnlich	عاديّ
gewöhnlich	اِعْتِيَاديّ
ungewöhnlich	غَيْرُ اعتياديّ
Familie	عائلة / عائلات
Jahr	عام / أَعْوام
Zusammenarbeit, Kooperation	تعاوُن
Genossenschaft	تعاوُنيّة / تعاونيّات
leben	عاش (يعيش ، عَيْشاً)
bestimmen, festsetzen; ernennen (٥ ٥ jmdn. zu)	II عيّن ٥ / ه

غ

Genugtuung, Befriedigung (über)	اِغْتِباط (ب)
morgen	غداً
übermorgen	بعد غد
morgen abend	مساءَ الغد
Mittagessen	(طعام) الغداء
verlassen	III غادر ٥ / ه
Infinitiv von غادر	مُغادَرة
Westen	غَرْب
westlich, im Westen (Adverb)	غَرْباً
westlich	غَرْبيّ
seltsam, merkwürdig	غريب
Marokko, amtl.: Königreich Marokko	المَغْرِب ، مَرّاكِش ، رَسْميًّا : المَمْلَكة المَغْرِبيّة
marokkanisch	مَغْرِبيّ
Zimmer, Kammer	غُرْفة / غُرَف
dauern	X اِسْتغْرق ه
überfallen, einfallen, erobern	غزا (يغْزو ، غزْواً) ه
Eroberer	غازٍ / غُزاة
bedecken	II غطّى ه
überwinden	V تغلّب على
meist(e, -en)	أَغْلَبُ
meistens	في أَغْلَبِ الأَحْيان
falsch; Fehler	غلط / أَغْلاط
schließen	IV أَغْلق ه
Schließung	إِغْلاق
teuer	غالٍ

أغْلَى	Elativ zu غال
غنيّ / أغْنِيَاءُ (ب)	reich (an)
أغْنَى	Elativ zu غنيّ
غابة / غابات	Wald
غوته	Goethe
الغوطة	die Ghuta (fruchtbare Ebene, in der Damaskus liegt)
غائب	abwesend
II غيّر ه	(ver)ändern
V تغيّر	sich (ver)ändern
غَيْر	(+ Genitiv) un-, nicht
غيرُ مَعْروف	unbekannt
(و)غَيْرُهُ ،	(und) andere
(و)غَيْرُها ، (و)غَيْرُهم (من)	
غَيْرَ	außer
غَيْرَ أنَّ	(satzeinleitend) jedoch, allerdings, indessen, freilich, allein
غَيْم / غُيوم	Wolke(n) (coll)

ف

ف	und, (und) da, (und) dann, (und) so
فبْرايرُ *äg*	Februar
فتح (يفْتَح ، فتْحاً) ه	öffnen; anschalten
فتّاحة / فتّاحات	Öffner
مَفْتوح	geöffnet
فتْرة	Zeitraum, Zeitspanne
تفْتيش	Inspektion, Kontrolle
فتاة / فتَيَات	(junges) Mädchen
فِجّ	roh
III فاجأ ه	überraschen
فجْأةً	plötzlich, unvermutet (Adverb)
مُفاجَأة / مفاجآت	Überraschung
فحص (يفْحَص ، فحْصاً) ه / ه	untersuchen, prüfen
فحْص / فُحوص	Untersuchung, Prüfung, Kontrolle
مَفَرّ	s. لا مفرّ منه
الفُرات	der Euphrat
V تفرّج على	zuschauen, ansehen
مُتفرِّج / متفرّجون	Zuschauer
IV أفْرح ه	erfreuen
فرْع / فُروع	Zweig, Filiale, Disziplin
فرْق / فُروق	Unterschied
فريق / فِرَق	Mannschaft
فَرَنْسيّ / فرنسيّون	französisch; Franzose
فَرَنْك / فرنكات	Franc
X اسْتفْسر	nach einer Erklärung fragen oder suchen
فصْل / فُصول	Abschnitt; Jahreszeit
تفْصيل / تفاصيلُ	Einzelheit, Detail

Silber, Silbergeld	فِضّة
silbern, Silber-	فِضّيّ
bitte!	تفضَّلْ م تفضَّلي / تفضَّلوا م تفضَّلْنَ
schneiden Sie bitte ... ab!	تفضّل بِقطْعِ ...
bitte	مِنْ فَضْلِكَ (ـكِ ، ـكُمْ ، ـكُنَّ)
vortrefflich	فضيل
besser; best(er, -e, -es); Elativ zu فضيل	أفْضَلُ
leer; frei	فاضٍ
Frühstück	فُطور
machen, tun	فعل (يفْعَل ، فِعْلاً) ه
wirklich, tatsächlich (Adverb)	فِعْلاً
wirksam, wirkungsvoll, effektiv	فعّال
nur	فَقَطْ
nicht nur ..., sondern (auch)	لا ... فقط بَلْ
Gedanke, Idee	فِكْرة / أفْكار
Obst	فاكِهة / فَوَاكِهُ
Bauer	فلّاح / فلّاحون
Fils (Währungseinheit) (Pl. فلوس = umgangssprachl. „Geld“)	فَلْس / فُلوس
Palästina	فِلَسْطين (م)
palästinensisch; Palästinenser	فِلَسْطينيّ / فلسطينيّون
Philosoph	فَيْلَسوف / فَلاسِفة
Film	فِلْم ، فيلْم / أفْلام
N. N.	فُلان
künstlerisch	فنّيّ
Tasse	فِنْجان / فناجينُ
Hotel	فُنْدُق / فَنادِقُ
Pfennig	فنك / فنكات
verstehen	فهِم (يفْهَم ، فهْماً) ه / ٥
gleich, sofort	فَوْراً
gewinnen (etw., gegen jmdn.)	فاز (يفوز ، فَوْزاً) ب ، على
Phosphat	فوسْفات
übertreffen, überlegen sein	فاق (يفوق، فَوْقًا)
oben	فَوْقُ
nach oben	إلى فَوْقُ
über	فَوْقَ
vorzüglich, überragend	فائق
in; um (bei der Angabe der Uhrzeit); am (bei der Angabe des Datums)	في
Nutzen ziehen, profitieren	X اِسْتفاد من
Visum	فيزا
Einreisevisum	فيزا دُخول

ق

Qāsiyūn (Name eines Berges bei Damaskus)	قاسيون
Wörterbuch	قاموس / قواميسُ
Gesetz	قانون / قَوَانينُ
Kuppel	قُبّة / قِباب
Hut	قُبّعة / قُبّعات
annehmen, akzeptieren	قَبِل (يقْبَل ، قَبولًا) ه
treffen (jmdn.), sich treffen (mit jmdm.)	III قابل ه
empfangen	X اِسْتقْبل ه / ه
vor (temporale Präposition)	قَبْلَ
bevor (Konjunktion)	قبل أنْ
davor, vorher	قبل ذلك
durch (zur Angabe des Agens beim Passiv)	مِنْ قِبَلِ
ähnlich, so (etwas) wie, (als) eine Art von	من قَبيلِ
Begegnung, Treffen	مُقابَلة
Empfang	اِسْتِقْبال
Empfang (festliche Einladung)	حفْلةُ اَستقبال
annehmbar	مَقْبول
gegen, als Gegenwert	مُقابِلَ
(Partikel im Verbalsatz)	قَدْ
Feuerzeug	قدّاحة / قدّاحات
veranschlagen (etwas auf)	II قدّر ه (ب)
Maß	قَدْر
von, um (bei Maßangaben)	قَدْرُه
Schätzung; Wertschätzung	تَقْدير / تقديرات
mit aufrichtiger Wertschätzung	مع خالِصِ التقدير
höchstens	على أكْثرِ تقدير
(an)kommen	قدِم (يقْدَم ، قُدوماً)
überreichen, vortragen, vorlegen, anbieten (jmdm. etw.)	II قدّم (له) ه
vorstellen (jmdn. jmdm.)	قدّم ه إلى
sich vorstellen	قدّم نفْسَه
Fuß	قدم (م) / أقْدام
alt	قديم / قُدماء
Elativ zu قديم	أقْدَم
Infinitiv von قدّم	تقْديم
Spitze	مقدِّمة
beschließen	II قرّر ه / أنْ
feststehen	X اِسْتقرّ
Beschluß	قرار / قرارات
Erdteil, Kontinent	قارّة / قارّات
lesen	قرأ (يقْرَأ ، قراءةً) ه
nahekommen	III قارب ه

بعد مُرورِ ما يُقارِبُ	nach Ablauf von etwa ...
قريب (من)	nahe (Adjektiv)
أقْرَبُ	Elativ zu قريب
تقْريباً	annähernd, fast, beinahe, etwa
VIII اقْترِح ه	vorschlagen
اقْتِراح / اقتراحات	Vorschlag
قِرْش / قُروش	Piaster
قَرْن / قُرون	Jahrhundert
مُقارَنة	Vergleich
بالمقارنة مع	im Vergleich zu
قَرْية / قُرًى	Dorf, Ort
II قسّم ه	(auf)teilen
قصد (يقْصِد ، قصْداً) ه	beabsichtigen
اقْتِصاد	Wirtschaft
اقتصاد خارِجيّ	Außenwirtschaft
اقْتِصاديّ / اقتصاديّون	ökonomisch, Wirtschafts-; Ökonom
ج اقْتِصاديّات	(Volks-) Wirtschaft
قصير / قِصار	kurz; klein (Wuchs)
أقْصَرُ	Elativ zu قصير
مُقصّب	mit Gold- oder Silberfäden durchwebt
أقْصَى م قُصْوَى / أقاصٍ	fern, ferner
الشرْق الأقْصَى	der Ferne Osten
الحدّ الأقْصَى	Maximum
إلى أقْصَى حدّ	äußerst, im höchsten Grade
حتّى أقْصَى حدّ	bis zur äußersten Grenze
قضى (يقْضي ، قضاءً) ه	verbringen
قَضِيّة / قضايا	Angelegenheit, Frage, Belang
قُطْر / أقْطار	Land, Region
قِطار / قطارات	(Eisenbahn-) Zug
قطع (يقْطَع ، قطْعاً) ه	(ab)schneiden; zurücklegen
قِطْعة / قِطَع	Stück
إقْطاعيّ	feudal
مُقْتطَف / مقتطفات	Auszug
قُطْن / أقْطان	Baumwolle
مَقْعَد / مَقاعِدُ	Platz, Sitz
قليل / قليلون	wenig(e); klein, gering (Menge)
بعد قليل	binnen kurzem, gleich, bald
قليلاً	(ein) wenig (Adverb)
أقلّ	Elativ zu قليل
على الأقلّ	mindestens
اسْتِقْلال	Unabhängigkeit
قَلْب / قُلوب	Herz; Zentrum (einer Stadt)
مِن كُلِّ قُلوبِنا	aus tiefstem Herzen

قالب / قَوالِبُ	Form, Gußform; geformtes Stück
قالبُ طين	Lehmziegel
IV أقْلع	starten, abfliegen
قلْعة / قلعات	Zitadelle, Festung; Bollwerk
قلم / أَقْلام	(Schreib-) Stift
قِمّة / قِمَم	Gipfel
قمر	Mond
قُماش / أَقْمِشة	(Kleider-) Stoff
القاهِرة	Kairo
قهْوة	Kaffee (m.)
مَقْهىً / مَقاه	Café (n.)
قاد (يقود ، قِيادةً) ه	steuern, führen (ein Fahrzeug)
قائد / قُوّاد وقادة	Führer, Kommandant
قائد أعْلَى	Oberkommandierender
قاعة / قاعات	Saal, Halle
قاعةُ طعام	Speisesaal
قاعةُ مُطالَعة	Lesesaal
قاعةُ اسْتِقْبال	Empfangshalle
قال (يقول ، قَوْلاً) ه / إنّ	sagen
قائلاً	mit den Worten (kann in der Übersetzung weggelassen werden)
قام (يقوم ، قِياماً)	aufstehen; bestehen, existieren
قام ب	durchführen (etw.)
قام بِزِيارةٍ	einen Besuch abstatten, besuchen
قام على	sich erheben (gegen)
III قاوم ه / ه	Widerstand leisten, widerstehen, standhalten
IV أقام ه	veranstalten
أقام حفْلةَ اسْتِقْبال	einen Empfang geben
أقام حفْلةَ عشاء	ein Abendessen geben
قَوْميّ	national, National-
قامة	Statur, Gestalt, Wuchs
قِيام	Infinitiv von قام
مُقاوَمة	Widerstand
إقامة	Infinitiv von أقام ; Aufenthalt
قائمة / قَوائمُ	Liste
قائمة الطعام	Speisekarte
قُوّة / قُوًى	Kraft, Stärke
ج قُوّات	Streitkräfte, Truppen
قَويّ / أقْوِياءُ	stark
أقْوَى	Elativ zu قويّ
قِياس / قياسات	Anprobe
مَقاس / مقاسات	Maß
اسْتِقالة	Rücktritt

ك

wie; als (Präposition)	كَ
als ob	كأنّ (و)
soundso viel	كذا
auch	كذلك
wie, wie auch; weiterhin, ferner	كما
wie es der Fall ist	كما هو الحال
Karl Marx	كارل ماركس
Karl-Marx-Universität	جامعةُ كارل ماركس
Glas	كأس(م) / كُؤوس
Dezember	كانونُ الأوّلُ *syr*
Januar	كانونُ الثاني *syr*
groß; alt	كبير / كِبار
(sehr) groß; größer; größt (Elativ zu كبير)	أكْبرُ م كُبْرَى
die Großmächte	ج الدُوَلُ الكُبْرَى
Schwefel; Streichhölzer	كِبْريت
schreiben (jmdm. له)	كَتب (يكْتُب ، كِتابةً) ه
sich mit jmdm. schreiben, korrespondieren	III كاتب ه
Buch	كِتاب / كُتُب
Schulbuch, Lehrbuch	كِتاب مَدْرسيّ
Bibliothek; Buchhandlung	مَكْتبة / مكتبات
Staatsbibliothek	مَكتبة الدَوْلة
Schreiber, Schriftsteller	كاتِب / كُتّاب
Brief	مَكْتوب / مكاتيبُ
Vielzahl, Fülle	كثْرة
viel(e)	كثير / كثيرون
viel, um ein vieles	... بِكثير
viel, sehr (Adverb)	كثيراً
mehr (Elativ zu كثير)	أكْثرُ
höchstens	على الأكْثر ، على أكْثر تقْدير
s. ك	كذا
Lüge	كِذْب / أكْذاب
Heft	كُرّاسة / كرّاسات وكراريسُ
Stuhl	كُرْسيّ / كراسِيُّ
Kugel, Ball	كُرة / كُرًى
Fußball	كرة القدم
verdienen	كسب (يكْسِب ، كسْبًا) ه
zerbrechen	كسر (يكْسِر ، كسْرًا) ه
zerbrechen, zertrümmern	II كسّر ه
zerbrechen (intr.)	V تكسّر
zerbrechen (intr.), in Stücke gehen	VII انْكسر
faul	كسْلانُ / كَسالَى
kämpfen	III كافح
Kampf	كِفاح

كَفَلَ (يَكْفُلُ ، كَفالَةً) ه	verbürgen
مَكْفول	verbürgt
كافٍ	genügend, ausreichend
كُلّ	jeder; alle; ganze
كُلَّ مساءٍ	jeden Abend
كُلَّ يَوْمٍ	jeden Tag
كُلَّما	sooft
كُلِّيّ	Gesamt-
كَلَّا	nein, mitnichten
كِلْس	Kalk
II كَلَّفَ ه	kosten
V تكلَّمَ (لُغةً)	(eine Sprache) sprechen
كلمة / كلمات	Wort; Ansprache
كَمْ	wieviel(e)
بِكَم	für wieviel, um wieviel, mit wieviel
كَم لك من الـ . . . ؟	wieviel(e) . . . hast du?
كَمِّيَّة / كَمِّيّات	Menge, Quantität
كَما	s. كـ
كامِل	vollständig, ganz
كَمَنَ (يَكْمُنُ ، كُموناً)	sich verbergen
كَنَدِيّ / كَنَدِيّون	kanadisch; Kanadier
كانَ (يَكونُ ، كَوْناً)	sein
II كَوَّنَ ه	bilden, schaffen
مَكان / أَمْكِنة	Ort, Stelle
في كُلِّ مَكان	überall
تَكْوين	Infinitiv von كَوَّنَ
كونياك	Kognak
الكُوَيت	Kuwait (Hauptstadt des gleichnamigen Staates)
الكُوَيْت ، رَسْمِيّاً : دَوْلَةُ الكويت	Kuwait (Staat)
كَيْ ، لِكَيْ	damit, auf daß (Konjunktion)
كَيْفَ	wie (Frageadverb)
كيف حالُكَ ؟	Wie geht es dir?
كَيْفَما	wie (auch) immer
تَكْييفُ هَواء	Klimaanlage
كيلومِتْر / كيلومترات (كم)	Kilometer (km)

ل

لَ	(Bekräftigungspartikel)
لِ	Konjunktion mit folg. Konjunktiv: damit, um zu
	Konjunktion mit folg. Apokopat: positiver Befehl
	Präposition: für, wegen; von (bei der Angabe des Autors); auch zur Umschreibung von »haben« im Sinne von »besitzen«
لذلك	deshalb

wem	لِمَنْ
nein; nicht	لا
unbedingt	لا بُدَّ (من)
zweifellos	لا شَكَّ في أنْ
unvermeidlich	لا مَفَرَّ منه
nicht nur ... sondern (auch)	لا . . . فقطْ بلْ
lateinisch	لاتينيّ
günstig sein (für)	III لاءم ه
Infinitiv von لاءم	مُلاءمة
Leipzig	لايبزغ (م)
anziehen, anlegen (Kleidungsstück)	لَبِسَ (يلْبَس ، لُبْساً) ه
Kleidung	ج مَلابِس

لُبنانُ ، رسْميًّا : الجُمْهوريّة اللُّبْنانيّة
Libanon, amtl.: Republik Libanon

libanesisch; Libanese	لُبْنانيّ / لبنانيّون
dringend, inständig (Adverb)	في إلْحاح
bemerken	III لاحظ ه / ه
merklich, fühlbar, bemerkenswert	مَلْحوظ
Bemerkung; Wahrnehmung	مُلاحَظة / ملاحظات
Fleisch	لحْم / لُحوم
bei (auch zur Umschreibung von „haben“ im Sinne von „besitzen“)	لَدَى
Latakiya	اللاذقِيّة
notwendig, erforderlich	لازِم
Freundlichkeit	لُطْف
freundlich (Adverb)	بِلُطْف
freundlich, angenehm, nett, hübsch	لطيف / لُطفاء
Elativ zu لطيف	ألْطَف
spielen	لعِب (يلْعَب ، لَعِباً) ه
Sportplatz	مَلْعَب / ملاعِب
Spieler	لاعِب / لاعبون
Löffel	مِلْعقة / مَلاعِق
absagen, aufheben, annullieren	IV ألْغى ه
Sprache	لُغة / لغات
jmds. Blick anziehen, auf sich lenken	لفت (يلْفِت) نظرَه
treffen	لقِي (يلْقَى ، لِقاءً) ه
werfen; halten (Ansprache, Vortrag)	IV ألْقى ه
erhalten	V تلقّى ه
Begegnung, Treffen	لِقاء / لقاءات
Infinitiv von ألقى	إلْقاء
Treffpunkt	مُلْتَقًى / ملتقَيات
aber, jedoch	(و)لٰكِنَّ ، (و)لٰكِنْ
nicht	لمْ
noch nicht	لم . . . بعْدُ

Überblick, Übersicht — لَمْحة عامّة (عن) / لمحات

nicht — لَنْ

wenn — لَـوْ ، لَـوْ أنّ

auch wenn — وَلَـوْ

Tafel — لَـوْح / أَلْـواح

Mandel(n) (coll) — لَـوْز (الواحدة لوزة)

Farbe — لَـوْن / أَلْـوان

لِيبـيَـا ، رَسْمِيّـاً : الجُمْهوريّة العربـيّة الليبـيّة
Libyen,
amtl.: Libysche Arabische Republik

Lira, Lire, Pfund — لِيرة / لِيرات

nicht sein — لَـيْـسَ

Nacht, Nachtzeit — لَـيْـل

Nacht — لَـيْـلة / لَـيَـالٍ

Zitrone(n) (coll) — لَـيْـمون (الواحدة ليمونة)

م

1. was (Fragepronomen) — ما

(+ Elativ im Akk.) o wie . . .!

ما أَجْمَلَ هذه المدينةَ
o wie schön ist diese Stadt!

was — ماذا

warum — لِماذا

2. (das,) was (Relativpronomen)

(satzeinleitend) weil — بِما أنّ

einschließlich — بِما في ذلك

3. nicht (Negation)

noch (immer) — ما زالَ ، ما يزالُ

ما هي إلّا أنْ . . . حتّى
kaum hatte er . . ., da . . .

4. solange (Konjunktion)

solange nicht — ما لَمْ

März — مارْس *äg*

Mark (Währungsbezeichnung) — مارك / ماركات

100 ↑ Zahlen — مائَة ، مِئَة / مئات = ١٠٠

Hunderte — ج مِئات

Hunderttausende — ج مِئات الآلاف

Prozent (%) — في المائة ، بالمائة (٪)

Mai — مايو *äg*

Meter (m) — مِتْر / أَمْتار (م)

Quadratmeter (m²) — مِتر مُربَّع (م٢)

genießen, sich erfreuen (einer Sache) — تمتّع ب V

Gepäck — ج أَمْتِعة

Infinitiv zu تَـمَـتَّـعَ — تمتُّع

Festigkeit — مَتانة

wann — مَتَى

vertreten, repräsentieren — مثّل ه / ه II

(so ...) wie	مِثْلَ
solch ein	مِثْلَ هذا
Sprichwort	مَثَل / أَمْثال
zum Beispiel	مَثَلاً
die Ungarn; Ungarn	المَجَر
kostenlos, umsonst	مَجّانيّ
sich erstrecken	اِمْتَدَّ VIII
Zeitdauer, Zeitraum	مُدّة
für eine Stunde, eine Stunde lang	لِمُدّة ساعة
Stoff, Material	مادّة / مَوادُّ
Grundstoff, Rohstoff	مادّة أوّليّة
Stadt	مَدينة / مُدُن
vorbeigehen (an), vorübergehen	مَرّ (يَمُرّ ، مُروراً) ب
bitter	مُرّ
Mal	مَرّة / مَرّات
einmal	مَرّةً واحدةً
ein zweites Mal, noch einmal, wieder	مَرّةً ثانِيَةً
mehrmals	عِدّةَ مَرّاتٍ
Infinitiv von مرّ	مُرور
nach Ablauf von etwa ...	بعد مرورِ ما يُقارِبُ
ständig (Adverb)	بِٱسْتِمْرار

männlich sein	مَرُؤَ (يَمْرُؤ ، مُروءة)
Männlichkeit	مُروءة
Mann, Mensch	مَرْء
man	المَرْءُ
Frau, Weib	اِمْرَأَة ، المَرْأَة
Krankheit	مَرَض / أَمْراض
krank; Kranker, Patient	مَريض / مَرْضَى
Krankenschwester	مُمَرِّضة / مُمَرِّضات
s. المغرب	مَرّاكِش
Vorzug	مَزِيَّة / مَزايا
Fläche	مِساحة / مِساحات
Abend	مَساء
abends	مَساءً
gestern abend	مَساءَ الأَمْس
heute abend	مَساءَ اليَوْم
Aprikose(n) (coll)	مِشْمِش (الواحدة مشمشة)
laufen, gehen	مَشَى (يَمْشي ، مَشْياً)
ägyptisch; Ägypter	مِصْريّ / مِصْريّون
vergangen	ماضٍ
regnerisch	مُمْطِر
(zusammen) mit (auch zum Ausdruck von „[bei sich] haben")	مع
obwohl	مع أنّ
trotzdem, dennoch	مع ذلك

مكث (يمْكُث ، مُكوثاً)	bleiben, verweilen
IV أمْكن ه (أنْ)	können, möglich sein (jmdm. etw.)
V تمكّن من (أنْ)	können, vermögen, imstande sein
إمْكانيّة / إمكانيّات	Möglichkeit
مُمْكِن	möglich
ملأ (يمْلأ ، مَلْأً) ه	(er)füllen
مَمْلَكة / مَمالِك	(König-) Reich
المملكة العربيّة السعوديّة	(Königreich) Saudi-Arabien
المَمْلكة المَغْرِبيّة	(Königreich) Marokko
مِلْيار / مليارات = ١,٠٠٠,٠٠٠,٠٠٠	Milliarde ↑ Zahlen
مَلّيم / ملاليمُ	Mallim (Währungseinheit)
مَلْيون / ملايينُ = ١,٠٠٠,٠٠٠	Million ↑ Zahlen
مَنْ	1. wer, wen (Fragepronomen)
مع من	mit wem
لِمن	wem
	2. wer; einer, der (Relativpronomen)
مِنْ	von, aus; als (beim Komparativ)
مِمّا (> مِنْ ما) هو جديرٌ بالذِّكر	erwähnenswert ist, daß . . .
مُنْذُ	seit (Präposition)
مُنْذُ ، مُنْذُ أنْ	seit (Konjunktion)
منع (يمْنَع ، منْعاً) ه ه / من	verbieten (jmdm. etw.)
مَمْنوع	verboten
V تمنّى ه / أنْ	wünschen
مَهارة	Geschicklichkeit
ماهِر	geschickt
مَهْما	was (auch) immer
مِهْنة / مِهَن	Beruf; Gewerbe
مَوْج / أمْواج (الواحدة موجة)	Welle, Woge
موديل / موديلات	Modell
مَوْز (الواحدة موزة)	Banane(n) (coll)
موضة	Mode
مال / أمْوال	Geld, Vermögenswert
ماليّ	finanziell
ماليّة	Finanzwesen
ماء / مِياه	Wasser
VIII امْتاز ب	sich auszeichnen (durch)
تمْييز	Unterscheidung, Spezifikation, Unterschied; Diskriminierung
مُمْتاز	ausgezeichnet, vorzüglich
ميكانيكيّ / ميكانيكيّون	Mechaniker
مِيناء / مَوانِئُ و مَوانٍ	Hafen

ن

نبأ / أنْباء	Nachricht, Meldung
نبيذ	Wein
مُنبِّه / منبّهات	Wecker
نتيجة / نتائجُ	Ergebnis
إنْتاج	Produktion
إنْتاجيّة	Produktivität
مُنْتِج	produktiv
ج مُنْتَجات	Produkte
ج مُنْتَجاتُ نِصْفُ مَصْنوعةٍ	Halbfertigprodukte
نجاح / نجاحات	Erfolg
IV أنجز ه	durchführen, erledigen, verrichten
إنْجاز / إنجازات	Leistung
نُحاس	Kupfer
نُحاسيّ	kupfern, Kupfer-
نحْنُ	wir
مُنْتَخَب / منتخبات	Auswahl(mannschaft)
نخيل (الواحدة نخْلة)	Dattelpalme(n) (coll)
اِنْتِداب	Mandat, Mandatsherrschaft
نادر	selten, kostbar
نادٍ / أنْدِيَة	Klub

نزل (ينْزِل ، نُزولاً)	hinuntergehen, absteigen
نُزْهة / نزهات	Spaziergang, Spazierfahrt, Ausflug
نِسْبة / نِسَب	Verhältnis
بِٱلنِّسبةِ لِ	im Hinblick auf, hinsichtlich; für
مُناسَبة	Gelegenheit, Anlaß
بِمناسبة	anläßlich
نسيج / أنْسِجة	Gewebe
نُسْخة / نُسَخ	Exemplar, Kopie
نسمة	Mensch, Person, Seele (als Zählwort bei statistischen Angaben)
نسِيَ (ينْسَى ، نِسْياناً) ه	vergessen
لا يُنْسَى	unvergeßlich
نشأ (ينْشَأ ، نُشوءاً)	entstehen
نشر (ينْشُر ، نشْراً) ه	veröffentlichen
VIII اِنْتشر	verbreitet sein, sich ausbreiten
نشيط / نشيطون	tüchtig, tatkräftig, aktiv
أنْشطُ	Elativ zu نشيط
X اِسْتنْشق ه	einatmen
نصح (ينْصَح ، نصْحاً) ه ب	raten (jmdm. etw.)
نِصْف	Hälfte, halb-
نِصْفُ مَصْنوعٍ	halbfertig, vorgefertigt

مُنْتَصَفُ اللَّيْل	Mitternacht
مِنْطَقة / مَناطِق	Gebiet
نظر (ينْظُر ، نظراً) إلى	betrachten, ansehen
نظريّ	theoretisch
نظريًّا	theoretisch (Adverb)
نظّارة / نظّارات	Brille
مَنْظر / مَناظِر	Ansicht, Anblick, Panorama
مِن المُنْتظَر	es ist zu erwarten
نظيف / نُظفاءُ ونِظاف	sauber
أنْظفُ	Elativ zu نظيف
نِظام / أنْظِمة	Ordnung, System
ناعورة / نَواعير	Wasserschöpfrad
نعمْ	ja
نفّاث	s. طائرة نفّاثة
نفْس / نُفوس وأنْفُس	Mensch, Person; Seele; selb(er, -e, -es, -st)
نفيس	wertvoll, kostbar
انْتِفاضة / انتفاضات	Aufstand, Erhebung
نِفْط	Erdöl
نفقة / نفقات	Kosten
نِقابة / نقابات	Gewerkschaft
نَقْد / نُقود	Geld
III ناقش ه	diskutieren, erörtern
مُناقَشة / مناقشات	Diskussion
ج أنْقاض	Trümmer
نقل (ينْقُل ، نقْلاً) ه / ه	transportieren; übertragen
VIII انْتقل	überwechseln
نقيّ	rein
نِمْرة / نِمَر	Nummer
النِمْسا	Österreich
نهْر / أنْهار	Fluß
ما بَيْنَ النهْرَيْن	Zweistromland
نهار	Tag, Tageszeit (Gegensatz: ليل)
نامٍ	s. البلدان النامية
IV أنْهى ه	beenden
VIII انْتهى	enden, zu Ende gehen
انْتهى من	beenden, fertig werden, zu Ende kommen (mit etw.)
نِهاية	Ende
نِيابة	Staatsanwaltschaft
نائب / نُوّاب	Staatsanwalt
ناس	s. انسان
نَوْع / أنْواع	Art
مُخْتلِفُ الأنْواع	verschiedenartig
متنوِّع	verschiedenartig, mannigfaltig
نوفمبر *äg*	November
VI تناول ه	behandeln (Thema, Problem)

نام (ينام ، نَوْماً)	schlafen
نَوْم	Schlaf
نيسانُ *syr*	April
نِينَوى (م)	Ninive

ه

هات	gib!
هُبوط	Abstieg, Landung
هِجْرة	Einwanderung, Auswanderung
هُجوم	Angriff
هدف / أهْداف	Ziel; Tor (erzielter Treffer)
II هدّم ه	zerstören
هديّة / هدايا	Geschenk
هديّةً (ل)	als Geschenk (für)
هديّة تذْكاريّة	Erinnerungsgeschenk, Souvenir
هذا م هذه / هؤلاء ث هذان م هاتان	dies(er, -e, -es); das (Demonstrativpronomen)
هذا و	(leitet einen vom Inhalt des vorhergehenden Abschnitts deutlich abgesetzten, neuen Text ein; bleibt unübersetzt!)
هزيمة / هزائِم	Niederlage
هلْ	(Fragepartikel)
اِسْتِهْلاكيّ	Verbrauchs-, Konsum-
ج سِلَع استهلاكيّة	Konsumgüter
هامّ	bedeutend, bedeutsam, wichtig
أهمّ	Elativ zu هامّ bzw. مُهِمّ
أهمّيّة	Bedeutung, Wichtigkeit
مُهِمّ	wichtig
مُهِمّة / مهمّات	Aufgabe
هُمْ	sie (3. P. Pl. m.)
هُما	sie beide (3. P. Dual)
هُنّ	sie (3. P. Pl. f.)
هُنا	hier
هُناك	dort; es gibt
هِنْديّ / هُنود	Inder
ج الهنود الحُمْر	die Indianer
هو	er
هائل	gewaltig, riesig
هونج كونج	Hongkong
هَوَاء	Luft
هي	sie (3. P. Sg. f.)
هيردر	Herder
مَعْهد هيردر	Herder-Institut
هَيْفاء	Haifā' (arab. Mädchenname)

و

و	und
وثيق	fest, eng
ثِقة	Vertrauen
وجب (يجب) (عليه) أنْ	müssen
واجِب / واجبات	Aufgabe, Pflicht
وجد (يجد ، وُجودًا) ه	finden
يوجَدُ ، توجَدُ	es gibt
وُجود	Vorhandensein, Existenz
لا وجودَ لِـ	es gibt (absolut) nicht
مَوْجود	vorhanden
موجَز	kurzgefaßt
V توجّه (إلى)	sich wenden, sich begeben (nach)
مُتَوَجِّهاً إلى	in Richtung
وجْه / وُجوه	Gesicht, Antlitz
على وجْهِ الخُصوص	besonders, im besonderen
(هو) وَحْدَه	(er) allein
(هي) وَحْدَها	(sie) allein
(أنت) وَحْدَكَ	(du) allein
مُوَحّد	vereinigt, geeint
اتّحاد / اتّحادات	Verband, Union
الاتِّحادُ السوفْييتيّ	Sowjetunion
واحِد م واحدة = ١	1 ↑ Zahlen
مُتّحد	vereinigt
وِدّيّ	freundschaftlich, Freundschafts-
II ودّع ه	verabschieden
IV أوْدع ه	deponieren
وداع	Abschied
إيداع	Infinitiv von أودع
X اسْتَوْرد ه	importieren
اِسْتيراد	Einfuhr, Import
وَرْدة / وردات	Rose
وَرْشة / وَرْشات و وُرَش	Werkstatt
ورق / أَوْراق	Papier
ورقة / أوراق	Blatt (Papier)
ورقة ماليّة / أَوْراق ماليّة	Banknote, Papiergeld
ورقة نقْديّة / أَوْراق نقديّة	Banknote
وراءَ	hinter
وزير / وُزراء	Minister
وِزارة / وزارات	Ministerium; Kabinett
وسِخ	schmutzig
وِسادة / وَسائِدُ	Kissen
V توسّط ه	in der Mitte sein (von)
وسط / أَوْساط	Mitte
أَوْسطُ م وُسْطَى / أَوَاسِطُ م وُسَطٌ	mittler(er, -e, -es)

الشرق الأوْسط	der Mittlere Osten
ج العُصور الوُسْطى	das Mittelalter
مُتوَسِّط	s. البحر الأبيض المتوسّط
تَوْسيع	Erweiterung
واسِع	weit, geräumig
أوْسَع	Elativ zu واسع
سعة	Kapazität, Fassungsvermögen
وسيلة / وسائِل	Mittel
وصل (يصِل ، وُصولاً) (إلى)	ankommen
III واصل ه	fortsetzen
IV أوْصل ه	bringen, führen, geleiten (jmdn.)
VIII اتِّصل ب	sich in Verbindung setzen (mit)
وصْل ، إيصال / إيصالات	Quittung
وُصول	Infinitiv von وصل
ج المُواصَلات	Verkehrswesen
اتِّصال / اتّصالات	Kontakt (Infinitiv von اتّصل)
IV أوْصى ه ب	empfehlen (jmdm. etw.)
IV أوْضح ه	erläutern
VIII اتّضح	sich herausstellen, klar werden
واضِح	klar, deutlich
وضع (يضَع ، وضْعاً) ه	(hin-) legen, stellen, setzen, stecken
وضع ه على عاتقه	auferlegen (jmdm. etw.)
وضْع / أوْضاع	Lage
مَوْضوع / مَوَاضيع	Thema
تَوْطيد	Stärkung, Festigung
وطن	Heimat
وطنّي	national
مُواطِن / مواطنون	Bürger, Landsmann
مُوَظَّف / موظّفون	Beamter
وعد (يعِد ، وعْداً) ه ب	versprechen (jmdm. etw.)
وعْد / وُعود	Versprechen
مَوْعِد / مَوَاعيد	Verabredung, Termin, Zeitpunkt
حسبَ الموعِد	verabredungsgemäß, pünktlich
IV أوْفد ه	entsenden, delegieren
وفْد / وُفود	Delegation
إيفاد	Delegierung, Entsendung
وفْرة	Fülle
III وافق على	zustimmen
VIII اتّفق على	übereinkommen, sich einigen (über)
وَفْقَ ، وَفْقاً لِ	in Übereinstimmung mit, entsprechend
تَوْفيق الحكيم	ägyptischer Schriftsteller

وفى (يفي، وفاءً) ب — halten (ein Versprechen)

V تُوُفِّيَ — (arab. Passivform) sterben

وقْت / أَوْقات — Zeit

مُؤَقَّتاً — zeitweilig, vorübergehend (Adverb)

وقع (يقَع ، وُقوعاً) — liegen (geogr.)

II وقّع ه — unterschreiben

V توقّع ه — erwarten (etw.)

وقف (يقِف ، وُقوفاً) — (an)halten; sich hinstellen

وقف إلى جانِبه — auf jmds. Seite stehen

مَوْقِف / مَوَاقِفُ — Haltestelle, Halteplatz; Haltung, Stellung (zu من)

وِقاية — Schutz; Vorbeugung

وَكيل / وُكَلاءُ — Bevollmächtigter, Vertreter, Agent

وكيلُ الوِزارة — Staatssekretär

وِكالة / وكالات — Agentur

وِكالةُ أنْباء — Nachrichtenagentur

وِكالةُ الأنْباءِ الألْمانيّة العامّة — Allgemeiner Deutscher Nachrichtendienst (ADN)

ولد (يلِد ، وِلادةً) ه — gebären

وُلِدَ — (arab. Passivform) geboren werden

ولَد / أَوْلاد — Kind, Sohn

ميلاد — Geburt

قَبْلَ الميلاد — v. Chr., vor unserer Zeitrechnung

ج الوِلايات المُتَّحِدة الأمْريكيّة — USA

ي

يا — Vokativpartikel („oh"!)

يارْدة / ياردات — Yard

يد (م) / أَيْدٍ — Hand

يساراً — links

أَيْسرُ م يُسْرى — link, links befindlich

يميناً — rechts

أَيْمنُ م يُمْنى — recht, rechts befindlich

اليمن (م) ، رسْميّاً : الجُمْهوريّة العربيّة اليمنيّة — Jemen, amtl.: Jemenitische Arabische Republik

اليمن الجنوبيّة ، رسْميّاً : جُمْهوريّة اليمن الديمقراطيّة الشعبيّة — (Süd-) Jemen, amtl.: Volksdemokratische Republik Jemen

يناير *äg* — Januar

يوغوسلافيا — Jugoslawien

يوليو *äg* — Juli

يَوْم / أَيّام — Tag

heute, am heutigen Tag	الـيَـوْمَ
eines Tages	يَوْماً ، يوماًمَا
eines Tages	فى يومٍ من الأَيّـام
tagelang	أَيّـاماً (طَوِيلةً)
Montag	يَوْمُ الاِثْـنَـيْن
Dienstag	يوم الثلاثاء
Mittwoch	يوم الأَرْبِـعاء
Donnerstag	يوم الخميس
Freitag	يوم الجُمْعة
Sonnabend	يوم السبْت
Sonntag	يوم الأحد
Tagebuch	ج يَوْمِيّـات
Griechenland; die Griechen	اليونان
griechisch; Grieche	يونانيّ
Juni	*äg* يونـيو

Die Zahlwörter

1. Die Kardinalzahlen

	in Verbindung mit einem fem. Substantiv	in Verbindung mit einem mask. Substantiv	
1	واحِدة ، إحْدَى	واحِد ، أحد	١
2	اِثْنتانِ	اِثْنانِ	٢
3	ثلاث	ثلاثة	٣
4	أرْبع	أرْبعة	٤
5	خمْس	خمْسة	٥
6	سِتّ	سِتّة	٦
7	سَبْع	سَبْعة	٧
8	ثمانٍ (ثمانِي)	ثمانِيَة	٨
9	تِسْع	تِسْعة	٩
10	عَشْر	عَشَرَة	١٠
11	إحْدَى عَشْرَةَ	أَحَدَ عَشَرَ	١١
12	اِثْنتا عَشْرَةَ	اِثْنا عَشَرَ	١٢
13	ثلاثَ عشْرةَ	ثلاثةَ عشرَ	١٣
14	أرْبعَ عشْرةَ	أرْبعةَ عشرَ	١٤
15	خمْسَ عشْرةَ	خمْسةَ عشرَ	١٥
16	سِتَّ عشْرةَ	سِتّةَ عشرَ	١٦
17	سَبْعَ عشْرةَ	سَبْعةَ عشرَ	١٧

18	ثمانيَ عشْرةَ	ثمانيةَ عشرَ	١٨
19	تِسْعَ عشْرةَ	تِسْعةَ عشرَ	١٩
20		عِشْرونَ	٢٠
21	إحْدَى وعِشْرونَ	واحِدٌ وعِشْرونَ ، أحدٌ وعِشْرونَ	٢١
22	اِثْنتانِ وعِشْرونَ	اِثْنانِ وعِشْرونَ	٢٢
23	ثلاثٌ وعِشْرونَ	ثلاثةٌ وعِشْرونَ	٢٣
30		ثلاثون	٣٠
40		أرْبعون	٤٠
50		خمْسون	٥٠
60		سِتّون	٦٠
70		سبْعون	٧٠
80		ثمانون	٨٠
90		تِسْعون	٩٠
100		مِئَة ، مِائَة	١٠٠
101	مئة وواحِدة	مئة وواحد	١٠١
102	مئة وآثْنتانِ	مئة وآثْنانِ	١٠٢
103	مئة وثلاث	مئة وثلاثة	١٠٣
200		مئتا(نِ)	٢٠٠
300		ثلاثُمائة	٣٠٠
1000		ألْف / آلاف	١,٠٠٠
1001	ألْف وواحِدة	ألْف وواحِد	١,٠٠١
1002	ألْف وآثْنتانِ	ألْف وآثْنانِ	١,٠٠٢
1003	ألْف وثلاث	ألْف وثلاثة	١,٠٠٣
1100		ألْف ومئة	١,١٠٠
1200		ألْف ومئتا(نِ)	١,٢٠٠

1300	أَلْف وثلاثُمائة	١,٣٠٠
2000	أَلْفا(نِ)	٢,٠٠٠
3000	ثلاثةُ آلاف	٣,٠٠٠
10 000	عشْرةُ آلاف	١٠,٠٠٠
11 000	أَحَدَ عَشَرَ أَلْفـ(ـا)	١١,٠٠٠
100 000	مئةُ أَلْف	١٠٠,٠٠٠
200 000	مئتا أَلْف	٢٠٠,٠٠٠
1 000 000	مَلْيون / مَلايِينُ	١,٠٠٠,٠٠٠
1 000 000 000	مِلْيار / ملْيارات	١,٠٠٠,٠٠٠,٠٠٠

2. Die Ordinalzahlen

1.	أَوَّلُ م أُولَى
2.	ثانٍ (الثانِي) م ثانِيَة
3.	ثالِث م ثالِثة
4.	رابِع م رابِعة
5.	خامِس م خامِسة
6.	سادِس م سادِسة
7.	سابِع م سابِعة
8.	ثامِن م ثامِنة
9.	تاسِع م تاسِعة
10.	عاشِر م عاشِرة
11.	حادِيَ عَشَرَ م حادِيَةَ عَشْرَةَ
12.	ثانِيَ عَشَرَ م ثانِيَةَ عَشْرَةَ
13.	ثالِثَ عشرَ م ثالِثةَ عشْرةَ
14.	رابِعَ عشرَ م رابِعةَ عشْرةَ

15. خامِسَ عشرَ م خامِسةَ عشْرةَ

16. سادِسَ عشرَ م سادِسةَ عشْرةَ

17. سابِعَ عشرَ م سابِعةَ عشْرةَ

18. ثامِنَ عشرَ م ثامِنةَ عشْرةَ

19. تاسِعَ عشرَ م تاسِعةَ عشْرةَ

20. عِشْرونَ

21. حادٍ وعِشْرونَ (الحادِي والعِشْرونَ) م حادِيَة وعِشْرونَ

22. ثانٍ وعِشْرونَ (الثانِي والعِشْرونَ) م ثانِيَة وعِشْرونَ

23. ثالِثٌ وعِشْرونَ م ثالِثة وعِشْرونَ

30. ثلاثون

40. أرْبعون

100. مِئَة ، مِائَة

101. مئة وواحِد(ة) ، أَوَّلُ (أُولَى) بَعْدَ ٱلْمِئَة

102. مئة وٱثْنانِ (اثْنتانِ) ، ثانٍ (ثانِيَة) بَعْدَ ٱلْمِئَةِ

103. مئة وثلاث(ة) ، ثالث(ة) بَعْدَ ٱلْمِئَةِ

1000. ألْف

1100. ألْف ومئة ، مئة بعد الألْف

3. Die Zahladverbien

erstens	أَوَّلاً
zweitens	ثانِياً
drittens	ثالِثاً
viertens	رابِعاً
fünftens	خامِساً
sechstens	سادِساً

siebentens	سابِعاً
achtens	ثامِناً
neuntens	تاسِعاً
zehntens	عاشِراً

4. Die Bruchzahlen

1/2	نِصْف
1/3	ثُلْث / أَثْلاث
2/3	ثُلْثا(نِ)
1/4	رُبْع / أَرْباع
3/4	ثلاثةُ أرْباع
1/5	خُمْس / أَخْماس
4/5	أرْبعةُ أخْماس
1/6	سُدْس / أَسْداس
5/6	خمْسةُ أسْداس
1/11	واحِد على أَحَدَ عَشَرَ ، جُزْء من أَحَدَ عَشَرَ
7/12	سبْعة على اثْنَيْ عَشَرَ ، سبْعةُ أجْزاء من اثْنَيْ عَشَرَ
9/20	تِسْعة على عِشْرينَ ، تِسْعةُ أجْزاء من عِشْرينَ

5. Die Wiederholungszahlen

einmal	مرّةً واحِدةً
zweimal	مرّتيْنِ
dreimal	ثلاثَ مرّات
viermal	أربعَ مرّات
elfmal	إحْدَى عشْرةَ مرّةً
hundertmal	مِئَةَ مرّةٍ

Die Monate des islamischen Jahres

Die Grundeinheit des islamischen Jahres ist ein »Mondjahr«. Es besteht aus zwölf Monaten mit abwechselnd 30 und 29 Tagen. Die Dauer eines Mondjahres beträgt ca. 354 Tage.
Der islamische Kalender beginnt mit dem 16. Juli des »Sonnenjahres« 622, dem Jahr der Hidschra des Propheten Mohammed von Mekka nach Medina.
Die Namen der zwölf Monate des islamischen Jahres lauten:

1.	المُحَرَّم	(30)	7.	رَجَب	(30)
2.	صَفَر	(29)	8.	شَعْبَان	(29)
3.	رَبِيع الأَوَّل	(30)	9.	رَمَضَان	(30)
4.	رَبِيع الثَّاني	(29)	10.	شَوَّال	(29)
5.	جُمَادَى الأَوَّل	(30)	11.	ذُو القَعْدَة	(30)
6.	جُمَادَى الآخِرَة	(29)	12.	ذُو الحِجَّة	(29 u. 30 in Schaltjahren)

Der letzte Monat des Jahres ist der Monat der Pilgerfahrt (الحَجّ) nach Mekka.
Der Fastenmonat ist der Monat Ramaḍān.
Die beiden Hauptfeste des islamischen Jahres sind:
العِيد الكَبِير ، العِيد الأَضْحَى »das Opferfest, das große Fest« am 10. Ḏu l-Hiǧǧa, dem Opfertag der Mekkapilger und عِيد الفِطْر oder العِيد الصَّغِير »das Fest des Brechens des Ramaḍān-Fastens« am 1. Šauwāl oder »das kleine Fest«.
Für die Umrechnung der Daten des islamischen (Mond-) Jahres auf solche des gregorianischen (Sonnen-) Jahres und umgekehrt gibt es entsprechende Vergleichstabellen.

Übersichtstafeln

der Verbal- und Nominalformen

Verzeichnis der Tafeln

1 Perfektform Aktiv: Grundstamm

R_3 ء	R_2 ء	R_1 ء	$R_2 = R_3$	R_3 ى	R_3 ى	R_3 و
قَرَأَ	سَأَلَ	أَخَذَ	مَرَّ	لَقِيَ	مَشَى	دَعَا
قَرَأَتْ	سَأَلَتْ	أَخَذَتْ	مَرَّتْ	لَقِيَتْ	مَشَتْ	دَعَتْ
قَرَأْتَ	سَأَلْتَ	أَخَذْتَ	مَرَرْتَ	لَقِيتَ	مَشَيْتَ	دَعَوْتَ
قَرَأْتِ	سَأَلْتِ	أَخَذْتِ	مَرَرْتِ	لَقِيتِ	مَشَيْتِ	دَعَوْتِ
قَرَأْتُ	سَأَلْتُ	أَخَذْتُ	مَرَرْتُ	لَقِيتُ	مَشَيْتُ	دَعَوْتُ
قَرَؤُوا	سَأَلُوا	أَخَذُوا	مَرُّوا	لَقُوا	مَشَوْا	دَعَوْا
قَرَأْنَ	سَأَلْنَ	أَخَذْنَ	مَرَرْنَ	لَقِينَ	مَشَيْنَ	دَعَوْنَ
قَرَأْتُمْ	سَأَلْتُمْ	أَخَذْتُمْ	مَرَرْتُمْ	لَقِيتُمْ	مَشَيْتُمْ	دَعَوْتُمْ
قَرَأْتُنَّ	سَأَلْتُنَّ	أَخَذْتُنَّ	مَرَرْتُنَّ	لَقِيتُنَّ	مَشَيْتُنَّ	دَعَوْتُنَّ
قَرَأْنَا	سَأَلْنَا	أَخَذْنَا	مَرَرْنَا	لَقِينَا	مَشَيْنَا	دَعَوْنَا
قَرَآ	سَأَلَا	أَخَذَا	مَرَّا	لَقِيَا	مَشَيَا	دَعَوَا
قَرَأَتَا	سَأَلَتَا	أَخَذَتَا	مَرَّتَا	لَقِيَتَا	مَشَتَا	دَعَتَا
قَرَأْتُمَا	سَأَلْتُمَا	أَخَذْتُمَا	مَرَرْتُمَا	لَقِيتُمَا	مَشَيْتُمَا	دَعَوْتُمَا

Perfektform Aktiv: Grundstamm 1

R_2 و	R_2 ى	R_2 و	R_1 ى	R_1 و	*faʿala*	
خَافَ	بَاعَ	قَامَ	يَبِسَ	وَصَلَ	فَعَلَ	(هو)
خَافَتْ	بَاعَتْ	قَامَتْ	يَبِسَتْ	وَصَلَتْ	فَعَلَتْ	(هي)
خِفْتَ	بِعْتَ	قُمْتَ	يَبِسْتَ	وَصَلْتَ	فَعَلْتَ	(أنت)
خِفْتِ	بِعْتِ	قُمْتِ	يَبِسْتِ	وَصَلْتِ	فَعَلْتِ	(أنت)
خِفْتُ	بِعْتُ	قُمْتُ	يَبِسْتُ	وَصَلْتُ	فَعَلْتُ	(أنا)
خَافُوا	بَاعُوا	قَامُوا	يَبِسُوا	وَصَلُوا	فَعَلُوا	(هم)
خِفْنَ	بِعْنَ	قُمْنَ	يَبِسْنَ	وَصَلْنَ	فَعَلْنَ	(هنّ)
خِفْتُمْ	بِعْتُمْ	قُمْتُمْ	يَبِسْتُمْ	وَصَلْتُمْ	فَعَلْتُمْ	(أنتم)
خِفْتُنَّ	بِعْتُنَّ	قُمْتُنَّ	يَبِسْتُنَّ	وَصَلْتُنَّ	فَعَلْتُنَّ	(أنتنّ)
خِفْنَا	بِعْنَا	قُمْنَا	يَبِسْنَا	وَصَلْنَا	فَعَلْنَا	(نحن)
خَافَا	بَاعَا	قَامَا	يَبِسَا	وَصَلَا	فَعَلَا	(هما)
خَافَتَا	بَاعَتَا	قَامَتَا	يَبِسَتَا	وَصَلَتَا	فَعَلَتَا	(هما)
خِفْتُمَا	بِعْتُمَا	قُمْتُمَا	يَبِسْتُمَا	وَصَلْتُمَا	فَعَلْتُمَا	(أنتما)

2 Imperfektform (Indikativ) Aktiv: Grundstamm

R_3 ء	R_2 ء	R_1 ء	$R_2 = R_3$	R_3 ى	R_3 ى	R_3 و
يَقْرَأُ	يَسْأَلُ	يَأْخُذُ	يَمُرُّ	يَلْقَى	يَمْشِي	يَدْعُو
تَقْرَأُ	تَسْأَلُ	تَأْخُذُ	تَمُرُّ	تَلْقَى	تَمْشِي	تَدْعُو
تَقْرَأُ	تَسْأَلُ	تَأْخُذُ	تَمُرُّ	تَلْقَى	تَمْشِي	تَدْعُو
تَقْرَئِينَ	تَسْأَلِينَ	تَأْخُذِينَ	تَمُرِّينَ	تَلْقَيْنَ	تَمْشِينَ	تَدْعِينَ
أَقْرَأُ	أَسْأَلُ	آخُذُ	أَمُرُّ	أَلْقَى	أَمْشِي	أَدْعُو
يَقْرَؤُونَ	يَسْأَلُونَ	يَأْخُذُونَ	يَمُرُّونَ	يَلْقَوْنَ	يَمْشُونَ	يَدْعُونَ
يَقْرَأْنَ	يَسْأَلْنَ	يَأْخُذْنَ	يَمْرُرْنَ	يَلْقَيْنَ	يَمْشِينَ	يَدْعُونَ
تَقْرَؤُونَ	تَسْأَلُونَ	تَأْخُذُونَ	تَمُرُّونَ	تَلْقَوْنَ	تَمْشُونَ	تَدْعُونَ
تَقْرَأْنَ	تَسْأَلْنَ	تَأْخُذْنَ	تَمْرُرْنَ	تَلْقَيْنَ	تَمْشِينَ	تَدْعُونَ
نَقْرَأُ	نَسْأَلُ	نَأْخُذُ	نَمُرُّ	نَلْقَى	نَمْشِي	نَدْعُو
يَقْرَآنِ	يَسْأَلَانِ	يَأْخُذَانِ	يَمُرَّانِ	يَلْقَيَانِ	يَمْشِيَانِ	يَدْعُوَانِ
تَقْرَآنِ	تَسْأَلَانِ	تَأْخُذَانِ	تَمُرَّانِ	تَلْقَيَانِ	تَمْشِيَانِ	تَدْعُوَانِ
تَقْرَآنِ	تَسْأَلَانِ	تَأْخُذَانِ	تَمُرَّانِ	تَلْقَيَانِ	تَمْشِيَانِ	تَدْعُوَانِ

Imperfektform (Indikativ) Aktiv: Grundstamm 2

R_2 و	R_2 ى	R_2 و	R_1 ى	R_1 و	*faʿala*	
يَخَافُ	يَبِيعُ	يَقُومُ	يَيْبَسُ	يَصِلُ	يَفْعَلُ	(هو)
تَخَافُ	تَبِيعُ	تَقُومُ	تَيْبَسُ	تَصِلُ	تَفْعَلُ	(هي)
تَخَافُ	تَبِيعُ	تَقُومُ	تَيْبَسُ	تَصِلُ	تَفْعَلُ	(أنت)
تَخَافِينَ	تَبِيعِينَ	تَقُومِينَ	تَيْبَسِينَ	تَصِلِينَ	تَفْعَلِينَ	(أنت)
أَخَافُ	أَبِيعُ	أَقُومُ	أَيْبَسُ	أَصِلُ	أَفْعَلُ	(أنا)
يَخَافُونَ	يَبِيعُونَ	يَقُومُونَ	يَيْبَسُونَ	يَصِلُونَ	يَفْعَلُونَ	(هم)
يَخَفْنَ	يَبِعْنَ	يَقُمْنَ	يَيْبَسْنَ	يَصِلْنَ	يَفْعَلْنَ	(هنّ)
تَخَافُونَ	تَبِيعُونَ	تَقُومُونَ	تَيْبَسُونَ	تَصِلُونَ	تَفْعَلُونَ	(أنتم)
تَخَفْنَ	تَبِعْنَ	تَقُمْنَ	تَيْبَسْنَ	تَصِلْنَ	تَفْعَلْنَ	(أنتنّ)
نَخَافُ	نَبِيعُ	نَقُومُ	نَيْبَسُ	نَصِلُ	نَفْعَلُ	(نحن)
يَخَافَانِ	يَبِيعَانِ	يَقُومَانِ	يَيْبَسَانِ	يَصِلَانِ	يَفْعَلَانِ	(هما)
تَخَافَانِ	تَبِيعَانِ	تَقُومَانِ	تَيْبَسَانِ	تَصِلَانِ	تَفْعَلَانِ	(هما)
تَخَافَانِ	تَبِيعَانِ	تَقُومَانِ	تَيْبَسَانِ	تَصِلَانِ	تَفْعَلَانِ	(أنتما)

3 Imperfektform (Konjunktiv) Aktiv: Grundstamm

R_3 ء	R_2 ء	R_1 ء	$R_2 = R_3$	R_3 ى	R_3 ي	R_3 و
يَقْرَأَ	يَسْأَلَ	يَأْخُذَ	يَمُرَّ	يَلْقَى	يَمْشِيَ	يَدْعُوَ
تَقْرَأَ	تَسْأَلَ	تَأْخُذَ	تَمُرَّ	تَلْقَى	تَمْشِيَ	تَدْعُوَ
تَقْرَأَ	تَسْأَلَ	تَأْخُذَ	تَمُرَّ	تَلْقَى	تَمْشِيَ	تَدْعُوَ
تَقْرَئِي	تَسْأَلِي	تَأْخُذِي	تَمُرِّي	تَلْقَيْ	تَمْشِي	تَدْعِي
أَقْرَأَ	أَسْأَلَ	آخُذَ	أَمُرَّ	أَلْقَى	أَمْشِيَ	أَدْعُوَ
يَقْرَؤُوا	يَسْأَلُوا	يَأْخُذُوا	يَمُرُّوا	يَلْقَوْا	يَمْشُوا	يَدْعُوا
يَقْرَأْنَ	يَسْأَلْنَ	يَأْخُذْنَ	يَمْرُرْنَ	يَلْقَيْنَ	يَمْشِينَ	يَدْعُونَ
تَقْرَؤُوا	تَسْأَلُوا	تَأْخُذُوا	تَمُرُّوا	تَلْقَوْا	تَمْشُوا	تَدْعُوا
تَقْرَأْنَ	تَسْأَلْنَ	تَأْخُذْنَ	تَمْرُرْنَ	تَلْقَيْنَ	تَمْشِينَ	تَدْعُونَ
نَقْرَأَ	نَسْأَلَ	نَأْخُذَ	نَمُرَّ	نَلْقَى	نَمْشِيَ	نَدْعُوَ
يَقْرَآ	يَسْأَلَا	يَأْخُذَا	يَمُرَّا	يَلْقَيَا	يَمْشِيَا	يَدْعُوَا
تَقْرَآ	تَسْأَلَا	تَأْخُذَا	تَمُرَّا	تَلْقَيَا	تَمْشِيَا	تَدْعُوَا
تَقْرَآ	تَسْأَلَا	تَأْخُذَا	تَمُرَّا	تَلْقَيَا	تَمْشِيَا	تَدْعُوَا

Imperfektform (Konjunktiv) Aktiv: Grundstamm

و R_2	ى R_2	و R_2	ى R_1	و R_1	*faʿala*	
يَخَافَ	يَبِيعَ	يَقُومَ	يَيْبَسَ	يَصِلَ	يَفْعَلَ	(هو)
تَخَافَ	تَبِيعَ	تَقُومَ	تَيْبَسَ	تَصِلَ	تَفْعَلَ	(هي)
تَخَافَ	تَبِيعَ	تَقُومَ	تَيْبَسَ	تَصِلَ	تَفْعَلَ	(أنت)
تَخَافِي	تَبِيعِي	تَقُومِي	تَيْبَسِي	تَصِلِي	تَفْعَلِي	(أنت)
أَخَافَ	أَبِيعَ	أَقُومَ	أَيْبَسَ	أَصِلَ	أَفْعَلَ	(أنا)
يَخَافُوا	يَبِيعُوا	يَقُومُوا	يَيْبَسُوا	يَصِلُوا	يَفْعَلُوا	(هم)
يَخَفْنَ	يَبِعْنَ	يَقُمْنَ	يَيْبَسْنَ	يَصِلْنَ	يَفْعَلْنَ	(هنّ)
تَخَافُوا	تَبِيعُوا	تَقُومُوا	تَيْبَسُوا	تَصِلُوا	تَفْعَلُوا	(أنتم)
تَخَفْنَ	تَبِعْنَ	تَقُمْنَ	تَيْبَسْنَ	تَصِلْنَ	تَفْعَلْنَ	(أنتنّ)
نَخَافَ	نَبِيعَ	نَقُومَ	نَيْبَسَ	نَصِلَ	نَفْعَلَ	(نحن)
يَخَافَا	يَبِيعَا	يَقُومَا	يَيْبَسَا	يَصِلَا	يَفْعَلَا	(هما)
تَخَافَا	تَبِيعَا	تَقُومَا	تَيْبَسَا	تَصِلَا	تَفْعَلَا	(هما)
تَخَافَا	تَبِيعَا	تَقُومَا	تَيْبَسَا	تَصِلَا	تَفْعَلَا	(أنتما)

Tafel

4 Imperfektform (Apokopat) Aktiv: Grundstamm

R_3 ء	R_2 ء	R_1 ء	$R_2 = R_3$	R_3 ى	R_3 ى	R_3 و
يَقْرَأْ	يَسْأَلْ	يَأْخُذْ	يَمُرَّ / يَمْرُرْ	يَلْقَ	يَمْشِ	يَدْعُ
تَقْرَأْ	تَسْأَلْ	تَأْخُذْ	تَمُرَّ / تَمْرُرْ	تَلْقَ	تَمْشِ	تَدْعُ
تَقْرَأْ	تَسْأَلْ	تَأْخُذْ	تَمُرَّ / تَمْرُرْ	تَلْقَ	تَمْشِ	تَدْعُ
تَقْرَئِي	تَسْأَلِي	تَأْخُذِي	تَمُرِّي	تَلْقَيْ	تَمْشِي	تَدْعِي
أَقْرَأْ	أَسْأَلْ	آخُذْ	أَمُرَّ / أَمْرُرْ	أَلْقَ	أَمْشِ	أَدْعُ
يَقْرَؤُوا	يَسْأَلُوا	يَأْخُذُوا	يَمُرُّوا	يَلْقَوْا	يَمْشُوا	يَدْعُوا
يَقْرَأْنَ	يَسْأَلْنَ	يَأْخُذْنَ	يَمْرُرْنَ	يَلْقَيْنَ	يَمْشِينَ	يَدْعُونَ
تَقْرَؤُوا	تَسْأَلُوا	تَأْخُذُوا	تَمُرُّوا	تَلْقَوْا	تَمْشُوا	تَدْعُوا
تَقْرَأْنَ	تَسْأَلْنَ	تَأْخُذْنَ	تَمْرُرْنَ	تَلْقَيْنَ	تَمْشِينَ	تَدْعُونَ
نَقْرَأْ	نَسْأَلْ	نَأْخُذْ	نَمُرَّ / نَمْرُرْ	نَلْقَ	نَمْشِ	نَدْعُ
يَقْرَآ	يَسْأَلَا	يَأْخُذَا	يَمُرَّا	يَلْقَيَا	يَمْشِيَا	يَدْعُوَا
تَقْرَآ	تَسْأَلَا	تَأْخُذَا	تَمُرَّا	تَلْقَيَا	تَمْشِيَا	تَدْعُوَا
تَقْرَآ	تَسْأَلَا	تَأْخُذَا	تَمُرَّا	تَلْقَيَا	تَمْشِيَا	تَدْعُوَا

Imperfektform (Apokopat) Aktiv: Grundstamm 4

R_2 و	R_2 ى	R_2 و	R_1 ى	R_1 و	*faʿala*	
يَخَفْ	يَبِعْ	يَقُمْ	يَيْبَسْ	يَصِلْ	يَفْعَلْ	(هو)
تَخَفْ	تَبِعْ	تَقُمْ	تَيْبَسْ	تَصِلْ	تَفْعَلْ	(هي)
تَخَفْ	تَبِعْ	تَقُمْ	تَيْبَسْ	تَصِلْ	تَفْعَلْ	(أنت)
تَخَافِي	تَبِيعِي	تَقُومِي	تَيْبَسِي	تَصِلِي	تَفْعَلِي	(أنت)
أَخَفْ	أَبِعْ	أَقُمْ	أَيْبَسْ	أَصِلْ	أَفْعَلْ	(أنا)
يَخَافُوا	يَبِيعُوا	يَقُومُوا	يَيْبَسُوا	يَصِلُوا	يَفْعَلُوا	(هم)
يَخَفْنَ	يَبِعْنَ	يَقُمْنَ	يَيْبَسْنَ	يَصِلْنَ	يَفْعَلْنَ	(هنّ)
تَخَافُوا	تَبِيعُوا	تَقُومُوا	تَيْبَسُوا	تَصِلُوا	تَفْعَلُوا	(أنتم)
تَخَفْنَ	تَبِعْنَ	تَقُمْنَ	تَيْبَسْنَ	تَصِلْنَ	تَفْعَلْنَ	(أنتنّ)
نَخَفْ	نَبِعْ	نَقُمْ	نَيْبَسْ	نَصِلْ	نَفْعَلْ	(نحن)
يَخَافَا	يَبِيعَا	يَقُومَا	يَيْبَسَا	يَصِلَا	يَفْعَلَا	(هما)
تَخَافَا	تَبِيعَا	تَقُومَا	تَيْبَسَا	تَصِلَا	تَفْعَلَا	(هما)
تَخَافَا	تَبِيعَا	تَقُومَا	تَيْبَسَا	تَصِلَا	تَفْعَلَا	(أنتما)

5 Perfektform Aktiv: Stamm I–X

R_3 ء	R_2 ء	R_1 ء	$R_2 = R_3$	R_3 ى	R_3 ي	R_3 و
قَرَأَ	سَأَلَ	أَخَذَ	مَرَّ	لَقِيَ	مَشَى	دَعَا
قَرَّأَ	سَأَّلَ	أَخَّذَ	مَرَّرَ	لَقَّى	مَشَّى	دَعَّى
قَارَأَ	سَاءَلَ	آخَذَ	مَارَّ	لَاقَى	مَاشَى	دَاعَى
أَقْرَأَ	أَسْأَلَ	آخَذَ	أَمَرَّ	أَلْقَى	أَمْشَى	أَدْعَى
تَقَرَّأَ	تَسَأَّلَ	تَأَخَّذَ	تَمَرَّرَ	تَلَقَّى	تَمَشَّى	تَدَعَّى
تَقَارَأَ	تَسَاءَلَ	تَآخَذَ	تَمَارَّ	تَلَاقَى	تَمَاشَى	تَدَاعَى
اِنْقَرَأَ	اِنْسَأَلَ	—	اِنْمَرَّ	اِنْلَقَى	اِنْمَشَى	اِنْدَعَى
اِقْتَرَأَ	اِسْتَأَلَ	اِتَّخَذَ	اِمْتَرَّ	اِلْتَقَى	اِمْتَشَى	اِدَّعَى [1]
اِسْتَقْرَأَ	اِسْتَسْأَلَ	اِسْتَأْخَذَ	اِسْتَمَرَّ	اِسْتَلْقَى	اِسْتَمْشَى	اِسْتَدْعَى

[1] Zur Assimilation des *t*-Infixes an R_1 vgl. Lektion 18.

Perfektform Aktiv: Stamm I–X 5

R_2 و	R_2 ى	R_2 و	R_1 ى	R_1 و	*fa'ala*	
خَافَ	بَاعَ	قَامَ	يَبِسَ	وَصَلَ	فَعَلَ	I
خَوَّفَ	بَيَّعَ	قَوَّمَ	يَبَّسَ	وَصَّلَ	فَعَّلَ	II
خَاوَفَ	بَايَعَ	قَاوَمَ	يَابَسَ	وَاصَلَ	فَاعَلَ	III
أَخَافَ	أَبَاعَ	أَقَامَ	أَيْبَسَ	أَوْصَلَ	أَفْعَلَ	IV
تَخَوَّفَ	تَبَيَّعَ	تَقَوَّمَ	تَيَبَّسَ	تَوَصَّلَ	تَفَعَّلَ	V
تَخَاوَفَ	تَبَايَعَ	تَقَاوَمَ	تَيَابَسَ	تَوَاصَلَ	تَفَاعَلَ	VI
اِنْخَافَ	اِنْبَاعَ	اِنْقَامَ	—	—	اِنْفَعَلَ	VII
اِخْتَافَ	اِبْتَاعَ	اِقْتَامَ	اِتَّبَسَ	اِتَّصَلَ	اِفْتَعَلَ	VIII
اِسْتَخَافَ	اِسْتَبَاعَ	اِسْتَقَامَ	اِسْتَيْبَسَ	اِسْتَوْصَلَ	اِسْتَفْعَلَ	X

6 Imperfektform (Indikativ) Aktiv: Stamm I–X

R_3 ء	R_2 ء	R_1 ء	$R_2 = R_3$	R_3 ى	R_3 ي	R_3 و
يَقْرَأُ	يَسْأَلُ	يَأْخُذُ	يَمُرُّ	يَلْقَى	يَمْشِي	يَدْعُو
يُقَرِّئُ	يُسَئِّلُ	يُؤَخِّذُ	يُمَرِّرُ	يُلَقِّي	يُمَشِّي	يُدَعِّي
يُقَارِئُ	يُسَائِلُ	يُؤَاخِذُ	يُمَارُّ	يُلَاقِي	يُمَاشِي	يُدَاعِي
يُقْرِئُ	يُسْئِلُ	يُؤْخِذُ	يُمِرُّ	يُلْقِي	يُمْشِي	يُدْعِي
يَتَقَرَّأُ	يَتَسَأَّلُ	يَتَأَخَّذُ	يَتَمَرَّرُ	يَتَلَقَّى	يَتَمَشَّى	يَتَدَعَّى
يَتَقَارَأُ	يَتَسَاءَلُ	يَتَآخَذُ	يَتَمَارُّ	يَتَلَاقَى	يَتَمَاشَى	يَتَدَاعَى
يَنْقَرِئُ	يَنْسَئِلُ	—	يَنْمَرُّ	يَنْلَقِي	يَنْمَشِي	يَنْدَعِي
يَقْتَرِئُ	يَسْتَئِلُ	يَتَّخِذُ	يَمْتَرُّ	يَلْتَقِي	يَمْتَشِي	يَدَّعِي [1]
يَسْتَقْرِئُ	يَسْتَسْئِلُ	يَسْتَأْخِذُ	يَسْتَمِرُّ	يَسْتَلْقِي	يَسْتَمْشِي	يَسْتَدْعِي

[1] Zur Assimilation des *t*-Infixes an R_1 vgl. Lektion 18.

Imperfektform (Indikativ) Aktiv: Stamm I–X

R_2 و	R_2 ی	R_2 و	R_1 ی	R_1 و	*fa'ala*	
يَخَافُ	يَبِيعُ	يَقُومُ	يَيْبَسُ	يَصِلُ	يَفْعَلُ	I
يُخَوِّفُ	يُبَيِّعُ	يُقَوِّمُ	يُيَبِّسُ	يُوَصِّلُ	يُفَعِّلُ	II
يُخَاوِفُ	يُبَايِعُ	يُقَاوِمُ	يُيَابِسُ	يُوَاصِلُ	يُفَاعِلُ	III
يُخِيفُ	يُبِيعُ	يُقِيمُ	يُوبِسُ	يُوصِلُ	يُفْعِلُ	IV
يَتَخَوَّفُ	يَتَبَيَّعُ	يَتَقَوَّمُ	يَتَيَبَّسُ	يَتَوَصَّلُ	يَتَفَعَّلُ	V
يَتَخَاوَفُ	يَتَبَايَعُ	يَتَقَاوَمُ	يَتَيَابَسُ	يَتَوَاصَلُ	يَتَفَاعَلُ	VI
يَنْخَافُ	يَنْبَاعُ	يَنْقَامُ	—	—	يَنْفَعِلُ	VII
يَخْتَافُ	يَبْتَاعُ	يَقْتَامُ	يَتَّبِسُ	يَتَّصِلُ	يَفْتَعِلُ	VIII
يَسْتَخِيفُ	يَسْتَبِيعُ	يَسْتَقِيمُ	يَسْتَيْبِسُ	يَسْتَوْصِلُ	يَسْتَفْعِلُ	X

7 Perfektform Passiv: Stamm I–X

R_3 ء	R_2 ء	R_1 ء	$R_2 = R_3$	R_3 ي	R_3 ي	R_3 و
قُرِئَ	سُئِلَ	أُخِذَ	سُرَّ	لُقِيَ	مُشِيَ	دُعِيَ
قُرِّئَ	سُئِّلَ	أُخِّذَ	سُرِّرَ	لُقِّيَ	مُشِّيَ	دُعِّيَ
قُورِئَ	سُوئِلَ	أُوخِذَ	مُورِرَ	لُوقِيَ	مُوشِيَ	دُوعِيَ
أُقْرِئَ	أُسْئِلَ	أُوخِذَ	أُمِرَّ	أُلْقِيَ	أُمْشِيَ	أُدْعِيَ
تُقُرِّئَ	تُسُئِّلَ	تُؤُخِّذَ	تُمُرِّرَ	تُلُقِّيَ	تُمُشِّيَ	تُدُعِّيَ
تُقُورِئَ	تُسُوئِلَ	تُؤُوخِذَ	تُمُورِرَ	تُلُوقِيَ	تُمُوشِيَ	تُدُوعِيَ
اُنْقُرِئَ	اُنْسُئِلَ	—	اُنْمُرَّ	اُنْلُقِيَ	اُنْمُشِيَ	اُنْدُعِيَ
اُقْتُرِئَ	اُسْتُئِلَ	أُتُّخِذَ	اُمْتُرَّ	اُلْتُقِيَ	اُمْتُشِيَ	اُدُّعِيَ [1]
اُسْتُقْرِئَ	اُسْتُسْئِلَ	اُسْتُوخِذَ	اُسْتُمِرَّ	اُسْتُلْقِيَ	اُسْتُمْشِيَ	اُسْتُدْعِيَ

1 Zur Assimilation des *t*-Infixes an R_1 vgl. Lektion 18.

Perfektform Passiv: Stamm I–X 7

R_2 و	R_2 ى	R_2 و	R_1 ى	R_1 و	*faʿala*	
خِيفَ	بِيعَ	قِيمَ	يُبِسَ	وُصِلَ	فُعِلَ	I
خُوِّفَ	بُيِّعَ	قُوِّمَ	يُبِّسَ	وُصِّلَ	فُعِّلَ	II
خُووِفَ	بُويِعَ	قُووِمَ	يُوبِسَ	وُوصِلَ	فُوعِلَ	III
أُخِيفَ	أُبِيعَ	أُقِيمَ	أُوبِسَ	أُوصِلَ	أُفْعِلَ	IV
تُخُوِّفَ	تُبُيِّعَ	تُقُوِّمَ	تُيُبِّسَ	تُوُصِّلَ	تُفُعِّلَ	V
تُخُووِفَ	تُبُويِعَ	تُقُووِمَ	تُيُوبِسَ	تُووصِلَ	تُفُوعِلَ	VI
اُنْخِيفَ	اُنْبِيعَ	اُنْقِيمَ	—	—	اُنْفُعِلَ	VII
اُخْتِيفَ	اُبْتِيعَ	اُقْتِيمَ	اُتُّبِسَ	اُتُّصِلَ	اُفْتُعِلَ	VIII
اُسْتُخِيفَ	اُسْتُبِيعَ	اُسْتُقِيمَ	اُسْتُوبِسَ	اُسْتُوصِلَ	اُسْتُفْعِلَ	X

8 Imperfektform (Indikativ) Passiv: Stamm I–X

R_3 ء	R_2 ء	R_1 ء	$R_2 = R_3$	R_3 ى	R_3 ى	R_3 و
يُقْرَأُ	يُسْأَلُ	يُؤْخَذُ	يُمَرُّ	يُلْقَى	يُمْشَى	يُدْعَى
يُقَرَّأُ	يُسَأَّلُ	يُؤَخَّذُ	يُمَرَّرُ	يُلَقَّى	يُمَشَّى	يُدَعَّى
يُقَارَأُ	يُسَاءَلُ	يُوَاخَذُ	يُمَارُّ	يُلَاقَى	يُمَاشَى	يُدَاعَى
يُقْرَأُ	يُسْأَلُ	يُؤْخَذُ	يُمَرُّ	يُلْقَى	يُمْشَى	يُدْعَى
يُتَقَرَّأُ	يُتَسَأَّلُ	يُتَأَخَّذُ	يُتَمَرَّرُ	يُتَلَقَّى	يُتَمَشَّى	يُتَدَعَّى
يُتَقَارَأُ	يُتَسَاءَلُ	يُتَآخَذُ	يُتَمَارُّ	يُتَلَاقَى	يُتَمَاشَى	يُتَدَاعَى
يُنْقَرَأُ	يُنْسَأَلُ	—	يُنْمَرُّ	يُنْلَقَى	يُنْمَشَى	يُنْدَعَى
يُقْتَرَأُ	يُسْتَأَلُ	يُتَّخَذُ	يُمْتَرُّ	يُلْتَقَى	يُمْتَشَى	يُدَّعَى [1]
يُسْتَقْرَأُ	يُسْتَسْأَلُ	يُسْتَأْخَذُ	يُسْتَمَرُّ	يُسْتَلْقَى	يُسْتَمْشَى	يُسْتَدْعَى

[1] Zur Assimilation des *t*-Infixes an R_1 vgl. Lektion 18.

Imperfektform (Indikativ) Passiv: Stamm I–X

R_2 و	R_2 ى	R_2 و	R_1 ى	R_1 و	*faʿala*	
يُخَافُ	يُبَاعُ	يُقَامُ	يُوبَسُ	يُوصَلُ	يُفْعَلُ	I
يُخَوَّفُ	يُبَيَّعُ	يُقَوَّمُ	يُيَبَّسُ	يُوَصَّلُ	يُفَعَّلُ	II
يُخَاوَفُ	يُبَايَعُ	يُقَاوَمُ	يُيَابَسُ	يُوَاصَلُ	يُفَاعَلُ	III
يُخَافُ	يُبَاعُ	يُقَامُ	يُوبَسُ	يُوصَلُ	يُفْعَلُ	IV
يُتَخَوَّفُ	يُتَبَيَّعُ	يُتَقَوَّمُ	يُتَيَبَّسُ	يُتَوَصَّلُ	يُتَفَعَّلُ	V
يُتَخَاوَفُ	يُتَبَايَعُ	يُتَقَاوَمُ	يُتَيَابَسُ	يُتَوَاصَلُ	يُتَفَاعَلُ	VI
يُنْخَافُ	يُنْبَاعُ	يُنْقَامُ	—	—	يُنْفَعَلُ	VII
يُخْتَافُ	يُبْتَاعُ	يُقْتَامُ	يُتَّبَسُ	يُتَّصَلُ	يُفْتَعَلُ	VIII
يُسْتَخَافُ	يُسْتَبَاعُ	يُسْتَقَامُ	يُسْتَيْبَسُ	يُسْتَوْصَلُ	يُسْتَفْعَلُ	X

9 Imperativ: Stamm I–X

R_3 ء	R_2 ء	R_1 ء	$R_2 = R_3$	R_3 ى	R_3 ى	R_3 و
اِقْرَأْ	اِسْأَلْ	خُذْ [1]	مُرَّ / أُمْرُرْ	اِلْقَ	اِمْشِ	اُدْعُ
اِقْرَئِي	اِسْأَلِي	خُذِي	مُرِّي	اِلْقَيْ	اِمْشِي	اُدْعِي
اِقْرَؤُوا	اِسْأَلُوا	خُذُوا	مُرُّوا	اِلْقَوْا	اِمْشُوا	اُدْعُوا
اِقْرَأْنَ	اِسْأَلْنَ	خُذْنَ	اُمْرُرْنَ	اِلْقَيْنَ	اِمْشِينَ	اُدْعُونَ
اِقْرَآ	اِسْأَلَا	خُذَا	مُرَّا	اِلْقَيَا	اِمْشِيَا	اُدْعُوَا
قَرِّئْ	سَئِّلْ	أَخِّذْ	مَرِّرْ	لَقِّ	مَشِّ	دَعِّ
قَارِئْ	سَائِلْ	آخِذْ	مَارَّ / مَارِرْ	لَاقِ	مَاشِ	دَاعِ
أَقْرِئْ	أَسْئِلْ	آخِذْ	أَمِرَّ / أَمْرِرْ	أَلْقِ	أَمْشِ	أَدْعِ
تَقَرَّأْ	تَسَأَّلْ	تَأَخَّذْ	تَمَرَّرْ	تَلَقَّ	تَمَشَّ	تَدَعَّ
تَقَارَأْ	تَسَاءَلْ	تَآخَذْ	تَمَارَّ / تَمَارَرْ	تَلَاقَ	تَمَاشَ	تَدَاعَ
اِنْقَرِئْ	اِنْسَئِلْ	—	اِنْمَرَّ / اِنْمَرِرْ	اِنْلَقِ	اِنْمَشِ	اِنْدَعِ
اِقْتَرِئْ	اِسْتَئِلْ	اِتَّخِذْ	اِمْتَرَّ / اِمْتَرِرْ	اِلْتَقِ	اِمْتَشِ	اِدَّعِ [2]
اِسْتَقْرِئْ	اِسْتَسْئِلْ	اِسْتَأْخِذْ	اِسْتَمِرَّ/اِسْتَمْرِرْ	اِسْتَلْقِ	اِسْتَمْشِ	اِسْتَدْعِ

[1] Die Verben أَخَذَ » nehmen «, أَكَلَ » essen « und أَمَرَ » befehlen « bilden den Imperativ ohne Vorschlagvokal. Die anderen Verben mit R_1 = *Hamza* bilden den Imperativ regelmäßig wie z. B. أُومُلْ (< أُؤْمُلْ) » hoffe! «.

[2] Zur Assimilation des *t*-Infixes an R_1 vgl. Lektion 18.

Imperativ: Stamm I–X 9

و R_2	ى R_2	و R_2	ى R_1	و R_1	*faʿala*	
خَفْ	بِعْ	قُمْ	اِيبَسْ	صِلْ	اِفْعَلْ	(أنت)
خَافِي	بِيعِي	قُومِي	اِيبَسِي	صِلِي	اِفْعَلِي	(أنت)
خَافُوا	بِيعُوا	قُومُوا	اِيبَسُوا	صِلُوا	اِفْعَلُوا	(أنتم)
خَفْنَ	بِعْنَ	قُمْنَ	اِيبَسْنَ	صِلْنَ	اِفْعَلْنَ	(أنتنّ)
خَافَا	بِيعَا	قُومَا	اِيبَسَا	صِلَا	اِفْعَلَا	(أنتما)
خَوِّفْ	بَيِّعْ	قَوِّمْ	يَبِّسْ	وَصِّلْ	فَعِّلْ	II
خَاوِفْ	بَايِعْ	قَاوِمْ	يَابِسْ	وَاصِلْ	فَاعِلْ	III
أَخِفْ	أَبِعْ	أَقِمْ	أَيْبِسْ	أَوْصِلْ	أَفْعِلْ	IV
تَخَوَّفْ	تَبَيَّعْ	تَقَوَّمْ	تَيَبَّسْ	تَوَصَّلْ	تَفَعَّلْ	V
تَخَاوَفْ	تَبَايَعْ	تَقَاوَمْ	تَيَابَسْ	تَوَاصَلْ	تَفَاعَلْ	VI
اِنْخَفْ	اِنْبَعْ	اِنْقَمْ	—	—	اِنْفَعِلْ	VII
اِخْتَفْ	اِبْتَعْ	اِقْتَمْ	اِتَّبِسْ	اِتَّصِلْ	اِفْتَعِلْ	VIII
اِسْتَخِفْ	اِسْتَبِعْ	اِسْتَقِمْ	اِسْتَيْبِسْ	اِسْتَوْصِلْ	اِسْتَفْعِلْ	X

10 Partizip Aktiv: Stamm I–X

R_3 ء	R_2 ء	R_1 ء	$R_2 = R_3$	R_3 ى	R_3 ى	R_3 و
قَارِئٌ	سَائِلٌ	آخِذٌ	سَارٌّ	لَاقٍ	مَاشٍ	دَاعٍ [1]
مُقَرِّئٌ	مُسَئِّلٌ	مُؤَخِّذٌ	مُسَرِّرٌ	مُلَقٍّ	مُمَشٍّ	مُدَعٍّ
مُقَارِئٌ	مُسَائِلٌ	مُؤَاخِذٌ	مُسَارٌّ	مُلَاقٍ	مُمَاشٍ	مُدَاعٍ
مُقْرِئٌ	مُسْئِلٌ	مُؤْخِذٌ	مُسِرٌّ	مُلْقٍ	مُمْشٍ	مُدْعٍ
مُتَقَرِّئٌ	مُتَسَئِّلٌ	مُتَأَخِّذٌ	مُتَسَرِّرٌ	مُتَلَقٍّ	مُتَمَشٍّ	مُتَدَعٍّ
مُتَقَارِئٌ	مُتَسَائِلٌ	مُتَآخِذٌ	مُتَسَارٌّ	مُتَلَاقٍ	مُتَمَاشٍ	مُتَدَاعٍ
مُنْقَرِئٌ	مُنْسَئِلٌ	—	مُنْسَرٌّ	مُنْلَقٍ	مُنْمَشٍ	مُنْدَعٍ
مُقْتَرِئٌ	مُسْتَئِلٌ	مُتَّخِذٌ	مُسْتَرٌّ	مُلْتَقٍ	مُمْتَشٍ	مُدَّعٍ [2]
مُسْتَقْرِئٌ	مُسْتَسْئِلٌ	مُسْتَأْخِذٌ	مُسْتَسِرٌّ	مُسْتَلْقٍ	مُسْتَمْشٍ	مُسْتَدْعٍ

[1] Zur Deklination s. Tafel 37.

[2] Zur Assimilation des *t*-Infixes an R_1 vgl. Lektion 18.

Partizip Aktiv: Stamm I–X 10

R_2 و	R_2 ی	R_2 و	R_1 ی	R_1 و	*faʿala*	
خَائِفٌ	بَائِعٌ	قَائِمٌ	يَابِسٌ	وَاصِلٌ	فَاعِلٌ	I
مُخَوِّفٌ	مُبَيِّعٌ	مُقَوِّمٌ	مُيَبِّسٌ	مُوَصِّلٌ	مُفَعِّلٌ	II
مُخَاوِفٌ	مُبَايِعٌ	مُقَاوِمٌ	مُيَابِسٌ	مُوَاصِلٌ	مُفَاعِلٌ	III
مُخِيفٌ	مُبِيعٌ	مُقِيمٌ	مُوبِسٌ	مُوصِلٌ	مُفْعِلٌ	IV
مُتَخَوِّفٌ	مُتَبَيِّعٌ	مُتَقَوِّمٌ	مُتَيَبِّسٌ	مُتَوَصِّلٌ	مُتَفَعِّلٌ	V
مُتَخَاوِفٌ	مُتَبَايِعٌ	مُتَقَاوِمٌ	مُتَيَابِسٌ	مُتَوَاصِلٌ	مُتَفَاعِلٌ	VI
مُنْخَافٌ	مُنْبَاعٌ	مُنْقَامٌ	—	—	مُنْفَعِلٌ	VII
مُخْتَافٌ	مُبْتَاعٌ	مُقْتَامٌ	مُتَّبِسٌ	مُتَّصِلٌ	مُفْتَعِلٌ	VIII
مُسْتَخِيفٌ	مُسْتَبِيعٌ	مُسْتَقِيمٌ	مُسْتَيْبِسٌ	مُسْتَوْصِلٌ	مُسْتَفْعِلٌ	X

11 Partizip Passiv: Stamm I–X

R_3 ء	R_2 ء	R_1 ء	$R_2 = R_3$	R_3 ى	R_3 ى	R_3 و
مَقْرُوءٌ	مَسْؤُولٌ	مَأْخُوذٌ	مَمْرُورٌ	مَلْقِيٌّ	مَمْشِيٌّ	مَدْعُوٌّ
مُقَرَّأٌ	مُسَأَّلٌ	مُؤَخَّذٌ	مُمَرَّرٌ	مُلَقًّى	مُمَشًّى	مُدَعًّى [1]
مُقَارَأٌ	مُسَاءَلٌ	مُوَاخَذٌ	مُمَارٌّ	مُلَاقًى	مُمَاشًى	مُدَاعًى
مُقْرَأٌ	مُسْأَلٌ	مُؤْخَذٌ	مُمَرٌّ	مُلْقًى	مُمْشًى	مُدْعًى
مُتَقَرَّأٌ	مُتَسَأَّلٌ	مُتَأَخَّذٌ	مُتَمَرَّرٌ	مُتَلَقًّى	مُتَمَشًّى	مُتَدَعًّى
مُتَقَارَأٌ	مُتَسَاءَلٌ	مُتَآخَذٌ	مُتَمَارٌّ	مُتَلَاقًى	مُتَمَاشًى	مُتَدَاعًى
مُنْقَرَأٌ	مُنْسَأَلٌ	—	مُنْمَرٌّ	مُنْلَقًى	مُنْمَشًى	مُنْدَعًى
مُقْتَرَأٌ	مُسْتَأَلٌ	مُتَّخَذٌ	مُمْتَرٌّ	مُلْتَقًى	مُمْتَشًى	مُدَّعًى [2]
مُسْتَقْرَأٌ	مُسْتَسْأَلٌ	مُسْتَأْخَذٌ	مُسْتَمَرٌّ	مُسْتَلْقًى	مُسْتَمْشًى	مُسْتَدْعًى

[1] Zur Deklination s. Tafel 37.

[2] Zur Assimilation des *t*-Infixes an R_1 vgl. Lektion 18.

Partizip Passiv: Stamm I–X **11**

	faʿala	R_1 و	R_1 ى	R_2 و	R_2 ى	R_2 و
I	مَفْعُولٌ	مَوْصُولٌ	مَيْبُوسٌ	مَقُومٌ	مَبِيعٌ	مَخُوفٌ
II	مُفَعَّلٌ	مُوَصَّلٌ	مُيَبَّسٌ	مُقَوَّمٌ	مُبَيَّعٌ	مُخَوَّفٌ
III	مُفَاعَلٌ	مُوَاصَلٌ	مُيَابَسٌ	مُقَاوَمٌ	مُبَايَعٌ	مُخَاوَفٌ
IV	مُفْعَلٌ	مُوصَلٌ	مُوبَسٌ	مُقَامٌ	مُبَاعٌ	مُخَافٌ
V	مُتَفَعَّلٌ	مُتَوَصَّلٌ	مُتَيَبَّسٌ	مُتَقَوَّمٌ	مُتَبَيَّعٌ	مُتَخَوَّفٌ
VI	مُتَفَاعَلٌ	مُتَوَاصَلٌ	مُتَيَابَسٌ	مُتَقَاوَمٌ	مُتَبَايَعٌ	مُتَخَاوَفٌ
VII	مُنْفَعَلٌ	—	—	مُنْقَامٌ	مُنْبَاعٌ	مُنْخَافٌ
VIII	مُفْتَعَلٌ	مُتَّصَلٌ	مُتَّبَسٌ	مُقْتَامٌ	مُبْتَاعٌ	مُخْتَافٌ
X	مُسْتَفْعَلٌ	مُسْتَوْصَلٌ	مُسْتَيْبَسٌ	مُسْتَقَامٌ	مُسْتَبَاعٌ	مُسْتَخَافٌ

12 Infinitiv: Stamm I–X

R_3 ء	R_2 ء	R_1 ء	$R_2 = R_3$	R_3 ى	R_3 ى	R_3 و
			Stamm I unregelmäßig			
تَقْرِئَةٌ	تَسْئِيلٌ	تَأْخِيذٌ	تَمْرِيرٌ	تَلْقِيَةٌ	تَمْشِيَةٌ	تَدْعِيَةٌ
مُقَارَأَةٌ	مُسَاءَلَةٌ	مُؤَاخَذَةٌ	مُمَارَّةٌ	مُلَاقَاةٌ	مُمَاشَاةٌ	مُدَاعَاةٌ
قِرَاءٌ	سِئَالٌ	إِخَاذٌ	مِرَارٌ	لِقَاءٌ	مِشَاءٌ	دِعَاءٌ
إِقْرَاءٌ	إِسْآلٌ	إِيخَاذٌ	إِمْرَارٌ	إِلْقَاءٌ	إِمْشَاءٌ	إِدْعَاءٌ
تَقَرُّؤٌ	تَسَؤُّلٌ	تَأَخُّذٌ	تَمَرُّرٌ	تَلَقٍّ	تَمَشٍّ	تَدَعٍّ
تَقَارُؤٌ	تَسَاؤُلٌ	تَآخُذٌ	تَمَارٌّ	تَلَاقٍ	تَمَاشٍ	تَدَاعٍ
اِنْقِرَاءٌ	اِنْسِئَالٌ	—	اِنْمِرَارٌ	اِنْلِقَاءٌ	اِنْمِشَاءٌ	اِنْدِعَاءٌ
اِقْتِرَاءٌ	اِسْتِئَالٌ	اِتِّخَاذٌ	اِمْتِرَارٌ	اِلْتِقَاءٌ	اِمْتِشَاءٌ	اِدِّعَاءٌ [1]
اِسْتِقْرَاءٌ	اِسْتِسْآلٌ	اِسْتِئْخَاذٌ	اِسْتِمْرَارٌ	اِسْتِلْقَاءٌ	اِسْتِمْشَاءٌ	اِسْتِدْعَاءٌ

[1] Zur Assimilation des *t*-Infixes an R_1 vgl. Lektion 18.

Infinitiv: Stamm I–X

R_2 و	R_2 ی	R_2 و	R_1 ی	R_1 و	*faʿala*	
Stamm I unregelmäßig						I
تَخْوِيفٌ	تَبْيِيعٌ	تَقْوِيمٌ	تَيْبِيسٌ	تَوْصِيلٌ	تَفْعِيلٌ	II
مُخَاوَفَةٌ خِوَافٌ	مُبَايَعَةٌ بِيَاعٌ	مُقَاوَمَةٌ قِوَامٌ	مُيَابَسَةٌ يِبَاسٌ	مُوَاصَلَةٌ وِصَالٌ	مُفَاعَلَةٌ فِعَالٌ	III
إِخَافَةٌ	إِبَاعَةٌ	إِقَامَةٌ	إِيبَاسٌ	إِيصَالٌ	إِفْعَالٌ	IV
تَخَوُّفٌ	تَبَيُّعٌ	تَقَوُّمٌ	تَيَبُّسٌ	تَوَصُّلٌ	تَفَعُّلٌ	V
تَخَاوُفٌ	تَبَايُعٌ	تَقَاوُمٌ	تَيَابُسٌ	تَوَاصُلٌ	تَفَاعُلٌ	VI
اِنْخِيَافٌ	اِنْبِيَاعٌ	اِنْقِيَامٌ	—	—	اِنْفِعَالٌ	VII
اِخْتِيَافٌ	اِبْتِيَاعٌ	اِقْتِيَامٌ	اِتِّبَاسٌ	اِتِّصَالٌ	اِفْتِعَالٌ	VIII
اِسْتِخَافَةٌ	اِسْتِبَاعَةٌ	اِسْتِقَامَةٌ	اِسْتِيبَاسٌ	اِسْتِيصَالٌ	اِسْتِفْعَالٌ	X

Tafel

13 Gesundes Verb (فعل): Grundstamm

Infinitiv	Passiv Partizip	Aktiv Partizip	Passiv Imperfektform Indikativ	Passiv Perfektform
unregelmäßig	مُفْعُولٌ	فَاعِلٌ	يُفْعَلُ	فُعِلَ
	مَفْعُولَةٌ	فَاعِلَةٌ	تُفْعَلُ	فُعِلَتْ
			تُفْعَلُ	فُعِلْتَ
			تُفْعَلِينَ	فُعِلْتِ
			أُفْعَلُ	فُعِلْتُ
			يُفْعَلُونَ	فُعِلُوا
			يُفْعَلْنَ	فُعِلْنَ
			تُفْعَلُونَ	فُعِلْتُمْ
			تُفْعَلْنَ	فُعِلْتُنَّ
			نُفْعَلُ	فُعِلْنَا
			يُفْعَلَانِ	فُعِلَا
			تُفْعَلَانِ	فُعِلَتَا
			تُفْعَلَانِ	فُعِلْتُمَا

Gesundes Verb (فعل): Grundstamm

Aktiv					
Imperativ	Imperfektform			Perfektform	
	Apokopat	Konjunktiv	Indikativ		
	يَفْعَلْ	يَفْعَلَ	يَفْعَلُ	فَعَلَ	(هو)
	تَفْعَلْ	تَفْعَلَ	تَفْعَلُ	فَعَلَتْ	(هي)
اِفْعَلْ	تَفْعَلْ	تَفْعَلَ	تَفْعَلُ	فَعَلْتَ	(أنت)
اِفْعَلِي	تَفْعَلِي	تَفْعَلِي	تَفْعَلِينَ	فَعَلْتِ	(أنت)
	أَفْعَلْ	أَفْعَلَ	أَفْعَلُ	فَعَلْتُ	(أنا)
	يَفْعَلُوا	يَفْعَلُوا	يَفْعَلُونَ	فَعَلُوا	(هم)
	يَفْعَلْنَ	يَفْعَلْنَ	يَفْعَلْنَ	فَعَلْنَ	(هنّ)
اِفْعَلُوا	تَفْعَلُوا	تَفْعَلُوا	تَفْعَلُونَ	فَعَلْتُمْ	(أنتم)
اِفْعَلْنَ	تَفْعَلْنَ	تَفْعَلْنَ	تَفْعَلْنَ	فَعَلْتُنَّ	(أنتنّ)
	نَفْعَلْ	نَفْعَلَ	نَفْعَلُ	فَعَلْنَا	(نحن)
	يَفْعَلَا	يَفْعَلَا	يَفْعَلَانِ	فَعَلَا	(هما)
	تَفْعَلَا	تَفْعَلَا	تَفْعَلَانِ	فَعَلَتَا	(هما)
اِفْعَلَا	تَفْعَلَا	تَفْعَلَا	تَفْعَلَانِ	فَعَلْتُمَا	(أنتما)

14 Gesundes Verb (فعل): Stamm II–X

	Passiv	Aktiv	Passiv	
Infinitiv	Partizip	Partizip	Imperfektform Indikativ	Perfektform
تَفْعِيلٌ	مُفَعَّلٌ	مُفَعِّلٌ	يُفَعَّلُ	فُعِّلَ
مُفَاعَلَةٌ (فِعَالٌ)	مُفَاعَلٌ	مُفَاعِلٌ	يُفَاعَلُ	فُوعِلَ
إِفْعَالٌ	مُفْعَلٌ	مُفْعِلٌ	يُفْعَلُ	أُفْعِلَ
تَفَعُّلٌ	مُتَفَعَّلٌ	مُتَفَعِّلٌ	يُتَفَعَّلُ	تُفُعِّلَ
تَفَاعُلٌ	مُتَفَاعَلٌ	مُتَفَاعِلٌ	يُتَفَاعَلُ	تُفُوعِلَ
اِنْفِعَالٌ	مُنْفَعَلٌ	مُنْفَعِلٌ	يُنْفَعَلُ	اُنْفُعِلَ
اِفْتِعَالٌ	مُفْتَعَلٌ	مُفْتَعِلٌ	يُفْتَعَلُ	اُفْتُعِلَ
اِسْتِفْعَالٌ	مُسْتَفْعَلٌ	مُسْتَفْعِلٌ	يُسْتَفْعَلُ	اُسْتُفْعِلَ

Gesundes Verb (فعل): Stamm II–X 14

Aktiv					
Imperativ	Imperfektform			Perfektform	
	Apokopat	Konjunktiv	Indikativ		
فَعِّلْ	يُفَعِّلْ	يُفَعِّلَ	يُفَعِّلُ	فَعَّلَ	II
فَاعِلْ	يُفَاعِلْ	يُفَاعِلَ	يُفَاعِلُ	فَاعَلَ	III
أَفْعِلْ	يُفْعِلْ	يُفْعِلَ	يُفْعِلُ	أَفْعَلَ	IV
تَفَعَّلْ	يَتَفَعَّلْ	يَتَفَعَّلَ	يَتَفَعَّلُ	تَفَعَّلَ	V
تَفَاعَلْ	يَتَفَاعَلْ	يَتَفَاعَلَ	يَتَفَاعَلُ	تَفَاعَلَ	VI
اِنْفَعِلْ	يَنْفَعِلْ	يَنْفَعِلَ	يَنْفَعِلُ	اِنْفَعَلَ	VII
اِفْتَعِلْ	يَفْتَعِلْ	يَفْتَعِلَ	يَفْتَعِلُ	اِفْتَعَلَ	VIII
اِسْتَفْعِلْ	يَسْتَفْعِلْ	يَسْتَفْعِلَ	يَسْتَفْعِلُ	اِسْتَفْعَلَ	X

Tafel

15 Verb R_1 = و (وصل): Grundstamm

	Passiv	Aktiv	Passiv	
Infinitiv	Partizip	Partizip	Imperfektform	Perfektform
			Indikativ	
unregelmäßig	مَوْصُولٌ	وَاصِلٌ	يُوصَلُ	وُصِلَ
	مَوْصُولَةٌ	وَاصِلَةٌ	تُوصَلُ	وُصِلَتْ
			تُوصَلُ	وُصِلْتَ
			تُوصَلِينَ	وُصِلْتِ
			أُوصَلُ	وُصِلْتُ
			يُوصَلُونَ	وُصِلُوا
			يُوصَلْنَ	وُصِلْنَ
			تُوصَلُونَ	وُصِلْتُمْ
			تُوصَلْنَ	وُصِلْتُنَّ
			نُوصَلُ	وُصِلْنَا
			يُوصَلَانِ	وُصِلَا
			تُوصَلَانِ	وُصِلَتَا
			تُوصَلَانِ	وُصِلْتُمَا

Verb R_1 = و (وصل): Grundstamm 15

Aktiv					
Imperativ	Imperfektform			Perfektform	
	Apokopat	Konjunktiv	Indikativ		
	يَصِلْ	يَصِلَ	يَصِلُ	وَصَلَ	(هو)
	تَصِلْ	تَصِلَ	تَصِلُ	وَصَلَتْ	(هي)
صِلْ	تَصِلْ	تَصِلَ	تَصِلُ	وَصَلْتَ	(أنت)
صِلِي	تَصِلِي	تَصِلِي	تَصِلِينَ	وَصَلْتِ	(أنت)
	أَصِلْ	أَصِلَ	أَصِلُ	وَصَلْتُ	(أنا)
	يَصِلُوا	يَصِلُوا	يَصِلُونَ	وَصَلُوا	(هم)
	يَصِلْنَ	يَصِلْنَ	يَصِلْنَ	وَصَلْنَ	(هنّ)
صِلُوا	تَصِلُوا	تَصِلُوا	تَصِلُونَ	وَصَلْتُمْ	(أنتم)
صِلْنَ	تَصِلْنَ	تَصِلْنَ	تَصِلْنَ	وَصَلْتُنَّ	(أنتنّ)
	أَصِلْ	نَصِلَ	نَصِلُ	وَصَلْنَا	(نحن)
	يَصِلَا	يَصِلَا	يَصِلَانِ	وَصَلَا	(هما)
	تَصِلَا	تَصِلَا	تَصِلَانِ	وَصَلَتَا	(هما)
صِلَا	تَصِلَا	تَصِلَا	تَصِلَانِ	وَصَلْتُمَا	(أنتما)

Tafel

16 Verb R_1 = و (وصل): Stamm II–X

	Passiv	Aktiv	Passiv	
Infinitiv	Partizip	Partizip	Imperfektform Indikativ	Perfektform
تَوْصِيلٌ	مُوَصَّلٌ	مُوَصِّلٌ	يُوَصَّلُ	وُصِّلَ
مُوَاصَلَةٌ (وِصَالٌ)	مُوَاصَلٌ	مُوَاصِلٌ	يُوَاصَلُ	وُوصِلَ
إِيصَالٌ	مُوصَلٌ	مُوصِلٌ	يُوصَلُ	أُوصِلَ
تَوَصُّلٌ	مُتَوَصَّلٌ	مُتَوَصِّلٌ	يُتَوَصَّلُ	تُوُصِّلَ
تَوَاصُلٌ	مُتَوَاصَلٌ	مُتَوَاصِلٌ	يُتَوَاصَلُ	تُوُوصِلَ
اِتِّصَالٌ	مُتَّصَلٌ	مُتَّصِلٌ	يُتَّصَلُ	أُتُّصِلَ
اِسْتِيصَالٌ	مُسْتَوْصَلٌ	مُسْتَوْصِلٌ	يُسْتَوْصَلُ	أُسْتُوصِلَ

Verb R_1 = و (وصل): Stamm II–X

Aktiv					
Imperativ	Imperfektform			Perfektform	
	Apokopat	Konjunktiv	Indikativ		
وَصِّلْ	يُوَصِّلْ	يُوَصِّلَ	يُوَصِّلُ	وَصَّلَ	II
وَاصِلْ	يُوَاصِلْ	يُوَاصِلَ	يُوَاصِلُ	وَاصَلَ	III
أَوْصِلْ	يُوصِلْ	يُوصِلَ	يُوصِلُ	أَوْصَلَ	IV
تَوَصَّلْ	يَتَوَصَّلْ	يَتَوَصَّلَ	يَتَوَصَّلُ	تَوَصَّلَ	V
تَوَاصَلْ	يَتَوَاصَلْ	يَتَوَاصَلَ	يَتَوَاصَلُ	تَوَاصَلَ	VI
keine Formen					VII
اِتَّصِلْ	يَتَّصِلْ	يَتَّصِلَ	يَتَّصِلُ	اِتَّصَلَ	VIII
اِسْتَوْصِلْ	يَسْتَوْصِلْ	يَسْتَوْصِلَ	يَسْتَوْصِلُ	اِسْتَوْصَلَ	X

Tafel

17 Verb $R_1 =$ ى (يبِس) : Stamm I–X

Infinitiv	Passiv Partizip	Aktiv Partizip	Passiv Imperfektform Indikativ	Passiv Perfektform
	مَيْبُوسٌ	يَابِسٌ	يُوبَسُ	يُبِسَ
تَيْبِيسٌ	مُيَبَّسٌ	مُيَبِّسٌ	يُيَبَّسُ	يُبِّسَ
مُيَابَسَةٌ (يِبَاسٌ)	مُيَابَسٌ	مُيَابِسٌ	يُيَابَسُ	يُوبِسَ
إِيبَاسٌ	مُوبَسٌ	مُوبِسٌ	يُوبَسُ	أُوبِسَ
تَيَبُّسٌ	مُتَيَبَّسٌ	مُتَيَبِّسٌ	يُتَيَبَّسُ	تُيُبِّسَ
تَيَابُسٌ	مُتَيَابَسٌ	مُتَيَابِسٌ	يُتَيَابَسُ	تُيُوبِسَ
اِتِّبَاسٌ	مُتَّبَسٌ	مُتَّبِسٌ	يُتَّبَسُ	اُتُّبِسَ
اِسْتِيبَاسٌ	مُسْتَيْبَسٌ	مُسْتَيْبِسٌ	يُسْتَيْبَسُ	اُسْتُوبِسَ

Verb R_1 = ى (يبِس): Stamm I–X

Aktiv					
Imperativ	Imperfektform			Perfektform	
	Apokopat	Konjunktiv	Indikativ		
اِيبَسْ	يَيْبَسْ	يَيْبَسَ	يَيْبَسُ	يَبِسَ	I
يَبِّسْ	يُيَبِّسْ	يُيَبِّسَ	يُيَبِّسُ	يَبَّسَ	II
يَابِسْ	يُيَابِسْ	يُيَابِسَ	يُيَابِسُ	يَابَسَ	III
أَيْبِسْ	يُوبِسْ	يُوبِسَ	يُوبِسُ	أَيْبَسَ	IV
تَيَبَّسْ	يَتَيَبَّسْ	يَتَيَبَّسَ	يَتَيَبَّسُ	تَيَبَّسَ	V
تَيَابَسْ	يَتَيَابَسْ	يَتَيَابَسَ	يَتَيَابَسُ	تَيَابَسَ	VI
		keine Formen			VII
اِتَّبِسْ	يَتَّبِسْ	يَتَّبِسَ	يَتَّبِسُ	اِتَّبَسَ	VIII
اِسْتَيْبِسْ	يَسْتَيْبِسْ	يَسْتَيْبِسَ	يَسْتَيْبِسُ	اِسْتَيْبَسَ	X

18 Verb R_2 = و (قام): Grundstamm

	Passiv	Aktiv	Passiv	
Infinitiv	Partizip	Partizip	Imperfektform	Perfektform
			Indikativ	
unregelmäßig	مَقُومٌ	قَائِمٌ	يُقَامُ	قِيمَ
	مَقُومَةٌ	قَائِمَةٌ	تُقَامُ	قِيمَتْ
			تُقَامُ	قِمْتَ
			تُقَامِينَ	قِمْتِ
			أُقَامُ	قِمْتُ
			يُقَامُونَ	قِيمُوا
			يُقَمْنَ	قِمْنَ
			تُقَامُونَ	قِمْتُمْ
			تُقَمْنَ	قِمْتُنَّ
			نُقَامُ	قِمْنَا
			يُقَامَانِ	قِيمَا
			تُقَامَانِ	قِيمَتَا
			تُقَامَانِ	قِمْتُمَا

Verb R_2 = و (قام): Grundstamm

Aktiv					
Imperativ	Imperfektform			Perfektform	
	Apokopat	Konjunktiv	Indikativ		
	يَقُمْ	يَقُومَ	يَقُومُ	قَامَ	(هو)
	تَقُمْ	تَقُومَ	تَقُومُ	قَامَتْ	(هي)
قُمْ	تَقُمْ	تَقُومَ	تَقُومُ	قُمْتَ	(أنت)
قُومِي	تَقُومِي	تَقُومِي	تَقُومِينَ	قُمْتِ	(أنت)
	أَقُمْ	أَقُومَ	أَقُومُ	قُمْتُ	(أنا)
	يَقُومُوا	يَقُومُوا	يَقُومُونَ	قَامُوا	(هم)
	يَقُمْنَ	يَقُمْنَ	يَقُمْنَ	قُمْنَ	(هنّ)
قُومُوا	تَقُومُوا	تَقُومُوا	تَقُومُونَ	قُمْتُمْ	(أنتم)
قُمْنَ	تَقُمْنَ	تَقُمْنَ	تَقُمْنَ	قُمْتُنَّ	(أنتنّ)
	نَقُمْ	نَقُومَ	نَقُومُ	قُمْنَا	(نحن)
	يَقُومَا	يَقُومَا	يَقُومَانِ	قَامَا	(هما)
	تَقُومَا	تَقُومَا	تَقُومَانِ	قَامَتَا	(هما)
قُومَا	تَقُومَا	تَقُومَا	تَقُومَانِ	قُمْتُمَا	(أنتما)

19 Verb R_2 = و (قام): Stamm II–X

Infinitiv	Passiv Partizip	Aktiv Partizip	Passiv Imperfektform Indikativ	Passiv Perfektform
تَقْوِيمٌ	مُقَوَّمٌ	مُقَوِّمٌ	يُقَوَّمُ	قُوِّمَ
مُقَاوَمَةٌ (قِوَامٌ)	مُقَاوَمٌ	مُقَاوِمٌ	يُقَاوَمُ	قُووِمَ
إِقَامَةٌ	مُقَامٌ	مُقِيمٌ	يُقَامُ	أُقِيمَ
تَقَوُّمٌ	مُتَقَوَّمٌ	مُتَقَوِّمٌ	يُتَقَوَّمُ	تُقُوِّمَ
تَقَاوُمٌ	مُتَقَاوَمٌ	مُتَقَاوِمٌ	يُتَقَاوَمُ	تُقُووِمَ
اِنْقِيَامٌ	مُنْقَامٌ	مُنْقَامٌ	يُنْقَامُ	أُنْقِيمَ
اِقْتِيَامٌ	مُقْتَامٌ	مُقْتَامٌ	يُقْتَامُ	أُقْتِيمَ
اِسْتِقَامَةٌ	مُسْتَقَامٌ	مُسْتَقِيمٌ	يُسْتَقَامُ	أُسْتُقِيمَ

Tafel

Verb R_2 = و (قام): Stamm II–X 19

Aktiv					
Imperativ	Imperfektform			Perfektform	
	Apokopat	Konjunktiv	Indikativ		
قَوِّمْ	يُقَوِّمْ	يُقَوِّمَ	يُقَوِّمُ	قَوَّمَ	II
قَاوِمْ	يُقَاوِمْ	يُقَاوِمَ	يُقَاوِمُ	قَاوَمَ	III
أَقِمْ	يُقِمْ	يُقِيمَ	يُقِيمُ	أَقَامَ	IV
تَقَوَّمْ	يَتَقَوَّمْ	يَتَقَوَّمَ	يَتَقَوَّمُ	تَقَوَّمَ	V
تَقَاوَمْ	يَتَقَاوَمْ	يَتَقَاوَمَ	يَتَقَاوَمُ	تَقَاوَمَ	VI
اِنْقَمْ	يَنْقَمْ	يَنْقَامَ	يَنْقَامُ	اِنْقَامَ	VII
اِقْتَمْ	يَقْتَمْ	يَقْتَامَ	يَقْتَامُ	اِقْتَامَ	VIII
اِسْتَقِمْ	يَسْتَقِمْ	يَسْتَقِيمَ	يَسْتَقِيمُ	اِسْتَقَامَ	X

Tafel

20 Verb R_2 = ى (باع): Grundstamm

Infinitiv	Passiv Partizip	Aktiv Partizip	Passiv Imperfektform Indikativ	Passiv Perfektform
unregelmäßig	مَبِيعٌ	بَائِعٌ	يُبَاعُ	بِيعَ
	مَبِيعَةٌ	بَائِعَةٌ	تُبَاعُ	بِيعَتْ
			تُبَاعُ	بِعْتَ
			تُبَاعِينَ	بِعْتِ
			أُبَاعُ	بِعْتُ
			يُبَاعُونَ	بِيعُوا
			يُبَعْنَ	بِعْنَ
			تُبَاعُونَ	بِعْتُمْ
			تُبَعْنَ	بِعْتُنَّ
			نُبَاعُ	بِعْنَا
			يُبَاعَانِ	بِيعَا
			تُبَاعَانِ	بِيعَتَا
			تُبَاعَانِ	بِعْتُمَا

Verb R_2 = ى (باع): Grundstamm

Aktiv					
Imperativ	Imperfektform			Perfektform	
	Apokopat	Konjunktiv	Indikativ		
	يَبِعْ	يَبِيعَ	يَبِيعُ	بَاعَ	(هو)
	تَبِعْ	تَبِيعَ	تَبِيعُ	بَاعَتْ	(هي)
بِعْ	تَبِعْ	تَبِيعَ	تَبِيعُ	بِعْتَ	(أنت)
بِيعِي	تَبِيعِي	تَبِيعِي	تَبِيعِينَ	بِعْتِ	(أنت)
	أَبِعْ	أَبِيعَ	أَبِيعُ	بِعْتُ	(أنا)
	يَبِيعُوا	يَبِيعُوا	يَبِيعُونَ	بَاعُوا	(هم)
	يَبِعْنَ	يَبِعْنَ	يَبِعْنَ	بِعْنَ	(هنّ)
بِيعُوا	تَبِيعُوا	تَبِيعُوا	تَبِيعُونَ	بِعْتُمْ	(أنتم)
بِعْنَ	تَبِعْنَ	تَبِعْنَ	تَبِعْنَ	بِعْتُنَّ	(أنتنّ)
	نَبِعْ	نَبِيعَ	نَبِيعُ	بِعْنَا	(نحن)
	يَبِيعَا	يَبِيعَا	يَبِيعَانِ	بَاعَا	(هما)
	تَبِيعَا	تَبِيعَا	تَبِيعَانِ	بَاعَتَا	(هما)
بِيعَا	تَبِيعَا	تَبِيعَا	تَبِيعَانِ	بِعْتُمَا	(أنتما)

Tafel

21 Verb R_2 = ى (باع): Stamm II–X

	Passiv	Aktiv	Passiv	
Infinitiv	Partizip	Partizip	Imperfektform Indikativ	Perfektform
تَبْيِيعٌ	مُبَيَّعٌ	مُبَيِّعٌ	يُبَيَّعُ	بُيِّعَ
مُبَايَعَةٌ (بِيَاعٌ)	مُبَايَعٌ	مُبَايِعٌ	يُبَايَعُ	بُويِعَ
إِبَاعَةٌ	مُبَاعٌ	مُبِيعٌ	يُبَاعُ	أُبِيعَ
تَبَيُّعٌ	مُتَبَيَّعٌ	مُتَبَيِّعٌ	يُتَبَيَّعُ	تُبُيِّعَ
تَبَايُعٌ	مُتَبَايَعٌ	مُتَبَايِعٌ	يُتَبَايَعُ	تُبُويِعَ
اِنْبِيَاعٌ	مُنْبَاعٌ	مُنْبَاعٌ	يُنْبَاعُ	اُنْبِيعَ
اِبْتِيَاعٌ	مُبْتَاعٌ	مُبْتَاعٌ	يُبْتَاعُ	اُبْتِيعَ
اِسْتِبَاعَةٌ	مُسْتَبَاعٌ	مُسْتَبِيعٌ	يُسْتَبَاعُ	اُسْتُبِيعَ

Verb R_2 = ى (باع): Stamm II–X

Aktiv					
Imperativ	Imperfektform			Perfektform	
	Apokopat	Konjunktiv	Indikativ		
بَيِّعْ	يُبَيِّعْ	يُبَيِّعَ	يُبَيِّعُ	بَيَّعَ	II
بَايِعْ	يُبَايِعْ	يُبَايِعَ	يُبَايِعُ	بَايَعَ	III
أَبِعْ	يُبِعْ	يُبِيعَ	يُبِيعُ	أَبَاعَ	IV
تَبَيَّعْ	يَتَبَيَّعْ	يَتَبَيَّعَ	يَتَبَيَّعُ	تَبَيَّعَ	V
تَبَايَعْ	يَتَبَايَعْ	يَتَبَايَعَ	يَتَبَايَعُ	تَبَايَعَ	VI
اِنْبَعْ	يَنْبَعْ	يَنْبَاعَ	يَنْبَاعُ	اِنْبَاعَ	VII
اِبْتَعْ	يَبْتَعْ	يَبْتَاعَ	يَبْتَاعُ	اِبْتَاعَ	VIII
اِسْتَبِعْ	يَسْتَبِعْ	يَسْتَبِيعَ	يَسْتَبِيعُ	اِسْتَبَاعَ	X

22 Verb R_2 = و (خافَ): Grundstamm

	Passiv	Aktiv	Passiv	
Infinitiv	Partizip	Partizip	Imperfektform	Perfektform
			Indikativ	
unregelmäßig	مَخُوفٌ	خَائِفٌ	يُخَافُ	خِيفَ
	مَخُوفَةٌ	خَائِفَةٌ	تُخَافُ	خِيفَتْ
			تُخَافُ	خِفْتَ
			تُخَافِينَ	خِفْتِ
			أُخَافُ	خِفْتُ
Stamm II–X wie قام (Tafel 19)			يُخَافُونَ	خِيفُوا
			يُخَفْنَ	خِفْنَ
			تُخَافُونَ	خِفْتُمْ
			تُخَفْنَ	خِفْتُنَّ
			نُخَافُ	خِفْنَا
			يُخَافَانِ	خِيفَا
			تُخَافَانِ	خِيفَتَا
			تُخَافَانِ	خِفْتُمَا

Verb R_2 = و (خاف): Grundstamm

Aktiv					
Imperativ	Imperfektform			Perfektform	
	Apokopat	Konjunktiv	Indikativ		
	يَخَفْ	يَخَافَ	يَخَافُ	خَافَ	(هو)
	تَخَفْ	تَخَافَ	تَخَافُ	خَافَتْ	(هي)
خَفْ	تَخَفْ	تَخَافَ	تَخَافُ	خِفْتَ	(أنت)
خَافِي	تَخَافِي	تَخَافِي	تَخَافِينَ	خِفْتِ	(أنت)
	أَخَفْ	أَخَافَ	أَخَافُ	خِفْتُ	(أنا)
	يَخَافُوا	يَخَافُوا	يَخَافُونَ	خَافُوا	(هم)
	يَخَفْنَ	يَخَفْنَ	يَخَفْنَ	خِفْنَ	(هنّ)
خَافُوا	تَخَافُوا	تَخَافُوا	تَخَافُونَ	خِفْتُمْ	(أنتم)
خَفْنَ	تَخَفْنَ	تَخَفْنَ	تَخَفْنَ	خِفْتُنَّ	(أنتنّ)
	نَخَفْ	نَخَافَ	نَخَافُ	خِفْنَا	(نحن)
	يَخَافَا	يَخَافَا	يَخَافَانِ	خَافَا	(هما)
	تَخَافَا	تَخَافَا	تَخَافَانِ	خَافَتَا	(هما)
خَافَا	تَخَافَا	تَخَافَا	تَخَافَانِ	خِفْتُمَا	(أنتما)

23 Verb R_3 = و (دعا): Grundstamm

Infinitiv	Passiv Partizip	Aktiv Partizip	Passiv Imperfektform Indikativ	Passiv Perfektform
unregelmäßig	مَدْعُوٌّ	دَاعٍ	يُدْعَى	دُعِيَ
	مَدْعُوَّةٌ	دَاعِيَةٌ	تُدْعَى	دُعِيَتْ
			تُدْعَى	دُعِيتَ
			تُدْعَيْنَ	دُعِيتِ
			أُدْعَى	دُعِيتُ
Stamm II–X wie لقي (Tafel 26)			يُدْعَوْنَ	دُعُوا
			يُدْعَيْنَ	دُعِينَ
			تُدْعَوْنَ	دُعِيتُمْ
			تُدْعَيْنَ	دُعِيتُنَّ
			نُدْعَى	دُعِينَا
			يُدْعَيَانِ	دُعِيَا
			تُدْعَيَانِ	دُعِيَتَا
			تُدْعَيَانِ	دُعِيتُمَا

Verb R_3 = و (دعا) : Grundstamm

Aktiv					
Imperativ	Imperfektform			Perfektform	
	Apokopat	Konjunktiv	Indikativ		
	يَدْعُ	يَدْعُوَ	يَدْعُو	دَعَا	(هو)
	تَدْعُ	تَدْعُوَ	تَدْعُو	دَعَتْ	(هي)
أُدْعُ	تَدْعُ	تَدْعُوَ	تَدْعُو	دَعَوْتَ	(أنت)
أُدْعِي	تَدْعِي	تَدْعِي	تَدْعِينَ	دَعَوْتِ	(أنت)
	أَدْعُ	أَدْعُوَ	أَدْعُو	دَعَوْتُ	(أنا)
	يَدْعُوا	يَدْعُوا	يَدْعُونَ	دَعَوْا	(هم)
	يَدْعُونَ	يَدْعُونَ	يَدْعُونَ	دَعَوْنَ	(هنّ)
أُدْعُوا	تَدْعُوا	تَدْعُوا	تَدْعُونَ	دَعَوْتُمْ	(أنتم)
أُدْعُونَ	تَدْعُونَ	تَدْعُونَ	تَدْعُونَ	دَعَوْتُنَّ	(أنتنّ)
	نَدْعُ	نَدْعُوَ	نَدْعُو	دَعَوْنَا	(نحن)
	يَدْعُوَا	يَدْعُوَا	يَدْعُوَانِ	دَعَوَا	(هما)
	تَدْعُوَا	تَدْعُوَا	تَدْعُوَانِ	دَعَتَا	(هما)
أُدْعُوَا	تَدْعُوَا	تَدْعُوَا	تَدْعُوَانِ	دَعَوْتُمَا	(أنتما)

24 Verb R_3 = ى (مشى) : Grundstamm

	Passiv	Aktiv	Passiv	
Infinitiv	Partizip	Partizip	Imperfektform	Perfektform
			Indikativ	
unregelmäßig	مَمْشِيٌّ	مَاشٍ	يُمْشَى	مُشِيَ
	مَمْشِيَّةٌ	مَاشِيَةٌ	تُمْشَى	مُشِيَتْ
			تُمْشَى	مُشِيتَ
			تُمْشَيْنَ	مُشِيتِ
			أُمْشَى	مُشِيتُ
Stamm II–X wie لقي (Tafel 26)			يُمْشَوْنَ	مُشُوا
			يُمْشَيْنَ	مُشِينَ
			تُمْشَوْنَ	مُشِيتُمْ
			تُمْشَيْنَ	مُشِيتُنَّ
			نُمْشَى	مُشِينَا
			يُمْشَيَانِ	مُشِيَا
			تُمْشَيَانِ	مُشِيَتَا
			تَمْشَيَانِ	مُشِيتُمَا

Verb R_3 = ى (مشى) : Grundstamm

Aktiv					
Imperativ	Imperfektform			Perfektform	
	Apokopat	Konjunktiv	Indikativ		
	يَمْشِ	يَمْشِيَ	يَمْشِي	مَشَى	(هو)
	تَمْشِ	تَمْشِيَ	تَمْشِي	مَشَتْ	(هي)
اِمْشِ	تَمْشِ	تَمْشِيَ	تَمْشِي	مَشَيْتَ	(أنتَ)
اِمْشِي	تَمْشِي	تَمْشِي	تَمْشِينَ	مَشَيْتِ	(أنتِ)
	أَمْشِ	أَمْشِيَ	أَمْشِي	مَشَيْتُ	(أنا)
	يَمْشُوا	يَمْشُوا	يَمْشُونَ	مَشَوْا	(هم)
	يَمْشِينَ	يَمْشِينَ	يَمْشِينَ	مَشَيْنَ	(هنّ)
اِمْشُوا	تَمْشُوا	تَمْشُوا	تَمْشُونَ	مَشَيْتُمْ	(أنتم)
اِمْشِينَ	تَمْشِينَ	تَمْشِينَ	تَمْشِينَ	مَشَيْتُنَّ	(أنتنّ)
	نَمْشِ	نَمْشِيَ	نَمْشِي	مَشَيْنَا	(نحن)
	يَمْشِيَا	يَمْشِيَا	يَمْشِيَانِ	مَشَيَا	(هما)
	تَمْشِيَا	تَمْشِيَا	تَمْشِيَانِ	مَشَتَا	(هما)
اِمْشِيَا	تَمْشِيَا	تَمْشِيَا	تَمْشِيَانِ	مَشَيْتُمَا	(أنتما)

25 Verb R_3 = ى (لقي): Grundstamm

Infinitiv	Passiv Partizip	Aktiv Partizip	Passiv Imperfektform Indikativ	Passiv Perfektform
unregelmäßig	مَلْقِيٌّ	لَاقٍ	يُلْقَى	لُقِيَ
	مَلْقِيَّةٌ	لَاقِيَةٌ	تُلْقَى	لُقِيَتْ
			تُلْقَى	لُقِيتَ
			تُلْقَيْنَ	لُقِيتِ
			أُلْقَى	لُقِيتُ
			يُلْقَوْنَ	لُقُوا
			يُلْقَيْنَ	لُقِينَ
			تُلْقَوْنَ	لُقِيتُمْ
			تُلْقَيْنَ	لُقِيتُنَّ
			نُلْقَى	لُقِينَا
			يُلْقَيَانِ	لُقِيَا
			تُلْقَيَانِ	لُقِيتَا
			تُلْقَيَانِ	لُقِيتُمَا

Verb R_3 = ى (لقي) : Grundstamm 25

Imperativ	Apokopat	Konjunktiv	Indikativ	Perfektform	
Aktiv					
	Imperfektform				
	يَلْقَ	يَلْقَى	يَلْقَى	لَقِيَ	(هو)
	تَلْقَ	تَلْقَى	تَلْقَى	لَقِيَتْ	(هي)
اِلْقَ	تَلْقَ	تَلْقَى	تَلْقَى	لَقِيتَ	(أنت)
اِلْقَيْ	تَلْقَيْ	تَلْقَيْ	تَلْقَيْنَ	لَقِيتِ	(أنت)
	أَلْقَ	أَلْقَى	أَلْقَى	لَقِيتُ	(أنا)
	يَلْقَوْا	يَلْقَوْا	يَلْقَوْنَ	لَقُوا	(هم)
	يَلْقَيْنَ	يَلْقَيْنَ	يَلْقَيْنَ	لَقِينَ	(هنّ)
اِلْقَوْا	تَلْقَوْا	تَلْقَوْا	تَلْقَوْنَ	لَقِيتُمْ	(أنتم)
اِلْقَيْنَ	تَلْقَيْنَ	تَلْقَيْنَ	تَلْقَيْنَ	لَقِيتُنَّ	(أنتنّ)
	نَلْقَ	نَلْقَى	نَلْقَى	لَقِينَا	(نحن)
	يَلْقَيَا	يَلْقَيَا	يَلْقَيَانِ	لَقِيَا	(هما)
	تَلْقَيَا	تَلْقَيَا	تَلْقَيَانِ	لَقِيَتَا	(هما)
اِلْقَيَا	تَلْقَيَا	تَلْقَيَا	تَلْقَيَانِ	لَقِيتُمَا	(أنتما)

26 Verben R_3 = و oder ى (لقي) : Stamm II–X

Infinitiv	Passiv	Aktiv	Passiv	
	Partizip	Partizip	Imperfektform Indikativ	Perfektform
تَلْقِيَةٌ	مُلَقًّى	مُلَقٍّ	يُلَقَّى	لُقِّيَ
مُلَاقَاةٌ (لِقَاءٌ)	مُلَاقًى	مُلَاقٍ	يُلَاقَى	لُوقِيَ
إِلْقَاءٌ	مُلْقًى	مُلْقٍ	يُلْقَى	أُلْقِيَ
تَلَقٍّ	مُتَلَقًّى	مُتَلَقٍّ	يُتَلَقَّى	تُلُقِّيَ
تَلَاقٍ	مُتَلَاقًى	مُتَلَاقٍ	يُتَلَاقَى	تُلُوقِيَ
اِنْلِقَاءٌ	مُنْلَقًى	مُنْلَقٍ	يُنْلَقَى	اُنْلُقِيَ
اِلْتِقَاءٌ	مُلْتَقًى	مُلْتَقٍ	يُلْتَقَى	اُلْتُقِيَ
اِسْتِلْقَاءٌ	مُسْتَلْقًى	مُسْتَلْقٍ	يُسْتَلْقَى	اُسْتُلْقِيَ

Verben R_3 = و oder ى (لقي): Stamm II–X

Aktiv					
Imperativ	Imperfektform			Perfektform	
	Apokopat	Konjunktiv	Indikativ		
لَقِّ	يُلَقِّ	يُلَقِّيَ	يُلَقِّي	لَقَّى	II
لَاقِ	يُلَاقِ	يُلَاقِيَ	يُلَاقِي	لَاقَى	III
أَلْقِ	يُلْقِ	يُلْقِيَ	يُلْقِي	أَلْقَى	IV
تَلَقَّ	يَتَلَقَّ	يَتَلَقَّى	يَتَلَقَّى	تَلَقَّى	V
تَلَاقَ	يَتَلَاقَ	يَتَلَاقَى	يَتَلَاقَى	تَلَاقَى	VI
اِنْلَقِ	يَنْلَقِ	يَنْلَقِيَ	يَنْلَقِي	اِنْلَقَى	VII
اِلْتَقِ	يَلْتَقِ	يَلْتَقِيَ	يَلْتَقِي	اِلْتَقَى	VIII
اِسْتَلْقِ	يَسْتَلْقِ	يَسْتَلْقِيَ	يَسْتَلْقِي	اِسْتَلْقَى	X

Tafel

27 Verb $R_2 = R_3$ (مرّ): Grundstamm

Infinitiv	Passiv Partizip	Aktiv Partizip	Passiv Imperfektform Indikativ	Passiv Perfektform
unregelmäßig	مَمْرُورٌ	مَارٌّ	يُمَرُّ	مُرَّ
	مَمْرُورَةٌ	مَارَّةٌ	تُمَرُّ	مُرَّتْ
			تُمَرُّ	مُرِرْتَ
			تُمَرِّينَ	مُرِرْتِ
			أُمَرُّ	مُرِرْتُ
			يُمَرُّونَ	مُرُّوا
			يُمْرَرْنَ	مُرِرْنَ
			تُمَرُّونَ	مُرِرْتُمْ
			تُمْرَرْنَ	مُرِرْتُنَّ
			نُمَرُّ	مُرِرْنَا
			يُمَرَّانِ	مُرَّا
			تُمَرَّانِ	مُرَّتَا
			تُمَرَّانِ	مُرِرْتُمَا

Verb $R_2 = R_3$ (مرّ): Grundstamm 27

Aktiv					
Imperativ	Imperfektform			Perfektform	
	Apokopat	Konjunktiv	Indikativ		
	يَمُرَّ / يَمْرُرْ	يَمُرَّ	يَمُرُّ	مَرَّ	(هو)
	تَمُرَّ / تَمْرُرْ	تَمُرَّ	تَمُرُّ	مَرَّتْ	(هي)
مُرَّ / اُمْرُرْ	تَمُرَّ / تَمْرُرْ	تَمُرَّ	تَمُرُّ	مَرَرْتَ	(أنت)
مُرِّي	تَمُرِّي	تَمُرِّي	تَمُرِّينَ	مَرَرْتِ	(أنت)
	أَمُرَّ / أَمْرُرْ	أَمُرَّ	أَمُرُّ	مَرَرْتُ	(أنا)
	يَمُرُّوا	يَمُرُّوا	يَمُرُّونَ	مَرُّوا	(هم)
	يَمْرُرْنَ	يَمْرُرْنَ	يَمْرُرْنَ	مَرَرْنَ	(هنّ)
مُرُّوا	تَمُرُّوا	تَمُرُّوا	تَمُرُّونَ	مَرَرْتُمْ	(أنتم)
اُمْرُرْنَ	تَمْرُرْنَ	تَمْرُرْنَ	تَمْرُرْنَ	مَرَرْتُنَّ	(أنتنّ)
	نَمُرَّ / نَمْرُرْ	نَمُرَّ	نَمُرُّ	مَرَرْنَا	(نحن)
	يَمُرَّا	يَمُرَّا	يَمُرَّانِ	مَرَّا	(هما)
	تَمُرَّا	تَمُرَّا	تَمُرَّانِ	مَرَّتَا	(هما)
مُرَّا	تَمُرَّا	تَمُرَّا	تَمُرَّانِ	مَرَرْتُمَا	(أنتما)

Tafel

28 Verb $R_2 = R_3$ (مرّ): Stamm II–X

	Passiv	Aktiv	Passiv	
Infinitiv	Partizip	Partizip	Imperfektform	Perfektform
			Indikativ	
تَمْرِيرٌ	مُمَرَّرٌ	مُمَرِّرٌ	يُمَرَّرُ	مُرِّرَ
مُمَارَّةٌ (مِرَارٌ)	مُمَارٌّ	مُمَارٌّ	يُمَارُّ	مُورِرَ
إِمْرَارٌ	مُمَرٌّ	مُمِرٌّ	يُمَرُّ	أُمِرَّ
تَمَرُّرٌ	مُتَمَرَّرٌ	مُتَمَرِّرٌ	يُتَمَرَّرُ	تُمُرِّرَ
تَمَارٌّ	مُتَمَارٌّ	مُتَمَارٌّ	يُتَمَارُّ	تُمُورِرَ
اِنْمِرَارٌ	مُنْمَرٌّ	مُنْمَرٌّ	يُنْمَرُّ	اُنْمُرَّ
اِمْتِرَارٌ	مُمْتَرٌّ	مُمْتَرٌّ	يُمْتَرُّ	اُمْتُرَّ
اِسْتِمْرَارٌ	مُسْتَمَرٌّ	مُسْتَمِرٌّ	يُسْتَمَرُّ	اُسْتُمِرَّ

Verb $R_2 = R_3$ (مرّ): Stamm II–X

Aktiv					
Imperativ	Imperfektform			Perfektform	
	Apokopat	Konjunktiv	Indikativ		
مَرِّرْ	يُمَرِّرْ	يُمَرِّرَ	يُمَرِّرُ	مَرَّرَ	II
مَارَّ / مَارِرْ	يُمَارَّ / يُمَارِرْ	يُمَارَّ	يُمَارُّ	مَارَّ	III
أَمِرَّ / أَمْرِرْ	يُمِرَّ / يُمْرِرْ	يُمِرَّ	يُمِرُّ	أَمَرَّ	IV
تَمَرَّرْ	يَتَمَرَّرْ	يَتَمَرَّرَ	يَتَمَرَّرُ	تَمَرَّرَ	V
تَمَارَّ / تَمَارَرْ	يَتَمَارَّ/يَتَمَارَرْ	يَتَمَارَّ	يَتَمَارُّ	تَمَارَّ	VI
اِنْمَرَّ / اِنْمَرِرْ	يَنْمَرَّ / يَنْمَرِرْ	يَنْمَرَّ	يَنْمَرُّ	اِنْمَرَّ	VII
اِمْتَرَّ / اِمْتَرِرْ	يَمْتَرَّ / يَمْتَرِرْ	يَمْتَرَّ	يَمْتَرُّ	اِمْتَرَّ	VIII
اِسْتَمِرَّ / اِسْتَمْرِرْ	يَسْتَمِرَّ/ يَسْتَمْرِرْ	يَسْتَمِرَّ	يَسْتَمِرُّ	اِسْتَمَرَّ	X

Tafel

29 Verb R_1 = ء (أخذ): Grundstamm

Infinitiv	Passiv Partizip	Aktiv Partizip	Passiv Imperfektform Indikativ	Passiv Perfektform
unregelmäßig	مَأْخُوذٌ	آخِذٌ	يُؤْخَذُ	أُخِذَ
	مَأْخُوذَةٌ	آخِذَةٌ	تُؤْخَذُ	أُخِذَتْ
			تُؤْخَذُ	أُخِذْتَ
			تُؤْخَذِينَ	أُخِذْتِ
			أُوخَذُ	أُخِذْتُ
			يُؤْخَذُونَ	أُخِذُوا
			يُؤْخَذْنَ	أُخِذْنَ
			تُؤْخَذُونَ	أُخِذْتُمْ
			تُؤْخَذْنَ	أُخِذْتُنَّ
			نُؤْخَذُ	أُخِذْنَا
			يُؤْخَذَانِ	أُخِذَا
			تُؤْخَذَانِ	أُخِذَتَا
			تُؤْخَذَانِ	أُخِذْتُمَا

Verb R_1 = ء (أخذ) : Grundstamm

Aktiv					
Imperativ	Imperfektform			Perfektform	
	Apokopat	Konjunktiv	Indikativ		
	يَأْخُذْ	يَأْخُذَ	يَأْخُذُ	أَخَذَ	(هو)
	تَأْخُذْ	تَأْخُذَ	تَأْخُذُ	أَخَذَتْ	(هي)
خُذْ	تَأْخُذْ	تَأْخُذَ	تَأْخُذُ	أَخَذْتَ	(أنت)
خُذِي	تَأْخُذِي	تَأْخُذِي	تَأْخُذِينَ	أَخَذْتِ	(أنت)
	آخُذْ	آخُذَ	آخُذُ	أَخَذْتُ	(أنا)
	يَأْخُذُوا	يَأْخُذُوا	يَأْخُذُونَ	أَخَذُوا	(هم)
	يَأْخُذْنَ	يَأْخُذْنَ	يَأْخُذْنَ	أَخَذْنَ	(هنّ)
خُذُوا	تَأْخُذُوا	تَأْخُذُوا	تَأْخُذُونَ	أَخَذْتُمْ	(أنتم)
خُذْنَ	تَأْخُذْنَ	تَأْخُذْنَ	تَأْخُذْنَ	أَخَذْتُنَّ	(أنتن)
	نَأْخُذْ	نَأْخُذَ	نَأْخُذُ	أَخَذْنَا	(نحن)
	يَأْخُذَا	يَأْخُذَا	يَأْخُذَانِ	أَخَذَا	(هما)
	تَأْخُذَا	تَأْخُذَا	تَأْخُذَانِ	أَخَذَتَا	(هما)
خُذَا	تَأْخُذَا	تَأْخُذَا	تَأْخُذَانِ	أَخَذْتُمَا	(أنتما)

30 Verb R_1 = ء (أخذ) : Stamm II–X

	Passiv	Aktiv	Passiv	
Infinitiv	Partizip	Partizip	Imperfektform Indikativ	Perfektform
تَأْخِيذٌ	مُؤَخَّذٌ	مُؤَخِّذٌ	يُؤَخَّذُ	أُخِّذَ
مُؤَاخَذَةٌ (إِخَاذٌ)	مُؤَاخَذٌ	مُؤَاخِذٌ	يُؤَاخَذُ	أُوخِذَ
إِيخَاذٌ	مُؤْخَذٌ	مُؤْخِذٌ	يُؤْخَذُ	أُوخِذَ
تَأَخُّذٌ	مُتَأَخَّذٌ	مُتَأَخِّذٌ	يُتَأَخَّذُ	تُؤُخِّذَ
تَآخُذٌ	مُتَآخَذٌ	مُتَآخِذٌ	يُتَآخَذُ	تُؤُوخِذَ
اِتِّخَاذٌ	مُتَّخَذٌ	مُتَّخِذٌ	يُتَّخَذُ	اُتُّخِذَ
اِسْتِئْخَاذٌ	مُسْتَأْخَذٌ	مُسْتَأْخِذٌ	يُسْتَأْخَذُ	اُسْتُؤْخِذَ

Verb R_1 = ء (أخذ): Stamm II–X

Aktiv					
Imperativ	Imperfektform			Perfektform	
	Apokopat	Konjunktiv	Indikativ		
أَخِّذْ	يُؤَخِّذْ	يُؤَخِّذَ	يُؤَخِّذُ	أَخَّذَ	II
آخِذْ	يُؤَاخِذْ	يُؤَاخِذَ	يُؤَاخِذُ	آخَذَ	III
آخِذْ	يُؤْخِذْ	يُؤْخِذَ	يُؤْخِذُ	آخَذَ	IV
تَأَخَّذْ	يَتَأَخَّذْ	يَتَأَخَّذَ	يَتَأَخَّذُ	تَأَخَّذَ	V
تَآخَذْ	يَتَآخَذْ	يَتَآخَذَ	يَتَآخَذُ	تَآخَذَ	VI
keine Formen					VII
اِتَّخِذْ	يَتَّخِذْ	يَتَّخِذَ	يَتَّخِذُ	اِتَّخَذَ [1]	VIII
اِسْتَأْخِذْ	يَسْتَأْخِذْ	يَسْتَأْخِذَ	يَسْتَأْخِذُ	اِسْتَأْخَذَ	X

[1] Die Assimilation von R_1 = *Hamza* an das *t*-Infix des VIII. Stammes erfolgt nur beim Verb أخذ, vgl. dagegen إِئْتَلَفَ »koalieren«.

31 Verb R_2 = ء (سأل) : Grundstamm

	Passiv	Aktiv	Passiv	
Infinitiv	Partizip	Partizip	Imperfektform	Perfektform
			Indikativ	
unregelmäßig	مَسْؤُولٌ	سَائِلٌ	يُسْأَلُ	سُئِلَ
	مَسْؤُولَةٌ	سَائِلَةٌ	تُسْأَلُ	سُئِلَتْ
			تُسْأَلُ	سُئِلْتَ
			تُسْأَلِينَ	سُئِلْتِ
			أُسْأَلُ	سُئِلْتُ
			يُسْأَلُونَ	سُئِلُوا
			يُسْأَلْنَ	سُئِلْنَ
			تُسْأَلُونَ	سُئِلْتُمْ
			تُسْأَلْنَ	سُئِلْتُنَّ
			نُسْأَلُ	سُئِلْنَا
			يُسْأَلَانِ	سُئِلَا
			تُسْأَلَانِ	سُئِلَتَا
			تُسْأَلَانِ	سُئِلْتُمَا

Verb R_2 = ء (سأل) : Grundstamm 31

Aktiv					
Imperativ	Imperfektform			Perfektform	
	Apokopat	Konjunktiv	Indikativ		
	يَسْأَلْ	يَسْأَلَ	يَسْأَلُ	سَأَلَ	(هو)
	تَسْأَلْ	تَسْأَلَ	تَسْأَلُ	سَأَلَتْ	(هي)
اِسْأَلْ	تَسْأَلْ	تَسْأَلَ	تَسْأَلُ	سَأَلْتَ	(أنت)
اِسْأَلِي	تَسْأَلِي	تَسْأَلِي	تَسْأَلِينَ	سَأَلْتِ	(أنت)
	أَسْأَلْ	أَسْأَلَ	أَسْأَلُ	سَأَلْتُ	(أنا)
	يَسْأَلُوا	يَسْأَلُوا	يَسْأَلُونَ	سَأَلُوا	(هم)
اِسْأَلُوا	يَسْأَلْنَ	يَسْأَلْنَ	يَسْأَلْنَ	سَأَلْنَ	(هنّ)
اِسْأَلْنَ	تَسْأَلُوا	تَسْأَلُوا	تَسْأَلُونَ	سَأَلْتُمْ	(أنتم)
	تَسْأَلْنَ	تَسْأَلْنَ	تَسْأَلْنَ	سَأَلْتُنَّ	(أنتنّ)
	نَسْأَلْ	نَسْأَلَ	نَسْأَلُ	سَأَلْنَا	(نحن)
	يَسْأَلَا	يَسْأَلَا	يَسْأَلَانِ	سَأَلَا	(هما)
	تَسْأَلَا	تَسْأَلَا	تَسْأَلَانِ	سَأَلَتَا	(هما)
اِسْأَلَا	تَسْأَلَا	تَسْأَلَا	تَسْأَلَانِ	سَأَلْتُمَا	(أنتما)

32 Verb R_2 = ء (سأل) : Stamm II–X

	Passiv	Aktiv	Passiv	
Infinitiv	Partizip	Partizip	Imperfektform Indikativ	Perfektform
تَسْئِيلٌ	مُسَأَّلٌ	مُسَئِّلٌ	يُسَأَّلُ	سُئِّلَ
مُسَاءَلَةٌ (سِئَالٌ)	مُسَاءَلٌ	مُسَائِلٌ	يُسَاءَلُ	سُوئِلَ
إِسْآلٌ	مُسْأَلٌ	مُسْئِلٌ	يُسْأَلُ	أُسْئِلَ
تَسَؤُّلٌ	مُتَسَأَّلٌ	مُتَسَئِّلٌ	يُتَسَأَّلُ	تُسُئِّلَ
تَسَاؤُلٌ	مُتَسَاءَلٌ	مُتَسَائِلٌ	يُتَسَاءَلُ	تُسُوئِلَ
اِنْسِئَالٌ	مُنْسَأَلٌ	مُنْسَئِلٌ	يُنْسَأَلُ	اُنْسُئِلَ
اِسْتِئَالٌ	مُسْتَأَلٌ	مُسْتَئِلٌ	يُسْتَأَلُ	اُسْتُئِلَ
اِسْتِسْآلٌ	مُسْتَسْأَلٌ	مُسْتَسْئِلٌ	يُسْتَسْأَلُ	اُسْتُسْئِلَ

Verb R_2 = ء (سأل): Stamm II–X

Aktiv					
Imperativ	Imperfektform			Perfektform	
	Apokopat	Konjunktiv	Indikativ		
سَئِّلْ	يُسَئِّلْ	يُسَئِّلَ	يُسَئِّلُ	سَأَّلَ	II
سَائِلْ	يُسَائِلْ	يُسَائِلَ	يُسَائِلُ	سَاءَلَ	III
أَسْئِلْ	يُسْئِلْ	يُسْئِلَ	يُسْئِلُ	أَسْأَلَ	IV
تَسَأَّلْ	يَتَسَأَّلْ	يَتَسَأَّلَ	يَتَسَأَّلُ	تَسَأَّلَ	V
تَسَاءَلْ	يَتَسَاءَلْ	يَتَسَاءَلَ	يَتَسَاءَلُ	تَسَاءَلَ	VI
اِنْسَئِلْ	يَنْسَئِلْ	يَنْسَئِلَ	يَنْسَئِلُ	اِنْسَأَلَ	VII
اِسْتَئِلْ	يَسْتَئِلْ	يَسْتَئِلَ	يَسْتَئِلُ	اِسْتَأَلَ	VIII
اِسْتَسْئِلْ	يَسْتَسْئِلْ	يَسْتَسْئِلَ	يَسْتَسْئِلُ	اِسْتَسْأَلَ	X

33 Verb R_3 = ء (قرأ): Grundstamm

	Passiv	Aktiv	Passiv	
Infinitiv	Partizip	Partizip	Imperfektform	Perfektform
			Indikativ	
unregelmäßig	مَقْرُوءٌ	قَارِئٌ	يُقْرَأُ	قُرِئَ
	مَقْرُوءَةٌ	قَارِئَةٌ	تُقْرَأُ	قُرِئَتْ
			تُقْرَأُ	قُرِئْتَ
			تُقْرَئِينَ	قُرِئْتِ
			أُقْرَأُ	قُرِئْتُ
			يُقْرَؤُونَ	قُرِئُوا
			يُقْرَأْنَ	قُرِئْنَ
			تُقْرَؤُونَ	قُرِئْتُمْ
			تُقْرَأْنَ	قُرِئْتُنَّ
			نُقْرَأُ	قُرِئْنَا
			يُقْرَآنِ	قُرِئَا
			تُقْرَآنِ	قُرِئَتَا
			تُقْرَآنِ	قُرِئْتُمَا

Verb R_3 = ء (قرأ): Grundstamm

Aktiv					
Imperativ	Imperfektform			Perfektform	
	Apokopat	Konjunktiv	Indikativ		
	يَقْرَأْ	يَقْرَأَ	يَقْرَأُ	قَرَأَ	(هو)
	تَقْرَأْ	تَقْرَأَ	تَقْرَأُ	قَرَأَتْ	(هي)
اِقْرَأْ	تَقْرَأْ	تَقْرَأَ	تَقْرَأُ	قَرَأْتَ	(أنت)
اِقْرَئِي	تَقْرَئِي	تَقْرَئِي	تَقْرَئِينَ	قَرَأْتِ	(أنت)
	أَقْرَأْ	أَقْرَأَ	أَقْرَأُ	قَرَأْتُ	(أنا)
	يَقْرَؤُوا	يَقْرَؤُوا	يَقْرَؤُونَ	قَرَؤُوا	(هم)
	يَقْرَأْنَ	يَقْرَأْنَ	يَقْرَأْنَ	قَرَأْنَ	(هنّ)
اِقْرَؤُوا	تَقْرَؤُوا	تَقْرَؤُوا	تَقْرَؤُونَ	قَرَأْتُمْ	(أنتم)
اِقْرَأْنَ	تَقْرَأْنَ	تَقْرَأْنَ	تَقْرَأْنَ	قَرَأْتُنَّ	(أنتنّ)
	نَقْرَأْ	نَقْرَأَ	نَقْرَأُ	قَرَأْنَا	(نحن)
	يَقْرَآ	يَقْرَآ	يَقْرَآنِ	قَرَآ	(هما)
	تَقْرَآ	تَقْرَآ	تَقْرَآنِ	قَرَأَتَا	(هما)
اِقْرَآ	تَقْرَآ	تَقْرَآ	تَقْرَآنِ	قَرَأْتُمَا	(أنتما)

34 Verb R_3 = ء (قرأ): Stamm II–X

	Passiv	Aktiv	Passiv	
Infinitiv	Partizip	Partizip	Imperfektform Indikativ	Perfektform
تَقْرِئَةٌ	مُقَرَّأٌ	مُقَرِّئٌ	يُقَرَّأُ	قُرِّئَ
مُقَارَأَةٌ (قِرَاءٌ)	مُقَارَأٌ	مُقَارِئٌ	يُقَارَأُ	قُورِئَ
إِقْرَاءٌ	مُقْرَأٌ	مُقْرِئٌ	يُقْرَأُ	أُقْرِئَ
تَقَرُّؤٌ	مُتَقَرَّأٌ	مُتَقَرِّئٌ	يُتَقَرَّأُ	تُقُرِّئَ
تَقَارُؤٌ	مُتَقَارَأٌ	مُتَقَارِئٌ	يُتَقَارَأُ	تُقُورِئَ
اِنْقِرَاءٌ	مُنْقَرَأٌ	مُنْقَرِئٌ	يُنْقَرَأُ	اُنْقُرِئَ
اِقْتِرَاءٌ	مُقْتَرَأٌ	مُقْتَرِئٌ	يُقْتَرَأُ	اُقْتُرِئَ
اِسْتِقْرَاءٌ	مُسْتَقْرَأٌ	مُسْتَقْرِئٌ	يُسْتَقْرَأُ	اُسْتُقْرِئَ

Verb R_3 = ء (قرأ): Stamm II–X

Aktiv					
Imperativ	Imperfektform			Perfektform	
	Apokopat	Konjunktiv	Indikativ		
قَرِّئْ	يُقَرِّئْ	يُقَرِّئَ	يُقَرِّئُ	قَرَّأَ	II
قَارِئْ	يُقَارِئْ	يُقَارِئَ	يُقَارِئُ	قَارَأَ	III
أَقْرِئْ	يُقْرِئْ	يُقْرِئَ	يُقْرِئُ	أَقْرَأَ	IV
تَقَرَّأْ	يَتَقَرَّأْ	يَتَقَرَّأَ	يَتَقَرَّأُ	تَقَرَّأَ	V
تَقَارَأْ	يَتَقَارَأْ	يَتَقَارَأَ	يَتَقَارَأُ	تَقَارَأَ	VI
اِنْقَرِئْ	يَنْقَرِئْ	يَنْقَرِئَ	يَنْقَرِئُ	اِنْقَرَأَ	VII
اِقْتَرِئْ	يَقْتَرِئْ	يَقْتَرِئَ	يَقْتَرِئُ	اِقْتَرَأَ	VIII
اِسْتَقْرِئْ	يَسْتَقْرِئْ	يَسْتَقْرِئَ	يَسْتَقْرِئُ	اِسْتَقْرَأَ	X

35 Vierradikalige Verben: إطْمأنّ تدحْرج دحْرج

	Passiv	Aktiv	Passiv	
Infinitiv	Partizip	Partizip	Imperfektform	Perfektform
دَحْرَجَةٌ	مُدَحْرَجٌ	مُدَحْرِجٌ	يُدَحْرَجُ	دُحْرِجَ
			تُدَحْرَجُ	دُحْرِجَتْ
			أُدَحْرَجُ	دُحْرِجْتُ
			يُدَحْرَجُونَ	دُحْرِجُوا
			تُدَحْرَجُونَ	دُحْرِجْتُمْ
			نُدَحْرَجُ	دُحْرِجْنَا
تَدَحْرُجٌ	مُتَدَحْرَجٌ	مُتَدَحْرِجٌ	يُتَدَحْرَجُ	تُدُحْرِجَ
			تُتَدَحْرَجُ	تُدُحْرِجَتْ
			أُتَدَحْرَجُ	تُدُحْرِجْتُ
			يُتَدَحْرَجُونَ	تُدُحْرِجُوا
			تُتَدَحْرَجُونَ	تُدُحْرِجْتُمْ
			نُتَدَحْرَجُ	تُدُحْرِجْنَا

Fortsetzung auf S. 616

35 Vierradikalige Verben: دحْرج تدحْرج إطْمأنّ

Aktiv						
Imperativ	Imperfektform			Perfektform		
	Apokopat	Konjunktiv	Indikativ			
	يُدَحْرِجْ	يُدَحْرِجَ	يُدَحْرِجُ	دَحْرَجَ	(هو)	I
دَحْرِجْ	تُدَحْرِجْ	تُدَحْرِجَ	تُدَحْرِجُ	دَحْرَجْتَ	(أنتَ)	
	أُدَحْرِجْ	أُدَحْرِجَ	أُدَحْرِجُ	دَحْرَجْتُ	(أنا)	
	يُدَحْرِجُوا	يُدَحْرِجُوا	يُدَحْرِجُونَ	دَحْرَجُوا	(هم)	
دَحْرِجُوا	تُدَحْرِجُوا	تُدَحْرِجُوا	تُدَحْرِجُونَ	دَحْرَجْتُمْ	(أنتم)	
	نُدَحْرِجْ	نُدَحْرِجَ	نُدَحْرِجُ	دَحْرَجْنَا	(نحن)	
	يَتَدَحْرَجْ	يَتَدَحْرَجَ	يَتَدَحْرَجُ	تَدَحْرَجَ	(هو)	II
تَدَحْرَجْ	تَتَدَحْرَجْ	تَتَدَحْرَجَ	تَتَدَحْرَجُ	تَدَحْرَجْتَ	(أنتَ)	
	أَتَدَحْرَجْ	أَتَدَحْرَجَ	أَتَدَحْرَجُ	تَدَحْرَجْتُ	(انا)	
	يَتَدَحْرَجُوا	يَتَدَحْرَجُوا	يَتَدَحْرَجُونَ	تَدَحْرَجُوا	(هم)	
تَدَحْرَجُوا	تَتَدَحْرَجُوا	تَتَدَحْرَجُوا	تَتَدَحْرَجُونَ	تَدَحْرَجْتُمْ	(أنتم)	
	نَتَدَحْرَجْ	نَتَدَحْرَجَ	نَتَدَحْرَجُ	تَدَحْرَجْنَا	(نحن)	

Fortsetzung auf S. 617

35 Vierradikalige Verben: إطْمأنّ تدحْرج دحْرج Fortsetzung von S. 614

Infinitiv	Passiv Partizip	Aktiv Partizip
إِطْمِئْنَانٌ	مُطْمَأَنٌّ	مُطْمَئِنٌّ

Die Vokalfolge bei Stamm I, II und IV der vierradikaligen Verben entspricht derjenigen von Stamm II, V und VIII der dreiradikaligen Verben.

Im Lehrbuch kommen als vierradikalige Verben nur ترجم »übersetzen« und سيطر »beherrschen« vor. Die Bedeutungen der hier gewählten Musterverben sind: دحرج »rollen«, تدحرج »dahinrollen« und إطمأنّ »sicher sein«.

Fortsetzung von S. 615

Vierradikalige Verben: إطْمأنّ تدحْرج دحْرج

Aktiv						
Imperativ	Imperfektform			Perfektform		
	Apokopat	Konjunktiv	Indikativ			
	يَطْمَئِنَّ	يَطْمَئِنَّ	يَطْمَئِنُّ	إِطْمَأَنَّ	(هو)	IV
اِطْمَئِنَّ	تَطْمَئِنَّ	تَطْمَئِنَّ	تَطْمَئِنُّ	إِطْمَأْنَنْتَ	(أنتَ)	
	أَطْمَئِنَّ	أَطْمَئِنَّ	أَطْمَئِنُّ	إِطْمَأْنَنْتُ	(أنا)	
	يَطْمَئِنُّوا	يَطْمَئِنُّوا	يَطْمَئِنُّونَ	إِطْمَأَنُّوا	(هم)	
اِطْمَئِنُّوا	تَطْمَئِنُّوا	تَطْمَئِنُّوا	تَطْمَئِنُّونَ	إِطْمَأْنَنْتُمْ	(أنتم)	
	نَطْمَئِنَّ	نَطْمَئِنَّ.	نَطْمَئِنُّ	إِطْمَأْنَنَّا	(نحن)	

Beim Apokopat gibt es auch noch eine Langform: يَطْمَأْنِنْ usw.

36 Doppelt schwache Verben: رأى أتى جاء

رأى		أتى		جاء		
Imperfekt-form	Perfekt-form	Imperfekt-form	Perfekt-form	Imperfekt-form	Perfekt-form	
يَرَيَانِ	رَأَيَا	يَأْتِيَانِ	أَتَيَا	يَجِيئَانِ	جَاءَا	(هما)
تَرَيَانِ	رَأَتَا	تَأْتِيَانِ	أَتَتَا	تَجِيئَانِ	جَاءَتَا	(هما)
تَرَيَانِ	رَأَيْتُمَا	تَأْتِيَانِ	أَتَيْتُمَا	تَجِيئَانِ	جِئْتُمَا	(أنتما)
Partizip Passiv مَرْئِيٌّ		Partizip Aktiv آتٍ				
Infinitiv رُؤْيَةٌ		Infinitiv إِتْيَانٌ		Infinitiv مَجِيءٌ		

Doppelt schwache Verben: رأى أتى جاء 36

رأى		أتى		جاء		
Imperfekt-form	Perfekt-form	Imperfekt-form	Perfekt-form	Imperfekt-form	Perfekt-form	
يَرَى	رَأَى	يَأْتِي	أَتَى	يَجِيءُ	جَاءَ	(هو)
تَرَى	رَأَتْ	تَأْتِي	أَتَتْ	تَجِيءُ	جَاءَتْ	(هي)
تَرَى	رَأَيْتَ	تَأْتِي	أَتَيْتَ	تَجِيءُ	جِئْتَ	(أنت)
تَرَيْنَ	رَأَيْتِ	تَأْتِينَ	أَتَيْتِ	تَجِيئِينَ	جِئْتِ	(أنت)
أَرَى	رَأَيْتُ	آتِي	أَتَيْتُ	أَجِيءُ	جِئْتُ	(أنا)
يَرَوْنَ	رَأَوْا	يَأْتُونَ	أَتَوْا	يَجِيئُونَ	جَاؤُوا	(هم)
يَرَيْنَ	رَأَيْنَ	يَأْتِينَ	أَتَيْنَ	يَجِئْنَ	جِئْنَ	(هنّ)
تَرَوْنَ	رَأَيْتُمْ	تَأْتُونَ	أَتَيْتُمْ	تَجِيئُونَ	جِئْتُمْ	(أنتم)
تَرَيْنَ	رَأَيْتُنَّ	تَأْتِينَ	أَتَيْتُنَّ	تَجِئْنَ	جِئْتُنَّ	(أنتنّ)
نَرَى	رَأَيْنَا	نَأْتِي	أَتَيْنَا	نَجِيءُ	جِئْنَا	(نحن)

37 Nomina mit der Endung » ـٍ « bzw. » ـًى «

	determiniert		indeterminiert	
	f.	m.	f.	m.
N.	أَلدَّاعِيَةُ	أَلدَّاعِي	دَاعِيَةٌ	دَاعٍ
G.	أَلدَّاعِيَةِ	أَلدَّاعِي	دَاعِيَةٍ	دَاعٍ
A.	أَلدَّاعِيَةَ	أَلدَّاعِيَ	دَاعِيَةً	دَاعِيًا[1]
N.	أَلْمُلْتَقَاةُ	أَلْمُلْتَقَى	مُلْتَقَاةٌ	مُلْتَقًى
G.	أَلْمُلْتَقَاةِ	أَلْمُلْتَقَى	مُلْتَقَاةٍ	مُلْتَقًى
A.	أَلْمُلْتَقَاةَ	أَلْمُلْتَقَى	مُلْتَقَاةً	مُلْتَقًى
N.	مُلْتَقَاتُهُ	مُلْتَقَاهُ		
G.	مُلْتَقَاتِهِ	مُلْتَقَاهُ		
A.	مُلْتَقَاتَهُ	مُلْتَقَاهُ		

1 Diptota haben im Auslaut *-a* : مَبَانِيَ .